Philosophische Lebenskunst

Band 19

Lutz von Werder

LEBENSKÜNSTE IM ALTER

Schibri-Verlag Berlin • Strasburg • Milow

Genderhinweis:
Mit dem Begriff „Alter“ wird zugleich das Alter von Mann und Frau begriffen. Wo aber genderspezifische Unterschiede diskutiert werden, wird der Unterschied im Altern von Mann und Frau deutlich gemacht.

Zitatnachweis:
Trotz gründlicher Recherche ist es uns nicht gelungen, alle Rechte-Inhaber ausfindig zu machen. Honorar-Ansprüche bleiben bestehen.

Wichtiger Hinweis:
Sämtliche Übungen in diesem Buch werden von den Leserinnen und Lesern auf eigene Verantwortung durchgeführt. Haftungsansprüche gegenüber Verlag und Autor sind grundsätzlich ausgeschlossen.

IMPRESSUM

Bestellungen über
den Buchhandel
oder direkt beim Verlag

www.schibri.de

Umschlaggestaltung: Nadine Bachmann-von Werder
Korrektur/Layout: Korrlay – Iris van Beek

Printed in Germany

ISBN 978-3-86863-255-2

Inhaltsverzeichnis

Einleitung

Die Angst vor dem Alter

Die Angst vor dem Alter hat lange verhindert, das Alter systematisch zu erforschen. Mit dem Mythos „der ewigen Jugend“ wurde das Alter zugedeckt. Die Altenschelte bestimmte für lange Zeit das Bild vom Alter, in allen Epochen der Geschichte und in allen Kulturen. Jean Améry hat den Moll-Ton angestimmt, bevor er sich selbst zerstörte: „Das Todesdenken wird zu einer monotonen und manischen Litanei.“ (J. Améry: Über das Altern. Revolte und Resignation. Stuttgart: Klett-Cotta 2001, S. 112) Für ihn war das Alter „reine Schinderei“ und das Handanlegen an sich selbst die Erlösung (J. Améry: Hand an sich legen. Diskurs über den Freitod. Stuttgart: Klett-Cotta 2002).
Durch diese bekannte Altersschelte wurden die Schätze des Alters überwuchert. Eine philosophische Lebenskunst kann dabei nicht stehen bleiben.

Die Alchemie und das Alter

Die philosophische Lebenskunst wird sich an die Alchemie erinnern, die das „aurum potabile“, das Universalheilmittel und Lebenselixier in ihren Laboren erforschte.
Sie wird an die Heilkräuter denken, die das Lebensalter verlängern sollten. Die indische und chinesische Alchemie stellten Präparate zur Lebensverlängerung her. In China wird von acht Unsterblichen berichtet, die durch Kunst einen unvergänglichen „Diamantkörper“ erhielten. Durch einen Goldtrunk sollten in China „die weißen Haare wieder schwarz werden, die ausgefallenen Zähne erneuerten sich, der schlaffe Greis wurde wieder ein Junge, von Sehnsucht erfüllt, die hinfällige Greisin wurde wieder ein junges Mädchen. Derjenige, dessen Gestalt verwandelt und der den Gefahren des Lebens entronnen ist, trägt die Bezeichnung Wahrer Mensch.“ (H. Gebelein: Alchemie. München: Hugendubel 1991, S. 56)
In Indien verwendete man Ayurveda-Heilmittel, um alten Menschen wieder die Jugend zurückzugeben.

Im Europa der Renaissance wurde unterstellt, dass der Alchemist in der Lage war, „lebende Wesen herzustellen“ (Gebelein, S. 58). Es ging um die Wiederherstellung des Homunculus aus seiner eigenen Asche. Goethes Wagner stellt in „Faust II“ dar, wie ein menschliches Wesen im Labor erzeugt wird: der Homunculus. „Ohne Kenntnis der Alchemie ist das große dramatische Werk, der ‚Faust‘, nicht zu interpretieren“ (S. 329). Erst durch die Kenntnis des Paracelsus kam Goethe auf die Idee der Herstellung eines Homunculus (S. 326). Mary Shelley befasste sich auch mit dem Problem eines künstlichen Menschen. Sie schrieb 1816 den Roman „Frankenstein oder der moderne Prometheus“. Ihrem Mann, den Dichter Percey M. Shelley, sowie dem Dichter Lord Byron verdankte Mary Shelley viele Anregungen zu ihrem Roman, den sie 1831 anonym erscheinen ließ.

Als Schauerroman lässt Shelley die Beziehung zwischen dem Forscher Frankenstein und dem von ihm geschaffenen künstlichen Menschen sich entwickeln. Im Laufe der Erzählung wird dabei der Wissenschaftler zum Monster und das Monster zum Menschen. Der künstliche Mensch erweist sich als Alter ego seines Schöpfers. Frankenstein bedarf für seine Schöpfung eines künstlichen Menschen, der erst einmal seinen Tod überwindet, keinen Teufel. Er stützt sich völlig auf die Wissenschaft, die die Alchemie überwunden hat. Shelley will zeigen, dass der Mensch, der den Versuch macht, einen unsterblichen Menschen zu schaffen, seinen eigenen Versuchungen unterliegt. Deshalb kann die Geschichte mit dem Tod von Schöpfer und künstlichem Menschen am Nordpol enden, wo der künstliche Mensch, alterslos geworden, sagen kann: „Du bist zwar mein Schöpfer, aber ich bin jetzt dein Herr.“ (M. Shelley: Frankenstein. Frankfurt: Insel 1988, S. 313)

Der Unsterbliche als gescheiterter Existentialist

1949 veröffentlichte Simone de Beauvoir ihren Roman „Alle Menschen sind sterblich“. Er schildert das Leben des unsterblichen Helden Fosca, der Florenz beherrscht, Kaiser Maximilian berät, Erforscher Nordamerikas und Lebemann vor 1789 und Revolutionär im 19. Jahrhundert wird und schließlich im Paris des 20. Jahrhunderts lebt. Dieser Roman setzt sich vielfältig mit dem Alter und seiner Negation auseinander. Fosca wird als Unsterblicher zu einem Menschen ohne Existenz. Offenbar weiß er nicht, wie alt die Erde ist und wie kurz das Leben, er weiß nichts davon, dass andere existieren. Er „begnügt sich mit diesem viereckigen Stück Himmel über seinem Kopf.“ (S. de Beauvoir: Alle Menschen sind sterblich. Reinbek: Rowohlt 2017, S. 15)

Der Hundertjährige

Jonas Jonasson schrieb 2013 seinen Roman „Der Hundertjährige, der aus dem Fenster stieg und verschwand" (München: b+b 2013) und zeigte, wie agil das Leben mit hundert Jahren sein kann, wie viel Lust und Witz im Alter sich noch erleben lassen. Die Idee der Unsterblichkeit ist aufgegeben, aber nicht die Idee, jeden Tag auch im hohen Alter zu genießen.

Unsere Romanstationen von der Alchemie bis zu Allan Karlsson, den Hundertjährigen Aussteiger, können deutlich machen: Das Alter ist die spannendste Phase im Leben, die Transzendenz tut sich auf, das Beste kommt am Schluss. Alle genannten Romane lassen den Tod als armselig, aber das hohe Alter als echten Gipfel erscheinen.
Eine Philosophie des Alters muss damit darauf hinweisen, dass das Alter voller Schätze ist und jede Alte und jeden Alten zum Schatzsucher verdonnert!

Unser Buch muss im ersten Teil nach den Heldinnen und Helden des Alters suchen (siehe „Einstimmung in das Thema"). Es geht dabei um die „Hundertjährigen", die Entdeckung der neuen Alten, die Schätze des Alters, die die Beschleunigung zudecken und um die alten Hunde, die den Menschen das Alt-Werden lehren.
Ein riesiges Reservoir der Altersschätze bietet die lange Geschichte der Philosophie des Alters. Von der Antike über die Renaissance bis in die Moderne gibt es einen unterirdischen Fluss der Altersdiskussion. Philosophische Lebenskunst muss diesen Fluss befahren. (**Teil 1**)

In der aktuellen Diskussion über das Altern kommen neue Aspekte auf: die Psychotherapie des Alters. (**Teil 2**)

Aber erst die digitale Revolution legt die wahren Wurzeln des Alters frei und die Chancen der Lebensverlängerung, der Todesabschaffung. Das muss die Lebenskunst in den Blick nehmen, damit der Schatten des Todes schwächer wird. Utopie schlägt Dystopie. Lebe lange, um ewig zu leben, heißt es nun. Oder Alter als Geschenk. Oder: Die hohe Kunst des Alterns. (**Teil 3**)
Heute ist das Altern ein großes Projekt in der Expansion des Kapitalismus. Es entsteht eine transhumanistische Medizin. Das Silicon Valley greift das Alter an. Mit der Durcharbeitung dieser Aspekte kann sich die Angst vor dem Alter beruhigen. Zaghafter Optimismus kommt auf. Die eigene Angst vor dem Alter wird schwächer. Suizidimpulse werden weniger. „Nur ein Flügelschlag – und hinter uns (und vor uns) Äonen." (J. W. v. Goethe)

Das Alter wird für die Lebenskunst zum Sprungbrett in die Ewigkeit. Denn im Alter sind alle Dinge radikal, radikal zeitknapp und radikal ehrlich. Das Alter, als verstandenes, wird zur hohen Zeit des Verstehens. Oder Schopenhauer hat Recht: „Die meisten werden geboren, reproduzieren ein wenig Propaganda und sind dann ewig tot." Das kann nicht der Sinn des Lebens sein. Gerade im Alter sollte man (wenn man kann) beschließen, über das Leben nachzudenken und über sein Alter, das nicht nur Menschen erleiden, sondern auch alle Tiere, alles Leben überhaupt.

Das Problem des Alterns

Das Alter ist im Grunde ein Problem für Menschen, seit es Menschen gibt, die alt werden. Das Alter ist deshalb auch ein Problem für die philosophische Lebenskunst, das sie bisher nicht ausreichend bedacht hat, obwohl immer mehr Menschen in den westlichen Staaten der Nordhalbkugel immer älter werden. Jede Religion hat das Konzept der Bewältigung des Alterns, des „Jungbrunnens", des „Steins der Weisen", der „ewigen Wiederkehr", der „Wiederauferstehung", der „Vergöttlichung" im Angebot.

Weder soll das Alter sein, noch soll alles mit ihm aus sein. Schon Gilgamesch (um 2500 v. Chr.), der König von Ur, war sein Leben lang auf der Suche nach einem „Unsterblichkeitselixier". Auch Adam wollte sich im Paradies am „Baum des ewigen Lebens" verjüngen, durfte aber nicht (1. Buch Mose 2,3). Bis heute gilt Altern und Tod als unveränderliches Naturgesetz und die Zunahme von Schmerzen, Krankheit und Elend als wesentliches Merkmal des Alters. Der alte Mensch wird entwertet, als ob es die Natur immer so gehalten hätte.

Mit dem Aufkommen der Tiefenpsychologie und der neuen Medizin spricht aber nichts dagegen, dass der Mensch bis ins höchste Alter jugendlich bleiben könnte. Weder philosophisch noch psychologisch noch medizinisch ist der körperliche und geistige Abbau zwingend nötig. Die Natur fördert uns besonders, wenn wir jung sind. Wenn wir aber als Einzelne Wert darauf legen, unsere Kraft, unser geistiges Potential weit über unsere Grenze hinaus im Alter zu erhalten, dann müssen wir uns schon selbst darum kümmern.

Das ist aber nicht leicht, denn es gibt etwa 5000 Studien über das Alter aus medizinischer, etwa 1000 Bücher aus philosophischer und 100 Bücher aus psychologischer Sicht. Alle drei Disziplinen nehmen dazu von den Altersforschern der anderen Disziplinen keine Notiz.

Die philosophische Lebenskunst ist dagegen an der Thematisierung des Alters in der Philosophie interessiert, aber ebenso an der Altersforschung von Psychologie und Medizin (ganz abgesehen von der Altersforschung in Soziologie, Ökologie, Ökonomie, Kultur, Geisteswissenschaft usw.).

Um den Rahmen eines Buches nicht zu sprengen, werden wir uns im Folgenden **in drei Teilen** auf die drei wissenschaftlichen Kernbereiche des Alters – Philosophie, Psychologie und Medizin des Alters – beschränken. Dabei wird es darauf ankommen, das jeweilige Wissen über das Altern auch für das eigene Altern und seine Lebenskunst fruchtbar zu machen. Deshalb werden den Text immer wieder Übungen unterbrechen, die sicherstellen, dass biografisches Wissen und wissenschaftliches Wissen miteinander verbunden werden. Nur so wird aus Wissen über die Lebenskunst praktische Lebenskunst.
Dabei ist klar, dass es nicht einen einzigen Weg zur kreativen Bewältigung des Alters gibt. Die Wege sind so vielfältig, wie es Menschen gibt. Jede Leserin und jeder Leser kann sich nach eigener Meinung der Übungen in diesem Buch bedienen, alle natürlich in eigener Verantwortung. Für eventuelle Probleme ist der Autor oder der Verlag nicht haftbar zu machen. Es sollten aber keine Probleme auftreten. Alle Übungen sind vielfältig überprüft worden.

Alterslebenskunst ist die Kunst, das eigene Altersprogramm zu ändern, zu verbessern. Alterslebenskunst wird zeigen, dass nur durch die Verbindung der Kenntnisse von Philosophie, Psychologie und Medizin eine solche Programmänderung des Alters möglich ist. Es wird sich dabei zeigen, dass das übliche eigene Altersprogramm entweder durch Verdrängung vergessen ist oder unterschwellige Depressionen über Tod und Vergänglichkeit das Steuern des Alterns übernommen hat. Es kommt aber darauf an, sich ins Gelingen zu verlieben, wenn das Alter ausgeschöpft werden soll. Gerade das Alter unserer Generation ist für viele Überraschungen gut, weil sich in den Kerndisziplinen der Altersforschung heute vieles tut. Nicht nur von Lebensverlängerung bei bleibender Vitalität ist die Rede, sondern sogar von Unsterblichkeit, wenn man lange genug lebt.
Damit erreicht die Lebenskunst einen Punkt, der Weltliebe in kosmische Liebe verwandeln kann. Der Sinn langen Lebens wird damit klarer. Es könnte sein, dass das Beste zum Schluss kommt, weil es keinen Schluss mit dem Leben mehr geben könnte. Aber lesen Sie selbst.

Lutz von Werder
Simander im Sommer 2022

Einstimmung in das Thema

Die Weisheit der Hundertjährigen

Jonas Jonassons Held Allan Karlsson

2011 erschien der schwedische Weltbesteller – „Der Hundertjährige, der aus dem Fenster stieg und verschwand" (München: b+b 2013[3]). Geschrieben wurde dieses Buch, mit einer in Deutschland verkauften Auflage von zwei Millionen, von Jonas Jonasson, geboren 1961. Nach dem Studium arbeitete er als Journalist, später gründete er eine Medien-Consulting-Firma, die er 20 Jahre später verkaufte. Er zog in den Schweizer Kanton Tessin. Sein erster Roman über den Hundertjährigen löste in Schweden eine Allan-Karlsson-Manie aus. Allan Karlsson, so schreibt Jonasson, sollte im Altenheim seinen 100-jährigen Geburtstag feiern, aber das Leben dort ging ihm auf die Nerven – „im Grunde könnte er einfach wegsterben und alles hinter sich lassen." (S. 9) Doch dann stieg Karlsson kurzerhand aus dem Fenster des Altenheims und flüchtete: „Denn so sehr es einen auch überall zwickte und zwackte – es war doch viel interessanter und lehrreicher, auf der Flucht zu sein, als reglos zwei Meter unter der Erde zu liegen." (S. 9) Auf seiner abenteuerlichen Flucht sagten ihm die schmerzenden Knie oft, „dass er noch lebte" (S. 21), und dabei „ging es Allan so wunderbar, dass ihm der Gedanke ans Sterben plötzlich fast wieder Angst machte" (S. 23).
Jonasson macht durch sein Buch deutlich, dass das Beste im Leben am Schluss kommt und nicht früher.

Die Reisen zu den Hundertjährigen in der Welt

Die Zahl der Hundertjährigen wächst weltweit. 2017 lebten in Deutschland 16.500 Menschen, die älter als 100 Jahre waren. Drei Viertel von ihnen waren Frauen. In Österreich gab es 1.400 Hundertjährige, in der Schweiz 1.500. „Berlin weist die größte Hundertjährigen-Dichte auf. Hier haben unter 10.000 Einwohnern bereits drei Personen ihren 100. Geburtstag gefeiert." (K. Brinkbäumer, S. Shafy: Das kluge, lustige, gesunde, ungebremste, glückliche, sehr lange Leben. Die Weisheit der Hundertjährigen. Eine Weltreise. Frankfurt: Fischer 2019, S. 48)

Im Jahr 2000 wurde die erste Heidelberger Studie über die Hundertjährigen in Deutschland verfasst. Sie zeigte, dass die deutschen Hundertjährigen vier bis fünf Gesundheitsprobleme haben und trotzdem behaupten: „Ich bin zufrieden."
2010 gab es die zweite Heidelberger Studie. Sie belegte, dass nur noch die Hälfte aller Befragten unter kognitiven Einschränkungen litten – „rund 10% weniger als im Jahr 2000" (Brinkbäumer/Shafy, S. 51). Die meisten Hundertjährigen leben in Deutschland mit ihren Kindern oder einer Pflegekraft. Nur jeder Vierte lebt in einem Heim (S. 52).
Im hohen Alter werden die Bewegungen langsamer, die Gedanken nicht. Drei Viertel sehen noch fern, als liebste Beschäftigung. „Statt Angst vor dem Tod zu haben, blicken zwei Drittel dennoch positiv in die Zukunft." (S. 166)
Wer also optimistisch in die Zukunft schaut, wird älter. Soziale Kontakte sind das wichtigste für Hundertjährige, also die Intergenerativität, der Bezug zu den Enkeln.

Die ältesten Menschen der Welt werden in der Gegenwart alle über 110 Jahre alt. Der älteste Japaner wurde 112 Jahre, der älteste Spanier 113 Jahre. Die älteste Japanerin 116 Jahre (Brinkbäumer/Shafy, S. 105). Viele Hundertjährige wollen 200 Jahre werden. Sie sehnen sich oft „nach Unsterblichkeit" (S. 107). Die älteste Frau der Welt, die Französin Jeanne Calment starb 1997 mit 122 Jahren. Die zweitälteste war eine Amerikanerin, sie starb 1999 mit 119 Jahren.

Einige Hundertjährige notieren sich die Schwerpunkte einer Philosophie des Alters, zum Beispiel schrieb der Musiker Irving Fields folgende 18 Stichpunkte zum Alter auf:

1. Sinn für Humor
2. Denk nach, ehe du dich entscheidest
3. Sei der erste, der „Hallo" sagt
4. Wenn ihr euch streitet, wechselt das Thema
5. Um erfolgreich zu sein, verkauf dich gut
6. Sei freundlich am Morgen, wenn du aufstehst
7. Sei dankbar für alle Geschenke
8. Freu dich über den Erfolg der anderen
9. Beneide niemanden
10. Reisen sind wichtig
11. Genieße jeden Tag

12. Sei ein guter Zuhörer
13. Iss vier Stunden, bevor du ins Bett gehst, dann verdaust du besser
14. Bleib beschäftigt, auch mit einem Hobby
15. Triff keine Entscheidungen im Rauschzustand
16. Arbeit erledige sofort
17. Vergleiche Menschen nicht mit Dingen, die du kaufen kannst
18. Tue täglich für jemanden eine gute Tat."

(Brinkbäumer/Shafy, S. 221)

Die Gerontologie stellt fest: Raucher sterben früher. Alt werden ist Frauensache, auch in Phasen von Hungersnöten und Epidemien leben Frauen länger als Männer. Frauen können mit Schicksalsschlägen besser umgehen (Brinkbäumer/Shafy, S. 346). Die heutigen Hundertjährigen sind fitter als ihre „Vorgänger" (S. 347). Die Langlebigkeitsgene sind schwer zu entschlüsseln. Wenn man diese Gene entschlüsselt und die Prozesse, die diese Gene auslösen, könnte man Labore entwickeln, die die Langlebigkeit befördern. Aber so weit ist die Genforschung noch nicht.

Das kluge, lustige, gesunde, ungebremste, glückliche, sehr lange Leben

Heute, wo die Lebensdauer immer mehr verlängert werden kann, gewinnt die Philosophie des Alters der Hundertjährigen ein besonderes Gewicht. Shafy und Brinkbäumer haben zehn Jahre lang 50 Hundertjährige besucht in Deutschland, in der Schweiz, in Dänemark, Österreich, Thailand, auf den Seychellen, in Italien, Russland, China, Japan, in den USA und auf Hawai.

Sie haben dort mit den Hundertjährigen folgende Fragen diskutiert:

1. Wie lebt man ein langes Leben?
2. Was lässt sich im Leben beeinflussen?
3. Was war gut, was war schlecht in 100 Jahren?
4. Wie beurteilen Sie Ihr Leben?
5. Was können Jüngere aus Ihrer Philosophie der Hundertjährigen lernen?

Als Antworten hörten Shafy und Brinkbäumer:

- 30% des Alters ist genetisch vorgegeben, 70 % ist zu beeinflussen.
- Bewegung ist wichtig.
- Bindungen sind wichtig.

- Die Ernährung sollte vielfältig sein, wenig Zucker.
- Licht und Wärme sind gesund.
- Optimismus muss sein.
- Wer 100 wird, glaubt an Gott.
- Tatendrang und Leidenschaft sollten bis zum Tod andauern.

Übung: Ergänzen Sie diese Liste mit Ihren Ideen zum Altwerden.

Roger Angell, 98 Jahre, Autor aus New York, USA, schreibt über das Altern. Es geht ihm um die Toten, die er betrauert. Sie stehen in seiner Vorstellung in einem Kreis um ihn herum. Sie muntern ihn auf, sie erinnern ihn an das Leben. Jetzt stellt er fest, dass er blind wird – für einen Schriftsteller eine Katastrophe. Er fragt seinen Therapeuten: „Wie soll ich ohne Lesen und Schreiben leben?" Der Therapeut: „Weiß ich nicht, aber du wirst es schaffen." Was er zu wenig gemacht habe in seinem Leben, das war nun die Frage: Angells Antwort: „Mehr vögeln." Seine tote Frau sagte ihm: „Wenn du in einem Jahr keine neue Frau findest, komme ich zurück und bestrafe dich bitter."

Jeder Hundertjährige sieht Wegmarken in seinem Leben, Entscheidungen oder Zufälle.

Übung: Welche Wegmarken kennen Sie aus Ihrem Leben? Legen Sie eine Liste an.

Hilde Hefti, 99 Jahre, lebt in Basel. Sie singt und tanzt, am liebsten nachts von zwölf bis zwei Uhr. Sie schreibt Gedichte. Sie kam beinahe ins Konzentrationslager, sprang aus dem Zug. Sie sagt: „Man muss sich gern haben. Man muss sich selbst lieben. Gib nie auf, an dich selbst zu glauben. Man muss lächeln und den Optimismus weiter geben."

Die Menschen in Okinawa werden alle sehr alt. Kiyo Newa ist 100 Jahre. Sie war Fischerin. Sie sagt: „Mein Lebenskreis wird kleiner. Die kleinen Dinge sind nun wichtig." Man muss „im Flow" sein, wie Mihály Csíkszentmihályi sagt. Sucht nach einem Lebensinhalt, der euch in den Flow versetzt, japanisch „Ikigai". Das ist die Kunst, nicht gestresst und nicht abgelenkt zu sein.

Makato Suzuki, 85 Jahre, ist der Erforscher der Hundertjährigen auf Okinawa. Die Resultate seiner Forschung lauten:

1. Diät pflegen: Gemüse, Tofu, Obst. Kein Tabak, kein Alkohol, keine Drogen, keinen Kaffee.
2. Kleine Portionen essen, halbe Teller, nur 80 % des Magens füllen.
3. Bewegung ist wichtig.
4. Mentale und soziale Gesundheit sind wichtig. Man muss die Trauer über die Toten überwinden.
5. Kein Stress, sondern sinnvoll tätig sein.
6. Neugierig lernen ist zentral.
7. Familie und Freunde sind das Netzwerk des Lebens.
8. Konzentration hilft gegen Reizüberflutung. Computer, Handy, Smartphone ausschalten. Stille ist Heilmittel.
9. Humor hilft.
10. Jede Nacht acht Stunden schlafen. Die Zellen erholen sich im Schlaf.
11. Stolz sein, dass man als Hundertjähriger so viel von der Welt weiß.
12. Saubere Arterien durch Kontrolle des Blutdrucks.
13. Eine spirituelle Lebensweise geht nicht ohne Haiku-Schreiben, ohne Tee-Zeremonie, ohne Horchen auf den Wind.
14. Im „Flow“ bleiben. Dann ist alles gut.

(Vgl. Brinkbäumer/Shafy, S. 429–431)

Suzuki hat diese Ergebnisse in der „Okinawa Centenarian Study“, in 25-jähriger Arbeit mit 600 Hundertjährigen gewonnen. Folgende Gründe für das Alter werden auf Okinawa festgestellt:

- Die Menschen auf Okinawa haben saubere ewig junge Arterien, einen niedrigen Blutdruck (120/80).
- Die Menschen auf Okinawa erkranken seltener an hormonabhängigem Krebs wie Brust-, Prostata-, Eierstock- oder Darmkrebs. Als Ursache gilt: weniger Fett.
- Die Menschen auf Okinawa haben starke, robuste Knochen. Sie brechen sich selten die Hüfte. Als Ursache gilt bessere Nahrung: Kalzium, Magnesium, grünes Gemüse, Vitamin B.
- Die Menschen auf Okinawa sind und bleiben geistig hellwach. Ihr Gehirn ist gut durchblutet. Sie haben aus der abwechslungsreichen Nahrung genug Energie.
- Die Frauen auf Okinawa kommen gesünder durch die Menopause. Grund: Flavonoide und Bewegung.
- Die Menschen auf Okinawa produzieren mehr Sexualhormone. Grund: Bewegung.

- Die Menschen auf Okinawa produzieren weniger „freie Radikale“, die 1958 als Ursache für den Alterungsprozess entdeckt wurden. Diese freien Radikale schädigen die für die Zellen wichtigen Moleküle, wie RNA, Proteine, Lipide.
- Die Menschen auf Okinawa sind psychologisch fitter. Sie sind optimistisch, humorvoll, neugierig. Grund: gutes Netzwerk.

Heute wird Okinawa verwestlicht, auch beim Essen, Stichwort Fast Food. Die Eroberung von Okinawa im April und Juni 1945 durch die USA zeitigt die Folgen: 1300 Kriegsschiffe schossen 600.000 Bomben auf Okinawa. Bis heute wird von einem „Taifun aus Stahl“ geredet. Aber in der folgenden Zeit aß man hauptsächlich Süßkartoffeln, die sehr gesund sind.

Am Schluss ihrer Reise zu den Hundertjährigen stellen sich Brinkbäumer und Shafy folgende Fragen (S. 434):

1. Wie weit treiben wir die Verlängerung des Lebens?
2. Wie lange wollen wir uns unser unterfinanziertes und liebloses Pflegesystem leisten?
3. Wie helfen wir uns untereinander in unserer alternden Gesellschaft?
4. Wie sorgen wir, dass alle Alten noch einen Sinn im Leben finden?
5. Wie kann man glücklich, gesund, ungebremst, klug und lachend alt werden?

Die Weisheit alter Hunde

Tiere denken

Man muss den alten Topos, dass die alten Menschen weise werden, nicht nur bei den alten Menschen suchen, die heute oft als Pseudo-Jugendliche kaum mehr Weisheit im Alter entwickeln.

Es gibt die Möglichkeit, „wie Tiere zu denken“, wie Richard D. Precht in seinem Buch „Tiere denken“ (München 2018) es fordert, also auch alte Tiere. Man kann die Weisheit alter Tiere besonders im Verhältnis Mensch–Hund erhellen, da der Hund dem Menschen schon 40.000 Jahre eng verbunden ist, was 80.000 Arten von Hunden, alle aus dem Wolf gezüchtet, gut demonstrieren.

Es gibt heute viele Bücher über das Leben mit Hunden. Als ein neuer Versuch, der Weisheit alter Hunde nahezukommen, gilt Elli H. Radingers gleichnamiges Buch „Die Weisheit alter Hunde" (München: Ludwig 2019 (9. Auflage)).
Elli H. Radinger ist Fachjournalistin und Verhaltenspsychologin. Sie hat sich mit Büchern über Wölfe, die sie zehn Jahre im Yellowstone Nationalpark beobachtete, einen Namen gemacht. Zum Beispiel mit dem Buch „Die Weisheit der Wölfe" (München: Ludwig 2017) oder „Minnesota Winter. Eine Liebe in der Wildnis" (Berlin: Aufbau TB 2015).
Radinger begleitete intensiv ihre 13 Jahre alte Hündin Shira durch die letzten Jahre ihres Lebens und beobachtete ihre Auseinandersetzung mit dem Alter. Ihr Buch fordert zur Blickänderung auf.
Für den Menschen ist das Alter oft völlig von Sterbensangst und Verzweiflung über Verfall, von Anti-Aging und Pseudo-Jugend bestimmt. Wie aber ist es bei alten Hunden, und was kann der Hundehalter von seinem alten Vierbeiner lernen: von Tier zu Tier?

Die Tücke des Objekts

Tiere kann der Mensch nur verstehen, wenn er „eine Analogie herstellt, zwischen dem Verhalten der Tiere und dem Menschen" (R. D. Precht: Tiere denken. München: Goldmann 2018, S. 111). Ihr Bewusstsein und ihre Glücksgefühle sind nur durch Analogieschlüsse zugänglich.
Schon Ludwig Wittgenstein sagte: „Wenn ein Löwe sprechen könnte, würden wir ihn nicht verstehen." T. Nagel schrieb in seinem Essay „Wie es ist eine Fledermaus zu sein": Wir können uns vorstellen, eine Fledermaus zu sein, aber nicht, was es für eine Fledermaus bedeutet, eine Fledermaus zu sein.
Unsere Erkenntnisse über das Bewusstsein der Tiere sind also immer eine „Vermenschlichung". Hat der Hund tatsächlich einen freien Entschluss, treu zu sein oder zu lieben? Dass Hunde aus Einsicht handeln, lässt sich weder beweisen noch bestreiten. Des Pudels Kern ist unergründbar. Aber wir wissen auch nicht, „was unser eigenes Bewusstsein ist" (Precht, S. 116).
Allerdings hat die moderne Populationsbiologie und die Verhaltensökologie den Blick auf Tiere erweitert. Es ist nicht mehr alles Instinkt. „Die Verhaltensökologie untersucht das tierische Verhalten in Bezug auf seine Umwelt. Und sie sucht Erklärungen dafür, warum es sich in der Evolution entwickeln konnte." (S. 119)
Aber nicht alles im tierischen Verhalten hat eine Funktion, wie sie es für den Menschen hat. Wir können nur Hypothesen aufstellen, „dass manches, was

die Tiere empfinden und denken, dem Menschen sehr ähnlich sein könnte" (Precht, S. 121). Diese These gilt auch für die Studie über Shira von Elli Radinger und die Weisheit alter Hunde.

Vielleicht verstehen wir am Hund den Umgang mit dem Alter, wie es der „Homo erectus" oder der „Australopithecus" zwei Millionen Jahre v. Chr. auch gelebt haben?
Shira war ein Labrador. Radinger stellte fest: „Hunde sind eine Bereicherung. Je älter sie werden, desto kostbarer ist die Zeit, die wir mit ihnen verbringen." (E. H. Radinger: Die Weisheit alter Hunde. München: Ludwig 2019, S. 16)

Das Alter der Hunde und der Menschen ist in den letzten 20 Jahren gestiegen. Bei Hunden um drei Jahre, bei Menschen ebenso. Ursachen: Medizin, Hygiene, Ernährung und Haltung (Radinger, S. 23).
Die ältesten Hunde wurden 29 Jahre (Cattledog Blueeye) bzw. 30 Jahre (Kelpi-Hündin Maggie), beide in Australien (S. 23).
Die meisten Hunde werden zwischen 8 und 15 Jahre alt. Große Hunde sterben früher als kleine, die Bulldogge wird im Schnitt sechs Jahre alt.

Radinger hat die Erforschung der Weisheit alter Hunde durch Zuschriften auf ihrem Online-Newsletter unterstützt. Es ging um Schilderungen des Lebens alter Hunde. Sie stützt ihren Bericht auf 200 Zuschriften und auf ein Tagebuch ihrer täglichen Beobachtungen an Shira.

Altern ist keine Krankheit, weder für Zwei- noch für Vierbeiner (S. 25). Altersbeschwerden bei Mensch und Hund sind gleich. Shira wurde ängstlicher und vorsichtiger. Beide gingen zum Physiotherapeuten und zum Arzt. Hier das Resultat:

Über die Weisheit alter Hunde

1. Die Verhältnisse

In Deutschland leben rund zehn Millionen Hunde. Sie zeigen dem Menschen eine Welt, die sich von der Welt des Menschen deutlich unterscheidet (Radinger, S. 40). Hunde sind oft Familien- und Partnerersatz. Hunde nehmen den Menschen genau wahr, auch seine Emotionen und Verhaltensweisen. Hunde bleiben Rudelhunde. Sie sind für ihr Rudel da, während der Mensch sein Rudel verloren hat.

2. Mit dem Herzen sehen

Hunde strahlen ein inneres Licht aus, das Menschen glücklich macht. Hunde lehren uns die wortlose Kommunikation. Sie lehren uns mit dem Herzen zu sehen (Radinger, S. 63).

3. Erkenne, was wirklich zählt

Das Alter der Hunde wird uns früher bewusst als unser eigenes (Radinger, S. 71). Hunde leben exakt im Hier und Jetzt. Sie folgen ihrem Instinkt (S. 74).

4. Du musst nicht perfekt sein

Hunde haben nicht den Ehrgeiz, die Besten zu sein. „Sie sind zufrieden mit den Talenten, die sie von Natur aus haben." (Radinger, S. 85).
Leben bedeutet für Hunde, nichts zu bereuen. Wir lernen von ihnen, dass wichtig ist, was wir heute im Hier und Jetzt tun.

5. Vergib, solange du lebst

Ein Hund ist nicht nachtragend. Er lebt jeden Tag mit Freude. Das spornt auch den Menschen an, sich auf jeden Tag zu freuen.

6. Du bist das Wichtigste

Der Hund liebt sein Herrchen/Frauchen absolut. „Kein Lebewesen kann Liebe geben wie der Hund." (Radinger, S. 113) Alles, was er will, ist, bei uns zu sein. Wir alle brauchen diese permanente Zuwendung. Sie beruhigen Ängste und Stress. Ihre Begrüßung bei längerer Abwesenheit ist:

1. Sie interessieren sich ehrlich für uns.
2. Sie sind voll und ganz da.
3. Sie bieten keine Lösung. Sie bieten sich.
4. Wenn ihre Bedürfnisse nicht beachtet werden, kündigen sie ihre Liebe nicht auf.

7. Bedingungslose Liebe

Hunde stellen ihr Herrchen/Frauchen nie in Frage. Sie lieben für ihr Leben. Sie lassen den Menschen nicht im Stich.
Schopenhauer: „Seitdem ich die Menschen kenne, liebe ich die Tiere." (Radinger, S. 124)
Freud: Hunde haben „Zuneigung ohne Ambivalenz". Hunde verhindern Neurosen. Sie sind für Millionen einsamer Menschen Therapeut (S. 127).

8. Du bist nie zu alt für neue Tricks
Gehirntraining mildert Demenz. Hunde sind dankbar für Forderung und Förderung, für Spiele und das Lernen neuer Tricks. Sie würden sagen: „Wer rastet, der rostet."

9. Spring vor Freude, wenn du es noch kannst
Hunde lassen uns wieder zu Kindern werden. Sie lernen bis ins Alter.

10. Gib nur Geduld. Aber bitte schnell
Hunde lehren die Entschleunigung des Lebens (P. Virilio). Ihrem Leben wohnt eine beneidenswerte Langsamkeit inne. Sie lassen einen die langsame Zeit des Lebens entdecken.

11. Umarme die Stille
Taube Hunde fordern: Drück dich genauer aus. Sie lieben immer ihr Leben. Sie lassen sich von Alterserscheinungen nicht unterkriegen. Sie achten auf die Stille, während der Mensch in Lärm versinkt.

12. Vertrau deiner Intuition
Denn Hunde verstehen, was unter der Oberfläche vorgeht. Sie verlassen sich auf ihr Bauchgefühl. „Im Umgang mit fremden Menschen vertrauen sie dem Instinkt von Shira." (Radinger, S. 174)

13. Dinge sind unwichtig
Der alte Hund hat sein Leben vereinfacht. „In der Sonne sitzen, die Natur beobachten, wandern und schwimmen." (Radinger, S. 181) Es gilt im Alter, die einfachen Dinge wichtig zu nehmen.

14. Leben im Hier und Jetzt
Hunde haben die Gabe, sich voll auf das zu konzentrieren, was wichtig ist. Das Einzige, was für sie zählt, ist der Moment. Deshalb haben sie keine Vision der Zukunft und keine Zukunftsangst und keine Religion, die ein Jenseits sichert, keine Todesangst.

15. Nimm jeden Tag als Geschenk
Notieren Sie möglichst jeden Tag die kleinen Glücksmomente in Ihrem Tagebuch. Das fördert am Beispiel Shiras den Optimismus. „Shira hat mir gezeigt, dass es keine Schande ist, um Hilfe zu bitten." (Radinger, S. 204)

16. Wo deine Heimat ist
Früher wurde viel gereist, heute ist man zufrieden, wenn man zuhause ist, wie Shira. Rückzug auf den kleinen Raum. Die Reisen werden kürzer. „Heimat ist da, wo die sind, die ich liebe." (Radinger, S. 211)

17. Zeige Mitgefühl
Zwischen Hund und Herrchen/Frauchen besteht Mitgefühl. Dieses Mitgefühl wird über Augenkontakt vermittelt, der Oxyticin auslöst. Die Nähe zum Tod des Hundes löst in der Besitzerin/im Besitzer einen bittersüßen Schmerz aus, der lange dauert.

18. Nimm hin, was nicht zu ändern ist
„Die Gelassenheit alter Hunde gegenüber dem Tod ist beneidenswert und erstrebenswert." (Radinger, S. 228) Das Gelassenheits-Gebet der Anonymen Alkoholiker scheint das Gebet der Hunde zu sein (S. 228f.) Alte Hunde sind Stoiker. Sie akzeptieren ihr Schicksal. „Die Dinge sind, wie sie sind." (S. 230) Es gibt kein weiteres Leben. Hunde denken wie Sokrates, Aristoteles und Seneca über ihr Schicksal. „Hinnehmen, was nicht zu ändern ist." (S. 232) Hunde haben auch keine Abschiedsdepressionen. Auch der letzte Tag ist der beste.

19. Überwinde deine Lebensangst
Hunde sind Helden. Sie haben keine Angst vor dem Leben, es sei denn, sie sind neurotisch aufgrund von Gewalterfahrungen.

20. Alles hat seine Zeit
Hunde ziehen sich zum Sterben zurück. Hunde wissen, dass alles seine Zeit hat. „Nur wir Menschen kämpfen immer noch dagegen an." (Radinger, S. 258) Das sollten wir aufgeben. Es ist sinnlos. Das Schicksal ist stärker. Das wissen die alten Hunde. Das ist ihre wichtigste Weisheit (S. 258).

21. Lass los, was du nicht festhalten kannst
Träume vom Himmel, den du mit deinem Hund teilst (Radinger, S. 266). Mache ein Sterberitual mit deinem Hund, wie Aldous Huxley beim Tod seiner Frau. „Geh ins Licht. Gute Reise. Ich liebe dich." (S. 267)
Ich stelle mir letztlich Sterben wie ein „Nach-Hause-Kommen" vor.

22. Weine, liebe, lache
Der Abschied vom Hund kann eine Trauertherapie begleiten, auch als Selbsttherapie. Sie umfasst nach dem Abschiedsmodell von Dr. Kübler-Ross fünf Phasen:

- Erfahrung der Schmerzen des Verlustes des Hundes
- Leugnung des Verlustes
- Wut und Schuldgefühle, dass der Hund tot ist
- Entwicklung einer „stillen" Depression
- Loslassen und Neuanfang

(Radinger, S. 279–283)

Haichiko (geb. 1923) war ein japanischer Hund. Als sein Herrchen 1925 starb und nicht aus Tokyo mit der Bahn kam, wartete Haichiko zehn Jahre lang jeden Tag auf die Ankunft seines Herrn mit dem Zug aus Tokyo. Als Haichiko starb, ehrte man ihn mit einem großen Bronzedenkmal.
Als mit 14 Jahren die Hündin Abbey starb, schrieb die vierjährige Tochter einen Brief an Gott, damit er sich um Abbey kümmere. Gott antwortete, dass er das tun würde. (Radinger, S. 285–287).

23. Die Liebe hört nie auf
Es gibt viele Formen der Bestattung von Hunden.
Elli Radinger schildert ihren Besuch bei dem US-Künstler Stephen Huneck, der das Thema Hund zum Zentrum seiner Kunst gemacht hat. Er hatte eine Nah-Tod-Erfahrung nach einem Unfall und kehrte aus seinem Koma der Hunde wegen zurück. Er hat schließlich auf einem Berg einen Hundetempel in Dog Mountain erbaut und ausgestaltet, in dem viele Hundefreunde ihre Trauer auflösen können.
Huneck sagt: „Es ist unglaublich, wie spirituell Hunde sein können." (Radinger, S. 293) Dog Mountain geriet in finanzielle Schwierigkeiten und Stephan Huneck beging Suizid. Heute wird Dog Mountain von einer Stiftung getragen.

24. Das Leben geht weiter
Wir können niemals einen Hund ersetzen, aber an der Liebe geht kein Weg vorbei. Ein neuer Hund hilft uns dabei.
„Alte Hunde lehren uns, dass das Leben kein Problem ist, das man lösen muss, sondern ein göttliches Geheimnis, das es zu erfahren gilt." (S. 309)

Übungen: Nehmen Sie sich diese 24 Hundeweisheiten Punkt für Punkt vor: Mit welcher Weisheit können Sie sich als Mensch identifizieren? Was wünschen Sie sich? Wo gibt es Unterschiede zwischen Mensch und Hund und warum?

Je näher wir dem Ende kommen, umso mehr sollten wir uns freuen, wie es uns jeder alte Hund jeden Tag zeigt. „Das ist die Weisheit, die uns alte Hunde hinterlassen." (S. 309)

Dass alte Hunde den Menschen motivieren können, dass der Mensch als Herrscher des Planeten zu ihrem Beschützer wird, dafür spricht auch die Weisheit alter Hunde, die zeigen, dass der Tod nicht zu fürchten ist. Wir müssen im Anthropozän alte Hunde neu denken, wenn wir das Alter bewältigen wollen.

TEIL 1

Die Philosophie des Alters

1 Die Bedeutung des Alters in der Steinzeit

2 Die Philosophie des Alters im Abendland

3 Die Stoa und das Alter

4 Das Alter im mittelalterlichen Christentum

5 Die Philosophie des Alters in der industriellen Gesellschaft

6 Die aktuelle philosophische Diskussion über das Alter

7 Endlichkeitsphilosophie

Resümee I: Philosophie des Alters und seine Lebenskünste

Kapitel 1

Die Bedeutung des Alters in der Steinzeit

„Altern ist historisch bestimmt.“ (L. Rosenmayr: Schöpferisch Altern. Berlin: Lit.Verlag 2007, S. 53)

Der Lebenslauf eines Menschen und die Phasen des Lebens von der Kindheit über die Jugend bis ins hohe Alter ist immer ein geschichtliches Produkt. Allerdings sind klare gesellschaftliche Abgrenzungen im Lebenslauf erst ein späteres Produkt, nämlich im 19. Jahrhundert. Die Einführung der allgemeinen Schulpflicht und die Einführung von Rente und Pension schufen klare Altersgrenzen und Lebensstufen, wie Kindheit und Jugend sowie Alter. Georges Minois konnte 1987 aufzeigen, dass es ein ständiges Auf und Ab im Ansehen der Alten gab, abhängig von der Art ihrer Behandlung und den Grad ihrer Integration in Familie und Gesellschaft (G. Minois: Das Alter. Eine Sozialgeschichte. Weimar: Böhlau 1987).

Die besondere Bedeutung der Alten tritt in der Phase der Steinzeit auf. Die Jäger- und Sammler-Kulturen kennen in der Urhorde nach S. Freud schon eine besondere Stellung des stärksten Mannes, der von der jüngeren Generation ermordet wird. Das Alter ist also kurz und grausam. Die Gesellschaft beginnt mit Vatermord, der Entwicklung des Totems und der Tabuisierung des Inzests (S. Freud: Totem und Tabu. In: S. Freud: GW IX, S. 1–194).

Mit der neolithischen Revolution um 10.000 v. Chr., mit der Sesshaftwerdung unter den Ackerbauern und Viehzüchtern, entsteht eine soziale Machtstruktur mit den Alten an der Spitze. Sie führen bestimmte Rollen aus: öffentlich sprechen, Streit schlichten, Heiratspakte zwischen den Sippen schließen, Kriege organisieren.

Diese Vorherrschaft der Alten ändert sich mit der Entstehung der Hochkulturen in Mesopotamien, Ägypten, Kreta, Mykene. Die Macht der Alten tritt nun zurück. Die Könige und Stadtherren berufen nun Berater und Verwaltungsbeamte, Schamanen und Priester. Die Funktion der Alten schwindet. Beamte kennen die Schrift. Das Fachwissen der Beamten entwertet das auf Tradition beruhende Alterswissen.

Kapitel 2

Die Philosophie des Alters im Abendland

Das Thema „Alter" wird in der Philosophie lange Zeit sehr vernachlässigt. Noch in der Antike bei der Entdeckung der Philosophie wird das Alter nur für eine Elite als eine gute Lebensphase dargestellt. Die Erkenntnis der unsterblichen Seele (Platon) oder das wissenschaftliche Arbeiten (Aristoteles) führten zu einem erfüllten Leben am Schluss. Cicero preist das Alter für die Oberschicht, Seneca folgt ihm. Das Alter ist der große Lebensabschluss für die Elite, die Zeit und Mittel für die Muße hat (A. Gutsfeld, W. Schmitz (Hrsg.): Am schlimmen Rand des Lebens? Altersbilder der Antike. Köln: Böhlau 2003).
Wie das Alter sich darstellt für die Sklaven und Handwerker, bleibt unthematisiert. Die Quellen schweigen. Das Mittelalter ist die Gipfelzeit der Tabuisierung des Alters. Die Nachfolge Christi verrät allerdings, dass Konzepte eines „guten Lebens im Alter" nur bis zur Marter am Kreuz führen und zum Glauben, dass es nach der Marter in den Himmel geht, wenn nur noch der Leichnam auf der Erde zurückbleibt. Erst in der Neuzeit wird das Alter zum Randthema der Philosophie. In dieser Zeit wechselt sich das Lob des Alters (Jacob Grimm, Ernst Bloch) mit der Rede der Verzweiflung über das Alter ab (A. Schopenhauer, Jean Améry etc.).
Simone de Beauvoir enthüllt dann die Wahrheit über das Alter in ihrem großen Essay „Das Alter". Sie weist richtig darauf hin, dass erst eine neue humane Gesellschaft auch ein humanes Alter möglich macht. Diese Gesellschaft ist aber eine in der Zukunft und sie muss erst erkämpft werden. Dieser Kampf kann nur auf der Basis empirischer Fakten aus Altenheimen, Pflegestationen und Altenzentren geführt werden. Der Kapitalismus kann mit der aus der Produktion ausgeschiedenen Arbeitskraft nicht viel anfangen. Altenpolitik, die sich nun entwickelt, ist Flickwerk und arbeitet an Symptomen, nicht am Kern der Entwertung des Alters.
In der Gegenwart gibt es einen großen Diskurs über die Schaffung eines „guten Lebens für das Alter". Diese Diskussion erfasst auch das Demenz- und Alzheimer-Problem, die Auflösung des Gehirns zu Lebzeiten. Sie gesteht ein, dass die Hilfen gegen diese Krankheiten, neben vielen Alterskrankheiten, nicht sehr entwickelt sind. Odo Marquard beschwört die „Theoriefähigkeit des Alters" als Einsicht in eine Theorie der totalen Desillusion und des Selbstbetruges (vgl.

T. Rentsch, M. Vollmann (Hrsg.): Gutes Leben im Alter. Die philosophischen Grundlagen. Stuttgart: Reclam 2012, S. 207–212).
Erst mit der digitalen Revolution, ab 2008, tritt eine Änderung in der Philosophie des Alters ein. Aus der Altersphilosophie wird eine Revolution im Bild vom Alter. Diese Revolution beginnt mit Frank Schirrmacher: „Das Methusalem-Komplott" (München 2005). Er deckt auf, dass der Kapitalismus veraltete Gesellschaften produziert. Die Nachwuchsraten sinken dramatisch, die Alterspopulation expandiert. Der Kampf der Generationen, der schon lange das Alter geprägt hat und in der Antike in der Ödipus-Sage aufdeckt, dass die Söhne die Väter umbringen wollen, wird expandieren. Hellsichtig erkennt Schirrmacher, dass die Industrie die Alten als Konsumenten technologischer Innovationen erkannt hat und bedient. Eine Anti-Aging-Industrie führt zur Entwicklung der Stärkung des Alters.
Die digitale Revolution schafft die Methusalem-Generation im Kontext der Cyber-Technologie. Internet, digitale Medizin, politische Organisation in Parteien der Alten (Die Grauen) krempeln das Alter um.
Das Silicon Valley greift ein und beginnt große Programme, die erstmals die Ursachen des Alterns aufdecken sollen.
Aubrey de Grey spricht von „Niemals alt". Ray Kurzweil veröffentlichte zwei Bücher über das Thema Unsterblichkeit auf Erden: „Fantastic Voyage. Live Long Enough to Live Forever (Lebe lange genug um ewig zu leben) und „Transcend. 9 Steps to Living Well Forever" (9 Stufen zur Unsterblichkeit). Mit der Entwicklung der Raumfahrt durch Elon Musk und seiner Firma SpaceX soll Platz für Menschen geschaffen werden, die kein Alter mehr kennen, weil sie unsterblich sind. Das ist die absolute Wende in der Altersphilosophie. Das Alter ist nur zu bewältigen, in dem man es abschafft. Da diese Abschaffung vielleicht noch 1000 Jahre dauern kann (M. Kaku: Die Physik der Zukunft. Frankfurt: Fischer 2018), muss das Alter optimiert werden, damit es solange durchhält, bis es eine enorme Langlebigkeit erreicht. Im Kosmos ist viel Platz für eine langlebige Gattung, die von der Erde aus zu anderen Planeten startet. Es gibt nun den Transhumanismus, der diese Lösung des Alters vertritt. Sorgner plädiert für einen nietzscheanischen Übermenschen. Die religiösen Verwalter des Alters protestieren. Ein wilder Kampf gegen den Transhumanismus ist im Gange. Aber das Alter ist nun ein zentrales Thema in der Philosophie. Die Endlichkeitsphilosophie der Anthropologie, das Mängelsyndrom, das den Menschen prägt, gerät in die Defensive. Der Horizont lichtet sich: Das Alter wird neu bewertet, indem es verschwindet.

In diese Diskussion wird dieses Buch Sie führen und Sie werden das Alter als zentrales philosophisches Problem erkennen und Theoriefähigkeit im Alter entwickeln, Odo Marquards Verblödung des Alters zum Trotz und gegen Jean Amérys Votum für den Selbstmord im Alter.

Die Vergangenheit des Alters war schrecklich, die Zukunft des Alters ist glänzend – wenn die Erde bestehen bleibt, bleiben auch die Menschen bestehen. Erst in der Zukunft werden wir den Gott der Philosophen erkennen können, wenn wir unendlich sind, ist das Erkennen der Unendlichkeit kein Problem mehr, wir haben dafür unendlich viel Zeit. Dieses Erkennen Gottes wird das Zentrum des Lebens und das Ziel des Lebens. Das Altern ist zu vergessen.

2.1 Die Altersphilosophie der Antike

Das Alter war in der Antike kein Verlust, sondern ist die Zunahme der Erfahrung und die Praxis des geschulten geistigen Denkens für kleine philosophische Eliten.
Kann der Körper seine Kraft auch verlieren, es bleibt der Geist. Wenn man den Sex in der Jugend befriedigt hat, kann man in den kleinen Eliten ruhig auf das Alter blicken.
Die Altersphilosophie dieser Eliten in der Antike entwickelt die Lehre von den Altersphasen: Kindheit, Jugend, mittleres Alter, höheres Alter (Aristoteles) und die Vorteile des Alters gegenüber der Jugend (Cicero).
Aber diese Philosophie ist Wissen von Geheimbünden wie den Pythagoreern oder den Orphikern, schließlich den Platonikern.
Aristoteles argumentiert: Die Herrschaft der Alten verschwindet. Das Alter der Sklaven endet häufig mit ihrer Tötung. Die griechische Komödie ist hauptsächlich eine Kritik der Alten. Sie ironisiert alte Männer. Die griechische Lyrik dient oft der Altersklage. Die Bildhauerei feiert jugendliche Helden und Athleten. Alte werden mehr und mehr in abstoßender Weise dargestellt, als überstrenge Matronen, als altgewordene Satyrn.

Es gibt radikale und mildere Alte. Aus Erfahrung erwarten die radikalen Alten oft Schlimmes. Sie leben deshalb mehr in der Erinnerung an die Vergangenheit, denn kurz ist ihre Zukunft, lang, was sie schon erlebt haben. Sie neigen zu heftigen Zornausbrüchen, die haben aber keine Wirkung, denn ihre Begierden sind erloschen. Sie neigen zum Geld. „Sie sind Sklaven des Gewinns." Aus Schwäche neigen sie zum Mitleid, besonders bemitleiden sie sich selbst: Denn sie jammern immer und haben keine Lust mehr an Witzen und Späßen.

Die milderen Alten reduzieren die Extreme, indem sie weder allzu zuversichtlich noch allzu furchtsam sind. Sie halten das mittlere Maß zwischen Anspruch und Verzagtheit. Sie sind realistisch (Aristoteles' Nikomachische Ethik).

Sie sind besonnen mit Mut und mutig mit Besonnenheit. Die Jungen aber sind mutig und zügellos, die Alten maßvoll und feige. Ihr Körper bleibt zwischen dem 30. bis 35. Jahr, ihr Geist um das 50. Lebensjahr (Rentsch/Vollmann: Gutes Leben im Alter, S. 20–25) stehen.

Übung: Wie blicken Sie auf Ihr Alter? Bestätigen oder kritisieren Sie die Charakterisierung des Alters bei Aristoteles.

Die unterschiedliche Stellung der Alten in der Antike

Athen: Eine Demokratie

- Die Alten profitierten nicht von der Athener Demokratie. Sie wurden politisch an den Rand des Lebens gedrängt, wegen der Dynamik, Schnelllebigkeit und Innovation der Athener Gesellschaft, nicht wegen Altenfeindlichkeit.
- In der Familie fand mit 60 Jahren der Generationswechsel statt. Wissens- und Wertevermittlung durch die Alten verlor an Bedeutung durch die philosophischen Schulen. Nur wer reich war, hatte ein erträgliches Alter (Rentsch/Vollmann, S. 74).
- In Tragödien und Komödien wurde der Generationskonflikt zum Thema. Euripides schildert in seiner „Alkestis" die Entwertung der alten Frauen und Männer.
- Platons Utopie der Aufwertung der Alten im Idealstaat „Nomoi". Weil im Alter die körperlichen Kräfte abnehmen, wachsen die geistigen. Verstand und Erfahrung der Alten wurden wichtig für politische Entscheidungen. Das gilt bis 75 Jahre – später Gefahr der Senilität! Altersklagen sind Kennzeichen von schwachen Menschen, nicht der Generation an sich.
- Im idealen Staat Platons herrscht „Kommunismus", Frauen- und Kindergemeinschaft, Ablehnung einer Seemacht, Speisegemeinschaft für Frauen. Vorrang der Älteren vor den Jüngeren.
- Wichtig ist Philosophieren nach 50, da man dann die Ausbildung zum Philosophen in der Akademie abgeschlossen hat.

- Keine Großfamilien-Wohnung, sondern generationsspezifische Wohnungen.
- Entmündigungsrecht der Jungen bei gefährlichen Alten, die das Erbe verschleuderten.
- In Notfällen sollte der Staat für die Alten sorgen.
- In Politik, Justiz, Erziehung waren die Alten führend (S. 77)
- Wäre er umgesetzt worden, hätte der platonische Staat den Alten alles geboten, was die Gesellschaft Athens ihnen verweigerte (S. 80).

Sparta, eine Gerontokratie

In Athen waren die 30- bis 50-Jährigen der Oberschicht die Herren. Die Älteren gehörten zum „alten Eisen".

In Sparta war das alles anders. Dort herrschte Gerontokratie, die schon von klein auf trainiert wurde. Sparta war Kriegsstaat und brauchte die Erfahrung der Alten. Mit sieben Jahren in altersgleichen Gruppen außer Haus, danach paramilitärische Ausbildung. Totalitäre Erziehung zur totalen Anpassung an die Gemeinschaft. Ältere wurden unangreifbar gemacht.

- Durch Übertragung eines Landgutes waren sie auch mit über 60 Jahren wirtschaftlich unabhängig, auf Sklavenhalterbasis (Rentsch/Vollmann, S. 111).
- Statt Einzelwettbewerbe beförderten Mannschaftskämpfe die Anerkennung des Alters.
- „In Sparta allein lohnt es sich alt zu werden" – Sprichwort der alten Athener.
- Alle Lebensbereiche wurden durch die Alten beherrscht. Sie garantierten die Stabilität der Ordnung.

Der Stand des Alters im Hellenismus

Der negative Akzent des Alters bleibt. Aber es bildeten sich neue Wege der Altersversorgung durch Altenhilfsvereine. Wenn Alte siegreich waren, war ihr Ruhm auch im Alter gesichert.

Die Alten in der römischen Republik

Staatliche Altersversorgung gab es nicht. Ein intakte Familie und eine Versorgung der Alten durch die Kinder war die Basis des Überlebens der Alten. Sklaven mussten durch den Besitzer am Leben gehalten werden, wenn sie bis ans Ende arbeiteten.

Cicero prägte den „Mustergreis", der für die Oberschicht eine gewisse Orientierung im Alter gab.

Das verelendete Alter verschwand in Rom spurlos.

Alterssuizid war keine Ausnahme, weshalb auch Seneca den Selbstmord als Altershilfe thematisierte.

Die Alten in der römischen Kaiserzeit

Das Primat der Jungen und der Innovativen entwertete das Alter. Alte hatten sich zurückzuziehen, um Junge an die Macht zu lassen. Es wurden Höchstgrenzen für das Alter in bestimmen Bereichen (Politik, Militär) eingeführt, die zwischen 55 und 70 Jahren lagen (Rentsch/Vollmann, S. 177). Das Lob der Altersweisheit verschwand völlig (S. 176). Alter galt als Krankheit und Schwäche. Den Alten wurde die Macht in Familie und Politik abgesprochen (S. 176). Ein alter Mensch ohne Vermögen und Kinder musste bis an sein Lebensende arbeiten. Es wurden Geburtsregister eingeführt, die das rechtzeitige Ausscheiden der Alten aus der Öffentlichkeit überprüfbar machten. Nach dem Beruf sollte eine „nicht-aktive Zeit" beginnen. Auch rüstige Alte durften an „Senatskommissionen" nicht mehr teilnehmen. In der Kaiserzeit galt: Die größten Lasten im Leben sind Alter und Armut (S. 179). Erst die Christen entdeckten die Alten als Zielgruppe der Nächstenliebe.

Das neue Altenmodell im Christentum?

Ja, weil die Altersfürsorge institutionalisiert wurde.

Besonders die alten „Witwen" wurden von der Kirche betreut (Rentsch/Vollmann, S. 208). Einerseits übernahmen die Christen das Altersmodell der Kaiserzeit, andererseits wirkte die christliche Gleichheit aller Menschen vor Gott auf einen Ausgleich der Lebensalter. Die Pflicht zur Nachfolge Christi, den Gottmenschen, machte Askese und Nächstenliebe, auch der Alten, zur Pflicht. Aber die Senkung des Lebensalters (Durchschnitt 40 Jahre wegen des Zusammenbruchs der Sklavenökonomie), führte dazu, dass sich Altersprobleme viel seltener stellten als im 21. Jahrhundert (Durchschnittsalter 78–82 Jahre).

Der „Philemon-und-Baucis-Mythos" als Utopie des idealen Alters in der Antike

Inhalt des Mythos

Jupiter und Merkur finden bei Philemon und Baucis Aufnahme und Übernachtung. Überall waren sie abgewiesen worden, nur bei den beiden Alten nicht. Die beiden Götter belohnten das Paar reichlich. Als die Sintflut kam, wurde ihr Haus in einen Tempel verwandelt und sie wurden die Tempeldiener. Die Götter halfen ihnen bis ins Greisenalter und ordneten an, dass sie gemeinsam

sterben sollten. Sie wurden in Bäume verwandelt und wuchsen eng umschlungen weiter, „von den Menschen verehrt“ (Rentsch/Vollmann, S. 209).
Die Antike ist nicht das lange gesuchte goldene Land des guten Alters. Es kennt das gute Alter nur als Utopie (Platon), stoischen Widerstand (Seneca), privilegiertes Alter (Cicero) und Mythos (Philemon und Baucis), als Ideal aber Sparta!
Über die Alten in den Randgebieten Roms und den barbarischen Reichen weiß man wenig.

Motto der Antike über das Alter

Wer arm und machtlos war, verkam in Elend. Die starke Binnenwanderung im römischen Reich riss Eltern und Kinder auseinander und bescherte den Alten oft ein hilfloses und krankes Alter.
Simone de Beauvoirs Idee, Alter sei klassenabhängig, gilt auch für die Antike (Rentsch/Vollmann, S. 213).
Bei Goethes „Faust II“ werden Philemon und Baucis Opfer von Mephisto, der sie verbrennt. Der Teufel greift die Alten an, es gibt keine Hilfe durch die Götter. Goethe vertrat eine tief pessimistische Vorstellung vom Alter.

2.2 Das Thema Alter bei Platon und Aristoteles

Platon (426–349 v. Chr.) ist in Athen Schüler des Sokrates. Mit seiner Ideenlehre vollzieht Platon eine Abkehr von der Naturlehre der Vorsokratiker und wendet sich dem Seelischen und Geistigen zu.
Damit hat er die Voraussetzung für eine Aufwertung des Alters für eine kleine Elite geschaffen. Platon schätzt das Alter sehr. Im „Staat“, seiner Spätschrift, stellt er fest:

- Viele Alte jammern über das Alter und sehnen sich nach den Liebesgenüssen der Jugend. Sie stellen die Jugend als wunderbar dar, das Alter aber sei ein Nichts.
- Aber das Alter hat den Vorteil, die Mängel der Leidenschaften in der Jugend zu erkennen.

- Im Alter wird klar, dass die Leidenschaften einen wie einen „rasenden Herrn" beherrscht haben.
- Im Alter erlebt man Frieden und Freiheit von den Begierden, die auch immer wieder Ärger und Angst bereitet haben.

Übung: Welchen Ärger hat die Liebe Ihnen in der Jugend bereitet? (Eine autobiografische Meditation)

Aristoteles (384–322 v. Chr.) war Schüler von Platon, Begründer der Wissenschaften Logik, Metaphysik, Ethik, Politik, Psychologie, Poetik, Rhetorik. Er entwickelte gegen das idealistische Altersbild von Platon ein realistisches. In seiner Rhetorik erarbeitete er die Lehre von den Altersphasen im Lebenslauf; besonders den Gegensatz von Jugend und Alter stellt er dabei heraus.

Die Jungen werden von den Begierden beherrscht. Sie streben nach Überlegenheit. Sie sind noch nicht bösartig, weil sie noch nicht viel Schlechtes gesehen haben. Für die Jugend ist die Vergangenheit kurz und die Zukunft lang. Sie sind deshalb auf Großes aus, weil das Leben sie noch nicht gedemütigt hat. Sie bilden sich ein, alles zu wissen und neigen zum Übermaß.

Übung: Werfen Sie einen Blick auf Ihren Charakter in der Jugend. Was hat sich verändert? Was ist gleich geblieben?

Die Alten sind das Gegenteil der Jungen. Sie glauben nur, wissen aber nichts mit Sicherheit. Sie sind aus langer Erfahrung misstrauisch. Sie streben nicht mehr nach den großen Dingen, sondern nach den Dingen des alltäglichen Lebens. Sie sind knauserig, weil sie wissen, dass man das Geld schwer verdient, aber leicht verliert. Sie neigen zu Angst und Feigheiten.
Sie hängen am Leben, besonders an dessen letztem Tag. Sie sind egoistisch und streben nach persönlichem Vorteil.

Es fällt auf, dass beide, Platon und Aristoteles, das „Höhlengleichnis" als ein zentrales Bild vom Leben der Menschen gebrauchen. Platon schildert die Höhle des Lebens und den Aufstieg einiger Gefangener ins Licht in seinem Dialog „Politeia". Aristoteles spricht vom Höhlengleichnis in seinem Dialog „Über Philosophie". Dieser Dialog wird von Cicero in seinem Werk „Über die

Beschaffenheit der Götter“ überliefert. Man kann das Höhlengleichnis auch als Bild der Aufgabe des Alterns lesen. Dann wird deutlich, dass Platon und Aristoteles das Ziel des Alters darin sehen, dass der alte Mensch sich von den Schatten der Höhle befreien muss, um die Höhle zu verlassen und das Licht der Sonne zu erkennen, die die Ursache von allem ist. Der Ausgang aus der Höhle befreit für Platon und Aristoteles den Menschen vom Leibgefängnis und vom Weltkerker. Damit erscheint das Alter als Lebensphase, die in der Oberwelt die Grandiosität des Universums bei Nacht erfahren kann und zum Denken gezwungen wird, „dass wirklich Götter sind und diese gewaltigen Werke (der Himmelsbilder, Orion usw.) von Göttern ausgehen“ (H. Blumenberg: Höhlenausgänge. Frankfurt: Suhrkamp 2019, S. 203).

Das Beste für den Menschen kommt im Alter, wenn er der Scheinwelt des Weltkerkers und des Leibgefängnisses durch den Tod entzogen wird und das Licht der wirklichen Realität der Ideen begegnen kann.

Kapitel 3

Die Stoa und das Alter

Die Stoa, um 300 v. Chr. von Zenon in Athen gegründet, verbreitete sich nach ihrer 2. und 3. Phase auch im römischen Kaiserreich und hatte eine wichtige Rolle neben Epikureismus und Skepsis. Die Stoa wurde zur führenden Macht in der Philosophie der Römer.
„Seit die staatliche und religiöse Autorität ... ihre bindende Kraft verloren hatte, konnte nur die Philosophie den Weg weisen und das war für die meisten gebildeten Bürger die Stoa.“ (M. Pohlenz: Die Stoa. Göttingen: Vandenhoeck & Rupprecht 1978, S. 363)
Unter den 60 Millionen Bewohnern des römischen Reiches lebten 200.000 Stoiker, in Gruppen der Großstädte des Reichs organisiert. Diese Gruppen lasen, diskutierten, feierten, machten Geschäfte, verteidigten sich gegen das Christentum.
Frauen spielten in der Stadt keine Rolle, im Gegensatz zu den Epikureern, die 300.000 Anhänger im Römischen Reich hatten.

Seneca (4 v. Chr. – 65 n. Chr.), durch Handel reichster Mann Roms, der von Nero, dessen Erzieher er war, zum Selbstmord verurteilt wurde, sah in der Naturerkenntnis den richtigen Weg zur Erkenntnis der Gottheit, weil Natur durch Logos geprägt ist (der nach der Vorstellung von Heraklit als Aufgang und Untergang des Kosmos in Erscheinung tritt).
Seine Ethik prägte die Entwicklung der stoischen Gelassenheit, die auf der stoischen Grundübung, die Epiktet besonders betonte, heißt: Der Mensch strebt nach Freiheit. Diese Freiheit wird errungen durch den Verzicht auf alles, was nicht in unserer Macht steht. Unterscheide also immer: Steht es in meiner Macht oder steht es nicht in meiner Macht? Was nicht in meiner Macht steht, ist gleichgültig, also Geburt, Natur, Lebenslauf, Alter, Krankheit. In meiner Macht stehen mein Denken, meine Lebensführung und meine Ethik. Soll heißen: In meiner Macht steht auch mein Denken im Alter.

Die Stoa glaubte an die Macht der Vernunft über die Affekte, die den Menschen in der Jugend antreiben, wie nach vergänglichen Werten wie Geld, Ruhm, Unsterblichkeit zu streben. Die Einsicht, dass diese Ziele zu einer ständigen

Unruhe führen, weil alles vergänglich ist, führt zur Gelassenheit im Alter, wo es darum geht, sich nur um den eigenen Charakter zu kümmern durch eine Vielzahl von Übungen: Morgen- und Abendmeditation, Blick aus großer Höhe auf die Welt, Reise durch das Weltall, Betrachtung der Geschichte usw.

Übung: Welche stoischen Übungen würden Sie im Alter praktizieren?

Durch Nero und seine Verfolgung der Stoiker wurde die Stoa immer staats- und kaiserkritischer. Vespasian wies alle Philosophen aus Italien aus. Domitian lehnte die Philosophie ab. Epiktet musste nach Nikopolis in Epirus auswandern, um dort seine stoische Schule zu betreiben.

Erst Marc Aurel (120–180 n. Chr.) wurde als Kaiser Anhänger der Stoa. In seinen „Selbstbetrachtungen" geht es ihm um Metaphysik, Erkenntnistheorie und Ethik als Lebensgestaltung der Vernunft über die Affekte (das Unterbewusstsein).
Was den Kosmos lenkt (Logos), sollte auch den Einzelnen lenken. „Vollbringe, was die Natur jetzt von dir fordert. Lebe nach der Natur als Logos." „Hoffe nicht auf den platonischen Staat, sondern sei zufrieden, wenn es nur ein klein wenig vorwärts geht und schätze die kleinen Fortschritte nicht gering." Soll heißen: Akzeptiere, dass auch im Alter der bessere Staat nicht existiert.

Die Kaiser Roms und die stoische Philosophie

In der frühen Kaiserzeit wurde Rom noch vom Stoizismus beherrscht.
Das ethische System der Stoa, das zur Gelassenheit führte, gefiel der „aristokratischen Elite" (P. Gansay, R. Seller: Das römische Kaiserreich. Reinbek: Rowohlt 1987, S. 252).
Seneca und Epiktet wollten allen helfen, die im Alter Läuterung suchten. Sie feierten die Freiheit des Geistes. Aber die Kooperation von Caesaren und Stoikern war brüchig. Die Idee, jeder habe seine Rolle zu spielen, führte zum stoischen Märtyrertum (Gansay/Seller, S. 253). Der Stoiker Cato beging Selbstmord und setzte Caesar in Verlegenheit.
Domitian verfolgte die Stoiker. Im römischen Senat waren Stoiker Kritiker des Kaisers. Misstrauische Kaiser brachte die stoische Gelassenheit in Rage

(S. 253). Die Senatorenfamilien wurden von diesem Kaiser auf stoische Opposition hin beobachtet und verfolgt.
Das Kaisertum setzte jeder Veröffentlichung der Stoa Grenzen. Kaiser Augustus ließ stoische Werke verbrennen, auch Tiberius. Jeder stoische Text musste den Kaiser preisen. Der gute Kaiser Marc Aurel war als Stoiker die große Ausnahme.

Vespasian finanzierte in Rom Lehrstühle für Philosophie, Marc Aurel in Athen (Gansay/Seller, S. 255).
Wichtige politische Fragen wurden mit der Zeit nicht mehr öffentlich von den Stoikern diskutiert. Wanderredner der Sophistik aus dem Osten wurden zu Freunden der Herrschenden (S. 257).
563 wurde jede Philosophie durch den christlichen Kaiser Justitian verboten.

Der Untergang Roms dauerte mindestens 100 Jahre. Er hatte nach P. Heather: „Der Untergang des römischen Reiches“ (Reinbek: Rowohlt 2010) folgende Ursachen:

1. Der Aufstieg der Hunnen zur zentralen Macht in Zentral- und Osteuropa.
2. Die Westgoten fielen in Rom ein und zerstörten das Steuersystem (Heather, S. 497).
3. Attilas Kriege destabilisierten Rom.
4. Viele Kriege und neue Staatsgründungen auf römischem Gebiet machten Rom schwach und zerstörten es (S. 500).
5. Korruption expandierte (S. 503).
6. Das Schreiben war bald nicht mehr Teil der römischen Identität (S. 505). Das Schulsystem brach zusammen.
7. Gebildet waren nur noch die christlichen Priester, die lesen und schreiben konnten.
8. Der Papst ersetzte bald den Kaiser und setzte das christliche Denken durch (S. 507).
9. Der Osten erwies sich als stabiler in der Sklavenwirtschaft als der Westen (S. 509).
10. Die Invasionen im Westen waren beträchtlich. 410: Alarich plündert Rom, 455: Geiserich plündert Rom. Alarich (Gote) hatte 30.000 Soldaten, die Vandalen hatten 20.000 Soldaten. Insgesamt drangen 110.000–120.000 Kämpfer ins römische Reich ein (Gansay/Seller, S. 513).
    468–476: Westrom löst sich auf. 476 wird der letzter Caesar Romolus Augustulus abgesetzt.

Resümee

Imperien schaffen Macht, aber sie produzieren auch die Gegenmacht, die sie zerstören. In Zeiten des Untergangs des Imperiums waren Alte und Kinder besonders gefährdet. Sie wurden Opfer von Hunger, Mord und Totschlag. Die Selbstmordrate stieg. Die Stoa verlor gegen das Christentum.

3.1 Über die Kunst gut alt zu werden: Cicero

Marcus Tullius Cicero wurde am 3. Januar 106 v. Chr. in Arpinum geboren und am 7. Dezember 43 v. Chr. in Formiae ermordet.
Er war ein großer Redner und wurde, dreieinhalb Jahre nach seiner Entlassung aus dem Staatsdienst, philosophischer Schriftsteller, der griechische Texte für römische Bürger umschrieb, um ihnen Philosophie näher zu bringen. Er war in stoischer und epikureischer Philosophie gebildet, weil er 79 v. Chr. mit 27 Jahren sechs Monate lang beim Akademiker Antiochos und beim Epikureer Zenon studiert hatte. Dann war er in Kleinasien und Rhodos, wo er den Stoiker Poseidonius hörte. Seine philosophische Reise dauerte zwei Jahre. Im Jahr 75 v. Chr. war er Quästor, neun Jahre später wurde er Prätor. Er unterdrückte die Verschwörung des Catilina, wurde verfolgt und ging 58 nach Griechenland. Er war nach einem Jahr in Rom zurück und stellte sich dem Konflikt zwischen Caesar und Pompeius. 46 verließ er Rom, zog sich auf seine Güter zurück und wurde philosophischer Schriftsteller. Am 15. März 44 wurde Gaius Julius Caesar ermordet. Cicero schloss sich Brutus an und hielt Reden gegen die „Caesarianische Partei" im Senat. Am 7. Dezember 43 wurde er von Antonius ermordet. Sein Kopf und seine Hände wurden in Rom ausgestellt.

Von Ciceros Werk sind überliefert:

- 56 vollständige Reden
- 5 Rhetorische Schriften
- 9 Philosophische Schriften, darunter „Cato maior de senectute" (zu deutsch: Cato der Ältere über das Alter)
- Briefe an die Familie, an den Freund Atticus, an seinen Bruder Quintus, an Brutus, den Mörder Julius Caesars.

Als Philosoph war er Eklektiker. Neben „Cato maior de senectute“ wurde seine Schrift „Vom Wesen der Götter“ wichtig, die 350 Jahre griechische Religionsphilosophie darstellte, für die es sonst keine Quellen gibt.

Cicero führte ein breites römisches Publikum in das griechische Denken ein. Als Skeptiker und Anhänger der platonischen Akademie vermied er apodiktische Urteile. In seiner Theologie vertrat er die Ideen der Stoa, wie später auch Marc Aurel. Durch seine Schriften hatte er großen Einfluss auf die Renaissance und den Humanismus (Petrarca, Erasmus von Rotterdam). Zu seinen wichtigsten Werken gehörten: „Gespräche in Tusculum“ und „Vom Wesen der Götter“.

Cicero hat sein „Werk über das Alter“ ein Jahr vor seiner Ermordung als 62-Jähriger geschrieben. Es ist ein Dialog in platonischer Form zwischen dem alten Cato und den 40 Jahre jüngeren Freunden Laelius und Scipio. Der Dialog umfasst drei Teile:

1. Die Klage über das Alter: Untätigkeit, Schwäche, Lustlosigkeit, Angst vor dem Tod
2. Der Gewinn und die Freuden des Alters
3. Gedanken gegen die Angst vor dem Tod

Gegen die Klagen über das Alter führt Cicero an:
Viele Alte haben noch geschrieben, z. B. Sophokles mit 90 Jahren: „Ödipus auf Kolonos“ oder Platon: Gesetze/Nomoi. Sie waren alt aktiv. Wichtig war das Philosophieren (M. T. Cicero: Über die Kunst gut alt zu werden. München: Finanzbuchverlag 2018, S. 61, 65, 87, 93, 119). Auch die Lehre der Jüngeren war eine gute Aufgabe. Man muss gegen das Alter wie eine Krankheit kämpfen: Gesundheitliche Rücksichten, maßvolle Übungen, nicht so viel essen und Alkohol trinken.

Der Gewinn und die Freuden des Alters

- Keine Lust auf Lust: Vorteil, denn Lust vernebelt den Verstand, stürzt in Krisen und Pflichten. Sie blendet die Augen des Geistes. Ciceros Schrift sagt: „Es ist gut, sterblich zu sein – denn alles hat eine Grenze.“ (S. 185)
- Ältere Menschen erhalten sich ihre Geisteskräfte, soweit sie sich der Philosophie verschreiben (S. 61).
- Alle Philosophen arbeiteten mit Feuereifer bis ins hohe Alter: Pythagoras, Platon, Zenon, Kleanthes, Diogenes, die Stoiker.
- Der Lauf des Lebens hat seine eigenen Stufen: Schwäche in der Kindheit, Kühnheit in der Jugend, Frust im mittleren Alter, reife Philosophie im höheren Alter (S. 83).

- So sehr wir uns um den Leib kümmern, so sehr müssen wir uns um den Geist kümmern. Geistige Übung macht den Verstand schärfer (S. 87).
- Am Abend alles durchgehen, was ich am Tag geträumt, gedacht, erlebt habe (S. 91). Das ist die Rennbahn meines Verstands.
- Das Alter kommt unmerklich, nur dann, wenn man nicht geistig aktiv bleibt (S. 93).
- Das Denken ist im Alter das größte Vergnügen (S. 119).
- Im Alter kann man eine Bilanz der Gedanken über das Leben an sich oder das eigene Leben ziehen, „eine spezielle Frucht" (S. 157).
- Das Sterben kann unangenehm werden, aber es ist meist kurz. „Nach dem Sterben eine große Erfahrung oder gar nichts" (S. 163).
- Der Todestag kann als Feiertag gesehen werden (S. 181).

Wichtig im Alter sind also: kultivierte Reden, Teilnahme an Gastmählern (ohne Übermaß), Landwirtschaft oder den Garten bestellen.

Gedanken gegen die Angst vor dem Tod

Mut bewahren, den Tod muss man nicht fürchten (Cicero, S. 149). Denn das Sterben ist kurz (S. 163). Im Tod ist man entweder tot oder unsterblich (S. 179). Das Leben ist eine Wanderung, der Tod die letzte Herberge.
Neun Beweise bei Cicero für die Unsterblichkeit der Seele, nach Platon und den Neupythagoreern:

1. Die Seelen entstammen einer universellen Intelligenz.
2. Sokrates sagt: entweder tot oder ewige Gespräche mit Philosophen im Hades.
3. Seelen sind ständig in Bewegung, das muss auch nach dem Tod andauern.
4. Das Wesen der Seele ist einfach, unteilbar, daher nicht zu vernichten.
5. Unser Wissen von den Dingen stammt aus unserer Existenz vor unserer Geburt, also haben wir vor der Geburt schon gelebt und leben auch nach dem Tod weiter.
6. Die Seele ist im Leben unsichtbar, also auch nach dem Tod (S. 173).
7. Die Seele kann auch ohne Körper denken (Nahtod-Erfahrung) (S. 173).
8. Die Seele strebt ewig nach Höherem, das wird sie auch nach dem Tode machen und nach dem Höchsten (= Gott) streben.
9. Im Alter ist man kurz vor dem Tod schon fast am Ziel, warum soll ich wieder auf Start zurück? (Argument gegen Wiedergeburt).

Ciceros Altenbild entspricht der aristokratischen Oberschicht, römisches Senatorenbewusstsein und hohes Sozialprestige dieser Alten-Elite. Ciceros Altenlob ist ganz im Sinne senatorisch-republikanischer Ideologie (A. Gutsfeld, W. Schmitz: Am schlimmen Rand des Lebens? Altersbilder in der Antike. Köln: Bohlau 2003, S. 152).

Ciceros Alterslehre heute

Ciceros Schrift „Cato maior de senectute", die einen Text Cato des Älteren (234–150 v. Chr.) benutzt, gilt als das bekannteste Lob des Alters in der Antike. Cicero lebte in der Zeit des Endes der Republik und des Beginns der Errichtung der Caesaren-Diktatur des Caesar Augustus. Seine Schrift lässt den 85-jährigen Cato den Älteren, einen hochangesehenen Feldherrn und Konsul, über das Alter sprechen.
Catos Votum für andauernde geistige Aktivität im Alter wird aber nur für Wissenschaftler und Künstler zutreffen. „Ähnliche Fälle sind auch heute bekannt und beeindruckend." (E. Martens: Lob des Alters. Mannheim: Artemis und Winkler 2011, S. 93). Allerdings glaubt man heute, dass senile Demenz genetische Ursachen hat und mental nur begrenzt bekämpft werden kann.

Ciceros Melancholie gegenüber dem Versiegen der Triebe wäre heute durch Viagra und Co. übertrieben. Die Chemie schafft neue Fakten der Alterssexualität.
Das Lob auf das Alter ist für den Adligen, berühmten Politiker und Redner leicht, kann aber vielen armen und unbekannten Leuten sehr schwer fallen. Die Weisheit des Alters nach Cicero als Reichtum der Erfahrung, Werterelativierung, Verständnis für Lebenszusammenhänge, Einsicht in unterschiedliche Lebensformen, gute Selbstberatung in Lebenskrisen ist heute noch verbreitet, sagt der berühmte deutsche Altersforscher Paul B. Baltes (1939–2006).

Kommen wir nun zur philosophischen Psychotherapie des Alters, die schon in der Antike von Seneca entwickelt wurde.

3.2 Philosophische Therapie für das Alter: Seneca

Im Jahr 4 v. Chr. geboren, lebte Seneca in der Zeit der Caesaren-Herrschaft. Er bekleidete als Anwalt hohe Ämter und musste von 41–49 n. Chr. auf Korsika ins Exil, als Folge einer Intrige. 49 n. Chr. wurde er von der Kaiserin Agrippa nach Rom zum Lehrer ihres Sohnes Nero berufen. Nero regierte mit 17 Jahren ab 55 n. Chr. als wahnsinniger Tyrann. Er ließ seinen Stiefbruder Britannicus ermorden. Er schlief mit seiner Mutter. Er steckte Rom in Brand, um seine Gedichte besser vortragen zu können. Seneca konnte Nero nicht zügeln. 62 n. Chr. zog sich Seneca auf seine Güter zurück. Er schrieb sein bekanntestes Werk „Die Briefe an Lucilius“. Nero ließ ihn aus Ärger, wegen seiner Beteiligung an einer Verschwörung gegen ihn, zum Selbstmord verurteilen.

Seneca hat versucht, seine stoische Philosophie zu leben, aber er war der reichste Römer seiner Zeit und kannte Profitsucht als Lebensziel genau. Immerhin strebte er nach seinen Idealen der Gelassenheit, die er im Tode bewies (Selbstmord nach drei Anläufen: Pulsader aufschneiden, Gift nehmen, schließlich erwürgen lassen durch Sklaven).
Ein Mensch hat nur richtig gelebt, wenn er sich entschieden für existentielle Lebensziele eingesetzt hat und nicht nur „lange vorhanden war“. Das Hauptziel des Lebens ist für Seneca die Entwicklung des besten Selbst. Die Suche nach dem besten Selbst verlängert die Zeiterfahrung, lässt die Ewigkeit erleben und den erfüllten Augenblick.

Dieser Gedanke des Strebens nach dem besten Selbst ist das Zentrum der Stoa und lässt sich bei Epiktet und Marc Aurel überall finden. Für die Stoa ist der Kosmos pantheistisch die geoffenbarte göttliche Vernunft, dergemäß zu leben ist. Denn heraklitisch entsteht, vergeht und wiedererscheint der Kosmos sowie das ewige Leben, das entsprechend um seine ewige Gestalt ringen soll. Wer das kosmische Gesetz erfährt, erfährt Gelassenheit. Er fällt in kein „Rentnerloch“ oder verschwendet seine Zeit mit halbherzigen Hobbys. Er bleibt auf der Spur des Ewigen seiner Selbst. Wie diese Spur aussieht, ist Aufgabe jedes Einzelnen. Dieses Selbst ist höchst individuell.

Seneca gehört zur späten römischen Stoa. Er ist eine wichtige Quelle für die Stoa, weil alle früheren Schriften der griechischen Stoa nicht überliefert sind. In seinen letzten Lebensjahren fasst Seneca seine Philosophie in „124 Briefen an Lucilius“ zusammen. Das gelungene Leben wird im Alter allein durch das Streben nach Vernunft und dem Streben nach dem besten Selbst erreicht, das der Natur des Menschen entspricht. Die Wertschätzung äußerer Dinge wird im Alter durch das Streben nach dem besten Selbst ersetzt, wenn das Leben gelingen soll. Gegenüber den Krisen des Lebens soll der alte Mensch eine unerschütterliche, d. h. stoische Gelassenheit entwickeln, die den Tod nicht fürchtet und das Schicksal akzeptiert. Diese Haltung hat Seneca bei seinem durch Kaiser Nero befohlenen Selbstmord vorbildlich in die Praxis umgesetzt.

Blicken wir nun auf die wichtigsten Altersschriften Senecas:

Briefe an Lucilius über das Alter

Altersschock (12. Brief):
Mit 60 Jahren empfindet Seneca, dass er ein „hohes Alter“ erreicht hat. Er erlebt den „Noch-am-Leben-zu-sein-Schock“.

....

Übung: Ab wann fühlten Sie sich alt? Erlebten Sie einen Altersschock?

....

Er beschließt, das Leben zu lieben, weil es voller Freude ist, wenn man es nützt. Man hat die Leidenschaften hinter sich gelassen. Man hat also Zeit, im Alter jeden Tag so einzurichten, als wäre er der letzte.

....

Übung: Wie würden Sie Ihre letzten Tage verbringen wollen?

....

Am Ende des letzten Tages soll man fröhlich und heiter folgenden Satz sprechen:
„Ich hab gelebt und den Lauf,
den das Schicksal gegeben hat,
vollendet.“
(Seneca: Philosophische Schriften. Wiesbaden: Marix 2004, Bd. 3, S. 37)

....

Übung: Wie lautet Ihr letzter Spruch?

....

Jede/r sollte im Alter jeden Morgen freudig erwarten, denn wenn man genug gelebt hat, kann man den nächsten Tag ohne Unruhe in Angriff nehmen. Er/Sie kann aber auch jederzeit das Leben verlassen. Es gibt viele Wege zur Freiheit.

Übung: Welche Wege zur Freiheit vor der Lebenslast kennen Sie im Alter?

Schwierigkeit mit dem Lernen des Sterbens (26. Brief):
Ich zähle mich zu den Hinfälligen, schreibt Seneca an Lucilius. Ich fühle meine Jahre im Körper, aber nicht im Geist. Kraftvoll ist mein Geist. Der Geist macht deutlich, im Alter ist seine „Blütezeit". Diese Zeit motiviert mich zum Nachdenken, zu prüfen, wie weit mir die Philosophie schon Gelassenheit vermittelt hat, zu prüfen, was ich tun kann oder nicht tun kann. Das Ende des Lebens soll ein „unauffälliges Entfernen" sein. (Seneca, S. 49)

Mit dem Gedanken an den Tod kann jede/r prüfen, wie mit dem Ende umzugehen ist. Es wird deutlich: Bin ich selbst furchtlos oder führe ich nur kühne Reden über meine Weisheit, ohne sie zu haben.
Erwarten wir also den Tod an jedem Ort und zu jeder Zeit. „Es ist wichtig, den Tod zu erlernen." Das Lernen des Todes ist schwierig. Er geschieht nur einmal und es ist vorher nicht klar, ob wir uns richtig vorbereitet haben, denn der Tod ist unsichtbar. Aber für das Alter ist die Bewältigung der Todesangst sehr wichtig, denn „wer gelernt hat zu sterben, hat verlernt Sklave zu sein." Dieser Rat für Lucilius sollte für diesen sehr wichtig sein, denn drei Jahre nach dem Tod von Seneca wurde Lucilius, der Senator Siziliens, gefoltert und ermordet.

Metaphysik studieren, z. B. Ciceros „Vom Wesen der Götter" (36. Brief):
Im Alter sollte man Metaphysik studieren, weil man die materielle Welt der Physik bald verlässt und ins Metaphysische überwechselt. Die Alterszeit ist Lernzeit. Zu lernen ist, dass Gewinn und Verlust gleichwertig sind und es überflüssig ist, sich über das Eine zu sehr zu freuen, wie über das andere zu sehr zu trauern.
Natürlich ist der Tod ein harter Brocken, weil er die Selbstliebe beleidigt und kränkt. Das Lernen muss so wirksam sein, dass man unter der Folter nicht treubrüchig wird. (Seneca war wohl an der Verschwörung gegen Nero beteiligt, die ihm den Selbstmord-Tod einhandelte.)
Der Tod bringt keinen Schaden: „Es müsste etwas geben, dessen Schaden er sein könnte." Aber Seneca hält sich an Heraklits Lehre von der ewigen Wie-

derkehr der kosmischen Zyklen, die besagen, dass der Kosmos (das Feuer) nach Maßen erlischt und nach Maßen sich wieder entflammt und mit ihm die anderen drei Elemente Wasser, Erde und Luft. Es geht nur scheinbar alles unter, in Wahrheit wird alles nur verwandelt.
Das heißt: „Gelassen soll sich aus dem Leben entfernen, wer sicher wiederkommen wird." (Seneca, Bd. 3, S. 53) (Vgl. Zander: Die Wiedergeburtslehre im Abendland, Darmstadt: WBG 1982, besonders das „Kapitel über Heraklit" und seine Rezeption in der Stoa)
Seneca gibt den Ratschlag zur Praxis der Wiedergeburtslehre mit folgenden Worten: „Betrachte aufmerksam den Kreislauf der Dinge (Tag und Nacht, Sommer und Winter, Frieden und Krieg etc.), die in sich selbst zurückkehren. Du wirst sehen, dass nichts in der Welt ausgelöscht wird, sondern abwechselnd ab- und aufsteigt." (S. 54) (Beispiel: Demokratie – Caesarismus, Demokratie – Faschismus)
„Dieser Umlauf der Sterne da holt sich alles, was vorbeigegangen ist, wieder zurück, ein Teil des Himmels hebt sich beständig, der andere Teil senkt sich herab." (Bewegung des Fix-Stern-Himmels, der sich über der Erd-Scheibe (Erdkugel in der Antike nur Minoritäten-Meinung) auf- und ab bewegt.)
Kleinkinder und geistig Behinderte haben keine Angst vor der Verwandlung, weshalb sollten es vernünftige Menschen haben.

Ein endliches Leben reicht, Altersdepressionen unnötig (61. Brief):
Wer den Tod relativiert, lebt leichter, besonders im Alter, wo der Tod nah ist. Wenn jeder Tag des Lebens in einer Nussschale ist, ist es nicht schlimm, wenn die ewigen Wiederholungen nicht ewig sind. Wenn man als Kind noch ewig leben wollte, so muss man im Alter einsehen, dass auch ein endliches Leben reicht „Ich bin bereit wegzugehen und werde deshalb das verbleibende Leben genießen, weil ich nicht allzu wichtig nehme, wie lange dies dauern wird." (Seneca, S. 54)
Vor dem Alter habe ich dafür gesorgt, gut zu leben und im Alter gut zu sterben, „gut zu sterben bedeutet aber gern zu sterben" (S. 54). An den Tod muss man ohne Traurigkeit denken. „Wir müssen uns eher auf den Tod als auf das Leben vorbereiten, im Alter." Im Alter muss die „Altersdepression" beseitigt werden, damit die letzte Zeit nicht zur leeren Ewigkeit wird.
Senecas Grundeinsicht: „Ich habe solange gelebt, wie genug war: den Tod erwarte ich nach erfülltem Leben." (S. 55)

Übung: Haben Sie schon genug gelebt?

Senecas Kritik über die Klage von der Kürze des Lebens

In seinem bekannten Essay „Über die Kürze des Lebens“ geht Seneca mit dieser Klage radikal ins Gericht.

Das Leben ist lang genug für vieles, aber viele vergeuden das Leben und beklagen sich am Ende, gar nicht gelebt zu haben. Ihre Gründe, das Leben zu verpassen, sind viele. Sie heißen: Habsucht, rastlose Hektik, Alkoholismus, Stumpfsinn, Ehrgeiz, Profitsucht im Fernhandel, sklavische Unterordnung, Liebesmanie, Sucht und Begierde.
Für alle gilt:

- „Einen kleinen Teil des Lebens haben sie wirklich selbstbestimmt gelebt, meist war ihnen ihr Leben aber entfremdet.
- Sie lebten immer für andere oder für anderes, niemals aber für sich selbst oder für ihre Selbstverwirklichung.
- Sie wissen nicht, dass sie der Vergänglichkeit unterworfen sind, halten sich für unsterblich und verschwenden ihre Zeit mit Unsinn.
- Sie jagen noch durch das Alter ohne Besinnung auf das, was ewig ist und Sinn macht und staunen, dass am Ende ohne das Ewige alles keinen Sinn hatte.

Übung: Gab es Zeiten, wo Ihnen das Leben lang vorkam?

Senecas Trostbrief an Marcia nach dem Verlust ihres Sohnes

- Ich bin entschlossen mit deiner dreijährigen Trauer den Kampf aufzunehmen (S. 206)
- Versuche nicht, dich für die Unglücklichste zu halten.
- Gebe dich nicht deinem Schmerz hin. Nicht immer an den Tod denken, auch wenn viele sterben.
- Alle, die nur lieben und nicht denken, sind vergänglich.
- Mit der Geburt ist der Tod notwendig, das ist kosmisches Gesetz.
- Das ganze Leben ist beklagenswert, nicht nur der Tod. Das Leben ist heimtückisch.
- Der Mensch ist ein Mängelwesen, äußerst zerbrechlich, trotzdem kann er an die Ewigkeit denken.

- Frauen sind Kämpferinnen gegen Verlust auch des Liebsten, des Sohnes.
- Die Natur behandelt mit dem Alter und dem Sterben alle gleich (S. 233).
- „Der Verstorbene ist aller Übel entzogen“, „Er kennt nichts Schlimmes mehr, denn der Tod ist völlig stumm.“ (S. 237)
- Der Tod ist nur wie die ewige Ruhe vor der Geburt.
- Sieben Lobe des Todes: 1. Er löst alle Ketten, 2. Er macht alle gleich, 3. Er eröffnet mit der Ewigkeit eine uneinnehmbare Sicherheit, 4. Das Tot-Sein kennt keine Schrecken, 5. Es schützt vor weiteren Traumen, 6. Das lange Leben kann zur Last werden, 7. Niemand stirbt zu früh, bezogen auf die Ewigkeit ist Leben als Mensch vor seinem Tod ein Nichts (S. 242).
- Die stoischen Philosophen sehnen sich danach, den einschränkenden Körper loszuwerden. Sie wollen im Geist die Welt von oben sehen, ganz Geist sein ist das Beste für das beste Selbst.
- Die Ewigkeit kennt keine Fallen und Traumata.
- Alles ist nach Heraklit dem Untergang geweiht, aber alles gehört auch dem neuen Zyklus des Logos, der neues Leben hervorbringt.

(Seneca, Bd. 1, S. 202–254)

Übung: Schreiben Sie einen Trostbrief an einen älteren Menschen, der immer wieder erleben muss, dass nahe und entfernte Menschen sterben.

Gaius Rufus Musonius (30–101 n. Chr.)

Nachdem er von Nero verbannt wurde, kam Musonius nach Rom und hielt gut besuchte Vorträge über die Stoa, also Philosophie für alle, nicht nur für eine Elite. Er war gegen die Sklaverei, für die Gleichberechtigung von Mann und Frau in der Familie. Sein größter Schüler war Epiktet, der wenig über das Alter sagt, ebenso wie Marc Aurel.

Musonius war auch Pazifist, was viele Generäle lächerlich fanden. Musonius‘ stoischer Grundsatz hieß: Lebe nach der Natur, das heißt lebe nach der Vernunft, die ja die besondere Natur des Menschen ist. Diese Einsicht muss in der Jugend erworben werden, um im Alter zu helfen. Das gelingt nur durch praktische Einübung, deren viele in der Stoa entwickelt wurden: Blick aus großer Höhe, Praemeditation vor einer Enttäuschung, Visualisierung der Geschichte und ihre ständigen Wandel, Tagebuch schreiben = Marc Aurels Selbstbetrachtungen, das Größte denken, das beste Selbst entwickeln, die

Wiederkunftlehre denken, das Alter als Lernen betrachten, Abschiedlichkeit üben etc. (Vgl. L. v. Werder: Beklage dicht nicht – philosophiere. Berlin: Schibri, S. 284–291). Dort das Glossar der Anthropo-Techniken, die Peter Sloterdijk „Du musst dein Leben ändern“ (Frankfurt: Suhrkamp 2017) auch entwickelt hat.

Das Beste im Alter nach Seneca, Epiktet, Aurel und Musonius

Das Beste im Alter sind feste Grundsätze und das Leben nach der Vernunft.

Übung: Wie heißen Ihre Grundsätze? Wie leben Sie nach der Vernunft? Machen Sie eine Liste.

Der Mensch ist nicht für die Lust da, sondern zur Entwicklung der eigenen Tüchtigkeit seiner Selbst.

Wer sich in der Jugend die stoischen Übungen angeeignet hat, wird im Alter nach der Vernunft leben.

Übung: Welches Gelassenheitstraining wird heute in der Schule, in der Uni oder im Betrieb gelehrt? Welches Training machen Sie täglich?

Die stoische Bildung wurde ein Schutzschild gegen die Krisen des Alters, wie Verachtung durch Ausschluss, Verlust des Sex, Krankheiten des Alters. Diese stoische Bildung lernt man auch im Alter noch von stoischen Lehrern, mit denen man zusammenleben muss. Wer im Alter den Tod mit Gelassenheit erwartet, der ist auf dem Weg zu einem Leben gemäß der Vernunft erheblich vorangekommen.

Das endlose Streben nach Reichtum ist eine Falle. Mit Reichtum erwirbt man nur den Schein von Wert, aber nicht Charakter, der in Krisen standhält. Reichtum ist zudem in Handelskrisen schnell zerstört und man hat dann nichts. „Reichtum kann kein schöner Trost im Alter sein.“

Weitere Übungen der Stoiker für ein lebbares Alter

Die **stoische Grundübung** ist folgendes Gebet an den Logos (nach Massimo Pigliucci: Die Weisheit der Stoiker. München: Piper 2016):

„Gebe mir
die gelassene Gemütsruhe im Alter,
die Dinge hinzunehmen, die ich nicht ändern kann,
den Mut im Alter,
die Dinge zu ändern, die ich ändern kann,
und die Weisheit im Alter,
die Unterschiede zwischen veränderbar und nicht veränderbar immer zu erkennen."

Schmerz

- Es gibt drei Stufen im Umgang mit Schmerz: 1. Feststellung, 2. Erkenntnis der Macht und Suche nach Heilmitteln, 3. Anwendung der Heilmittel.

....

Übung: Geben Sie ein Beispiel für die drei Stufen im Umgang mit Schmerz.

....

Ernährung

- Stoiker sind Vegetarier, weil der Verzicht auf Fleisch den Geist im Alter lebhafter macht (S. 77).

....

Übung: Sind Sie Vegetarier? Wenn ja, aus welchem Grund?

....

Gottesbeweise produzieren

- Beobachten Sie die Ordnung der Natur, sie deutet auf einen Weltbaumeister hin, sie kann nicht durch Zufall entstanden sein. Die Zuordnung der Geschlechter deutet auch auf eine Ordnung hin (S. 87).
- Auf der Erde herrscht das Chaos, aber in den Sternen erkennt man die Ordnung der Gestirne, in den Sternbildern (S. 91) des Kosmos.
- Stoiker akzeptieren, dass es unterschiedliche Meinungen über das Göttliche gibt: 1. Leugnung, 2. deistisch, 3. Götter kümmern sich nur um die kosmische Ordnung, nicht um die irdische Welt, 4. Sie kümmern sich

nur um die Epochen, nicht um Individuen, 5. Der göttliche Weg gibt den Einzelleben Sinn im Leben und Sterben (S. 93).

Übung: Bedenken Sie folgende Gottesbeweise, die den Tod erleichtern, weil sie die Seele auffangen: 1. Alle Völker glauben an Götter, 2. Die Gestirne bewegen sich nach einer Ordnung, 3. Das höchst denkbare Denken verbindet das Endliche mit dem Unendlichen, 4. Es gibt eine erste Ursache von Allem (M. Pohlenz: Die Stoa, S. 93–98).

Kerntugenden der Stoa

- Die folgenden Kerntugenden der Stoa sind universell. Sie gelten auch im Konfuzianismus, im Taoismus, im Christentum, im Koran. Das hat einen guten Grund.
  1. Mut
  2. Gerechtigkeit
  3. Menschlichkeit
  4. Mäßigung
  5. Weisheit
  6. Transzendenz

Entstehung des Wahnsinns bei der Zerstörung des Logos

- Der Wahnsinn entsteht in der Kindheit, in der falschen Erziehung der Kinder, die nicht zur Ordnung geführt werden und keine Liebe erhalten.

Wichtigkeit der Vorbilder

- Vorbilder für das Leben suchen.

Übung: Legen Sie eine Liste Ihrer Vorbilder im Alter an.

Kampf gegen Depression

- Die Niederlagen in Siege verwandeln.

Übung: Geben Sie Beispiele aus Ihrem Leben durch die Praemeditation und Überwindung des Schlechten (S. 157).

Auseinandersetzung mit dem Tod

- Der Tod liegt nicht in unserer Macht, aber über den Tod denken, das liegt in unserer Macht (S. 165)
- Ein undramatisches Bild vom Sterben entwickeln: „Der Stoff des Körpers wird wieder in seine Atome aufgeteilt." (S. 167)
- Akzeptieren, dass Platz für die nachfolgende Generation gemacht wird, wie Epiktet sagt (S. 170).
- Freitod akzeptieren (S. 172). Zenon hungerte sich zu Tode (S. 174). Senecas Tod in drei Anläufen (S. 175).
- Aber auch den Wert des Aushaltens bis zum Ende schätzen, wie Epiktet (S. 177).

Übung: Welche Art von Tod würden Sie wählen, wenn Sie die Wahl hätten?

Umgang mit Zorn, Angst, Einsamkeit

- Ängsten und Zorn darf man nicht zustimmen. Sie müssen beherrscht werden, um positiveres Denken zu ermöglichen (S. 54).
- Bestimmte Defizite der Welt werden niemals verschwinden: Lug, Trug, Diebstahl.
- Bei Zorn tief Luft holen und spazieren gehen (S. 183).
- Logik besiegt den Zorn, ebenso Humor.
- Angst ist unvernünftig. „Platon statt Prozac", sagt man heute.
- Einsamkeit betrifft alle in Großstädten und auf dem Land (S. 191).

Übung: Was ist Ihr „Rezept" gegen Zorn, Angst und Einsamkeit?

Liebe und Freundschaft

- Liebe und Freundschaft sind oft wichtiger als Sex, besonders im Alter.

Übung: Stimmen Sie zu? Begründen Sie Ihre Antwort.

Praktische spirituelle Übungen

- Spirituelle Übungen sollten täglich praktiziert werden.

- Hängen Sie sich einen Merkzettel in der Küche auf mit folgenden Stichpunkten:
  1. Tugend erkämpfen.
  2. Der Natur folgen.
  3. Die Dichotonie der Kontrolle beachten.
  4. An die Vergänglichkeit der Dinge denken.
  5. Oft innehalten und tief durchatmen.
  6. Sich in andere Menschen hineinversetzen.
  7. Wenig und dafür gut reden.
  8. Freunde gut auswählen.
  9. Beleidigungen mit Humor erwidern.
  10. Nicht zu viel über sich selbst sprechen.
  11. Über den Tag und Ihr Leben am Morgen und am Abend nachdenken.

Werfen wir nun einen Blick auf das Alter im Mittelalter. Was ändert sich an dem Altersbild und der Alterstherapie?

Kapitel 4

Das Alter im mittelalterlichen Christentum

Nur zwischen 5–10 % der Bevölkerung wurden im Mittelalter 60 Jahre oder älter. Für die armen Bauern bedeutete Alter oft erdrückende Not. Wenn im Christentum Altersphasen Vorrang hatten, dann die der Kindheit und der Jugend. Die unter dem Einfluss der arabischen Wissenschaft stehende Medizin führte für die reichen Alten in den Städten zu Heilbädern und Kuranstalten. Zugleich war die Säuglings- und Kindersterblichkeit enorm hoch. Nur die Hälfte aller Geborenen wurde älter als zwei Jahre. Die meisten Menschen im Mittelalter wurden nicht älter als 40–45 Jahre.
Klein ist die Gruppe jener Denker, die im Mittelalter überhaupt das Alter thematisierten. Zu ihnen gehörte Nikolaus von Kues (1401–1464). In den gehobenen Schichten lebten die Altersklage und der Altenspott wieder auf. In diesem Zeitalter erlebten die Alten außerhalb der Klöster wenig Schutz. Erst das Aufkommen des Handelskapitals gab den alten Reichen Sicherheit. Die Bauern, die 80 % der Bevölkerung ausmachten, litten im Alter oft unter der Altersarmut.

Das Diesseits und das Alter wurden im Gegensatz zur Antike im Christentum abgewertet zugunsten des Jenseits. Im Jenseits gibt es das ewige Leben. Im Jenseits wird der Tod besiegt. Das alles wurde möglich durch die Geburt Jesu, seine Leidenszeit und seine Auferstehung. Diesem Vorbild galt es im Diesseits des Mittelalters zu folgen. Die Vergöttlichung des Jesus v. Nazareth in den Jesus Christus prägte die christliche mittelalterliche Kultur. Da Jesus mit etwa 30 Jahren ermordet wurde und er in der baldigen Apokalypse wiederkommen sollte, war das Alter für ihn und die damalige Zeit kein Thema.
Im Christentum hatte das Alter keine Sonderstellung. Die Alten sollten in der christlichen Gemeinde wie die eigenen Eltern behandelt werden. Sie sollten sich an die Jungen anpassen.

Jesus' Bergpredigten hatten zwei Schwerpunkte: die Bergpredigt über die Erlösung der Unterschichten und die Apokalypse des Weltendes, die noch durch die „Apokalypse des Johannes aus dem Neuen Testament“ ergänzt wurde. Die Erlösung war immer ein Bewusstseinswandel: der Glaube, der sich durch

Rituale (Predigt, Beichte, Taufe, Konfirmation etc.) als Geschenk einstellen sollte. Der Glaube wurde aber meist durch Gewalt der Herrscher (angefangen von Kaiser Konstantin, der das Christentum zur Staatsreligion machte, bis zur Bekehrung Islands im Jahr 1000 n. Chr.) den Menschen vermittelt.
Das Leben ist im Mittelalter Strafe für den Sündenfall durch Adam und Eva, der alle Menschen schuldig macht und zum Tode verurteilt. Memento mori und der Vanitas-Gedanke bestimmen den mittelalterlichen Alltag. Es gibt im Christentum kein erfülltes diesseitiges Leben und kein kreatives Alter. Dem Menschen wird seine Vernunft genommen und sein Gehirn mit der großen Erzählung von Altem und Neuem Testament gegen das eigene Denken imprägniert.

Unter der Herrschaft des Christentums wurde die Abwertung des Alters aus Gründen der Ablehnung der sexuellen Lust und der Wollust radikaler. Die christlichen Kirchenväter rezipierten Platon. Clemens von Alexandria (150–215 n. Chr.) machte aus Platon einen christlichen Theologen. Die Sexualität sollte damit nur der Fortpflanzung dienen.
Die bei Platon noch bekannte sexuelle Lust wurde abgewertet. Das hatte zur Folge, dass sexueller Verkehr den alten Menschen verboten wurde, weil sie keinen Beitrag zur Fortpflanzung mehr leisteten. Bald kam die Hochschätzung des asketischen Lebens auf. Das Mönchstum entstand, die Praxis der Ehelosigkeit und der Verzicht auf Sexualität führten zur weiteren Abwertung des Alters. Auch der führende Kirchenvater Augustin (354–430 n. Chr.) änderte an der Abwertung des Alters wegen der verbotenen Sexualität nichts, so in seinem Hauptwerk „Der Gottesstaat“, der den Erlösten im Jenseits alle Lust versprach, auf die sie im Diesseits verzichten sollten. So berichtet Michel Foucault in seinem vierten Band von „Sexualität und Wahrheit“ mit dem Titel „Die Geständnisse des Fleisches“ (Berlin: Suhrkamp 2019) oder Georg Denzler: „Die verbotene Lust. 2000 Jahre christliche Sexualmoral“ (München: Piper 1988).

Erst mit Francois Villon (1431–1463 in seinem „Großen Testament“ wird die Hurenliebe und die Lust im Alter und zugleich die Aufwertung des Alters gefeiert. Gegen den pessimistischen Blick der Mönche auf das Alter tritt mit Villon ein Anwalt der optimistischen lustvollen Liebe auch im Alter auf, was eine Aufwertung des Alters erstmal in der Subkultur zur Folge hatte. Erst die Renaissance brach dann im 15. und 16. Jahrhundert an den europäischen Höfen die Lustfeindlichkeit der mittelalterlichen Philosophie, was auch der Aufwertung des Alters half. Selbst den Alten wurde nun die Wollust zugestanden. (Vgl. Lutz von Werder: Philosophie für Verliebte. Berlin: Schibri

2002, Kiermeier-Debre, J.; Vogel, F. F.: Die Entdeckung der Wollust. München: Hanser 1995)

Was sagt Michel de Montaigne zum Alter?

4.1 Michel de Montaignes These: Philosophieren heisst sterben lernen

Michel de Montaigne (1533–1592) arbeitete seit 1572 über sieben Jahre zurückgezogen im Turmzimmer des Schlosses Montaigne an seiner Selbstanalyse, die zur Schaffung der Form des Essays führte. Ein Essay (bei Montaigne „Essai") ist subjektiv, offen und berichtet von den Resultaten des Selber-Denkens. Montaigne stützte sich dabei auf die Pyrrhonische Skepsis und den systematischen Zweifel an sinnlicher Erfahrung und theoretischer Erkenntnis. Er stand aber auch stoischen Lehren nahe und zitierte Epiktet und Seneca.
Das Alter betrachtete er in Anlehnung an die stoische Philosophie als Teil der natürlichen Ordnung, die auch den körperlichen Verfall ertragen lässt. Der Tod wurde frühzeitig mit Todesverachtung eingeübt. Die Todesverachtung wurde zur vordringlichsten Aufgabe des Philosophierens, um im Alter die verbleibenden Lüste voll ausschöpfen zu können, wie es die Bauern im Umfeld seines Schlosses Montaigne vorbildlich taten. Sterblichkeit wurde als Chance zur Freiheit vom Körper gesehen und als Basis für ein gelassenes Dasein begriffen. Das Faktum des Todes sollte nicht aus dem Leben verdrängt werden. Montaigne begründete den Renaissance-Humanismus, der die christliche Jenseitsdogmatik, Altersabwertung und Erbschuldbestrafung entschieden ablehnt.

„Philosophieren heißt sterben lernen" heißt ein wichtiger Essay seines Werkes. „Cicero sagt: Philosophieren ist nichts anderes als eine Vorbereitung des Alters auf den Tod." Die Verachtung des Todes und die Feier des Lebens verschaffen dem Menschen Ruhe und reuelosen Genuss. Der Tod macht immer allen Belastungen des Alters, wie Schmerzen und Krankheit, ein absolutes Ende. Das Ziel unseres Lebenslaufes ist der Tod. Das breite Volk bewältigt den Tod nicht durch Philosophie oder Glauben, sondern einfach durch Verdrängung, man lebt in den Tag hinein, als gebe es kein Ende.

Da der Todestag unklar ist, soll man ihn jeden Tag erwarten. „Jede Vorbereitung auf den Tod wird zur Vorbereitung auf die Freiheit. Wer sterben gelernt hat, kann kein Sklave mehr sein", schreibt Montaigne.

Man muss beim Anfall von antizipierender Todespanik im Alter den Tod differenzieren:

- Der gewaltvolle Tod im Krieg lässt uns keine Zeit zur Angst. Der Tod bleibt unsichtbar.
- Jede Krankheit aber vermindert die Lust am Leben und lässt den Tod als Retter erscheinen. „In gesunden Tagen habe ich viel mehr Angst vor Krankheiten gehabt, obwohl ich sie mir nur eingebildet habe. Viele Todesängste haben sich als Einbildungen erwiesen. Ich hoffe, es wird mir mit dem Tod ebenso ergehen." (M. de Montaigne: Essais. Frankfurt: DVA 1998, S. 56)

Der christliche Glaube lehrt die Verachtung des Lebens. Aber man kann das Leben nicht verachten, weil es ist, wenn der Tod nicht ist, und wenn der Tod ist, kann man gar nichts mehr verachten, wie schon Epikur sagte.

Es fällt auf, über unser Tot-Sein vor unserer Geburt machen wir uns keine Gedanken oder belastende Gefühle, unser Tot-Sein nach dem Leben ist im Leben Anlass zum Grübeln und Ängstigen. Warum ist das so? Da der Tod kurz ist, warum ängstigen wir uns lange Jahre vor ihm?

Übung: Versuchen Sie Antworten auf diese beiden Fragen zu geben.

Man sollte einfach denken, dass man in die Ruhe vor dem Leben auch mit dem Tod zurückkehrt.

Der erste Tag im Leben eröffnet die Nähe zum Leben und zum Tod. „Der Tod ist ein Teil eures Lebens, in der Todesangst flieht ihr vor euch selbst." Auch wenn man ein kurzes Leben hat, hat man die Chance, es voll zu nutzen.

„Von dem Alter" heißt ein weiteres Essay von Montaigne. Im „Alter sterben" ist die äußerste und letzte Art zu sterben. Man sollte das Alter als eine Gunst betrachten, die viele nicht erleben, weil sie jung oder jünger sterben.

Auch wissenschaftliches Studieren wird im Laufe des längeren Lebens ermatten. „Bald altert der Körper zuerst, bald aber auch die Seele bei denen, die eher ein schwaches Gehirn als einen schwachen Magen bekommen haben." (S. 74) Die Gesetze der Gesellschaft eröffnen erst spät Karrierechancen. Das Leben wird interessanter, wenn man früh öffentliche Anerkennung erwerben kann und nicht die beste Zeit im Leben auf Geburt, Müßiggang und endlose Lehrjahre verschwendet.

Übung: Sind Sie für das Wahlrecht mit 16 Jahren? Sollen Kinder an die Macht? Unterstützen Sie „Fridays for Future"? Soll Greta Thunberg den Friedensnobelpreis bekommen? Begründen Sie Ihre Meinungen.

Kapitel 5

Die Philosophie des Alters in der industriellen Gesellschaft

In der Epoche des ausgehenden Mittelalters bis zur Hochrenaissance erreichte der Altenspott einen neuen Höhepunkt. In Giovanni Pico della Mirandolas (1463–1494) Buch „Über die Würde des Menschen“ war von der Würde des Alters nicht die Rede. Giovanni Boccaccio (1313–1375) stellte ausführlich in seinem „Dekameron“ die Schwäche alter Menschen dar. Auch der englische Dichter Geoffrey Chaucer (1340–1400) schilderte in seinem Buch „The Canterbury Tales“ immer neue Varianten der Altersverspottung.

Gegen die Abwertung des Alters steht Goethe

Johann Wolfgang von Goethe (1749–1832) leistet in seinem „Faust“, „Wilhelm Meister“ und „Dichtung und Wahrheit“ die Schilderung der Selbststeigerung des Individuums zur allseitigen Persönlichkeit, die sich erst im aufgewerteten Alter vollendet (dem besten Selbst seiner Selbst).

Die allseitige Persönlichkeit entwickelt sich bei Goethe in drei Phasen:

1. In der Jugend erkennt der Mensch seine Anlagen.
2. Im mittleren Leben bildet er sie durch Übung, Lehre, Nachahmung, Nachdenken und immer wieder Förderung der Kreativität aus.
3. Erst im Alter gibt der alte Mensch als allseitige Person Resultate seines Lebens an die nächste Generation weiter.

Den Tod mied Goethe, sowohl den seiner Frau als auch den von Schiller. Er glaubte an das Stirb und Werde, mit Betonung auf „Werde“.

Die 3. Phase misslang Goethe. Die Romantiker lehnten sein Werk ab. Sie verstanden seine Philosophie nicht. Aber seine lebenslange Bildungsarbeit und seine wissenschaftlichen Studien (Farbenlehre, Morphologie der Pflanzen, Evolution der Kulturen) machten ihn auch im Alter beweglich und kreativ. Im Alter war Goethe einsam. Er hatte Angst vor der heraufziehenden industriellen Revolution. Sie führe zur Entfremdung des Menschen. Sie bediene nur den schlechten Geschmack der ungebildeten Massen.

Die industrielle Gesellschaft veränderte das Alter.

Die Aufklärung gibt dem Alter einen neuen Status

Mit der französischen Revolution (1789) und mit den Idealen von Freiheit, Gleichheit, Brüderlichkeit wird die Sicht auf das Alter verbessert. Für die Aufklärung ergaben sich Ansprüche des alten Menschen aus der für die Gesellschaft erbrachten Leistungen. Alter hieß nun gesund zu leben und sich als soziale aktive Gruppe verdient zu machen.
Das Tagebuch wurde zur Selbstreflexion der Alten. Der biografische Rückblick rückte ins Zentrum des Alterns. Das Tagebuch lieferte Hilfe bei der Selbstkontrolle. Rousseau schuf mit seinen „Bekenntnissen" eine neue Form der Aufwertung des Alters.
In den oberen Schichten setzte sich nach Norbert Elias „Prozess der Zivilisation" der Trend zur Anerkennung des Anderen als eigenständige Person durch.

Die industrielle Arbeit schafft aber Menschen, die ihren Körper verkaufen müssen: die Proletarier. Ihr Leben und das ihrer Kinder ist oft kurz. Sie unterliegen in Städten Ausbeutung und Entfremdung in engen Wohnungen (vgl. F. Engels: Die Lage der arbeitenden Klassen in England. MEW, Bd. 4). das Alter verkürzt sich. Die ärztliche Betreuung verschlechtert sich. Arbeitslosigkeit in Perioden des Kapitalzyklus droht mit Hunger und Gewaltaufständen. Die Schnelligkeit der technischen Entwicklung entwertet alles Erfahrungswissen. Alte werden überflüssige Fresser, weil ihre ausgeschöpften Arbeitskräfte nicht mehr verkäuflich sind und den Familien zur Last fallen. Proletarier können sich nicht ewig „strebend bemühen", wie noch Goethe vorschlug.

5.1 Arthur Schopenhauers Studien zum Alter

Die Notwendigkeit einer staatlichen Altersversorgung begann sich mit dem Reichskanzler Otto von Bismarck (1818–1898) durchzusetzen. Mit einer Reihe von Gesetzen versuchte er, den Einfluss der Sozialdemokratie unter den Arbeitern zurückzudrängen. Er rief deshalb die Kranken-, Unfall-, Alters- und Invaliditätsversicherung ins Leben. Die Alten wurden damit zu einer politisch klaren Kategorie.
Seit dem Ende des 19. Jahrhunderts bildete sich das Alter des Ruhestands heraus. 1890 lebten in Deutschland noch 53 % der Alten auf dem Lande und 47 % in der Stadt. Für die Bauern auf dem Lande änderte sich in Bezug auf das Alter trotzdem nicht viel. Die städtischen Alten erhielten eine Rente, der alte Bauer nicht. Noch 1930 waren erst 40 % der Alten Pensions- bzw. Rentenempfänger.
Erst nach dem zweiten Weltkrieg wurden die Bauern in die Altersversicherung einbezogen.
Die Alten rückten eher ins Blickfeld der Medizin. Jean-Martin Charcot (1825–1893) hielt Vorlesungen über Alterskrankheiten. 1909 wurde die Geriatrie (Altersheilkunde) entdeckt.

Arthur Schopenhauer (1788–1869) erlebte das Elend des Kapitalismus auf einer Europareise mit seinen Eltern, die durch die finanzielle Pleite seiner Familie (der Vater beging Selbstmord als Unternehmer) und die Frauenemanzipation seiner Mutter geprägt wurde, die Bestsellerautorin in Weimar im Goethekreis wurde. Schopenhauer entdeckte mit Buddha, dass Leben im Kapitalismus Leiden ist, besonders im Alter, und begründete den philosophischen Pessimismus.
Sein Hauptwerk „Die Welt als Wille und Vorstellung“ (1819) blieb bis kurz vor seinem Tod unbeachtet. Hegel stahl ihm die Karriere an der Universität. Liebschaften erschlossen ihm die Lust, aber auch den Verdruss beim Verlassenwerden.

Schopenhauers späte „Aphorismen zur Lebensweisheit“ zeigen eine unerfreuliche Welt und die Strategie, etwas „Glück in der Ruhe“ zu finden. Besonders das höhere Alter hat hier Chancen. Die positive Bewertung der Jugend und die Abwertung des Alters kehrte Schopenhauer um. Das Alter wird bei ihm zur wichtigsten Phase im Leben. Durch Lustvermeidung kann man den Willen zum Leben überwinden und sterben bevor man stirbt. Schopenhauer entwickelt die Lehre von den Lebensaltern zeitgemäß weiter.

Die neue Lehre der Lebensalter

Die Kindheit in Kaufmannsfamilien ist oft glückselig und erscheint später als verlorenes Paradies. „Unsere Kindheit ist fortwährend Poesie", schreibt Schopenhauer. In den Kinderjahren bildet sich die Grundlage unserer Weltsicht, geprägt durch Kultur, Umwelt und Familie.

Übung: Wann haben sich die Grundlagen Ihrer Altersanschauung gebildet? Wie sehen diese Grundlagen aus?

Die Kinderjahre sind glücklich, so dass die Erinnerung an sie im Alter stets von Sehnsucht begleitet ist. In der Kindheit entwickeln wir eine anschauliche Sicht der Welt. „Alte Dinge sind herrlich zu sehen, aber schrecklich zu sein." (A. Schopenhauer: Senilia. Gedanken im Alter. München: 2010, S. 78) Deshalb entwickelt sich mit der Pubertät das Alter der Desillusionierung heraus.

Was die Pubertät unglücklich macht, ist das Jagen nach Glück in der Hoffnung, dass es im Leben anzutreffen sei. Die getäuschte Hoffnung führt zur Unzufriedenheit. Der Jüngling erwartet seinen Lebenslauf in Form eines interessanten Romans.

Ist die Jugend die unbefriedigte Sehnsucht nach Glück, so ist das Alter die Besorgnis vor Unglück (S. 80). Das Erwachsenenalter erlebt dann einen gewissen Anflug von Misanthropie. Nach dem Aufstieg erscheint nun der Abstieg. Wir werden des Todes ansichtig. Die Lebenskraft wird schwächer und der Lebensmut sinkt.

Das Alter weiß dann nicht, wo das Leben geblieben ist. Nun erkennt man: Das Leben ist kurz. Aus der Erinnerung an das Leben ist alles Unbedeutende vergessen. Je länger wir leben, umso mehr erscheint uns unwichtig. Die Zeit scheint immer spurloser und schneller abzulaufen. Wichtig wird nun das Geld, das in der Jugend keine Rolle spielte, im Alter aber immer wichtiger wird. Die Zeit vergeht im Alter immer schneller. Die Stunden des Knaben sind länger als die Tage des Alten. Am Anfang des Alters „erlebt man die besten Jahre". An die Stelle der verkehrten jugendlichen Lebensglückanschauung tritt im Alter das Denken. Was man in der Jugend scheinbar wusste, weiß man im Alter wirklich.

Gegen Ende des Lebens geht es zu wie auf einem Maskenball, wo die Masken abgenommen werden. Das Alter ist die Zeit der Ruhe, man hat sich einen

Begriff von der Nichtigkeit der Dinge gemacht, der einen Anschein von Weisheit verbreitet.

Übung: Wurden Sie im Alter von einer Ahnung der Lebensweisheit ergriffen? Wie äußerte sich das?

Das Alter ist für den, der tiefer blickt, nicht nur Krankheit und Langeweile. Obwohl die Geisteskräfte abnehmen, bleibt viel Zeit, um die Langeweile zu vertreiben. Die Abnahme der Körperkraft schadet nicht, es sei denn, man ist von Armut bedroht.
Ohne Armut und bei bester Gesundheit ist das Alter „ein sehr erträglicher Teil des Lebens". Das Gebet ersetzt die fehlenden Kräfte. „Von der Venus entlassen, wird man gern die Aufheiterung bei Bacchus suchen." Wer Kummer hat, hat auch Likör im Alter. Meist wird der herannahende Tod durch das Schwinden der Kräfte als Erlösung betrachtet. Man weiß, dass es ihn gibt, aber man weiß nicht, wann.

Übung: Wie gehen Sie mit der Unklarheit über den Zeitpunkt Ihres Endes um?

Man kann im Alter sein Leben überblicken. Es zerfällt für Schopenhauer in Dekaden (aus der Sicht eines Mannes):

- Im 10. Lebensjahr lernt man schlau und schnell.
- Im 20. Lebensjahr dominiert die Liebe.
- Im 30. Lebensjahr fühlt man sich wie ein Krieger, man ist heftig, stark, kühn, trotzig.
- Im 40. Lebensjahr ist man gefragt. Man hat seinen Herd, seine Familie, seine Frau regiert das Private, Geld ist vorhanden.
- Im 50. Lebensjahr hat man Autorität über alle, die einen umgeben. Man will sich nicht mehr befehlen lassen, sondern befehlen.
- Im 60. Lebensjahr zeigt sich die Schwere und Langsamkeit der Kräfte. Man hat Angst um den Verlust des Geldes.
- Im 70. Lebensjahr geht man langsam scheinbar in den Himmel. Man geht eher in den Orkus, aus dem man auch stammt. Das Geld verliert nun jeden Wert.

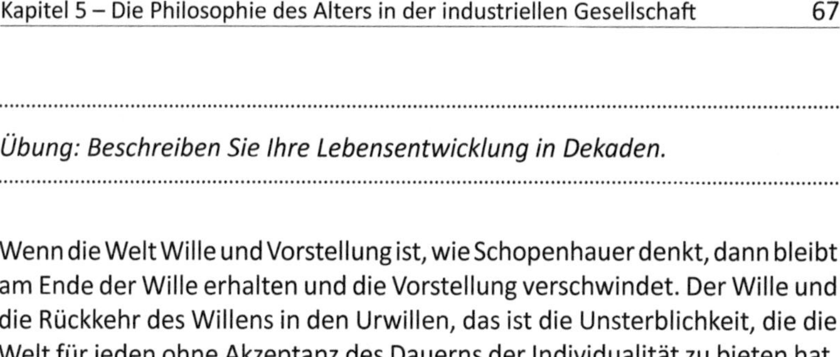

Übung: Beschreiben Sie Ihre Lebensentwicklung in Dekaden.

Wenn die Welt Wille und Vorstellung ist, wie Schopenhauer denkt, dann bleibt am Ende der Wille erhalten und die Vorstellung verschwindet. Der Wille und die Rückkehr des Willens in den Urwillen, das ist die Unsterblichkeit, die die Welt für jeden ohne Akzeptanz des Dauerns der Individualität zu bieten hat.

Übung: Ist Ihnen Ihre Individualität schon lästig?

Aber es gibt doch die Gebrüder Grimm. Welche Ideen über das Alter haben sie?

5.2 Anders altern. Eine Idee der Gebrüder Grimm

Die Brüder Grimm sind heute in aller Welt bekannt wegen ihrer Märchen. Schon in den Märchen spielt das Alter eine große Rolle. Da gibt es die „Bremer Stadtmusikanten", die eine Wohngemeinschaft für alle gründen, oder „Der Großvater und sein Enkel", in der der Enkel seinen Großvater schützt. Die Brüder Grimm waren keine alten Leute, als sie die Märchen sammelten, und ihre Erzählerinnen und Erzähler waren wie sie Mitte 20. Aber die Brüder stellten die Märchenerzählerinnen als alte Frauen vor, die sie nicht waren. Die Brüder betonten das Alter der Erzählerinnen und das Alter der Sammler. Denn das Alter wurde oft als wichtiger Träger der Erinnerung dargestellt.

47 Jahre später, 1860, ist Jacob Grimm auf das Alter zurückgekommen. Er hielt ein Jahr nach dem Tod seines Bruders eine große „Rede über das Alter", mit der er zum Begründer der deutschen Altersforschung wurde. Er sagte dabei: „Je älter ich werde, umso demokratischer werde ich." Alter ist auf Demokratie angewiesen, weil sie auf die Gleichheit aller Menschen setzt und damit der Altenschelte und Ausgrenzung des Alters entgegentritt (J. Grimm: Rede über

das Alter. In: T. Rentsch, M. Vollmann (Hrsg.): Gutes Leben im Alter. Stuttgart: Reclam 2012, S. 95–113).

Arbeit im Alter

Mit 75 Jahren verbringt Jacob Grimm noch 12 Stunden täglich am Schreibtisch. Grimm wendet sich gegen das Altersbild vom alten, verbrauchten Greis. Er wendet sich gegen das Altenbild des unnützen Essers. Arbeitsfähigkeit stellt Grimm dem unnützen Alten gegenüber. Er betont in seiner Rede die Potentiale des Alters für Kultur und Gesellschaft. Er propagiert das aktive Alter, das eine demokratische Gesinnung hat, kühn und mit Nachdruck für die Demokratie eintritt (das war 1860, als der Feudalismus noch regierte). Gegen Adel und Dynastien in Deutschland, die „unsere Freiheit vernichten", schreibt Grimm, „kann nur durch rücksichtslose Gewalt geholfen werden". Grimm ist sein Leben lang für die Abschaffung des Adels eingetreten. „Der Adel als bevorrechtigter Stand muss aufhören." Nicht der Starrsinn und der Konservativismus sollten das Alter prägen, sondern das Interesse an Freiheit.

Die Befreiung der Seele

Der alte Mensch sollte nicht jammern. „Der Greis sollte von Dank erfüllt sein, dass es ihm zur letzten Lebensstufe voranzuschreiten vergönnt war." Wer im Alter leidlich gesund bleibt, kann sagen: „Ich bin noch im Alter lebensfroh." Im Alter soll der Mensch in Bewegung bleiben. „Die Spaziergänge in der Natur sind kein Verlust, sondern lauter Gewinn." Jeder Spaziergang kann für den Greis zum Lustwandel werden, in altersgemäßem Tempo. Lebenskunst im Alter soll „Gartenarbeit und Gartenpflege sein".
Grimm bezieht sich auf Aristoteles, wenn er die innere Balance, das Leben aus der Mitte propagiert, wie es auch die „Nikomachische Ethik" fordert. Mit Schiller spricht Grimm von der schönen Seele, der diese Balance zwischen den Extremen gelingt. Der alte Mensch sollte sich permanent mit sich selbst versöhnen, mit der Kürze des Lebens und dem Scheitern vieler Pläne und freuen über das, was gelungen ist. Von der Last des Lebens sollte sich der alte Mensch befreien. Das kann er aber nur in einer Gesellschaft der Freiheit.

Freiheit der Kultur

Die Kultur sollte sich von den Vorurteilen gegen das Alter zuerst befreien. Grimm stellt in seiner Rede über das Alter dar, dass in Europa noch Zerrbilder über das Alter vorherrschen. Grimm begreift das Alter in Antinomien. Einerseits ist das Alter „Übel und Gebrechen", andererseits „Vergnügung und Wohlsein". Beides ist im Alter da und beides stimmt. Über das Alter kann die Demokratie kontrovers diskutieren. Für das Alter muss die Gesellschaft Spielräume schaffen. Das Alter sollte sich vielseitig, individuell und differenziert entwickeln. Jeder Alte hat ein Recht zu Wort zu kommen.

Freiheitlich altern als Ideal

Jacob Grimm ist der Begründer einer freiheitlichen Altersforschung. Sie sollte 1. die unauflöslichen Gegensätze im Alter aushalten, 2. einseitige und extreme Positionen vermeiden, 3. das richtige Maß zwischen den negativen und positiven Aspekten des Alters finden.
In allen Altersfragen ist immer das mittlere Maß im Sinne des Aristoteles zu finden. Die Mitte, denkt Grimm, ist wie bei Immanuel Kant nur eine Idee, die von der Wirklichkeit niemals ganz erreicht werden kann. Aber eine Idee, um die wir ringen müssen. Denn die Idee der Mitte sollte uns im Alter „wie ein Leitstern vorschweben". Eine Kultur der Freiheit „führt die Mitte herbei", denn aus der Mitte entspringt „die goldene Praxis". Jacob Grimm „stellt damit das Ideal auf, demokratisch und freiheitlich zu altern. Das sei der einzige Weg menschenwürdig zu altern." (Harm-Peer Zimmermann: Demokratisch altern. Ein Vorschlag der Brüder Grimm. In: O. Loureda (Hrsg.): Anders altern. Heidelberg: University Publishing 2017, S. 26)

Man kann demokratisch über das Alter denken, aber auch utopisch, wie bei Ernst Bloch.

5.3 Ernst Bloch und die unerhörte Utopie der Abschaffung des Todes

Ernst Bloch verstand sich als entschiedener Gegner von Schopenhauer. Blochs Hauptwerk „Das Prinzip Hoffnung" ist, was das Alter betrifft, der Gegenentwurf zu Schopenhauers „Welt als Wille und Vorstellung". Blochs Hauptwerk könnte auch heißen: „Welt als Materie und Utopie".
Die Materie entwickelt Bloch in seinem Werk „Materialismusproblem", die Utopie in seinem Hauptwerk „Prinzip Hoffnung". In den medizinischen Utopien entdeckt er den Wunsch „der Abschaffung des Todes". Er knüpft dabei an Bergson an, der in der „Kreativen Evolution" schreibt: „Das Leben besiegt den Tod." Das Alter wird bei Bloch zur Quelle der Hoffnung auf Besiegung des Todes, denn weil der Mensch noch gar nicht ist, was er ist, kann er auch nicht vernichtet werden. Sein Anspruch auf die wahre unsterbliche Selbstverwirklichung bleibt in der Materie enthalten und wird in allen kommenden Revolten wieder zum Thema, bis die klassenlose Gesellschaft als Impuls der Materie allseitige Menschen ohne Sterblichkeit möglich macht.

Das Alter ist voller Wünsche

Das Alter ist ambivalent. „Wir lernen im Alter vergessen", lobt Bloch. Dafür mehren sich die verständigen Ängste. Der Leib erholt sich nicht so rasch wie früher. Jede Mühe verdoppelt sich. Wirtschaftliche Unsicherheit drückt schwerer als vorher.
Süchte nehmen ab, es vermehrt sich der Wunsch nach Bequemlichkeit. Der/Die Ältere kämpft nicht mehr gegen die Welt. Er/Sie wird „maulend, streitbar". Geiz und Selbstsucht können im Alter dominant werden.
Wichtiger wird das Geld. Es gibt Halt, es vertreibt die Lebensangst des Mängelwesens Alter. „Wein und Geldbeutel können das Alter prägen."
Erst um die 50 Jahre wird das Alter richtig empfunden. Der Einschnitt des Alters im Lebenslauf ist deutlicher als jeder frühere. „Verlieren scheint sich zusammenzudrängen." „Der Sommer geht zu Ende." (E. Bloch in: T. Rentsch, M. Vollmann: Gutes Leben im Alter. Stuttgart: Reclam 2012, S. 135)

Aber das Alter bringt auch Gewinn. Die Wünsche nach Rückkehr in die Jugend werden lauter. Alt werden kann aber auch das „Wunschbild Überblick oder

Ernte“ meinen. (S. 137) Für Künstler und Gelehrte kann Alter Weinlese und Kultur bedeuten. „Das gesunde Wunschbild des Alters und im Alter ist das der durchgeformten Reife.“ (S. 137)
Nicht ohne Grund spricht Jacob Grimm in seiner Rede über das Alter mit 75 Jahren: „Alt werden ist ein Glück.“ (S. 138) Der Wert des Alters heißt: Allein-Sein, Ende der Geschwätzigkeit, das Leben wird beschaulich. Aber die „spätkapitalistische Welt hält für die Alten am wenigsten eine Bank der guten Hoffnung.“ (S. 139) Deshalb bleibt im Alter die Hoffnung auf eine bessere Welt in der Zukunft. Das Alter im Kapitalismus ist offen für Utopien, besonders im antifaschistischen Sinn. Manche Alten setzen in der Phantasie auf die neue Zeit, auf medizinische Innovationen (vgl. E. Bloch: Prinzip Hoffnung. Frankfurt: Suhrkamp 2018, Bd. 3, Kapitel Ärztliche Utopien). Bloch denkt schon an die Abschaffung des Todes.

Aber Vorsicht, Ernst Bloch! Statt an die Abschaffung des Todes denken wütende Alte an die faschistische Lizenz zum Töten. Manche alte Menschen neigen auch zur Regression in faschistische und rechtsradikale Mentalitäten. Besonders, wenn sie einen autoritären Charakter haben (Th. W. Adorno), auf der Flucht vor der Freiheit sind (E. Fromm) oder zu Größenwahn neigen (Der Gotteskomplex), dann werden sie orientierungslose Wutbürger und verstehen Selbstverwirklichung als Weltzerstörung und Weltnegation.

Im 20. Jahrhundert wird das Alter zum Streitfall. Simone de Beauvoir trifft auf Betty Friedan.

5.4 Simone de Beauvoir contra Betty Friedan: ein Kampf um die Diskurshoheit über das Alter

Simone de Beauvoirs Buch „Das Alter“ (Hamburg: Rowohlt 1972) thematisiert die systematische Entfremdung des Menschen von seiner Selbstverwirklichung im Alter unter dem Kapital. Ihr Buch „Das Alter“ steht neben ihrem Werk der Grundlegung des Feminismus „Das andere Geschlecht“. Beide Bücher wurden zum Impuls, eine Frauenemanzipations- und eine Altenemanzipationsbewegung auf den Weg zu bringen. Beide Aspekte – Frauen und Alter – werden im sonstigen Existentialismus nicht berücksichtigt, weder bei Sartre und Camus noch bei Kierkegaard, Heidegger und Jaspers.

Simone de Beauvoir (1908–1986) entdeckt in dem Buch „Das Alter", dass Frauen besser altern als Männer. Die meisten Frauen können nicht so tief fallen wie Männer, da sie nie oben waren. Dagegen erleben Männer, die sich immer auf ihre Macht stützten, im Alter einen radikalen Entwertungsprozess. Simone de Beauvoir zeigt, dass die Grenze zum Alter sehr variabel ist, je nach Zeit, Gesellschaft, kulturellen Kontext, psychischer und physischer Befindlichkeit sowie ökonomischer Situation.
Sie hat dieses Buch mit Anfang 70 geschrieben, Jahre nach ihrem ersten Altersschock, ihrer Trennung von ihrer letzten Beziehung zu einem Mann, zu Claude Lanzmann. Sie erarbeitete sich in „Das Alter" den Schluss, dass nur hoffen kann, die Alterskrise zu bestehen, wer schon zuvor die Chance ergriff, ein sinnvolles Leben zu führen. Das Buch schließt mit dem Aufruf für eine menschliche Gesellschaft, die erst ein menschliches Alter möglich macht.

Die Bewältigung des Altenschocks

Das Alterstabu

Unsere Gesellschaft hält das Alter für ein Geheimnis, dessen man sich schämt und über das man lieber nicht redet oder nur in Klischees. Beauvoir will mit ihrem Buch „Das Alter" dieses Tabu brechen. Denn die kapitalistische Gesellschaft verhält sich kriminell gegenüber den Alten. Alte werden trotz Wachstum und Überfluss wie Parias gehalten. Große Teile der Alterskohorte werden zu Armut, Einsamkeit, Krankheit und Verzweiflung verurteilt. Wann das Alter beginnt, ist nicht definiert, es wechselt von Ort und Zeit. Ökonomisch gehören die Alten einer fremden Gattung an. Die Alten haben keine wirtschaftliche Macht und nicht die Mittel, ihre Rechte durchzusetzen.

Die Solidarität zwischen arbeitenden und nicht-arbeitenden Alten ist zerbrochen. Die Alten lösen Befremden in der Gesellschaft aus, wenn sie über Gewalt, Liebe, Eifersucht im Alter reden. Die Alten stehen außerhalb der Menschheit. Jede/r Erwachsene lehnt es ab, sich als Greis/in zu erkennen, der/die wir einmal sein werden. (Heute gibt es eine Alters-Facebook-App!) Der/Die Erwachsene verhält sich so, als ob er/sie nie alt würde. Viele Alte erleben einen Schock, wenn sie in Rente gehen müssen. Oft tritt jetzt erstmals die Angst vor dem Tod auf. Der körperliche Verfall tritt bei rüstigen Menschen langsam und schleichend auf. Ehe das Alter über uns zusammenbricht, ist das Alter nur etwas, das nur die anderen betrifft. Wir wissen aber nicht, wer wir sind, wenn wir nicht wissen, wer wir sein werden.

Zur Entdeckung und Bewältigung des Alters

Das Alter erscheint schicksalhaft und wenn es uns überfällt, sind wir entsetzt. Dass die Zeit des Lebens so schnell vergangen ist bis zum Alter, bringt uns in Verzweiflung. Das Alter ist besonders schwer zu bewältigen, weil es immer als etwas Fremdes betrachtet wird. Es ist das Andere in mir, das alt geworden ist, oft der Körper, aber der/die Andere, das bin ich. Meine körperliche Regression enthüllt uns den eigenen Altersprozess. Darin unterscheidet sich Altern von der Krankheit.

Es gibt aber viele Alte, die das Alter gut oder mäßig bewältigen. Dafür gibt Simone de Beauvoir Beispiele:

Beauvoir erwähnt in ihrem Buch „Das Alter“ Jean de La Fontaine (S. 243f.), André Gide (S. 251ff., 269), William B. Yeats (S. 253), Leonardo da Vinci (S. 255), Edmond de Goncourt (S. 256ff.), Paul Claudel (S. 257), Colette (S. 258), Walt Whitman (S. 262), der schrieb: „Dichtung, Freundschaft und Natur waren Grund genug zu leben, so dass mein Herz, obwohl ihm der Verfall bewusst war, froh blieb.“ (S. 263) sowie Tolstoi (S. 264ff.), Renoir (S. 266), Giovanni Papini (S. 266), der meinte: „Sie erleben ihre letzte Altersstufe als Herausforderung.“ (S. 267).

Joseph Joubert ergänzte: „Der Abend des Lebens bringt eine eigene Lampe mit.“ (S. 269)

Auch Frauen gelingt ein erfülltes Alter. Simone de Beauvoir schildert besonders die sexuelle Aktivität der Frauen, die weniger als beim Mann durch das Alter beeinträchtigt wäre. Vor allem lesbische Frauen haben noch mit über 80 Jahren erotische Abenteuer (S. 197). Aber Sex ist bei Frauen mehr ein Tabu als bei Männern (S. 299).

Wichtig ist auch die Veränderung der Paarbeziehungen im Alter: die wachsende Eifersucht (S. 300), z. B. beim Ehepaar Tolstoi (S. 303-308).

Das Alter in der heutigen kapitalistischen Gesellschaft ist in einer skandalösen Lage (S. 184). Der alte Mensch tut nichts mehr. Die Lage der Alten gleicht nun der eines Kindes. Von den Alten wird die Unterdrückung der Sexualität erwartet (S. 186). Die Altenpopulation expandiert, wegen des Rückgangs der Kindersterblichkeit und der höheren Geburtenrate (S. 189). Es entsteht eine Altenpolitik (S. 189), die nicht auf die alten Menschen, sondern auf die

Erhöhung des Profits orientiert ist (S. 192). Je schneller der Arbeitsprozess, umso mehr alte Arbeiter werden entlassen (S. 194).
Folgende Unterschiede zwischen zunehmenden und abnehmenden Fähigkeiten der Arbeiter werden sichtbar (S. 196):

- Zunehmende Fähigkeiten: Methodik, Pünktlichkeit, Wachsamkeit, guter Wille, Disziplin, Vorsicht, Geduld, Präzision.
- Abnehmende Fähigkeiten: Sehen/Hören, Kraft, Tempo, Gedächtnis, Energie, Umgänglichkeit.

Die Alten werden von Armut geplagt. Die Wohnungslage wird zu einem wichtigen Problem. Es gibt zu wenig bezahlbare Wohnungen für kleine Renten (de Beauvoir, S. 211).
Altersheime, Spitäler bieten nur ein großes Elend (S. 217). Auch Krankenhäuser zeigen sich bei der Pflege von alten Kranken völlig überfordert (S. 217). Die Folge: Vernachlässigung, Absonderung, Wahnsinn, Verfall, Tod (S. 219). Die Heiminsassen leiden unter den Zwängen der Institution. Ihr Interesse erlischt. Sie tun den ganzen Tag nichts (S. 219). Sie bleiben im Bett. Andere beginnen zu trinken.
Die reichen Alten haben natürlich Heime von höherer Qualität. Je höher das Alter wird, umso stärker empfinden die Alten das Gefühl des Alters (S. 225), das Entwertung heißt.
Die Verrentung führt zu Angst und Depressionen (S. 229). Den Frauen graut es vor dem Ruhestand der Männer, die nun den ganzen Tag zuhause sind und mehr Arbeit im Haus verlangen. Aber jede Untätigkeit steigert die Apathie (S. 230). Die Langeweile nimmt jede Lust sich zu zerstreuen.
Manche Selbstmorde sind die Folge neurotischer Depressionen im Alter, die nicht geheilt werden konnten (S. 235).

Chancen der Rebellion im Alter

Die Moral predigt das gelassene Hinnehmen des Alters. Wenn man vermeiden will, dass das Alter zum frühen Tod führt, schlägt Simone de Beauvoir vor:

- Weiterhin Ziele verfolgen, die einen Sinn vermitteln
- Tätigkeit und Hilfe für Andere oder für eine Sache
- Soziale Arbeit, politische, geistige oder schöpferische Arbeit
- Entwickeln neuer Liebesverhältnisse, wenn möglich, damit man sich nicht nur mit sich selbst beschäftigt

- Empörung entwickeln mit anderen gegen die Alterspolitik der Verarmung und Verelendung der Alten
- Nicht so viel ans Alter denken
- Die Gesellschaft hat Schuld, wenn der Alterungsprozess sich beschleunigt. Sie investiert nicht genug in die Altenpflege.

Wie muss eine Gesellschaft beschaffen sein, damit man sich noch als Mensch fühlen kann? Die Antwort ist einfach: Der Mensch muss immer schon als Mensch behandelt worden sein.
Das kann nur eine humane Gesellschaft sein, die dem Alter Wert zuspricht, nicht ein Fassaden-Humanismus, der nur das Elend des Alters verschleiert. „Die Situation der alten Menschen zeigt deutlich das Scheitern unserer Zivilisation. Der ganze Mensch muss erneuert werden, alle zwischenmenschlichen Beziehungen müssen neu geschaffen werden, wenn die Lebensbedingungen des alten Menschen annehmbar werden sollen. Der Mensch sollte nicht einsam und mit leeren Händen seinem Lebensende entgegensehen." (de Beauvoir, S. 309) In einer humanen Gesellschaft stürbe der Mensch ohne vorher Herabwürdigung erfahren zu haben. Simone de Beauvoir fordert am Schluss ihres Buches: „Es geht um das ganze kapitalistische System, und die Forderung kann nur radikal sein: das System und das Leben verändern." (S. 309)

Betty Friedan widerspricht Simone de Beauvoir.

Betty Friedan contra Simone de Beauvoir

Betty Friedan wurde 1921 in Peoria (Illinois, USA) geboren und ist 2006 in Washington DC gestorben. 1938 schloss sie ihre High School ab und studierte Psychologie und Soziologie. Sie verbrachte ein postgraduales Studienjahr in Berkeley, wo sie zusammen mit dem Psychoanalytiker und Lebenslaufanalytiker Erik H. Erikson studierte. Ab 1943 arbeitete sie als Journalistin. 1947 heiratete sie den Theaterproduzenten Carl Friedan, der 2004 starb. Aus der 1969 geschiedenen Ehe gingen drei Kinder hervor. Betty Friedan starb an ihrem 85. Geburtstag an Herzversagen .

1963 erschien ihr Buch „Weiblichkeitswahn", in dem sie die Reduktion der Frau auf Mutter und Hausfrau kritisierte. 1966 gründete sie die „National Organization for Women" (NOW), deren erste Präsidentin sie bis 1970 war.

Als Werke von Betty Friedan liegen in deutscher Sprache vor:

- Der Weiblichkeitswahn (1966)
- Das hat mein Leben verändert (1977)
- Der 2. Schritt. Ein feministisches Konzept (1982)
- Mythos Alter (1997)

Betty Friedan erwähnt Simone de Beauvoir in ihrem Buch „Mythos Alter“ (Hamburg: Rowohlt 1997) nur nebenbei. Beide sehen das Alter unter unterschiedlichen Perspektiven: de Beauvoir existentialistisch, pessimistisch, letztlich stoisch, Friedan ermutigend mit robustem Optimismus. Einig sind sich beide in der Einschätzung: Die kapitalistische Gesellschaft und das Patriarchat schließen die Alten bzw. die alten Frauen aus der Gesellschaft aus.

Die Gerontologie beschreibt die Alten als hilflos und gebrechlich, meist krank, in Altenheimen lebend. Aber nur 5 % der über 65-Jährigen sind gebrechlich und krank. Trotzdem werden viele in Altenheimen versteckt, wo sie die „gelernte Hilflosigkeit“ perfektionieren.
Alter wird wie ein Albtraum in der Jugendwahngesellschaft verdrängt und gefürchtet. Anti-Aging mit oft grotesken Folgen ist nicht besser.
Statt nach einem „Jungbrunnen“ sucht Friedan nach einem „Altbrunnen“. Sie fand hunderte, die dem Bild der elenden Alten überhaupt nicht entsprachen, sondern das Alter als Chance zur Weiterentwicklung begriffen.
Frauen nutzen das Alter besser als Männer, die den Verlust des Berufes oft kaum verkraften. Deshalb sind die Selbstmordraten bei Männern über 65 Jahren erschreckend hoch. Wenn Männer sich mehr um Familie, Gemeinwohl und Politik kümmerten, würden sie zusätzliche Lebensjahre bis über 85 Jahre gewinnen.
Bis ins hohe Alter lassen geistige Kompetenzen bei Männern und Frauen **nicht** nach.
Die Monotonie des Alltags von Alten in Heimen fördert Demenz und Alzheimer. Die Medien verstärken das „destruktive Altenbild des Verfalls durch Klischees oder durch Ausschluss.

Die Werbung favorisiert die Jungen, die Mittelaltrigen. Friedan präsentiert viele Beispiele von heute über 65-Jährigen, die ihrem Leben einen neuen Inhalt geben.
Nicht selten versuchen Alte die Defizite ihrer Jugend auszugleichen, die oft auch Abschlüsse und Promotionen nachholen.
Sie selbst hat nach dieser Devise im Alter gelebt. Sie joggte im Central Park, hielt Vorlesungen in New York und Kalifornien, pflegte Freundschaften.

Ihr Buch „Mythos Alter" hat folgende Schwerpunkte, die wir nun näher vorstellen wollen:

1. Die Pathologisierung des Alters
2. Der natürliche Abbau im Alter
3. Die krankmachende Betreuung im Alter
4. Die Verkindlichung des Alters
5. Die Selbstmitleidsfalle der Alten
6. Das Recht zu sterben
7. Die Verdrängung des Alters
8. Der Vorteil endlich alt zu werden
9. Bilanz

Zu 1. Die Pathologisierung des Alters

- Nur 5 % der Amerikaner über 65 Jahren leben in Heimen, in der BRD sind es 3,4 %.
- Nur 5 % erkranken an Alzheimer.
- 50 % aller Sendungen über das Alter schildern den „Pflegenotstand in Altenheimen".
- Viele Alte sehen das Alter schlechter als es ist.
- Der Mythos Alter – krank, senil, hilfsbedürftig – beherrscht die Gesellschaft mehr als die sichtbare und erfahrbare Realität.

Zu 2. Der natürliche Abbau im Alter stimmt nicht

- Das Leben vollzieht bis 50 Jahre den Aufstieg, danach kommt der Abstieg. Dieses Bild stimmt nicht. Die entsprechenden Daten stammen aus Untersuchungen an Heiminsassen, sie wurden von Männern gemacht und am Vorbild Jugend gemessen.
- Im Alter nehmen planendes Denken, Klugheit, Umsicht, Weisheit zu (B. Friedan: Mythos Alter. Reinbek: Rowohlt 1995, S. 88). Ihr Denken wird flexibler und strukturierter. Es ist belegt, dass Personen im Alter um 100 Jahre intellektuell höchst kompetent sein können (Friedan, S. 99).
- Viele körperlichen Defizite lassen sich auch durch Umstellung der Ernährung, Gymnastik, Yoga abbauen.

Zu 3. Die krankmachende Betreuung der Alten macht alt

- Das Heimleben fördert Demenz, weil es unterfordert.
- Das Heimleben fördert die gelernte Hilflosigkeit.

Zu 4. Die Verkindlichung des Alters

- Die Verjugendlichung wird dem Alter nicht gerecht.

- Die Plastizität des Gehirns lässt im Alter sowohl Verfall als auch Weiterentwicklung zu (Friedan, S. 117).
- Viele Reha-Methoden in Heimen sind infantilisierend. (S. 114).
- Zum Alter gehört der Mut zum „Risiko“, nicht der Pflegekokon.
- Im Alter nur auf den Tod zu warten, macht infantil (S. 99).

Zu 5. Die Selbstmitleidsfalle der Alten
- Viele Alte ertrinken in Selbstmitleid.
- Sie jammern ständig.
- Sie machen sich kaputt.

Zu 6. Das Recht zu sterben
- Soziale Aktivität fördert die Gesundheit (S. 100).
- Vom Recht zu sterben bis zur „Pflicht zu sterben“ ist der Weg nicht weit.
- Das Recht zu sterben darf nicht zur Flucht vor den Lebenschancen missbraucht werden oder zum Altengenozid.

Zu 7. Die Verdrängung des Alters
- Alter wird heute nur als „Verlust der Jugend“ definiert.
- Wer sein Alter realistisch einschätzt, wird aber älter.
- Nur wenn wir das Alter nicht verdrängen, können wir das Alter auf später verschieben.

Zu 8. Der Vorteil alt zu werden
- Endlich alt werden, weil dann jenseits der Altersmythologie das Beste noch kommt.
- Die Evolution hat den Menschen viel Zeit nach der Fortpflanzung gegeben, das hat einen Sinn, den es zu ergründen gilt.
- Das Alter muss eigene Utopien entwickeln, um nicht bloße Regressionen (von vergoldeter Vergangenheit) zu produzieren. Das Noch-Nicht-Bewusstsein der Utopien muss im Alter reaktiviert werden (E. Bloch).
- Erst wer Konkurrenz und Perfektion hinter sich gelassen hat, kann sich auf die eigenen Probleme und ihre bessere Lösung konzentrieren (S. 424).
- Künstler erreichen im Alter oft ihre Höchstleistung (vgl. G. Benn).
- Alte fragen, was die Welt im Kern zusammenhält (vgl. „Faust“).

Zu 9. Bilanz
- Wie können die neuen Alten heraustreten, jenseits des Weiblichkeitswahns und der Altersmythologie in die unbekannte Welt des Lebens

80+ und die Schätze heben, die die Kultur und Philosophie (am Rande) verborgen hatte.
- Der Held des Alters ist für Betty Friedan C. G. Jung, der dem Alter die Kunst der Ich-Werdung und der Selbstvervollkommnung zuerkannte (S. 140f.).
- Die Sexualität bleibt bei mehr als 50 % bis ins Alter von 80 bis 90 Jahren erhalten, es sei denn, Medikamente, wie Blutdrucksenker, mildern das Begehren (S. 338) oder der Maßstab jugendlicher Potenz lässt die eigene Erektionsfähigkeit unterschätzen.
- Männlichkeits- und Weiblichkeitswahn mindern das Erforschen neuer Formen der sexuellen Nähe (S. 341).
- Bei S. de Beauvoir müssen die neuen Alten sich vom Patriarchat trennen, bei B. Friedan vom Weiblichkeitswahn.

Ein Vergleich

Betty Friedan	**Simone de Beauvoir**
Mythos Alter (Reinbek: Rowohlt 1995) Führerin der US-Frauenbewegung	Das Alter (Reinbek: Rowohlt 1972) Inspiration der Altenbewegung
Optimistisch, vital	**Pessimistisch, kapitalkritisch**
Ihre Themen: • Suche nach Altbrunnen gegen Jungbrunnen • Geistige Kompetenz lässt bis 85 Jahre nicht nach • Heimunterbringung fördert Demenz und Alzheimer • Die Pathologisierung des Alters • Der natürliche Abbau im Alter • Die krankmachende Befreiung im Alter • Die Verkindlichung des Alters • Die Selbstmitleidfalle des Alters • Das Recht zu sterben • Die Verdrängung des Alters und seine Folgen	**Ihre Themen:** • Die Bewältigung des Altersschocks • Das Alterstabu • Entdeckung und Bewältigung des Alters: gute Beispiele • Die negative Erfahrung im Alter • Kritik der kapitalistischen Alterspolitik • Chancen und Rebellion im Alter • Notwendigkeit der Veränderung des Systems und des Lebens
Bilanz: Die neuen Alten	Bilanz: Die rebellischen Alten

Betty Friedan erwähnt Simone de Beauvoir wie gesagt nur einmal. Sie schreibt: Frauen werden als Hausfrau und Sexualobjekt definiert, „Simone de Beauvoir, Susan Sonntag und Germaine Greer und viele andere haben sich über die Benachteiligung der Frau durch diesen Doppelstandard empört" (Friedan, S. 341).

Simone de Beauvoir sieht das Leiden am Alter nicht aus Weiblichkeitswahn, sondern aus dem Kapitalismus. Das ist der entscheidende Unterschied zu Betty Friedan, die das Alter pathologisch und nicht ökonomisch definiert. Für de Beauvoir ist die Existenzsituation des Alters durch die Gesellschaft geprägt, die jeder Lebensphase ihren Status in jeder Gesellschaft aufzwingt (de Beauvoir: Das Alter, S. 11). Der alte Mensch wird im Kapitalismus scheitern, von vielen Zwängen befreit, aber von der ökonomischen Armut versklavt. „Im ersten Teil meines Buches werde ich darstellen", schreibt de Beauvoir, „was Biologie, Anthropologie, Geschichte und Soziologie über das Alter lehren. Im zweiten Teil werde ich mich bemühen zu beschreiben, auf welche Art und Weise der alte Mensch seine Beziehung zum Körper, zur Zeit und besonders zur Zukunft zu ändern hat." (S. 12)
Manche Altenforscher halten das Alter für eine privilegierte Situation des Daseins. Es bringt Erfahrung, Weisheit und Frieden. Das menschliche Leben kenne keinen Verfall. Das ist ihre Kritik an Betty Friedan. Simone de Beauvoir sieht aber das Alter abhängig von der Entwicklung der Gesellschaft. Ein freies und weises Alter ist für sie erst in einer freien Gesellschaft denkbar.
Für die moderne Gesellschaft wird für de Beauvoir besonders in den Romanen und Theaterstücken von Samuel Beckett das Alter beschrieben, im „Endspiel" (im Mülleimer), in „Glückliche Tage" (wo das Gedächtnis zerfällt). Der Roman „Molloy" zeigt bei Beckett, wie der Held zerfällt. Er kann im Alter nur die „Wahrheit des Lebens entdecken, das in Wirklichkeit nur ein unter Flitterwerk verborgenes Alter ist." (de Beauvoir, S. 181)

Die herrschende Klasse hat den Alten nur lächerlich wenig geholfen (S. 189). Erst der Klassenkampf hat das Alter aufgewertet und vom Generationenkonflikt befreit (de Beauvoir, S. 183).

Für Simone de Beauvoir ergeben sich im Alter folgende **Vor- und Nachteile** (S. 196):

Vorteile	Nachteile
Geschmack, Regelmäßigkeit, Pünktlichkeit, Wachsamkeit, guter Wille, Disziplin, Vorsicht, Geduld bleiben erhalten.	Sehvermögen und Gehör, Kraft, Arbeitstempo, Gedächtnis, Phantasie, Eifer, Energie, Initiative, Dynamik werden schwächer.

Die Alten sind meist „Schwache, Erdrückte, Ohnmächtige" (de Beauvoir, S. 236). Damit steht sie konträr zu Betty Friedan, die sagt, das „Alter sei ein Abenteuer" (Friedan, S. 769). Reichtum sei keine notwendige Voraussetzung für das Abenteuer Alter (S. 785). Betty Friedan hält das Alter für den Ort der Entwicklung der Generativität (n. Erik H. Eriksons „Entwicklung der Identität im Lebenslauf" – Frankfurt 1996). Generativität entwickelt sich im Alter gegen Verzweiflung und ist die Hoffnung auf Überwindung von Stagnation (S. 828). Betty Friedan schließt ihr 861-Seiten dickes Buch mit dem Bekenntnis: „Ich habe mich noch nie so frei gefühlt." (S. 842)

Simone de Beauvoir beschließt ihr Buch mit der These: Alter wird zerstört im Kapitalismus. „Es geht um das ganze System und die Forderung kann nur radikal sein, das Leben verändern." (de Beauvoir, S. 467)

5.5 Kreativität gegen Fatalismus

Die Auseinandersetzung zwischen Altersschelte und Alterslob, die mit Cicero in der Antike begann, wird auch in der Neuzeit geführt. Da tritt nicht nur Simone de Beauvoir gegen Betty Friedan an, sondern auch Jean Améry gegen Gottfried Benn.

Jean Améry wurde 1912 in Wien geboren. Er studierte Literatur und Philosophie. 1933 emigrierte er vor den Nazis nach Belgien, dort nahm er an der Widerstandsbewegung teil und wurde 1943 für zwei Jahre KZ-Häftling. Nach 1945 war er für Jahre freier Schriftsteller und Mitarbeiter im Rundfunk. Er erhielt viele Preise für sein essayistisches Werk, den größten Erfolg errang er jedoch im Alter. 1968 legte er seine Essays „Über das Altern" vor, denen 1977 das Buch „Hand an sich legen – Diskurs über den Freitod" folgte. 1978 nahm Améry sich in Salzburg das Leben.

Seine Altersschelte erreicht in beiden Büchern einen Höhepunkt. Er bezieht den Standpunkt: „Am tragischen Ungemach des Alterns ist nichts Grundsätzliches zu ändern." (J. Améry: Über das Altern. Stuttgart: Klett-Cotta 2001, 7. Aufl., S. 12)

Diese dogmatische Position hält er in seinen Hauptargumenten stringent durch. Die Zeit und die Vergänglichkeit werden im Alter zum Erzfeind. Sie sind Teil der Thermodynamik, die nicht umkehrbar ist und auf den Untergang allen Seins zustrebt (Améry, S. 18). „Denn die Straßen werden immer länger ... das Hirn blöder." (S. 23) Schließlich hebt der Tod „den Sinn jeglicher Vernunft auf" (S. 27). Der/Die Alternde fällt in ein Ungewisses. Im Alter wird der/die Alternde sich selber fremd. Das Altern ist eine „unheilbare Krankheit" (S. 44). Der verfallende Körper wird zum Gefängnis (S. 45). Die Welt wird für den alternden Menschen „die klare Negation seiner Selbst" (S. 48). Das Ich löst sich im Alter auf. Der Körper wird ein Wohnhaus „schlimmer Schmerzen" (S. 51). Schmerz und Krankheit umstellen den Körper. Auch die Idee, es wäre besser gewesen, nie geboren zu sein, hilft überhaupt nichts (S. 54).
Das Ich, als Produkt der Gesellschaft, wird durch die Gesellschaft selbst gelöscht. Das Alter ist nur noch eine Phase des Abstiegs. Die Anderen werden zur Hölle. Für sie wird die/der Alternde unsichtbar. Als „ewiger Jüngling" verweisen die Anderen die Alternden ins Narrenhaus (S. 72).

Kreativität haben die 25- bis 35-Jährigen, aber nicht die Alten (Améry, S. 75). J. P. Sartre ist im Alter ein Wrack. Nur die Jungen haben Zukunft. Jede Art von Altersidyll ist reiner Selbstbetrug. Die Gesellschaft macht aus der/dem Alten ein „Nichts" (S. 86).
Den Alten wird die Welt fremd. Die Weltanschauungen der Jugend werden im Alter bestritten. Junge Marxisten werden im Alter Heidegger-Anhänger (S. 91). Der Zeitgeist ist nicht mehr der Geist der Alten. Hesse wird durch Kafka entwertet. Für die Alten ist die geistige Avantgarde ihrer Jugend im Alter vergessen. Der alte Mensch lebt in einer geistig ihm fremden Welt (S. 103). Er ist unzeitgemäß, er erleidet zum Ich-Verlust auch noch den Weltverlust (S. 105). Die/Der Alte kann sich nicht auf Ewiges berufen, denn das Sein wird zum Nichts (S. 108). Der kommende Tod belegt diese These. Im Alter wird das Todesdenken zu einer manischen Litanei. Für Alte ist die Tröstung Epikurs nur noch ein Witz, dass wenn man lebt, der Tod nicht ist und wenn man tot ist, der Tod auch nicht ist. Über den Tod ist nicht zu reden, es sei denn in Widersprüchen oder in Metaphern. Der alte Mensch stirbt über Jahre, ehe er wirklich stirbt. Jede Revolte gegen den Tod endet für Améry im „Kitsch" (S. 134).

Ganz sicher kann Gottfried Benn (1887–1958) den Dichter und Essayisten Jean Améry nicht gelesen haben. Er hat ihn aber in zwei Essays, ohne von Améry zu wissen, schon Anfang der 1950er Jahre widerlegt. Benn tat das in zwei Arbeiten: „Altern als Problem des schöpferischen Menschen" und „Altern als Problem für Künstler" (G. Benn: Sämtliche Werke. Stuttgart: Klett-Cotta 2001, Bd. 6, S. 191–207, S. 123–150). Im ersten Beitrag stellt Benn fest, dass der drohende Tod die großen Künstler zwingt, „das Vollkommene zu schaffen" (S. 204). Sie wissen dabei, dass sie in „Ewigkeit nicht verworfen werden" (S. 205).

Benn ist sich klar, dass es eine breite Literatur zum Alter gibt, die sehr kontrovers ist. Auf diesen Umstand geht Améry überhaupt nicht ein. Er bleibt Dogmatiker. Benns Frühwerk ist voller Entsetzen über die Vergänglichkeit, total expressiv. Im Alter kann er empirisch feststellen, das viele große Künstler **im Alter ihr Bestes geschaffen haben**. Benn zählt sie auf in seinem Werk „Alter als Problem für Künstler" (in: Werke Bd. 4, S. 130f.):
Maler und Bildhauer: Tizian (99), Michelangelo (89), Franz Hals (86), Goya (82), Liebermann (88), Munch (81), Tintoretto (76), Roehn (S. 77), Matisse (84), Nolde (86) usw.
Dichter und Schriftsteller: Goethe (83), Shaw (94), Hamsen (93), Voltaire (84), Ibsen (78), Hauptmann (84), Lagerlöf (82), Gide (82), Fontane (79), Th. Mann, Herrmann Hesse, Döblin, alle über 75.
Große Musiker: Verdi (88), Richard Strauß (85), Händel (74), Wagner (70), Sibelius (92).

Améry nimmt von dem Phänomen der Alterskreativität keine Notiz. Er erlebt den alten Jean-Paul Sartre nur als Wrack. Benn dagegen fragt nach den Bedingungen, auch im Alter noch kreativ sein zu können. Er fragt nach dem Wesen des „Alterswerks der Künstler und Kreativen" und wagt die Hypothese, dass ein Zusammenhang zwischen Kreativität und Sexualität besteht. Er bezieht sich auf S. Freud und stellt fest: Es gibt sexuell aktive und asexuelle Kunstgenies im Alter. Aber beiden Gruppen ist gemeinsam, dass sie eine letzte Vergeistigung in ihrem Werk anstreben. Die Lebensabende der größten europäischen Künstler waren „Armut, Husten, krummer Rücken, Sucht, Kriminalität, fast alle ehelos, fast alle kinderlos" (Benn, S. 139). Aber sie alle standen unter Zwang. „Die Kunst muss ... den Weltbezug des Absoluten ins Bild bringen." (S. 141) Die Kunst muss. Benn weiß von der neuen Generation, die die alte ablöst. „Eine neue Generation, das ist ein neues Gehirn, und ein neues Gehirn, das ist eine neue Realität." (S. 148) Soviel Akzeptanz der Evolution ist Améry nicht möglich. Der Neid auf die Jungen verzerrt seinen Blick auf das Alter. Für Benn braucht der kreative Mensch im Alter Härte. „Härte ist das größte Geschenk für den Künstler, Härte gegen sich selbst und gegen sein Werk." (Benn, S. 148) Die geistigen Dinge gehen „den Weg weiter bis ans Ende, bis ans Ende der Nacht" (S. 149). Aber geben Sie kein SOS. „Erstens hört Sie keiner und zweitens wird Ihr Ende sanft sein nach so viel Fahrten." (S. 149) Für Benn gibt es keinen Selbstmord, auf den Améry in seiner Altenphilosophie nihilistisch zusteuert. Für Benn gibt es nur die Verfolgung und Gestaltung des Geistigen als Rettung der Kreativen im Alter. Ein Geistiges also, das Améry nicht kennt, und dieses Nicht-Kennen bestimmt Amérys Altersbild und führt ihn zum Selbstmord. Es wird nicht langweilig, wenn man die vielen Aspekte erkennt, die Benn über das Altern des kreativen Menschen entfaltet. Für Benn beginnt der Mensch jenseits von Sieg und Niederlage. Der kreative Mensch lebt im Alter, „als ob der Tag das wäre, mein Tag. Ich war, der ich sein werde." (S. 150)

Für Benn muss man das Alter voll ausschöpfen. Jeden Tag, um sich selbst bis ans Ende zu verwirklichen. Dann erkennt der kreative Mensch: „Auch ich werde nicht in Ewigkeit verworfen werden." (Benn, S. 150) Das Alter ist für Benn nichts ohne Kunst-Metaphysik. Der Zwang zur Kreativität ist die Negation der Negation, ist die Entwertung der Vernichtung im Tod.
„Das angefertigte Werk ist eine Absage gegen Zerfall und Untergang." (S. 152) Im Alter, glaubt Benn, „kann man im Scheitern das Absolute erfahren".

Davon kann Améry nichts sagen. Er bleibt im Bann des Nihilismus und fördert damit nur die Traurigkeit seiner alten Leserinnen und Leser.

Kommen wir nun zu Wilhelm Weischedel.

5.6 Wilhelm Weischedel und das Altern

1975 gibt der Philosoph Wilhelm Weischedel im Jahre seines Todes eine Selbstdarstellung seines Lebens heraus (L. J. Pongratz (Hrsg.): Philosophie in Selbstdarstellungen. Bd. 2, 1979). In dieser Selbstdarstellung zeigt sich: Weischedel kennt das radikale Fragen als Grundhaltung des Alterns schon seit dem Skeptizismus seiner Jugend. Schon als Schüler zeigt sich seine rebellische Haltung. Er gilt als schwieriger Schüler.

Wilhelm Weischedel wird am 11. April 1905 in Frankfurt am Main geboren. Seine Jugend verbringt er in Schwaben. Das gibt er auch als Grund für die schwäbische Eigenheit des Grübelns an, was er selbst lebenslänglich praktiziert. Sein Skeptizismus verträgt sich kaum mit dem christlichen Glauben, den sein Vater als Prediger der evangelischen Gemeinschaft offensiv vertritt. Wilhelm muss sechs Mal in der Woche den Gottesdienst besuchen und jeden Tag drei Mal eine Hausandacht miterleben. Seine Eltern haben alles, was Freude macht, wie Romane, Theater, Kino, Tanzen, jugendliches Lieben, verdammt. Weischedel hat lange gebraucht, diesen Asketismus zu überwinden. Er studiert aber die Theologie, um sie radikal zu hinterfragen.
In Marburg studiert er bei Rudolf Bultmann (1884–1976) die Entmythologisierung des Christentums und bei Martin Heidegger das Dasein zum Tode und die Chancen der Existenzerhellung. Für Weischedel wird früh klar, dass der christliche Gott nur die mythologische Stufe des Gottes der Philosophen ist , wie es Hegel schon erkannt hatte.

Weischedel wird zum kritischen Schüler von Martin Heidegger, bei dem er auch promoviert. Heideggers „Sein und Zeit“ schärft seinen Skeptizismus. Seit seiner Studienzeit hat er Heidegger als sein Vorbild verstanden. Deshalb überrascht es nicht, dass er Heidegger in zweifacher Hinsicht radikal kritisiert. Einmal versteht sich Weischedel als Sozialist und lehnt Heideggers Weg in den Hitlerismus komplett ab, zweitens ist sein Alterswerk „Der Gott der Philosophen“ eine radikale Kritik an Heideggers Metaphysikverständnis. Heidegger sieht mit der Vorsokratik die Metaphysik gescheitert, Weischedel zeigt im „Gott der Philosophen“, dass die Metaphysik von den Anfängen bis zur Gegenwart in einem ständigen Versuch besteht, das Absolute zu denken. Von „Seinsvergessenheit“, wie Heidegger behauptet, ist in der Geschichte der abendländischen Philosophie keine Spur – im Gegenteil.

So ist es keine Überraschung, dass sich Weischedel zwar 1936 habilitiert, aber an die Stelle einer Universitätskarriere die Arbeit in einem kaufmännischen Büro wählt. Gegen Ende des Krieges arbeitet er in einer Filiale seines Arbeitgebers in Paris, nimmt Kontakt zur antifaschistischen Resistance auf und verbindet so den deutschen und den französischen Widerstand.

1946 rechnet Weischedel als Referent mit dem Hitlerismus ab. Er sieht ihn als Flucht vor der Freiheit und als Versuch, in Zeiten von Atheismus und Nihilismus als Ich in der Masse zu verschwinden. Faschismus ist Flucht vor der Verantwortung für sich selbst. Der Deutsche muss nach dem 2. Weltkrieg wieder lernen, er selbst zu sein. Jeder ist für sich selbst verantwortlich, nicht vor Volk und für Führer.

Nach dem Krieg wieder in Tübingen sesshaft, wird Weischedel 1946 zum Professor für Philosophie an der Tübinger Universität berufen. Dort arbeitet er acht Jahre in engem Kontakt mit den Studenten. Er gründet die Wissenschaftliche Buchgesellschaft (WBG) mit und veröffentlicht eine wichtige Kant-Ausgabe. 1953 ist er Hochschullehrer an der FU Berlin, wo er von 1970 bis zu seiner Emeritierung bleiben wird. Er führt an der FU mit den Theologen Helmut Gollwitzer eine scharfe Auseinandersetzung über Glauben und Wissen, in der er das Gottesproblem als Problem des radikalen Fragens versteht, während die kirchlichen Theologen einfach dogmatisch nur glauben.

In den letzten Jahren seines Lebens, im Kontext der Studentenbewegung, mit der er sympathisiert, entsteht sein Hauptwerk „Der Gott der Philosophen" in den Jahren 1971–72, das auch seine Philosophie des Alterns enthält. Für Weischedel ist klar, dass jede Existenz nur im Kontext des gewussten Absoluten geführt werden kann. Vergänglichkeit des Einzelnen kann nur bestehen im Begriff des Unvergänglichen. Er schreibt auch den Bestseller „Die philosophische Hintertreppe" (1970), die den Zugang zur Metaphysik aus den Krisen des Alltags des Lebens der Philosophen erklärt.

Der Gipfel seiner Altersphilosophie über das Alter ist seine „Skeptische Ethik" (1976), die Offenheit und Abschiedlichkeit als Weg des Alters darlegt. Sie erscheint nach seinem Tod 1975.

Das Alter zwischen Offenheit und Abschiedlichkeit

Philosophie im Alter als radikales Fragen

Der Philosoph Wilhelm Weischedel hat die Frage nach dem Alter als eine Frage in einer Zeit aufgeworfen, die atheistisch und nihilistisch ist. In einer solchen Zeit wird das Altern verschärft der Fraglichkeit unterworfen.
Denn heute „kann nicht anders philosophiert werden als in der Weise des radikalen Fragens" (W. Weischedel: Der Gott der Philosophen. Darmstadt 1972, Bd. 2, S. 154).
Philosophieren, wie es dem Alter aufgezwungen wird, wird zum offenen Skeptizismus. Dieser Skeptizismus hat eine lange Tradition. Er beginnt bei Sokrates, Pyrrhon v. Elis, findet sich bei Montaigne, Pascal, Hume, ebenso

bei Descartes, Kant und Hegel. Philosophieren als radikales Fragen, das im Alter besonders zu Tage tritt, enthält sich nicht jeder Antwort, sondern hinterfragt jede Antwort.
So wird im Alter die Frage nach Gott für den offenen Skeptizismus wichtig als Frage nach dem absoluten Geheimnis, das von keiner dogmatischen Religion enthüllt werden kann.

Viele alte Menschen in den heutigen Industriegesellschaften sind atheistisch und/oder nihilistisch. Sie glauben: „Es gibt kein Sein und es gibt keinen Sinn ... Mit der Wirklichkeit ist es nichts und: An der Wirklichkeit ist nichts." (Weischedel, S. 161) So sagte auch der frühe Fichte: „Altes hat seine Realität nur im Ich. Aber das Ich entzieht sich seinem eigenen Zugriff. ... Es ist zusammen mit der Welt – nichts." (S. 163) So war auch für Nietzsche schließlich alles sinnlos (S. 164). Aber für den radikalen Skeptizismus ist jeder Dogmatismus ein Fehler. Auch das Nichts wird fraglich und ist als letzte Verabsolutierung radikal zu hinterfragen.
Nihilismus wie Atheismus sind weder beweisbar noch widerlegbar. Auch die absolute Sinnlosigkeitsbehauptung soll ja noch Sinn machen. Auch das Nichts, das vom Begriff her als Nichts nichts sein kann, verfällt der Selbstnegation. Damit unterscheidet sich Weischedel von der Seins- und Nichtsmystik Heideggers wie von der christlichen Dogmatik.

Für die alten Menschen, soweit sie bereit sind zu denken, eröffnet sich im radikalen Fragen die Frage nach einer skeptischen Existenz. Die richtige Haltung zur Welt im Alter wird eine skeptische. Diese skeptische Existenz lässt alles in der Schwebe. Ob nun Sein oder Nichts, das radikale Fragen lässt alles offen. Das Fragen schafft eine Distanz zwischen Welt und Individuum. Die skeptische Existenz baut auf einen Grundentschluss, der auf den Aufschwung im Denken zum Schweben setzt und sich dem Selbstmord damit entzieht.

Ein neuer Gottesbegriff
Das radikale Fragen stößt im Alter auf den Begriff des „Vonwoher" als das, was früher als Gott gedacht wurde (Weischedel, S. 217). Das „Vonwoher" ist kein Höchstes, kein Geist, keine Person, keine Substanz. Das Schweigen ist die einzige richtige Haltung, dem „Vonwoher" zu begegnen (S. 219).

Das „Vonwoher", das dem Alter begegnen kann, hat für Weischedel folgende Merkmale (S. 223ff.):
1. Es ist ein Geheimnis, das unverstehbar ist.
2. Es hat eine unergründliche Tiefe.

3. Es versetzt in eine eigentümliche Unruhe.
4. Es hat etwas Verlockendes.
5. Es ist nicht völlig verborgen.
6. Es ist nah und zugleich fern.
7. Es ist nicht völlig zu enträtseln.
8. Es entzieht sich immer und zieht zugleich an.
9. Es hat Ähnlichkeit mit den „deus absconditus“ (S. 227).
10. Es hat das Schweben des Denkens über dem Abgrund (S. 229).
11. Es ist der Gott der Philosophen, nicht der dogmatischen Religionen.
12. Es ist abgründig, aber kein Dämon des Nichts, sondern auch im Geist der künstlichen Intelligenz unterwegs.
13. Der Gott der Philosophen – das „Vonwoher“ – ist das absolute Schweben (S. 238).
14. Es muss offen bleiben, ob es vor der Existenz des Alters schon so radikal bewusst werden kann.
15. Die Frage nach der Ewigkeit des Vonwoher muss offen bleiben (S. 241).
16. Das „Vonwoher“ und das „Nachwohin“ erweisen den Menschen als den Hüter des Geheimnisses, der den Ruf in das radikale Fragen vernimmt, besonders im Alter.

Die Haltung des skeptischen Existierens im Alter in Zeiten von Nihilismus und Atheismus

1. Offenheit:
Der absolute Skeptiker ist im Alter bereit zu jedem Dialog. Er öffnet sich für die Fraglichkeit der Welt, für deren Existenz er sich entschieden engagiert. Seine Weltoffenheit ist letztlich die Offenheit für das „Vonwoher“. Es wird ergänzt durch seine Bereitschaft, sich für das „Nachwohin die Welt unterwegs ist“, zu öffnen. Damit ist er zwar skeptisch gegenüber dem Transhumanismus, aber engagiert, sich auf den Weg nach dem „Nachwohin“ des Menschen 2.0, der am Ende der Evolution auf Gott trifft, zu machen. Er hält dem Schock stand, in Jahrmillionen der Zukunft des fragenden Menschen zu denken. Der fragende Mensch hält damit die Differenz zwischen seiner kurzen Erdenzeit und den Milliarden Jahren der Weltzeit aus.

2. Abschiedlichkeit:
Abschiedlichkeit ist nach Offenheit die zweite Stimmung der skeptischen Existenz. Sie will sich vor sich selbst distanzieren, sich nicht auf sich selbst

zu versteifen, dem Eigensinn absagen, den Mut zur Selbstaufgabe wecken. Abschiedlichkeit macht frei. Sie setzt die Gelassenheit den Dingen und den Schicksalen des Daseins gegenüber. Gelassenheit lässt den Skeptiker zu sich selbst kommen. In der Abschiedlichkeit weiß man von der Fraglichkeit von Alter und auch von allen philosophischen Standpunkten.

Schließlich muss die abschiedliche Existenz auf das Geheimnis des „Vonwoher" und des „Nachwohin" verzichten. Aber sie ist sich sicher, dass es aus dem „Vonwoher" zum „Nachwohin" weitergeht und dass die skeptische Existenz Sekunden der kosmischen Geschichte begleitet hat als Hüter des Geheimnisses, woher der Mensch kommt und wohin er geht und warum der skeptische Existentielle so fröhlich ist, weil er frei ist.

Er fühlt sich wie Nikos Kazantzakis, Dichter des „Sorbas", auf dessen Grabstein in Heraklion steht:

„Ich hoffe nichts
Ich fürchte nichts
Ich bin frei"

3. Verantwortlichkeit

Wenn alles fraglich wird, muss man für sich selbst die Verantwortung übernehmen. Man entwickelt Selbstverantwortlichkeit und Mitverantwortlichkeit. Durch Selbstverantwortlichkeit entsteht auch Mitverantwortlichkeit für Menschen, Menschheit und Erde.
Weischedel plädiert deshalb für das Engagement der Alten in der Demokratie: „Demokratie ist die Staatsform der Selbstbestimmung der Einzelnen, die sich keinem Diktator und keinem System der Diktatur beugen."
Das Leben des alten Skeptikers/der alten Skeptikerin wird von Solidarität, Gerechtigkeit und Treue bestimmt. Diese Aspekte fordern die Gleichbehandlung und -bewertung aller.

Schließlich bleibt dem alten Skeptiker nur die Abschiedlichkeit. Sie nimmt auch Abschied von dem dialektischen Schwanken zwischen Sein und Nichts. Es bleibt das Schweben als letzte Existenzform. Diese Existenzform ist weder an Sein noch an Nichts gebunden. Sie akzeptiert nur die Wahrheit des Schwebens zwischen beiden, sie ist nicht mehr dogmatisch, sondern sie ist frei.

Was können wir als Alte heute von Weischedel im 21. Jahrhundert lernen?

Weischedels Skeptizismus hält die Erfahrungen des Dritten Reiches fest, das alles entwertet hat, den Weltkrieg der Selbstzerstörung durchsetzte und Auschwitz als Beginn der Selbstzerstörung der Menschheit.
Angesichts der Klimakrise zeigt sich, dass der Mensch seine Existenz auf der Erde durch Zerstörung der Umwelt selbst in Frage stellt. Diese radikale Fraglichkeit des Menschen kann der Skeptiker nur mit der In-Frage-Stellung aller Fluchten, Schönrednereien, faschistischen Ablenkungen und Scheinlösungen mit Volk, Diktatur und Führer beantworten. Weischedel will anregen, dass der alte Mensch besonders lernt zu denken, selbst lernt zu fragen, selbst lernt skeptisch zu sein. Nur so kann auch die Umwelt- und Ukraine-Krise, als Beginn weiterer Krisen der Störung des Verhältnisses von Menschheit und Natur, bewältigt werden.
Das Geheimnis des „Vonwoher“ lichtet den Blick auf das „Nachwohin“. Der Blick wendet sich vom Ursprung auf das Zelt der Geschichte und eröffnet die Vielfalt der Möglichkeiten, die alle, wenn sie zur Rettung der Welt beitragen können, von der Menschheit genutzt werden sollten.
Die Zukunft der Menschheit führt zum „Nachwohin“, zum Punkt Omega, wenn Skepsis in Zukunft jede Fixierung auf Dogmen verhindert.

Eine wichtige Zeitgeistströmung entdeckt heute den Neo-Aristotelismus und seine Hauptvertreterin Martha Nussbaum, die als wichtigste Philosophin der Gegenwart gilt.

5.7 Der Neo-Aristotelismus über das Alter

Aristoteles wird heute wiederentdeckt. Besonders in der Philosophie der Praxis des guten Lebens lassen sich verschiedene Ansätze finden, die sich auf Aristoteles beziehen.
Zu ihnen gehört Martha Nussbaum. Sie will, wie viele Neo-Aristoteliker, dass der Mensch aus biologischen Gründen Reproduktion und Selbsterhaltung anstrebt, aber auch über diese Ziele hinausreicht, „um in eine Praxis münden zu können, die grundsätzlich vernunftgeleitet ist“ (M. Höhnel: Aktueller Neoaristotelismus. In: Information Philosophie. März 2019, Nr. 1, S. 28).

Nussbaum glaubt, dass Aristoteles ein Altersbild vom Menschen vertritt, das sich in seinen Möglichkeiten und Tugenden den jeweiligen historischen Bedingungen anpasst. „So verbindet sie die universalistischen Ansprüche des Aristoteles mit den partikularen Gewohnheiten der Gegenwart."
Damit wird ihre aristotelische Tugendethik auch für die Begründung bestimmter ökonomischer Ansätze, globaler Gerechtigkeitstheorien, wie für die Theorie des Älterwerdens in heutiger Zeit angewandt.
Bei Martha Nussbaum gewinnt in der Lehre vom Alter der ausdrückliche Bezug auf Tugenden Bedeutung. Dabei spielt die Rationalität des Handelns eine besondere Rolle. Natürliche Teleologie des Lebewesens Mensch verbindet sich bei ihr mit normativer Geltung. Ihre Lehre vom guten Leben im Alter ist geprägt von den heutigen Verhältnissen und damit aber nicht universell gültig.

Martha Nussbaum, geboren 1947 in New York, ist Philosophin an der University of Chicago. Sie ist Aristotelikerin und stellt die Frage nach dem guten Leben ins Zentrum ihrer Philosophie. Sie vertritt einen liberalen Feminismus und tritt ein für Multi-Kulturalismus, Weltbürgertum, internationale Gerechtigkeit. Sie gilt als eine der wichtigsten Philosophinnen der Gegenwart. Sie trat in der ersten Ehe zum Judentum über und lehrte acht Jahre in Harvard. 1986 erschien ihr erstes Buch unter dem Titel „Die Zerbrechlicheit des Guten". 1987 wurde ihre Ehe geschieden. Sie behielt den jüdischen Glauben bei. Von 1987–1993 forschte Nussbaum am „UNO-Institut für die Erforschung der Weltökonomie" in Helsinki. Ihr zweites Buch „Erkenntnis der Liebe" von 1990 versucht die Verbindung von Philosophie und Literatur. Sie erkennt, dass die Literatur Einsicht und Wahrheiten vermittelt, die die Philosophie allein nicht erreichen kann. Philosophie kann den partikularen Einzelfall nicht erfassen, was Kierkegaard, Sartre, Beauvoir und Camus, die zugleich Literaten waren, auch schon wussten.

Martha Nussbaum schrieb dann mehrere Bücher, die Philosophie als Therapie verstanden. Ihre Titel zu diesem Thema heißen:

- *Die Therapie der Begierde* (1994)
- *Dichterische Gerechtigkeit* (1995)
- *Liebe zum Land?* (1996), eine Kritik des Patriotismus und ein Votum für Multikulturalismus
- *Kultivierung der Menschlichkeit* (1997)
- *Geschlecht und soziale Gerechtigkeit* (1999)
- *Frauen und die menschliche Entwicklung* (2000)

Ihre neuere Philosophie befasst sich mit der Bedeutung von Emotionen. Titel zu diesem Thema heißen:

- *Umbrüche des Denkens* (2001) – hier zeigt sie, dass es keine Ethik ohne eine Theorie der Emotion geben kann.
- *Versteckt aus Gerechtigkeit* (2004) legt dar, dass Ekel und Scham eine große Bedeutung für die Rechtsprechung haben.

Ihre folgenden Schriften fragen nach der Bedeutung der Religion und ihrer Rolle in sozialen Konflikten:

- *Der innere Konflikt* (2007) zeigt die schädlichen Folgen einer intoleranten Religion, die den Einzelnen in innere Konflikte stürzt.
- *Freiheit des Gewissens* (2008) lobt die Religionsfreiheit, die Toleranz.
- *Die neue religiöse Intoleranz* (2014)
- *Älter werden. Gespräche über die Liebe, das Leben und das Loslassen* (2018)
- *Königreich der Angst* (2019) – Ein Philosoph untersucht die politische Krise.

In ihrem neuen Buch „Älter werden. Gespräche über die Liebe, das Leben und das Loslassen" (Darmstadt: WBG/Theiss 2018) stellt Martha Nussbaum (zusammen mit Saul Levmore) ihre Altersphilosophie vor. Sie stellt folgende Besonderheiten des Alters fest:
Das Alter wird nicht besonders berücksichtigt im philosophischen Diskurs. Aber es hat sich verändert. „Wir haben mehr Auswahlmöglichkeiten im Alter und von diesen Möglichkeiten handelt das Buch." (S. 9)
Vieles am Alter ist peinlich und bleibt vertraulich. Viele Alte sprechen nicht über philosophische Fragen, besonders verschwiegen sind Fragen über den Körper. Das Alter hat keine eigenen Rätsel, die nach Reflexion verlangen. „Es hat seine eigenen Genüsse, aber auch seine eigenen Schmerzen." (S. 10)
Das Buch wurde durch Gespräche im Freundeskreis von Martha Nussbaum veranlasst. Dabei zeigte sich: Das Sprechen über das Alter ist doch angenehm und hilfreich.

Das Buch will über folgende **acht Aspekte des Alters** sprechen:

1. Die Gefährlichkeiten von Verallgemeinerungen über das Alter
2.. Der Eintritt in den Ruhestand
3. Freundschaft im Alter
4. Der alternde Körper
5. Die Erinnerungsarbeit
6. Liebe und Sexualität im Alter
7. Ökonomische Ungleichheit im Alter
8. Loslassen im Alter

Nussbaum hat den Eindruck, dass die Philosophie sich vor dem Alter drückt. Die Philosophie verfällt damit kulturell bedingter Berührungsangst (Nussbaum, S. 183).

„Die Philosophie benötigt an dieser Stelle die Literatur" (S. 183), die häufig das Leben alter Menschen schildert. Das beginnt bei Sophokles' „Ödipus auf Kolonos", geht über Shakespeares „König Lear" bis zu James Joyces „Ulysses" oder Samuel Becketts „Grabs letztes Band".

Sehen wir uns die acht Aspekte an, die Nußbaum über das Alter entfaltet.

Zu 1. Die Gefährlichkeiten von Verallgemeinerungen über das Alter
Martha Nussbaum stellt fest: Das Alter ist mit Klischees überfrachtet. Es wird stereotypisiert, und dabei verschwindet die Vielfältigkeit der Handlungsmöglichkeit im Alter, die viel größer sind als in Kindheit und Jugend (S. 25). Das Alter hat eine Vielfalt von Alterungsprozessen. Es gibt Alter ohne Krankheit oder mit Krankheiten. Alte werden dement oder auch nicht. Alt werden unterliegt aber einer „praktisch universalen sozialen Stigmatisierung" (S. 26). Alte werden als hässlich, inkompetent und nutzlos hingestellt. Diese Urteile übernehmen viele Alte und verlieren Lebenslust und Selbstbewusstsein. Sie finden sich in ihr sozial produziertes Schicksal.
Besonders kritisch sieht Nussbaum Simone de Beauvoirs Bücher „Das Alter" und „Die Zeremonien des Abschieds", das den Abschied de Beauvoirs von J. P. Sartre schildert.
Das Buch „Das Alter" von S. de Beauvoir hat gute Statistiken über das Alter in Frankreich, aber im zweiten Teil über die „Subjektivität im Alter" ist es voller negativer Allgemeinurteile. Nussbaum stellt fest: „Ich halte ihr Buch für noch schlimmer als nur grotesk." (S. 29) Es sei reines Klischee und forciere die soziale Stigmatisierung des Alters (S. 29).
Für Beauvoir ist das Alter düster und ohne Handlungsmöglichkeit (S. 29). Damit das Alter keine Parodie wird, schlägt Beauvoir vor, „weitere Lebensziele zu verfolgen, die unserem Leben Sinn geben, die Hingabe an Individuen, an Gruppen, an einen guten Zweck sowie an politische, soziale, intellektuelle oder kreative Arbeit." (S. 30)
Wertvoll ist für Beauvoir mit diesen Zielen aber eigentlich nur das Leben der Intellektuellen. „Die Mehrzahl der alten Menschen ist unfruchtbar, und sie verbringen es in Isolation, Wiederholung und Langeweile." (S. 30) Weder Sartre noch Beauvoir halten die Betreuung der Enkel durch die Großeltern für sinnvoll (S. 31).

Nussbaum warnt die Philosophen im Alter nur über das eigene Alter zu sprechen und Nicht-Intellektuelle und Geldverdiener zu vergessen.
Nussbaum erwähnt aber den Streit zwischen Simone de Beauvoir und Betty Friedan über das Alter mit keinem Wort.

Zu 2. Der Eintritt in den Ruhestand
Es gibt in den USA keine Pflicht, mit 65 Jahren in den Ruhestand zu gehen. Das findet Martha Nussbaum sehr gut (Nussbaum, S. 66). Viele Menschen in den USA arbeiten bis an ihr Lebensende (S. 71). Arbeit zu haben, ist für Gesundheit und Glück im Alter sehr wichtig. Arbeit zu haben ist ein gutes Mittel, „sinnloses Grübeln über das Alter zu vermeiden" (S. 75).

Zu 3. Freundschaft im Alter
Freundschaft ist sehr wichtig, wenn Menschen älter werden (Nussbaum, S. 76). Sie fordert heraus, tröstet und belebt. Ihr Fehlen lässt das Alter öde und armselig erscheinen. „Der geistige und körperliche Niedergang von Freunden ist ein Hauptgrund von Depression in höherem Lebensalter." (S. 76)
Nussbaum lobt Ciceros Buch „Über das Alter", weil es beim Tod von Ciceros Tochter (45 v. Chr.) und beim Untergang der Republik geschrieben wurde und die Freundschaft zwischen Cicero und seinem Freund Atticus feiert. Cicero und Atticus lieben Freud und Leid und zeigen, wie die Freundschaft die Hoffnung nährt (besonders in den Briefen und dem Buch „Über die Freundschaft", die Ciceros Schreiben des Buches „Über das Alter" begleitete).
Beide Autoren bestärken ihre Liebe zur Poesie und zur Republik, die bald durch Caesars Putsch zerstört werden wird. Sie ringen mit Verlusten. Besonders Cicero betont: „Der Tod meiner Lieblingstochter Tulla hat mich in den Tod gestürzt." (S. 84)
Cicero beklagt schon in „Über das Alter", dass Philosophen das Thema „Alter" meiden, obwohl viele Philosophen von Platon bis zu den Stoikern im Alter noch ihre besten Werke geschrieben haben. Nussbaum weist auch auf die Kreativität europäischer Philosophen im Alter hin, wie Kant oder B. Russell.

Zu 4. Alternde Körper
Die moderne Wellness- und Fitnesswelle lässt die alten Körper schlecht aussehen (Nussbaum, S. 124). Abscheu, Ekel und Scham befallen den Blick auf die alten Körper. Dabei wird der weibliche Körper mehr abgewertet als der männliche (S. 127). Auch die Geschlechterdifferenz zeigt sich bei alten Körpern. Heterosexuelle Männer finden homosexuelle Körper „unheimlich" (S. 129).

Oft werden alternde Körper rassistisch diskriminiert, obwohl die Zuordnung der alten Körper einer bestimmten Ethnie oder Kaste „völlig auf Phantasie beruht" (Nussbaum, S. 130). Männern wird im Alter Weisheit zugeschrieben, Frauen eher nicht. Solche Vorurteile haben starke Wirkungen auf Alte. Diese Diskriminierung gilt in den USA heute noch als völlig „natürlich" (S. 133). Frauen sollten Kosmetik nicht ablehnen, auch Wellness- und Fitnesstraining sollte die alte Frau wahrnehmen und mit gutem Essen und viel Bewegung ergänzen. Allerdings sollte man sein Geld nicht in den Körper, sondern in den Altruismus investieren. Jede Operation ist im Alter ein Risiko und die Erholung dauert lange (S. 137). Aber es ist nicht falsch, besser aussehen zu wollen, nicht jünger. „Wenn ich keine Depression kriege, weil ich besser aussehe, erspare ich mir Selbsthass und betrachte meinen Körper nicht wie Müll, der weggeworfen werden sollte."
Alte Menschen brauchen eine soziale Bewegung, „die der feministischen „Our-Bodies-Bewegung" ähnlich ist, „eine Bewegung gegen Selbstekel" (S. 138). Wir haben den Anspruch, das unerforschte Territorium unseres Körpers wieder zu erobern, obwohl wir uns vor unserem alten Inneren eher fürchten. „Our-Bodies-Bewegung" ist eine Rebellion gegen die Vorstellung, „der alte weibliche Körper sei ekelhaft und damit ein Grund für die weltweite Frauenfeindlichkeit" (S. 139).

Zu 5. Die Erinnerungsarbeit

Schon Aristoteles glaubte, dass die Alten ständig über ihre Vergangenheit reden würden, weil sie von der kurzen Zukunft nicht mehr viel erwarteten (Nussbaum, S. 142). Alte Menschen neigen dazu, ihre Zeit mit rückwärtsgewandten Emotionen wie Bedauern, Schuldgefühlen, rückwärtsgewandter Wut zu verbringen oder sich als Held/Heldin darzustellen.
Diese Emotionen haben für Nussbaum aber keinen Nutzen. Die Vergangenheit ist nicht zu ändern. Es gibt bessere Möglichkeiten für Alte, ihre Zeit zu nutzen. Die Antike wollte sich nicht in ihre Vergangenheit vertiefen, „um ihre Gegenwart und Zukunft zu verstehen" (S. 144). Moderne Gesellschaften halten die Vergangenheit aber wichtig für die Zukunft einer Person. Das Christentum, die Psychoanalyse (PSA) und der Roman haben die Analyse der Vergangenheit erheblich aufgewertet. Die PSA hat einen großen Einfluss darauf gehabt, „das Interesse an rückwärtsgewandten Emotionen zu wecken" (S. 145) [zum Beispiel durch die Analyse der Kriegskindheit und ihre Folgen für das Alter].
Die Kindheit erscheint als bedeutsame Lebensphase, die über Ziele und Werte der Person als Folge der Erlebnisse in der Kindheit bestimmt. Vergan-

genheitsarbeit wird so eine „wertvolle Anleitung zum Verständnis seiner selbst“ (Nussbaum, S. 146).

Aber es gibt das Problem, dass rückwärtsgewandte Emotionen auf Täuschungen beruhen oder nur zur nutzlosen Selbstbestrafung führen oder Trauer erwecken über etwas, was nicht zu ändern ist.

Eugene O'Neills „Eines langen Tages Reise in die Nacht“ ist ein Theaterstück, in dem die Personen sich destruktiv durch Erinnerungen zerstören, optimistisch den Tag beginnen, um am Abend zu kollabieren.

Nur rückblickend zu leben ist falsch, weil das die Chancen des Handelns in der Gegenwart vermindert. Es gibt immer neue lebendige Menschen, denen man sich widmen kann, „rückwärtsgewandtes Leben kann viele glückliche Beziehungen verhindern“ (S. 158).

Auch die PSA widmet sich leider meist nur der Vergangenheit, weil sie die Zukunftschancen verbessern will.

Die Bedeutung der Erzählung der eigenen Lebensgeschichte

Die biografische Narration, die aus dem Leben eine zusammenhängende Geschichte macht, ist eine wichtige Sinnstiftung gerade im Alter. Allerdings gibt es Gefahren:

- Wer sich in sein Leben vertieft, verliert die Gegenwart.
- Das eigene Leben wird nach Rollenmustern formiert, die die Vielfalt des Lebens arg einschränken.
- Meistens wird in der Biografie die Körpergeschichte ausgeblendet, das heißt die Basis des eigenen Lebens, aber auch die Gehirngeschichte mit Tag- und Nachttraum, Visionen und Verrücktheiten.

Um diese Gefahren zu umgehen, sollte man „eine unkonventionelle und in jeder Hinsicht auch unschöne Geschichte erzählen“ (Nussbaum, S. 162).

Zu 6. Liebe und Sexualität im Alter

Liebe und Sexualität im Alter ist das absolute Tabu-Thema, reich an Scham, Angst und Verzweiflung, aber auch an Glück. Richard Strauß' „Der Rosenkavalier“ ist eine verwegene und sentimentale Oper, die das Liebesverhältnis alte Frau – junger Mann mit Happyend für die Frau, die resigniert, schildert (Nussbaum, S. 171).

Dagegen wird die Liebe von „Romeo und Julia“ durch Shakespeare fast körperlos geschildert. Erst der alte Shakespeare kann in „Antonius und Kleopatra“ eine reife Liebe darstellen. „Romeo und Julia essen nichts. Antonius und Kleopatra essen die ganze Zeit.“ (S. 180) Romeo und Julia leben im infantilen

Liebeshimmel. Antonius und Kleopatra kennen die Welt. Ohne den Anderen ist die Welt „ein Schweinestall" (Nussbaum, S. 183).
Im modernen Film wird von der sexuell aktiven Frau verlangt, sich um ihr Aussehen zu kümmern, während die Männer das nicht müssen. Frauen und Männer verlieren ihre sexuelle Attraktivität, wenn sie arbeitslos werden. „Keine Arbeit zu haben ist ein großes Hindernis für echte Liebe." (S. 187)
Reife Liebe hat viele Vorteile. Die alten Partner bringen viel Komik und Tragik auf. Die Liebe kann nicht mehr perfekt sein. Reife Liebe lebt vom Wechsel. Sie kennt nicht „den Einzigen" (S. 190).

Zu 7. Ökonomische Ungleichheit im Alter
Armut im Alter ist das größte Problem älterer Menschen. Armut verhindert das Ausleben der menschlichen Fähigkeiten im Alter. Martha Nussbaum hat eine Fähigkeitsliste erarbeitet, die zeigen kann, was ökonomische Ungleichheit im Alter für die Armen in den USA bedeutet – Diese Liste mit acht Punkten beginnt mit dem Faktor Leben:

1. **Leben:** Der alte Mensch soll nicht vorzeitig sterben und in eine Lage geraten, dass er das Leben schrecklich findet.
    - Arme Menschen müssen, weil sie arm sind, früher sterben.
    - Sie können sich eine ärztliche Suizidbegleitung nicht leisten (S. 219).
    - Eine Hospiz-Pflege ist ihnen oft nicht möglich.

2. **Körperliche Gesundheit**: Zu ihr gehört gute Gesundheit, erträglicher Sex, gute Erzählungen, eine akzeptable Wohnung.
    - Arme Menschen sind oft kränker als reiche.
    - Teure Ärzte können sie sich nicht leisten.
    - Nahrungsmittel müssen billig sein.
    - Ohne Auto kann man in den USA kaum partizipatorisch leben.
    - Arme können sich Taxis nicht leisten, auch keine autonomen Autos ohne Fahrer.

3. **Körperliche Integrität** heißt geschützt sein vor körperlicher Gewalt, sexuellen Übergriffen, Gewalt in der Familie.
    - Arme Menschen werden oft in der Familie geschlagen.
    - Demente arme Alte dürfen keinen Sex mehr haben und haben oft kein schützendes Umfeld.
    - Privatsphäre gibt es für alte demente Menschen nicht.

4. **Sinne, Phantasie, Denken aktivieren**, um selbstbestimmt zu denken und um literarische, philosophische und religiöse Werke erleben und selbst gestalten zu können.
   - Die Dominanz des Autos schließt alte Menschen mit wenig Rente von der Kultur meist aus.

5. **Emotionen** sollen nicht durch Furcht und Angst dominiert werden.
   - Traumatische Erfahrungen nehmen zu, wenn man älter wird.
   - Die Einsamkeit alter Menschen ist in den USA weit verbreitet. Ein Großteil der Alten ist Single.

6. **Praktische Vernunft** soll das eigene Leben planbar machen.
   - Arme Alte haben oft keine Patientenverfügung.
   - Sie haben kein Testament, denn es ist nichts zu vererben.
   - Arme Alte haben keine Anwälte, die sie davor schützen, ein Objekt zu werden.

7. **Zugehörigkeit** erlaubt, viele Interaktionen zu haben.
   - Reiche Alte werden seltener diskriminiert als arme Alte.
   - Zur Natur haben arme Alte oft keinen Zugang. Ein Haustier kann nicht gehalten werden.

8. **Kontrolle über die eigene Umwelt** durch politische Partizipation.
   - Reiche alte Menschen sind in den USA oft sehr stark politisch involviert.
   - Arme alte Menschen haben die größten Probleme, politisch aktiv zu bleiben oder zu werden.

9. **Loslassen im Alter**: Mit dem Alter steigert sich der Wunsch, „nach unserem Tod zumindest auf irgendeine Weise in der Welt zu bleiben" (S. 248). Das kann durch Kinder geschehen, durch Beziehungen zu jüngeren Menschen, durch Aneignung und Weiterentwicklung von Wissenschaft, Philosophie und Politik.
   Mit der Welt nach dem Tod verbunden zu bleiben, gelingt durch Altruismus. Es gibt viele Formen des Altruismus:
   a) der Unternehmer
   b) der Philanthrop
   c) Altruisten, die auf keine Belohnung hoffen
   d) Menschen, die für das Gute kämpfen, für das auch noch gekämpft werden muss, wenn sie nicht mehr sind.

Für Nussbaum bedeutet Unsterblichkeit, „Spuren in der Welt zu hinterlassen" (Nussbaum, S. 250). Das Bewusstsein der Sterblichkeit führt nach Platon zu guten Dingen. Aber die Todesangst zerstört die Vernunft, den Altruismus und wirft den Einzelnen auf sein nacktes Ich zurück, das seine Hoffnung nur auf das Nichts setzen kann. Um sich vom Egoismus zu lösen, ist „ständige Wachsamkeit und Meditation" erforderlich (S. 254).
Aber das Alter fördert den Egoismus durch Schmerzen, Panik, Armut, deshalb ist der Altruismus als Unsterblichkeitshilfe begrenzt (S. 255).
Aber Enkel-Liebe hilft. Emotionale Selbstkontrolle (wie bei der Stoa) hilft. Ein Tagebuch der Gefühle führen und klären, wie viel Egoismus in einem noch steckt. Die positive Seite des Lebens oft vor Augen stellen. Humor entwickeln. Die Absurdität des Lebens achten.
Das Alter individualisiert und schwächt den Altruismus. Um den Altruismus müssen wir mit „Anmut, Humor und Demut" kämpfen (S. 260).

Resümee:
Viele Nationen neben den USA haben bislang über die Rechte der Alten nicht nachgedacht und keine Sicherung ihrer Rechte durchgesetzt. Damit schreibt Martha Nussbaum viel konkreter über das Alter als Simone de Beauvoir oder Betty Friedan.

In den letzten 30 Jahren hat sich in der Philosophie eine breite Diskussion über das Alter und seine Lebenskünste entwickelt. Auf diese Diskussion, die Philosophie mit der Ökonomie, Gerontologie und Altersempirie verbindet, wollen wir im Folgenden eingehen.

Kapitel 6

Die aktuelle philosophische Diskussion über das Alter

6.1 Das Alter im 20. Jahrhundert

Der Einstieg

Das Alter ist im 20. Jahrhundert von einem nur Wenigen beschiedenen Lebensrest zu einer wichtigen längeren Lebensphase geworden, die mehrere Jahrzehnte umfassen und von einer größeren Zahl Menschen erreicht werden kann. Das Alter wurde auch im 20. Jahrhundert ambivalent eingeschätzt: positive und negative Altenbilder prallten aufeinander, Altersklagen und Alterslob artikulierten sich. Unterschiedliche Positionen zwischen de Beauvoir, Friedan und Nussbaum führten zu streitbaren Auseinandersetzungen.

Neben der Soziologie interessierten sich nun auch die Biologie, die Medizin, die Erziehungswissenschaften, die Erwachsenenbildung sowie Theologie und existentielle Philosophie für das Alter (H.-W. Prahl; R. Schröter: Soziologie des Alters. Paderborn: Schöning 1996).
Besonders in England und den USA ist seit den 1980er Jahren eine umfassende Gerontologie entstanden, die marxistisch, feministisch, bis zu Anleihen bei M. Foucault reichte und auch biografische, narrative Ansätze und postmoderne Überlegungen entwickelte (J. E. Birren (Hrgs.): Encyclopedia of Gerontology. Amsterdam: Elsevier 2007). Diese Entwicklung wurde in Deutschland weitgehend nicht wahrgenommen.
Die Soziologie unterscheidet zwischen biologischem, chronologischem, sozialem und psychischem Alter. Sie debattiert auch, ob das Alter als Krankheit zu behandeln und medizinisch oder durch eine entsprechende Lebensweise zu therapieren sei. Auch nach der Ausdehnung des Lebens wird gefragt und zugleich nach Anti-Aging-Programmen, die das Alter bis auf 150 Jahre ausdehnen wollen. Diese Programme werden aber als unseriös und unwissenschaftlich

betrachtet (M. Spindler: Altern ja – aber gesundes Altern. Die Neugründung der Anti-Aging-Medizin in Deutschland. Wiesbaden: Springer 2014). Altern wird als soziale Schöpfung betrachtet und damit als Produkt der Evolution und der Geschichte eingeschätzt. Die soziale Konstruktion des Alters und die individuelle Gestaltung des Alters – beides ist der Soziologie von Interesse. Das Alter als eigenständige Lebensphase wird 1891 durch die Bismarck'schen Sozialgesetze begründet und 1957 in der BRD mit der Großen Rentenreform festgeschrieben.
Seitdem unterliegt das Alter einer spezifischen Struktur, es wird vom Zwang des Verkaufs der Arbeitskraft befreit und zugleich von den Vergesellschaftungsstrukturen der Arbeitsgesellschaft ausgeschlossen (S. v. Dyk: Soziologie des Alters. Bielefeld: transcript 2015, S. 20). Die Ausdehnung des Alters wird mehrheitlich von Frauen erlebt, denn die Männer sterben meist sieben Jahre früher. Das Alter wird als Raum für Selbstverwirklichung, Kreativität, Persönlichkeitswachstum, Mobilität betrachtet, aber alte Menschen auch als zu Pflegende, zu Betreuende und zu Versorgende.

Theoretische Ansätze einer Soziologie des Alters

Die Gerontologie kam in Westeuropa in den späten 1980er Jahren in Schwung durch die Rezeption amerikanischer Ansätze einer Soziologie des Alters. Die amerikanische Soziologie betrachtete dabei das Alter, aufgrund der industriellen und sozialen Revolution, als in einem Prozess der Entwertung befindlich. Dem wurde widersprochen, so dass der Streit vom Alter als Verfall oder neuer Kreativität auch die europäische Soziologie erreichte. Heute hat sich das Aktivitätsparadigma durchgesetzt, so dass das Alter positiv bewertet wird. Heute geht es der Gerontologie darum, das Alter durch Schwerpunktsetzung und Kompensation zu optimieren.
Dabei wird nicht vergessen, dass das Alter eindeutig durch soziale Ungleichheit geprägt wird, die Gesellschaft das Alter prägt und kontrolliert, die gesellschaftliche und technische Digitalisierung das Alter individualisiert, von Krisen durchzieht und den Lebenslauf verflüssigt.

Heute lassen sich vier **große Strömungen der Gerontologie** unterscheiden:
1. Politische Ökonomie des Alters
2. Postmoderne Altersstudien
3. Kritische Gerontologie
4. Neue Altersempirie in Zeiten neuer Krisen

Die politische Ökonomie des Alters betont die Abhängigkeit, Ausgrenzung und Diskriminierung des Alters. Sie erkennt das Spannungsfeld zwischen Profit und Menschenrechten, das auch das Alter im Pflegebereich besonders bestimmt (J. Myles: Old Age in the Welfare State. University of Kansas Press 1984).

Postmoderne Altersstudien entwickeln durchaus Zukunftsperspektiven des Alters, das durch künstliche Intelligenz unterstützt und durch Nanomedizin eine erhebliche Erweiterung der gesunden Lebensspanne erfährt (J. L. Powell: Social Theory and Aging. Lanham: Rowman 2006). Der Einfluss von Donna Haraways Cyborg-Konzept, das die Verschmelzung von Mensch und Maschine vorsieht, macht sich in dieser Alterssoziologie bemerkbar (D. Haraway: Die Neuerfindung der Natur. Frankfurt: Campus 1995).

Kritische Gerontologie zeigt, dass eindeutige Paradigmen des Alterns nicht mehr möglich sind. Die Gesellschaft als Ganzes wird unübersichtlich. Aber im Zentrum steht die Kritik an den neuen Mechanismen der Steuerung und Regulierung des Alters durch die Subjektivierung und den Selbstzwang der alternden Subjekte. Der Geist von Michel Foucaults Machttheorie wird hier spürbar. Es wird deutlich gemacht, dass Altern nicht nur als Problem von Krankheit und Gesundheit zu betrachten ist, sondern auch als Problem von Sinnfindung, Weisheit und Transzendenz (v. Dyk, S. 69). Besonders wichtig wird nun die „Narrative Gerontology", die Altern als biografische Konstruktion betrachtet. Ethnographie und biografische Interviews eröffnen die subjektive Lebenswelt der Alten (J. R. Birren u.a. (Hrsg.): Aging and Biography. Exploration in Adult Development. New York: Spinger VS 1996).
Erst die Biografiearbeit kann die „flüssige" Biografie des Alters in der digitalen Revolution abbilden.

Die neue Altersempirie in Zeiten neuer Krisen: In Zeiten neuer Krisen expandiert das **Wohlfühlparadox** im Alter. Studien belegen, trotz Corona geht es seit einigen Jahren den Älteren recht gut. „Sie sind zwar stärker durch das Virus bedroht, doch mit den Einschränkungen, die Corona den Alten auferlegt, werden sie besser fertig als die Jungen." (R. Novotny: Das Beste kommt noch. In: Die Zeit Nr. 5 vom 28. Jan. 2021, S. 27) Neue Studien zeigen, dass die Alten seltener Symptome von Ängsten und Depressionen haben als andere Altersgruppen. Die Jahre über 60 sind für die meisten Menschen in den reichen Gesellschaften des Nordens besser als jemals zuvor. Statt die zweite Lebenshälfte als Abstieg zu verstehen, verbreitet sich die Idee, dass diese Hälfte das Beste am Leben ist. Trotz objektiv schlechterer Lebensverhältnisse hat sich das Lebensgefühl der Alten subjektiv deutlich verbessert,

so die These vom Wohlfühlparadox im Alter. Schon 2010 zeigte eine empirische Untersuchung von 340.000 Amerikaner*innen: Stress, Ärger und Frust nehmen im Alter ab. Das Lebenslauf-Wohlfühlbild lautet seitdem: „Statistisch gesehen sind die frühen Zwanziger super, das Wohlfühltief liegt zwischen 40 und 50, die zweite Hochphase beginnt zwischen Ende 60 und Anfang 70. Nur ganz am Ende wird es bitter." (Novotny, S. 27)
Der Wert der zweiten Lebenshälfte zeigt sich besonders für Wissenschaftler. Sie sagen häufig: „Die beste Forschung macht man, wenn man jung – und wenn man alt ist." (S. 29) Ganz am Ende des Lebens unter dem Eindruck der Endlichkeitserfahrung schwächt sich das Zufriedenheitshoch deutlich ab. „Wie die Krise in der Lebensmitte ist auch die Verzweiflung am Lebensende ein statistischer Wert." (S. 29) Diese statistischen Daten über die bessere zweite Lebenshälfte werden biologisch abgesichert: In der Jugend produziert der Körper mehr Dopamin, das Vorfreude auslöst. In der Mitte des Lebens steigert sich das Adrenalin, um die wachsenden Lebensprobleme zu meistern. Da aus Dopamin mit Hilfe von Adrenalin selbstständig Morphium im Körper gebildet wird, ist das Alter mit Hilfe körpereigener Drogen am glücklichsten. Denn im Alter gelingt auf der Basis von Morphium das Glück des Vermächtnisses des Lebenswerks an die Enkel. Das schafft tiefe Zufriedenheit. Generativität bringt Glück, durch Altruismus, Dankbarkeit, die Fähigkeit loszulassen. Altersweisheit bahnt sich auf Morphiumbasis an. Die Altersweisheit lässt sich stabilisieren. „Täglich spazierengehen. Mehrmals mit den Kindern telefonieren. Die sonntägliche Predigt im Fernsehen als Gedächtnistraining nutzen." (Novotny, S. 29) So sieht die neue Altersempirie den Wohlfühlgipfel am Lebensende. Das klingt für Oberschicht- und Mittelschicht-Corona-Kranke gut, hat aber in Corona-Zeiten mehrere Haken: In der Altersrisikogruppe wird auf Intensivstationen, auch in Europa, mit künstlicher Beatmung von 50 % der Patienten, elend gestorben. In der Dritten Welt, besonders in Afrika unter dem Einfluss des südafrikanischen Corona-Mutanten Omikron, ist das Lebensende ohne Intensivbetten noch erbärmlicher. Selbst das reiche Europa musste lange um Biontech- und Moderna-Impfdosen kämpfen. Statistik ist nicht alles. Schon gar nicht im Alter unter pandemischen Bedingungen und einer weiteren Verarmung der Weltunterschicht.

Transhumanistische Gerontologie umfasst die Utopie der Abschaffung des Alters und des Todes. Dazu gehört die Kryonik, die neun Stufen zur Unsterblichkeit, Lebe lange, damit du unsterblich wirst (Ray Kurzweil). Diese Position ist stark umstritten.
Wir werden im III. Teil unseres Buches unter dem Titel „Die neue Medizin des Alters" auf diese Position, die das Alter neu definiert, ausführlich eingehen.

Kontroversen in der Gerontologie

1. Die alternde Gesellschaft

Die Gerontologie hat entdeckt, dass nicht nur einzelne Individuen, sondern ganze Gesellschaften altern können. Auf dieser Basis entwickelte der Nationalsozialismus die Idee, dass mit der Alterung der Gesellschaft die eigene Rasse oder das eigene Volk ausstirbt, was zu einer eugenischen Säuberung und antisemitischen Vernichtungspolitik führte. Diese Idee ist heute mit den Begriffen Überfremdung, Überschwemmung und Unterdrückung der Deutschen durch Fremde im rechten Spektrum brandaktuell. Der Zusammenbruch der Alterssicherungssysteme wurde und wird als Folge der Alterung der Gesellschaft vorausgesetzt.
Richtig ist, dass um 2050 der Anteil der Alten (über 65 Jahre) 30 % der Bevölkerung ausmachen wird. Allerdings ist jede Aussage über die Bevölkerungsentwicklung äußerst unsicher, nicht nur im Falle eines Atomkrieges. Rechtspopulistisch aufgeladen wird heute die Überalterung als „Konflikt zwischen Eltern und Kinderlosen“ als „Konflikt der Zukunft“ gehandelt und die Fruchtbarkeit der zugewanderten Fremden als Untergang der Deutschen stilisiert und instrumentalisiert.

2. Der Generationenkrieg

Frank Schirrmachers Bestseller „Das Methusalemkomplott“ (2004) sieht auch den Generationskonflikt, stellt aber mit der Parteinahme für die Alten fest: Die Alten müssten wegen ihrer völligen Entwertung einen Gegenangriff gegen Jugendwahn und Altersdiskriminierung starten. Allerdings gibt es keine Anzeichen für einen Generationskonflikt zwischen Jung und Alt (eher zwischen Schülern und dem politischen Establishment mit der „Frydays-for-Future“-Bewegung). Im Gegenteil: Viele Alte unterstützen heute die Jungen materiell, mit der Folge, dass der Gegensatz zwischen Arm und Reich intergenerativ vererbt wird. Trotzdem spricht die Rechte heute von „Alters-Tsunami, Altersbombe oder Rentnerschwemme“ (v. Dyk, S. 97).

3. Die Neubestimmung des Alterns in der digitalen Gesellschaft: „Die neuen Alten“

Heute wird versucht, „die gesellschaftliche Alterslast durch ein aktives Altern wettzumachen“. Älter werden ist nicht mehr Ruhestand, sondern die Alten sollen aktiv werden, um die Lasten des demografischen Wandels mitzutragen. Das Jahr 2002 wurde von der Europäischen Kommission als Jahr des aktiven Alters und der Solidarität zwischen den Generationen erklärt.

Als Mittel der Schulterung der Altersexpansion wurden drei Maßnahmen genannt:

1. Die Erhöhung der Beschäftigungsjahre älterer Menschen
2. Die Ausdehnung des Ehrenamts der Älteren
3. Die Verbesserung des Selbstmanagements der Alten im Bereich körperliche Gesundheit und geistiger Fitness

Es sollten sich die „neuen Alten" entwickeln, die durch Fernreisen, neue Sportarten, extravagante elektronische Hobbys, einen Beitrag zur expandierenden Konsumgesellschaft und digitalen Gesellschaft leisten sollten. Selbst- und Mitverantwortung sollten die „neuen Alten" entwickeln. „Wer sich nicht frühzeitig um Gesundheit und geistige Fitness selbst kümmert, wird zum Risikofaktor der Gesellschaft." (v. Dyk, S. 104)
Dabei werden die Unterschiede im Alter zwischen Ober-, Mittel- und Unterschicht-Alten zwischen gesunden und kranken Alten, zwischen ambulanten und stationären Alten völlig verdrängt. Arme und kranke Alte können keine neuen Alten werden, sie werden schnell Objekte der Pflege, der Betreuung und Versorgung im Gegensatz zu den reichen und gesunden Alten, die sich politisch und medial noch voll in die Gesellschaft einbringen können. Deshalb ist es keine Überraschung, dass die Popularität einer Rente erst mit 67 in Deutschland auf breite Ablehnung stieß. Die Befreiung vom Zwang, die eigene Arbeitskraft zu verkaufen, hat in Deutschland noch eine große Bedeutung.

4. Die Identitätsstruktur der heutigen Alten

Viele Alte haben heute ein „altersloses Selbst". Sie wissen, dass sie körperlich über 65 Jahre sind, halten sich aber seelisch für 30. Der große Identitätsbruch kommt erst mit dem Erreichen der Hochaltrigkeit mit 85 Jahren, die mit entsprechenden Alterskrankheiten zu kämpfen haben. Die meisten Alten wollen zwar alt werden, aber nicht alt sein. Sie bezeichnen sich als „älter", aber nicht als „alt". Das Altern vollzieht sich heute als langsamer Prozess, den die Individuen kaum deutlich wahrnehmen.

Übung: Woran bemerkten Sie Ihren Alterungsprozess?

Allerdings gibt es auch andere Altersidentitäten. So schildert Jean Améry das Altern als apokalyptischen Prozess des Niedergangs (J. Améry: Über das Altern. Revolte und Resignation. München: Klett-Cotta 1991).

Dagegen schildert H. Scherf in „Grau ist bunt. Was im Alter möglich ist" (Freiburg: Herden 2008) ein Altersidyll. Für die meisten Alten findet das Altern aber erst später statt. Manche halten sich für alterslos, bekämpfen die Altenfeindschaft mit übertriebener Identifikation mit der Jugend und der Jugendkultur und wollen nicht Alte genannt werden, weil ihr Kompetenzspektrum damit völlig verengt wird. Schließlich gibt es einige Alte, die noch weise und philosophisch gebildet werden wollen im Sinne von C. G. Jung, der das Ziel des Lebens im Alter als Zugang zur Transzendenz der Archetypen und des Hauptarchetyps des Selbst definiert hat.

So gibt es fünf Identitätsmodelle im Alter:
1. Identifikation mit dem Alter
2. Ambivalente Akzeptanz des Alters
3. Alterslosigkeit
4. Auflehnung gegen das Alter
5. Alterstranszendenz und Weisheit (E. H. Erikson, C. G. Jung)

Übung: Welchem Identitätsmodell rechnen Sie sich als alter Mensch zu?

5. Der Kampf um Anti-Aging

Die revolutionäre Position in der Geriatrie besetzt das Anti-Aging. Diese Position umfasst eine Vielzahl von Mitteln gegen das Altern, die von Kosmetika, mentalen Verjüngungsprogrammen, medikamentösen Therapien und medizinischen Eingriffen reichen, die die Zellauflösung bekämpfen sollen durch Implementierung neuer Stammzellen (de Grey, Kurzweil, Kaku). „Gegen Ende des 21. Jahrhunderts werden auch wir in beträchtlichem Umfang über diese sagenhafte Macht über Leben und Tod verfügen." (M. Kaku: Die Physik der Zukunft. Unser Leben in 100 Jahren. Reinbek: Rowohlt 2019, S. 188)
Der Alterungsprozess soll ab 2070 umgekehrt werden. Alle Fehler der Zellen, molekularen Müll anzuhäufen, was zum Altern führt, sollen in einer Umkehrung des Alterungsprozesses durch Gen-Medizin aufgehoben werden (S. 226).

Das Anti-Aging umfasst fünf Stufen (Kaku, S. 121):
1. Symptomlinderung in Bezug auf das Aussehen des Menschen
2. Erhöhung der ökologischen Lebenserwartung
3. Die Ausdehnung der lebbaren Lebensspanne
4. Die Abschaffung des Alters
5. Die Durchsetzung der Unsterblichkeit

Stufe 5 geht davon aus, dass Altern eine Krankheit ist und nanomedizinisch geheilt werden kann (M. Spindler: Altern ja – aber gesundes Altern. Die Neubegründung der Anti-Aging-Medizin in Deutschland. Wiesbaden: Springer 2014; Imhof, A. E.: Die Lebenszeit. Vom aufgehobenen Tod und von der Kunst des Lebens. München: Beck 1988)
Besonders die Stufe 5 wird stark kritisiert, weil sie das Alter diskriminiert. „Ein Zuviel an Anti-Aging wird gesellschaftlich diskriminiert“ (Imhof, S. 123) und als unnatürlich bekämpft.

Übung: Ist Anti-Aging unnatürlich?

„Die Furcht vor der Endlichkeit in einer säkularisierten Gesellschaft, die kein ewiges Leben im Himmel mehr verspricht, locke die Menschen in das Hamsterrad der Verjüngung und trage zur Popularität von Angeboten bei, die vom Alter(n) ablenken“, so die heute verbreitete Argumentation (Imhof, S. 214). Die Abschaffung des Alters wird als Diskriminierung der Alten gedeutet.

Die Verbreitung von Altersdiskriminierung ist heute noch groß (J. Ehmer, O. Höffe (Hrsg.): Bilder des Alters im Wandel. Darmstadt: WBG 2009). Allerdings gibt es Unterschiede der Altersdiskriminierung in den USA und in Deutschland. In Deutschland gilt noch das Ende der Arbeit als „späte Freiheit“, in den USA gilt Alter ohne Arbeit als wertlos. Vielleicht ein Grund, warum die Expansion der Abschaffung des Alters in den USA, besonders im Silicon Valley, so eine große Bedeutung gewinnt.

Der Feminismus hat nicht nur kritisiert, dass Frauen auf Jugend und Sex reduziert werden, er hat auch beklagt, dass alte Frauen „unsichtbar“ werden. Sie werden entsexualisiert. Dagegen würden Männer im Alter nicht an sexueller Attraktivität verlieren.
Außerdem wird diskutiert, dass Alter alles gleich macht: Geschlechterunterschiede verschwinden, berufliche Positionen werden wertlos, auch mit viel Geld kann der drohende Tod nicht beseitigt werden.

Das Alterslob hat eine negative Seite. Nicht alle jungen Alten sind weise und leistungsbereit. Das Alterslob baut auch einen Erwartungsdruck auf, auf jene, die im Alter eher in die Melancholie geraten als in den Stress der jungen Alten, die alles noch einmal von vorne anfangen wollen (Imhof, S. 132).

Resümee über das Alter im 20. Jahrhundert

Das Alter ist heiß umstritten. Das Alter ist ein großer Markt und Inhalt von Politik (vgl. T. Etzemüller: Ein ewig währender Untergang. Der apokalyptische Bevölkerungsdiskurs im 20. Jahrhundert. Bielefeld: transcript 2007)

Die Diskrepanz von Alterslob und Altersdiskriminierung dauert an. Es scheint, als ob Ciceros Kampf gegen die Altersdiskriminierung weiter aktuell ist. Nach 2000 Jahren.
Die meisten Menschen wollen zwar alt werden, aber nicht alt sein, das ist das Geheimnis des Anti-Aging, das den Alten ewige Jugend verspricht.
Gerade das Hochaltrig-Sein wird oft mehr gefürchtet als der Tod. Das Attribut Demenz wird meist als „Reise ins Niemandsland" beschrieben (U. Kriebernegg u. a. (Hrsg.): The Ages of Live. Bielefeld: transcript 2013). Die Situation in Alten- und Pflegeheimen zeigt mit Personalmangel und Sedierung eine Gesellschaft, die „das höchste Alter verloren gibt" (S. Moritz: Staatliche Schutzpflichten gegenüber pflegebedürftigen Menschen. Baden-Baden: Nomos 2013).

Es geht aber darum, dass auch die Höchstalten über den Heim- und Pflegekontext selbst entscheiden dürfen. Damit die Selbsttätigkeit des hohen Alters praktisch wird, ist sicherlich ein „Alterswiderstand" nötig. Aber die Altersparteien „Graue Panther" etc. bleiben bei Wahlen bisher unter 5 %.

Kommen wir zu Noberto Bobbio und seinen Blick auf das Altern in den Katastrophen des 20. Jahrhunderts.

6.2 Über das Altern in Zeiten von Katastrophen

Über Noberto Bobbio und sein Alter

1909 wurde Noberto Bobbio in Turin geboren. Nach Jurastudium und Promotion folgte eine zweite Promotion über Philosophie in Marburg bei Husserl. 1935 Verhaftung mit dem Richter Cesare Pavese wegen Mitgliedschaft in der antifaschistischen Gruppe „Giustizia e Libertà" (Gerechtigkeit und Freiheit),

1939–42 Lehrstuhl in Sienna und Beitritt zur Aktionspartei gegen den Mussolini-Faschismus. 1944 drei Monate Gefängnis wegen illegaler Arbeit. 1948 Lehrstuhl in Turin für Rechtsphilosophie, später politische Wissenschaften. Heirat und Geburt dreier Söhne. 1968 Dialog mit der Studentenbewegung. 1979 letzte Vorlesung: „Krieg und Frieden“. 2004 ist Bobbio in Turin gestorben. In den letzten Jahren entstand „Vom Alter. De Senectute“, ein Buch über das Alter in Zeiten der Katastrophen des 20. Jahrhunderts.

Noberto Bobbios Position vom Alter

Überlegungen über sich selbst im Alter: Meine Stärken und Schwächen

- Ich war niemals mit mir im Reinen.
- Die Kunst des Lebens habe ich nicht gelernt.
- Ich bin eher ein Mann des Dialogs als der Kontroverse gewesen.
- Im Alter neigt man zum Dogmatismus. Man kann seine Meinung nicht mehr ändern.
- Im Alter scheitert der Wissensdurst, denn die Zukunft kann man nur als „schlimmer“ erblicken.

(N. Bobbio: Vom Alter. De Senectute. Berlin: Wagenbach 2004, S. 12–29)

....

Übung: Welche Haltung haben Sie zum Leben?

....

Bobbios Buch hat drei Teile, sie heißen: 1. Vom Wesen des Alters, 2. Trost im Alter, 3. Bilanz ziehen. Schauen wir uns diese drei Teile genauer an.

1. Teil: Vom Wesen des Alters (Bobbio, S. 25–43)

- Früher waren Alte weise, heute stellt man sie zur Seite.
- Die Alten werden entwertet. Die Jugend wird aufgewertet.
- Die rasante digitale Revolution hängt die Alten ab. Ihre Werte werden von der Jugend nicht akzeptiert.
- Die Philosophie der Jugend wird schwer verständlich. Die Narrative ändern sich. Die gegenwärtige Philosophie erscheint den alten Menschen fremd.
- Die Apologie des Alters bietet immer eine Entschärfung des Todes.
- Das Alter lässt sich nicht „genießen“. Es unterliegt der Vermarktung und schneidet im Bereich Pflege und Heilung schlecht ab.
- Die religiöse Haltung verliert an Kraft.

- Manchmal erscheint das Alter als Zeit, wo man alles vergisst und der Nihilismus und Atheismus zur Gefahr wird (vgl. Jean Amérys Freitod).
- Das Alter erschließt aber auch die Welt der Erinnerungen.
- Man sucht nach Bildern über das Leben: Berg, Strand, Wald ...
- Im Alter wird die Melancholie der Abschiedlichkeit abgeschwächt durch Liebe.

Übungen:
1. Du bist das, was du erinnerst. Gehe deinen Weg noch einmal durch. „Die Erinnerungen werden dir helfen." Die Erinnerung macht die Toten wieder lebendig. Erstelle eine Liste der Erinnerungen.

2. Schreibe je einen Satz zu den Bezugspersonen deines eigenen Lebens, z. B. „Der Selbstmord Paveses. Und immer noch fragst Du Dich, warum." (S. 43)

3. Was ist Ihr Bild vom Leben? Erstellen Sie eine Liste Ihrer Erinnerungen. Schreiben Sie je einen Satz zu den Bezugspersonen Ihres eigenen Lebens.

---

2. Teil: Trost im Alter (Bobbio, S. 46–77)
- Anerkennung der Müdigkeit.
- Anerkennung der Kräfte, die einem über das Leben bis ins 80. Jahr hinweggeholfen haben. „Ich kann mir nicht erklären, welche Kraft mein Schicksal geleitet hat und allen Krisen die Stirn bot." (S. 47)
- Angesichts des riesigen Kosmos ist das eigene Schicksal sehr klein.
- Der eigene Tod ist kein Thema. Denn von ihm können nur die Anderen erzählen. „Der Tod ist für mich unsagbar." (S. 50)
- Noch unsagbarer ist, was danach kommt. Deshalb vergessen/verdrängen viele den Tod.
- Alle Antworten, was nach dem Tod kommt, sollten als gleich wahr erachtet werden.
- Alle „Jenseite" können geglaubt werden. Bobbio: „Ich glaube, dass ich nicht glaube." (S. 53) „Ich glaube, nur der Tod ist Ruhe und Schlaf." (S. 53)
- Das Leben kann aber ohne Tod nicht gedacht werden. „Nur wer den Tod ernst nimmt, nimmt das Leben ernst." (S. 54) Für Gläubige ist das zweite Leben ein Leben ohne Tod, das zeigt: Religion ist Todestrost und Versprechen des ewigen Lebens.
- Die Bilder vom „Jenseits" sind bei jedem anders.

- Der Mann stirbt oft früher, deshalb wird er vom Tod seiner Frau nichts wissen.
- Der Sterbende kennt die Zukunft der Menschheit nicht.
- Er fragt sich, was ist die Menschheit in 10.000 Jahren.
- Lob der Fortschritte der Medizin im Kampf gegen das Alter, gegen Altersleiden.
- Im Alter wird das Leben und Denken langsamer, aber wer für das einsteht, was ewig ist, den Kampf für Freiheit, Demokratie, Frieden, bleibt auf dieser Spur auch im Alter.
- Gedächtnisprobleme stellen sich ein: „Die Lektüre wird immer selektiver. Man liest oft das Altbekannte noch einmal." (S. 65) Das eigene System der Ideen stößt Neues ab. Ein Fehler!
- Die Zukunft wird immer kürzer, die Vergangenheit immer länger.
- Es entstehen immer mehr Zettel, weil Tabellen auf dem Computer zu kompliziert sind.
- Der Wert des Tagebuchs im Alter wird immer größer. Man spürt beim Schreiben etwas von der Kraft, die alt werden lässt.
- Der Computer ist zu kompliziert. Es bleibt aber die Handschrift.
- Die Erinnerung an Liebesverhältnisse prägen das Leben und sind Nahrung für das Alter. Auch die Liebesverhältnisse zur Kultur werden wichtig für gute Erinnerung (Hilfe durch Symbole, Statuetten, kurze Texte, Gedichte).
- Erinnerungsarbeit für sich, für Freunde, forcieren. Auch sie sind Nahrung im Alter, um „zu überleben" (S. 74).

Übungen:
1. Welche Kraft ließ Sie über 75 Jahre alt werden?
2. Welche Vorstellung vom „Danach" lieben Sie, welche hassen Sie? Warum?
3. Wie ist Ihr Jenseitsbild? Hat es sich im Laufe Ihres Lebens verändert?
4. Wie stellen Sie sich die Menschheit in 10.000 Jahren vor?
5. Machen Sie eine Liste der Fortschritte der Medizin gegen das Alter: Vorsorge, Vorbeugen, Schmerzlinderung ...
6. Welche Bedeutung hat der Computer für Sie? Welche Hilfe bietet er Ihnen im Alter hinsichtlich Kontakte, Internet usw.?

---

3. Teil: Bilanzen ziehen (S. 79–133)

- Der technische Fortschritt macht die Alten zu Zuschauern der Entwicklung.
- Das Alter wird von den Gefühlsschatten der Vergangenheit belagert. Die Welt der guten Gefühle (Familie, Enkel, Freunde) ist Hilfe im Alter.

- Jeder folgt im Leben dem Gesetz, das er sich selbst setzt (Kant). „Wer immer strebend sich bemüht ...“ (Faust)
- Noch im Alter muss man Ziele haben, sonst erstarrt man zu Lebzeiten!

Übung: Erstellen Sie eine Tabelle Ihrer eigenen Lebensphilosophie bzw. Weltanschauung bis ins Alter nach folgendem Vorbild und füllen Sie sie aus:

Jahre	**Alters-stufen**	**Ideen**	**Idole**	**Weltan-schauung**
Kindheit				
Jugend				
junges Erwachsenenalter				
mittleres Erwachsenenalter				
spätes Erwachsenenalter				

Weitere Übungen:

- *Gibt es in Ihrem Leben einen Seitenwechsel in Ihrer politischen Orientierung von links nach rechts oder umgekehrt?*
- *Radikal in der Jugend, mild im Alter? Wie war es bei Ihnen?*
- *Was war Zufall im Leben, was war Logik?*
- *Welche geistigen Einflüsse haben Sie wann geprägt und in den Krisen des 20./21. Jahrhunderts geholfen?*
- *Was waren Ihre Lieblingsautoren?*
- *Welche Lebensbrüche gibt es? War jede Krise auch eine Chance?*
- *Wie standen Sie zu 1968 als antifaschistischem Aufbruch?*
- *Wie haben Sie 1989 die Wiedervereinigung und das Ende des Kalten Krieges und 2001 mit 9/11 den Beginn des neuen Kalten Krieges verarbeitet?*

- *Wie empfanden Sie den Auftritt der AfD und des Neofaschismus?*
- *Wie entwickelte sich Ihre Haltung zu Europa?*
- *Wie gehen Sie mit der Verfehlung der Vision der Jugend von der besseren Welt um? War/ist die Bilanz unserer Generation gut/mäßig/schlecht?*
- *Wie stehen Sie zur digitalen Revolution?*
- *Wie lautet Ihr Lebensgesetz?*
- *Wie stehen Sie jetzt zur Demokratie und zur Ablehnung der Gewalt? Gibt es einen „tiefen Staat" und die „geheimen Drahtzieher"?*
- *Was waren Ihre Lebensthemen: Demokratie, Frieden, Menschenrechte, Antifaschismus?*
- *Welche Themen haben Sie leider nicht ernstgenommen, wie z. B. Antifaschismus, Wiederkehr des Totalitarismus?*

....

Werfen wir nun einen Blick auf den philosophischen Bestseller der letzten zehn Jahre über das Alter. Kommen wir zu Otfried Höffe.

6.3 Die hohe philosophische Kunst des Alterns: O. Höffe

Otfried Höffe lehrte Philosophie in Zürich, Sankt Gallen und Tübingen. Er hat viele Bücher zur Ethik und Lebenskunst veröffentlicht, auch die Geschichte des politischen Denkens ist ein Schwerpunkt seiner Forschung. Im Rentenalter stieß er auf das Thema „Alter" und stellte fest, dass dieses Thema von der Philosophie vernachlässigt wird, obwohl die Veränderung der Alterspyramide, mehr Alte, weniger Junge, das Thema brisant macht. Also schrieb er „Die hohe Kunst des Alterns – kleine Philosophie des guten Lebens" (München: Beck 2019, 4. Auflage), das sofort gut verkauft wurde. In diesem Buch stellt er folgende **Fragen der Altersphilosophie** vor:

- Gibt es eine philosophische Kunst des Alterns?
- Hat diese Kunst eine personale und soziale Seite?
- Umfasst diese Kunst auch Tod und Sterben?
- Hat die Kultur des Sterbens auch eine Ethik?

Seine Antwort lautete: Es gibt eine philosophische Kunst des Alters, die von Platon bis Bloch reicht. Heute unterliegt das Alter der Macht der Ökonomie, die in der bisherigen Altersphilosophie wenig beachtet werden musste. Der Druck der Ökonomie verschlechtert einen wichtigen Aspekt der Altenheilkunst: die persönliche Zuwendung (O. Höffe: Die hohe Kunst des Alterns, S. 18). Die Zuwendungszeit der Ärzte für Alte ist kurz. Oft hört man: „Der wird ja sowieso bald sterben."
Höffe fordert deshalb den philosophisch qualifizierten Arzt für Alte. Tendenz aber ist, dass die Arzt-Patienten-Beziehung von Apparaten dominiert wird. Die neuen Möglichkeiten zur Verlängerung des Lebens werfen aber neue Aufgaben auf. Aristoteles und Hippokrates, das waren richtige philosophische Ärzte (S. 27).
Nach diesem Ausgangspunkt kommen wir nun zu Höffes Altersphilosophie.

Gegen die Macht negativer Altersbilder

Altersbilder wandeln sich im Abendland. Soll man den demografischen Wandel als „alternde Gesellschaft mit Methusalemkomplott" bezeichnen oder als „Gesellschaft der gewonnenen Jahre"? Soll Altersschelte oder Alterslob im Zentrum stehen? Negativ sieht man das Alter, wenn man den körperlichen Verfall betont, positiv, wenn man die geistige Regsamkeit im Alter erkennt.
In der Antike gab es keine durchgängige Hochschätzung des Alters. Schon in der „Ilias" des Homer stand Priamos, der König von Troja, als Beispiel für Altersschwäche, Nestor, der König von Pylos, aber als Beispiel für den weisen Alten. Die Renaissance idealisierte das Alter. F. Bacon sagte 1612: „Im Bekannten sind die Alten gut, im Neuen schlecht." Im AT der Bibel schwankt das Altenbild zwischen Alterslob und Altersschelte. Im NT wird das Alter nicht thematisiert. Das hat einen Grund: Jesus wird mit 32 Jahren gekreuzigt.
In Asien wird im Hinduismus das Alter gefeiert. Auf zwei profane Altersphasen (Jugend, Erwachsener) folgen zwei philosophische Phasen: Im höheren Alter werden Mann und Frau Schüler eines Gurus, im höchsten Alter soll jeder einzelne zu den heiligen Stätten pilgern (Höffe, S. 48).
Bei Konfuzius gilt das Lob des alten Vaters, der in seiner Schwäche verehrt und gepflegt wird.

Damit zeigt sich die Zweipoligkeit des Altersbildes. Weil aber das Bild zu beeinflussen ist, sucht „die Kunst des Alterns sowohl auf der persönlichen als auch der sozialen Seite das Gewicht der altersfeindlichen Bilder zu schwächen" (S. 50).

Übung: Wie ist das heute möglich?

Außerdem sprechen die Zahlen laut Höffe heute für ein positives Altersbild:

- Die Pflegebedürftigkeit ist kaum gestiegen, Demenz ist gesunken.
- Die heutigen Senioren erleiden weniger Infarkte und Gefäßverkalkungen, sie haben auch durchschnittlich „größere Gehirne als frühere Generationen" (Höffe, S. 52).
- Die Lebenserwartung ist pro Jahrzehnt im 20. Jahrhundert um 2,4 Jahre gestiegen.
- Auch die alten Griechen aus der Oberschicht zeigten Langlebigkeit. Platon wurde 80, Pythagoras 90, Epiktet 88, Demokrit 89 Jahre alt. In der Moderne ist das nicht anders: F. Bacon wurde 88, Thomas Hobbes 91, Kant 85 Jahre.
- Die gegenwärtigen Philosophen sind ebenfalls langlebig: Dieter Henrich, Robert Spaemann, Klaus Heinrich sind mit 90 Jahren noch fit. Betrand Russel wurde 98, H.-G. Gadamer 102 Jahre alt.
- Sogar Primaten haben ein ähnliches Alter wie der Homo sapiens.
- Schon heute leben in Europa mehr Menschen über 60 Jahre als Menschen unter 15 Jahre. Europa leidet nicht an Überalterung, sondern an „Unterjüngung" (S. 59).

Resultat:
Das Altersbild des Verfalls ist durch das Altersbild der Erfahrung und bleibender Vitalität abzulösen (Höffe, S. 61).
Dazu kommt: René Descartes erwartete von der Zukunft, dass wir viele Krankheiten des Körpers und der Seele loswerden durch „wissenschaftliche Medizin, auch die Altersschwäche". Altersfreundliche Diskurse helfen auch dem Kopf, „die neu gewonnenen Jahre zu genießen" (S. 63).

Gesellschaftliche Aufgaben einer Altenpolitik und der Alten nach Höffe:

- „Mehr Arbeitsplätze für Alte statt Frühverrentung." (S. 67)
- Verbreitung der Teilarbeitszeit für Alte.
- 1/3 aller Rentner arbeiten in einem Ehrenamt.
- Mehr Enkelhilfe, finanziell und persönlich (S. 69).
- Neues Wohnen sollte altersgerechter gebaut werden.

- Im Altenheim sollte es mehr kreative Angebote geben, um „das Elend in den Altenheimen“ zu mildern.

Vorbilder für eine Kunst des Alterns

- Ciceros „Schrift über das Altern“ ist auch für Höffe, obwohl 2000 Jahre alt, die erste Altersstudie. Die negativen Seiten des Alterns hält Cicero für bewältigbar. Der Mensch bleibt bis ins hohe Alter lernfähig. Die Hauptaufgaben des Alters sind: laufen, lernen, lieben, lachen. Etwas Bleibendes zu schaffen kann auch über die eigene Lebenszeit die Lebenswirkung der Alten verlängern.
- Shakespeare, Goethe, Hegel sprechen noch von der Altersschelte, aber schon Goethe sagte: „Im Alter hat man Gedanken, die bisher undenkbar waren.“ (Höffe, S. 80) Hegel hält das Alter für eine Zeit, in der man die Welt in ihrer Dialektik klar erkennen kann.
- Schopenhauer wollte im Alter „Heiterkeit in Grau“, weil das Alter wie Epikur und die Stoa die Heiterkeit lehrt.
- Jacob Grimm hat in seiner Rede über das Alter (1861) die moderne Altenforschung begründet. Er sieht, dass Alte milde, mutig und arbeitslustig werden. Sie kämpfen um eine gefestigte freie Gesinnung, die eine gute Bilanz über das Leben fertigt.
- Ernst Bloch nennt das Alter die Zeit der Reife: „Bloch kennt die alterstypischen Ängste. Aber für mich ist ein alter Trinker schöner als ein alter Liebhaber.“

Resümee zum Alter in der Moderne:
„Mit zunehmendem Alter gewinnt man Charakter und strahlt Lebenserfahrung aus.“(Höffe, S. 89)

In Würde glücklich altern

Altern fällt trotzdem schwer. Glücklich altern will gelernt sein. Die Gelassenheit des Alters stellt sich nicht von selbst ein. Diese muss mühsam erarbeitet werden. Goethe: „Wenn man alt ist, muss man mehr tun als da man jung war.“ das Lernen im Alter ist lebenspraktisch durch „Üben und Einüben“.

Individuelle Lebensfähigkeit gewinnt man durch die vier L's:

1. **Laufen**: Laufen stärkt die Muskeln und hilft gegen Gelenkerkrankungen, gegen Diabetes, Herz-Kreislauf-Leiden, Bluthochdruck, Fettsucht, Nierenschwäche (Höffe, S. 97).
2. **Lernen**: Täglich mehr als 30 Minuten lesen. Bildung macht widerstandsfähiger gegen Demenz.
3. **Lieben**: Das Gefühl geliebt zu werden, wirkt stärker als viele Arzneimittel (S. 99).
4. **Lachen**: Lachen ist Musik für die Seele.

Hier greift Höffe viel zu kurz. Es fehlen bei ihm, angesichts der Annäherung des Alters an den Tod, vier weitere L's:

5. **Loslassen**: Die Macht der Welt loslassen, Abschiedlichkeit entwickeln.
6. **Loslaufen**: Aus den versteinerten Wegen des Lebens loslaufen.
7. **Loslachen**: Weil alles nur Schein ist, nur Theater und vergänglich.
8. **Lossein**: Weil die Welt bald versinkt, das Ich verschwindet.

Nur in der Mischung der positiven und der prekären L's wird man dem Alter gerecht.
Vom Loswerden der Welt spricht schon Meister Eckhardt, der die geistige Armut für das Alter vorsieht, d. h. auch auf Gott verzichten.
Wilhelm Weischedel wird genauer: Alter ist auch „Abschiedlichkeit", die vom Geist der radikalen Fraglichkeit Gottes auch im Alter geprägt wird.
Ernst Bloch sieht im Alter die Erkenntnis, dass wir noch gar nicht wir selbst geworden sind. „Ich bin, aber ich habe mich nicht, also werden wir erst." Deshalb sind wir auch nicht sterblich, weil wir noch gar nicht sind, sondern erst am Ende der Evolution zu uns kommen, dann, wenn es keinen Tod mehr gibt.

Diese erneuerte Praxis der Lebenskunst angesichts der Abschiedlichkeit hält folgende Übungen bereit:

- Sich vorstellen, dass man Gott um Gotteswillen verlässt.
- Sich radikal fragen, warum das Seiende die größte Fraglichkeit ist, die wir im Leben haben.
- Sich alterskonform transzendieren, weil erst am Ende der Geschichte sich das wahre Selbst bildet, weil erst dann das Ganze das Wahre ist.

Das Alter ist erst begriffen, wenn man die acht L's begreift.

Soziale Unterstützung im Alter durch Gebote, ein Versuch

1. Das Alter ehren. Wie schon im 2. Gebot des AT in der Bibel, im Koran, bei Konfuzius.
2. Kants kategorischer Imperativ: „So wie die Alten die Kinder nicht ausnutzen, so sollen die Kinder die Alten nicht ausnutzen."
3. Dankbarkeit aus Gerechtigkeit. Die in der Kindheit erfahrene Hilfe durch die Alten sollte sich als Hilfe für die Alten im Alter auszahlen.
4. „Was du als Kind nicht willst, das man dir tu, das füg auch keinem Älteren zu." (Höffe, S. 105)
5. Behandle ältere Menschen so, wie du selbst im Alter behandelt werden willst. Behandle aber als alter Mensch auch Kinder so, wie du in der Kindheit behandelt werden wolltest.
6. Weder der Staat noch die Gesellschaft sollen altersgerecht werden, sondern sie sollen generationengerecht werden.
7. „Anonyme Geräte (wie Roboter) dürfen nicht die persönliche Zuwendung ersetzen." (S. 109)
8. Jeder alte Mensch sollte Neugier und Wissbegierde im Alter steigern (S. 109).

Das Lernen im Alter sollte dialektisch ...

1. ... sich als These mit den Einbußen im Alter auseinandersetzen,
2. ... mit der Anti-These den intern altersfeindlichen Diskurs in einen altersfreundlichen Diskurs umwandeln,
3. ... die Synthese entwickeln, dass das kreative Altern noch Spielräume hat und eine gewisse Vollendung möglich ist (Höffe, S. 111).

Dazu gehören Gleichgerechtigkeit und Geschlossenheit gegenüber Macht, Geld, Ehre (S. 112). Neben die Offenheit zur Welt tritt die Abschiedlichkeit.

Alterskunst in der Geriatrie für Hochbetagte über 80 Jahre

Die traditionelle Alterskunst unterschlägt für Höffe die Hochbetagten über 80 Jahre. Die körperlichen Belastungssymptome erweitern sich: Atemnot, Blasenschwäche, Ödeme, Ernährungsstörungen treten auf. Antriebsschwäche, Sturzgefahr, Schwindel, Verwirrtheit kommen dazu, außerdem Osteoporose, im Gehirn Beta-Amyolid. Jetzt heißt Lebenskunst: Selbstachtung, Selbstbesinnung im Kontext von geriatrischer Hilfe. Patientenverfügungen werden akut.

Angehörige werden jetzt Einkäufe machen, Rechnungen bezahlen, Steuererklärungen erstellen, Vergesslichkeit ertragen. Ärzt*innen, Altenpfleger*innen, Sozialarbeiter*innen, Ergotherapeut*innen, Krankengymnast*innen, Physiotherapeut*innen kommen.
Die Regel heißt: weder zu viele und nicht immer neue Bezugspersonen.

Krebserkrankungen werden ein Problem, weil die blutbildenden Stammzellen ihre Fähigkeiten einbüßen, Immunzellen zu bilden, und die Gefahr bösartiger Geschwulste steigt (Höffe, S. 120). Man stirbt nicht am Alter, sondern im Alter. Die Geriatrie kann kein Jungbrunnen sein, aber Prävention und Rehabilitation leisten Hilfe.

Im Alter wird aber die Kostenfrage zum Problem. Hochbetagte hören oft: Der/Die Alte stirbt doch sowieso – der alltägliche Skandal im Medizinbetrieb. Dazu kommt: der hochbetagte Mensch hat oft eine Multi-Morbidität, d. h. viele Krankheiten. Sie erfordern lange Behandlungszeiten. Altersheilkunde ist multidisziplinär. Es gibt Grenzen der Hilfe.
Dazu kommt die Demenz als Folge von Durchblutungsstörungen oder als Folge der Minderproduktion von Immunzellen in den Stammzellen. Folge: Der Mensch vergisst sich und die Anderen. Heute leiden bei den 85- bis 89-Jährigen 1/4, bei den über 90-Jährigen 1/3 unter Demenz. Demenz kommt nicht plötzlich, sondern in Wellen. Jetzt ist stabile und intensive Betreuung nötig, im Alten- und Pflegeheim. Regel: „Behandle demente Menschen so, wie du als Kind von den Erwachsenen behandelt werden wolltest.“ (S. 133)

Kann man das Lebensende planen?

Laut Höffe bleibt die Philosophie skeptisch, ob existentiell wichtige Dinge sich planen lassen. Boetius' „Trost der Philosophie“ rät zu einer Psychotherapie durch Frau Sophia, die die Rebellion gegen den Tod mildert und den Tod aufklärt: „Wir werden mit der Geburt in die Welt geworfen und im Tod aus der Welt geworfen.“ Nun sollte die Zustimmung zum Ende erfolgen und Gelassenheit eintreten.

Das Sterben kann man mit sieben Strategien angehen:
1. Ein erfülltes Leben, lebenslang, anstreben.
2. Werke schaffen, die den Tod überdauern. Etwas nur für Intellektuelle?
3. Wer richtig leben kann, kann auch ruhig sterben.

4. Sich in der Welt an den Rand stellen, Ich-Abwertung üben.
5. Ich-Stärke behalten im Sinne der Stoa (Allesverzicht, aber das gelungene Leben gilt für alle Ewigkeit).
6. Metaphysik betreiben und sich mit dem Gott der Philosophen befassen (Weischedel), was zur Abschiedlichkeit führt.
7. Angst vor der Apparate-Medizin und Misstrauen gegen Palliativ-Medizin sollen lieber durch die Hoffnung auf einen „leichten und sanften Tod“ ersetzt werden. „Auch Freitod ist aus eigener Hand hier möglich.“

Typen des Sterbens sind: plötzlich, angekündigt (als Selbstmord), befürchtet und erwartet. Hier hilft auch die Hospizbewegung. Auch die Erbregelung und die Patientenverfügung erleichtern das Sterben. Ein Blick auf den Tod entwertet alles, bis auf das Transzendente.

Gibt es eine Kultur des Abschiednehmens, der Abschiedlichkeit?
Gegen die heutige Kultur rastloser Dynamik soll die Haltung des Innehaltens treten, das existentielle Gespräch, das Einhalten von Ritualen, die Möglichkeit zuhause zu sterben. Aber 80 % sterben im Krankenhaus. „Asklepios ging, wenn Thanotos (Tod) kam“, sagte man in der Antike.

Übung: Sollte man die Rituale der Weltreligionen, die das Sterben regeln, achten oder verändern? Möchten Sie auf muslimische, buddhistische oder christliche Weise sterben?

Grundfrage: Sollten Ärzte beim Alterssuizid helfen dürfen?
Gegen Alterssuizid spricht: Schuldgefühle der Angehörigen, verdeckte Depression, verdeckter Hilfsappell, verschwindet bei Hilfe.
Für Alterssuizid spricht: Toleranz, Freitod ist kein Verbrechen, niemand darf am Abschied gehindert werden, als Mitmensch handeln.
Keiner kann zum Weiterleben gezwungen werden (Höffe, S. 170).

Sterben in der Demokratie

Jeder stirbt: „Er kommt aus dem Nullpunkt und kehrt in den Nullpunkt zurück.“ (S. 175) Du bist aus Sternenstaub und kehrst in den Sternenstaub zurück.

Dagegen: Seelenwanderung, ewige Wiederkehr (Nietzsche, Buddha), Transformation in anderen Lebensformen (Pflanzen, Tiere).
Aber: An Altersarmut sollte niemand leiden. Wohlstand und Bildung sollte man aber nicht überbewerten.
Hoffnung: „Alterslust steht jedem Menschen offen." (Höffe, S. 177)

Gegenrede:

- 70 % aller Deutschen denken im Alter von 70 Jahren zuerst an den Tod.
- Wer arm ist, muss früher sterben, das gilt noch heute.
- Alterslust ist lebenslang nötig als Alterungskunst, aber wer hat schon Zeit dafür?
- Psychotherapie für Alte gegen „Todespanik" ist erst im Entstehen und kostenintensiv.
- Transhumanismus ist erst am Anfang. „Niemals altern"

Das Sterben bleibt also ambivalent, so wie das Leben. Es kann bis ins Alter Abenteuer sein oder Katastrophe. Otfried Höffe kann seinen Lesern deshalb auch nur eine kleine Philosophie des guten Lebens versprechen, die eine hohe Kunst des Alterns nicht eröffnet.

Von der Kunst der Altenrevolution gegen die Jungen spricht aber Frank Schirrmacher. Es geht im Alter also auch radikaler als bei Otfried Höffe.

6.4 Die alternde Gesellschaft und das Methusalem-Komplott

Die heutige Situation

Vor 40 Jahren lag der Anteil der über 65-Jährigen in der EU bei 13%. Bis 2060 dürfte er sich auf 32% mehr als verdoppeln.
Die arbeitsfähige Bevölkerung schrumpft weiter im Vergleich zu 2015 um etwa 16%. Die Zahl der Senioren nimmt entsprechend zu. Heute müssen 100 Arbeitende rund 108 Kinder und Alte versorgen. Im Jahr 2060 müssten sie 133 Menschen versorgen. (Vgl. N. Gailey in: Spiegel Nr. 30 vom 20.07.2019, S. 99)

Welche Abhilfen gibt es?

Rentenreform: Alle zahlen in den Rentenfond ein, dann bekommen alle 1500 €.
Anwerbung von ausländischen Fachkräften nach kanadischem Vorbild? Nein! Auch bei Verdoppelung der Einwanderer von zwei auf vier Millionen im Jahr bliebe das Problem der Überalterung. Hier müssten 100 Arbeiter rund 127 Nichtarbeitende versorgen.
Familienförderung steigert die Geburtenrate? Nein! Selbst wenn wir die Geburtenrate um 50% steigern, müssten bei 1,6 Kindern pro Frau (heute 1,2 Kinder) immer noch 100 Arbeitende 130 Nichtarbeitende versorgen.
Gleichberechtigung am Arbeitsplatz fördert den Abbau der alternden Gesellschaft? Die qualifizierte Berufstätigkeit von Mann und Frau würde viel mehr die Überalterung senken als Immigranten oder Geburtenrate. 100 Arbeitskräfte würden dann 100 Nichtarbeitende finanzieren. Aber das dauert.

Das sagt Nicolas Gailey (27), Demograf am Wittgenstein Center in Wien im Spiegel Nr. 30 vom 20.07.2019, S. 99.

Hilft den Alten heute das „Methusalem-Komplott"? Fragen wir Frank Schirrmacher

Dr. Frank Schirrmacher (geb. 1959, gest. 2017), Studium in Heidelberg und Cambridge, Promotion. Seit 1994 Mitherausgeber der FAZ, Leiter des Ressorts „Natur und Wissenschaft". Seit 1999 arbeitete er am Altersproblem der Alten der Welt.
Er führte zahlreiche Gespräche mit Altersforschern wie Craig Venter, Erwin Chargaff, den Nanotechnologen im Silicon Valley, den 100-jährigen Ernst Jünger und Hans Georg Gadamer. Er wird beeinflusst von Samuel Beckett, dem Autor der alternden Gesellschaft: „Warten auf Godot", „Endspiel", das „Letzte Band" usw., sowie Hans Magnus Enzensberger. „Das Methusalemkomplott" von Frank Schirrmacher erschien 2004 und wurde sofort zum Bestseller.

1. **Schirrmachers Grundbefund**:
Eine Revolution steht bevor. Der Krieg der Generationen beginnt. Die Alten werden die Mehrheit der Gesellschaft bilden. „Die Bevölkerungsentwicklung Deutschlands wird in den kommenden fünf Jahrzehnten von einer starken Zunahme der Älteren bei gleichzeitiger Schrumpfung der Jungen geprägt." Die Folgen für Wirtschaft und Gesellschaft sind enorm, sagt auch Herwig Birg in: „Auswirkungen der demographischen Alterung und der Bevölkerungsschrumpfung auf Wirtschaft, Staat und Gesellschaft" (Wien: Lit. Verlag 2004).

(Vgl. auch: die „Altenberichte der Bundesregierung", herausgegeben vom „Deutschen Zentrum für Altersfragen" in Berlin, das die Beschäftigungs-, Einkommens-, familiäre und Gesundheitssituation alter Menschen untersucht.)

Zum ersten Mal in der Menschheitsgeschichte: „Nicht nur Menschen, ganze Völker werden altern." (Schirrmacher: Das Methusalemkomplott, S. 14) Das Problem ist die gestiegene Lebenserwartung. Die Erde wird wie ein riesiges Altersheim im Weltall treiben." (S. 17f.) Statt 4% Alte wird es 12% Alte geben (S. 16). Die Verteilungskämpfe zwischen Alten und Jungen werden zunehmen. Jedes 2. kleine Mädchen hat heute eine Lebenserwartung von 100 Jahren, jeder 2. kleine Junge wird 95. 1840 wurden Frauen 40 Jahre alt, 2000 wurden sie 85 Jahre (S. 24). Die Lebenserwartung in der Steinzeit war 30 Jahre. Heute wissen wir nicht mehr, ob es eine zeitliche Grenze für das menschliche Leben gibt. Eine Lebenszeitrevolution steht ins Haus (S. 23). 100-Jährige werden zum Normalfall. Die 80- bis 90-Jährigen werden der am schnellsten wachsende Teil der Bevölkerung werden (S. 27). Die Gründe: Der Jugendwahn treibt die Alten jung zu bleiben. Der Geburtenrückgang macht die Jungen schwächer, steigert die intraextensive Konkurrenz. Die Modernisierung der Medizin mildert die tödlichen Alterskrankheiten.

2. Die Heraufkunft einer alternden Gesellschaft

In Zahlen:

- global:
  2000 gab es 606 Millionen Alte auf der Erde.
  2050 werden es 2 Milliarden sein (Schirrmacher, S. 39)

- national:
  2050 gibt es 17 Millionen weniger Deutsche. Die Zahl der Alten wird sich dann verdreifacht haben. Die deutsche Bevölkerung wird 2050 nur noch 67 Millionen betragen (Schirrmacher, S. 42).

Die Folgen:

- Der Anstieg der sozialen und medizinischen Ausgaben von heute 40% auf 68% des BSP 2050.
- Feminisierung des Alters und der Armut.
- Generationskonflikte um die gesellschaftlichen Ressourcen mit den Jungen, aber auch innerhalb der Jugend.
- Das Rentenniveau wird halbiert.
- Wohnungsbau und Immobilienmarkt werden schrumpfen.
- Gesundheitsindustrie und -kosten werden wachsen.

- Deutschland wird um 12 oder 17 Millionen Menschen abnehmen (S. 41). 2080 gibt es nur noch die Hälfte aller Deutschen.
- Jährlich wird es in Deutschland 200.000 Zuwanderer geben und 400.000 Auswanderer (Schirrmacher, S. 48).

Um diese Folgen zu bewältigen, darf der Alternde nicht geschwächt werden, damit die Gesellschaft überleben kann (P. Schimany: Die Alterung der Gesellschaft. Frankfurt 2003).

3. Der Krieg der Generationen

Es gab immer den Kampf zwischen den Generationen. In Zukunft gibt es den Krieg. Der Krieg der Generationen ist die Hölle. Die Jungen verfluchen, terrorisieren, verachten die Alten. Als erster sprach Sigmund Freud vom „Ödipus-Komplex" und vom Wunsch der Jungen, den alten Vater zu töten, und der Väter, die Jungen zu töten. Im Tierreich ist dieser Konflikt Alltag, z. B. unter Löwen.

1996 sprach der Soziologe S. Huntington vom „Kampf der Kulturen", der durch das Wachstum der Jugend in den arabischen Ländern auf 20% angefeuert wird, während in Europa die Alten 30% der Bevölkerung ausmachen (Schirrmacher, S. 51).

Das Komplott aus der Steinzeiterfahrung

Hass auf Alter und die Angst vor dem Alter sind Urgewalten aus der Steinzeit (Schirrmacher, S. 63). Die Alten werden ihr Alter verdecken durch Kosmetik, Sport, Medizin, Ernährung. Sie werden ihre Potenz durch Viagra steigern und der Lust folgen.

Die Älteren fühlen sich von den Jungen bedroht. Ihre Gefühle stammen dabei aus der Steinzeit, wo sie nur 30 Jahre alt wurden.

Das Methusalemkomplott der Alten gegen die Jugendideologie beginnt schon heute (Schirrmacher, S. 82).

4. Die Aspekte des Alterns

a) **Das soziale Altern:** Der Rentenschock mit 65, der das Ich austauscht, den Menschen entwertet, in die leere Freizeit drängt, zu Schwäche und Unzurechnungsfähigkeit verdammt, aus der Politik und der Öffentlichkeit verdrängt. Folge: „Verlust des Selbstbewusstseins, Kontrollverlust, Reduzierung der Kreativität und Denkleistung" (Schirrmacher, S. 100). Der Krieg der Generationen wird für Alte zum Dauerzustand.

b) **Das ökonomische Altern:** Die letzten Lebensjahre sind die teuersten für das Sozialsystem. 70–90% der Gesundheitskosten werden in den letzten Monaten des Lebens anfallen. Um als alter Mensch zu überleben, muss er vom „Partisanen“ zum „Hacker“ mutieren (Schirrmacher, S. 115). Die digitale Revolution mit Internet, Computer, Handy, Fernsehen, Smartphone fördert die Alten. Seit 1990 greift das Silicon Valley auf die Alten zurück (S. 117).
Technologien für die Alten werden speziell entwickelt und verlängern das Leben der Alten: Herzschrittmacher, Gehirnschrittmacher, Kunstgelenke, Roboter und Alte verschmelzen (S. 121). Die Unsterblichkeit der Alten im jugendlichen Alter wird Programm.
„In der elektronischen Welt sind körperliche Fähigkeiten kein begrenzender Faktor mehr.“ (S. 123)
Die Altenexplosion konfrontiert das Alter in einer alternden Gesellschaft mit ihrer Unfinanzierbarkeit (S. 129). Der Darwinismus heizt den Kampf der Generationen an, nur die Fitten haben ein Recht zu überleben und lange zu leben (S. 131).

c) **Das geistige Altern**: Altern scheint der Gesellschaft teuer und unproduktiv. „Alter ist das künftige Problem der ganzen Welt.“ (Schirrmacher, S. 134) Denn theoretisch könnte der Mensch 700 Jahre alt werden. Es fließen im Silicon Valley Milliarden Dollar in die Verlängerung des Lebens (S. 136). Ihre Erkenntnis: Zellen altern und sterben, weil sie nicht mehr repariert werden, das lässt sich ändern. Der Todeskult der Gerontologie, dass Alter natürlich ist, bricht langsam zusammen. Die Suche nach der Unsterblichkeit auf Erden begleitet den Methusalemkomplex. Die Logik des Verfalls im Alter wird immer fragwürdiger (S. 146). Medizin und Genforschung werden das Leben verlängern (S. 150).

5. Die Aufgaben des Methusalemkomplotts der Alten gegen die Jungen

- Die Abwertung der Alten durch die Jungen bekämpfen z. B. in der Sprache, im Film.
- Die Selbststigmatisierung der Alten, dass sie überflüssig sind, muss im eigenen Kopf der Alten zerstört werden.
- Die Lernfähigkeit nimmt im Alter nicht ab (Schirrmacher, S. 184).
- Das Altenbild der Medien will die Alten terrorisieren und entmutigen (S. 182).
- Die neue Definition des Alters muss durch die Alten selbst entwickelt und durchgesetzt werden. „Der Steinzeitmensch in uns muss an eine fast fünffach größere Lebenserwartung gewöhnt werden.“ (S. 193)

- Je älter die Menschen werden, umso gesünder fühlen sie sich. Die meisten Alten haben noch wichtige Lebensziele (S. 196).
- Der Altersrassismus muss bekämpft werden, das ist der Kern des Methusalemkomplotts (S. 198).
- „Wir müssen alles lernen, was wir über das Alter wissen. Es ist vorbei mit der Herrschaft der Jugend über das Alter." (S. 200)
- Die schöpferische Kraft des Alterns muss geschützt werden.

(Vgl. G. Benn's Liste der kreativen Alten, S. 202–203)

Frank Schirrmacher wurde hart kritisiert. Unser folgender Altersforscher Leopold Rosenmayr kritisiert Schirrmacher beispielsweise mit folgenden Argumenten:

- Ein geschickt gemachter Aufreger
- Eine große Vereinfachung
- Zu optimistisch. Alte werden keine Hacker und Partisanen

(L. Rosenmayr: Schöpferisch altern. Berlin: Lit.Verlag 2007, S. 350f.)

6.5 Schöpferisch altern

Warum wurde Leopold Rosenmayr Altersforscher?

Er beginnt, wie er es bei Sigmund Freud gelernt hat, mit der Selbstbefragung, also mit der Kindheit. Er erlebte als Vorschulkind Alter mit Güte. Der Großvater schätzte ihn und wurde sein Vorbild. Im Gymnasium las er Homer und lernte in der Ilias (11. Gesang) den alten Nestor kennen. Kurz vor seinem Tod segnete der Großvater (fast 100-jährig) Rosenmayr: „Die Szene blieb mir unvergesslich." (L. Rosenmayr: Schöpferisch altern. Berlin: Lit.Verlag 2007, S. 363) Durch Arbeit in der Entwicklungshilfe war er in Afrika und in Asien. Er erkannte dort: Jede Kultur entwickelt eine andere Form des Alterns. „Die Bewertung des Alters ist kulturrelativ." (S. 364) Er erarbeitete sich die Entwicklung des Alters in Europa, Afrika und Asien und erkannte: „Alter ist historisch bestimmt. Der Lebenslauf ist immer ein geschichtliches Produkt." (S. 53) Klare Abgrenzungen im Lebenslauf als Altersstufen werden in der europäischen Geschichte erst spät im 19. Jahrhundert mit Schulpflicht und Rentenanspruch vollzogen (S. 55).

In Europa gab es ein Auf und Ab der Bewertung des Alters:

1. Hochkulturen schränken die Gerontokratie ein.
2. Im Christentum wird das Alter entwertet.
3. Im Mittelalter begannen sich einige Alte als Handelskapitalisten und Künstler durchzusetzen.
4. In der frühen Neuzeit verband sich Jugendtraum mit Altenspott.
5. Die Aufklärung gab dem Alter einen neuen Status.
6. Lebensentwicklung und Biografiereflexion wurden eine neue Altenaufgabe.
7. Im 19. Jahrhundert setzte sich der Trend zur Langlebigkeit durch.
8. Im 20. Jahrhundert tritt das höhere Alter stärker ins Licht der Öffentlichkeit (Rosenmayr, S. 85ff.)

Die Alten im afrikanischen Dorf

In Afrika gibt es in den Stammesgesellschaften eine klare Hochschätzung des Alters. Besonders auf dem Land genießt eine ältere Person Vorrang (Rosenmayr, S. 95). Die Initiation als Erwachsener wird von den Geheimgesellschaften der Alten organisiert. Der Junge lernt „Askese, Meditation, Mystik" (S. 98). Das Prestige der Alten scheint durch den verbreiteten Ahnenkult gestützt zu werden. Aus den Alten werden durch Seelenwanderung Ahnen, die wiedergeboren werden (Grafik S. 111). Die Alten und die Ahnen gelten als weise. Weise ist im Alter, wer für seine Ratschläge im Dorf Anerkennung findet. Es gibt auch den weisen Dorfkönig, der nur spirituell-rituelle Funktionen ausübt. Er repräsentiert den „Abschied von der Welt" (S. 117). Der eindringende Islam hat den Dorfkönig (Dogon) zerstört und seine Fetische verbrannt. Das Opfer für die Ahnen wurde aufgelöst, der Animismus wurde als heidnisch verbannt. Die moderne Pendelwanderung verändert im Dorf alles. Der Wert und Status der Alten löst sich auf. Die Jungen arbeiten in den Städten und unterstützen ihre Familien. Das Fernsehen gewinnt Bedeutung für die Dorfbewohner, besonders die jungen. Die Diskothek wird zur Attraktivität. HIV-Infektionen steigen, Promiskuität wird allgemein (S. 134). In Afrika findet ein Machtwandel durch Modernisierungsprozesse statt, die Altersgruppen werden verändert. Zwischen Jung und Alt gibt es nun Konflikte. Der unterschiedliche Bildungsgrad zwischen den Generationen macht sich bemerkbar. Arbeitende Väter und arbeitslose Jugendliche geraten aneinander. Aber trotz Verwestlichung wird die Position der Alten, allerdings geschwächt, noch respektiert.

Die Alten in Asien

In Asien ist der Konfuzianismus noch wichtig. Er schätzt das Alter, aber auch die lernfähige Beziehung der Alten zu den Jungen. In Afrika spaltet das Lernen die Generationen. Wer gelernt hat, wandert ab und lässt die Alten in den Dörfern zurück.
Die asiatischen Hochkulturen unter dem Einfluss von Buddhismus, Konfuzianismus und Taoismus förderten das lebenslange Lernen, das in Afrika fehlt.

Der Hinduismus hat eine klare Phaseneinteilung des Lebens:

1. Das Kind und der/die Jugendliche lernt.
2. Die Elternverantwortung wird übernommen.
3. Einführung in Meditation und Askese
4. Leben im Wald als Asket.

(Rosenmayr, S. 149)

Der Hinduismus lehrt die Seelenwanderung wie der Buddhismus. Die Lebensordnung soll dazu beitragen, sich „im Kreislauf der Wiedergeburten Stufe für Stufe vom Leben abzulösen“ (Rosenmayr, S. 154). Buddha erkannte: Leben ist Leiden. „Geburt ist Leid, Altern ist Leid.“ (S. 152) Nagarjuna (2. Jahrh. v. Chr.) lehrt: Im Kreislauf von Geburt und Tod spielt das Altern eine wichtige Rolle, weil es ohne Altern den Lauf von der Geburt bis zum Tod nicht gibt.“ (S. 153)
Der Ahnenkult hat sich als eigentliche Volksreligion auch im heutigen China erhalten. Damit gab es auch eine gewisse Aufwertung des Alters.
Der Taoismus entwickelte den Begriff der Unsterblichen als Vorbild für die Alten. Der ZEN-Buddhismus lehrte die ZEN-Meditation, die besonders in Japan die Kultur prägte. Sie gab Hilfe für die Alten und ihren Widerstand gegen das Fernsehangebot von Unterhaltung und Konsum.
Der Taoismus propagierte ein langes Leben, das Auskosten der Lebensfreude. Nach Max Weber praktizierte er die „individualisierte Selbsterlösung“.
Der Konfuzianismus förderte das Lesen auch bei Alten. Sie sollten weiter arbeiten und die Texte studieren. Die Taoisten empfahlen den Alten die unio mystica mit dem TAO. Der Taoismus wird durch den Tod nicht irritiert, im Gegenteil, es gab „Unsterblichkeitsgetränke“, die der Lebensverlängerung dienen sollten (S. 159).

Die Schonung und Verehrung des Alters ist heute in Asien durch den Kapitalismus bedroht (S. 160).
In Asien hoffte man nicht auf einen Messias, die Apokalypse oder ein Jenseits. Erst durch den Marxismus/Maoismus wurde aus dem Lebenserlösungskon-

zept der Alten das Lebensbereicherungskonzept der Jungen mit der Folge der Abwertung des Alters.

Heute lebt der Konfuzianismus in China wieder auf (Rosenmayr, S. 165) und fördert das Ideal der Altenverehrung (S. 165). Aber die Folgen der inzwischen abgeschafften Ein-Kind-Familie machen die zukünftige Entwicklung des Status der Alten ungewiss. Die Demografie zeigt: In 50 Jahren wird 1/3 der Bevölkerung älter als 60 Jahre sein. „Es gibt heute schon Probleme, die Älteren minimal abzusichern." (S. 166)
Der ZEN-Buddhismus wird auch sozial aktiv. Im Sinne des ZEN wurde im 20. Jahrhundert (nach 1945) begonnen, Spitäler und Heime für Alte zu gründen (S. 178).

Resümee über die Alten in Asien
In Asien gab es bis ins 19. Jahrhundert einen Kult der „Unsterblichen", besonders im Taoismus. Sie sind Symbole der Verherrlichung der „Langlebigkeit" (Rosenmayr, S. 184). Alte konnten „Unsterbliche werden" (S. 186), die ins TAO eingingen, in die „Unendlichkeit" (S. 188). In Ost-Asien ist die Pflege des Alters seit Jahrtausenden Praxis. Daran wird sich auch durch Globalisierung und Digitalisierung nicht viel ändern. Oder doch: Es gibt Ansätze zur Erhaltung des Wertes der Alten. Was sich radikal ändern muss in Asien, ist die Stellung der alten Frau, die oft auch als Hexe dargestellt wird. Die alte Frau erscheint als weniger wert als der alte Mann. Die alte Frau blieb lange im Schatten von Verfall und Zerstörung (S. 193). Diese Rolle wird heute aber durch die Modernisierung und den Feminismus zurückgedrängt (S. 196).

Kreativ altern

Ab 1960 arbeitete Rosenmayr in der Stadtplanung in Wien. Er wurde mit Planung und sozialmedizinischen Problemen konfrontiert und erarbeitete sich auch Kenntnisse in der europäischen und amerikanischen Altersforschung.

So konfrontierte er sich mit Ray Kurzweils Buch „Live Long Enough to Live Forever". Er schreibt: Die biotechnische Revolution soll ein unbegrenztes Leben für den Menschen schaffen (Rosenmayr, S. 14). Die Genetik soll die Quasi-Unsterblichkeit bringen (S. 14). Johannes Hüters Buch „Das Ende des Alters" (2005) verspricht forsch ohne Selbstzweifel die Unsterblichkeit.

Aber: Rosenmayr warnt: Man sollte gegen das Verschwinden des Todes skeptisch sein. Die Idee, dass die Zellen umprogrammiert werden können, ist noch nicht ausgereift (Rosenmayr, S. 14).
Das Internet fördert die Jungen, die sich dort ihr Wissen holen, damit ist das orale Erfahrungswissen der Alten entwertet (S. 15).
Aber Erneuerungschancen an der genetischen Wurzel zu packen, ist ein „zentrales gesellschaftspolitisches Ziel“ (S. 17).
Rosenmayr kritisiert das „Anti-Aging“. Forever young sollte man nie versprechen. „Denn was passiert bei extremer Langlebigkeit mit der Psyche des Menschen?“ (S. 26) Auch Schirrmachers „Methusalemkomplott“ ist ein künstlicher Aufreger. Richtig ist: Die Alterslast wird sich bis 2050 mehr als verdoppeln (S. 351).
Schirrmachers Konzept des Kampfes der Alten gegen die Jungen lehnt Rosenmayr ab. Schirrmacher hat die Defizite im Alter unterschätzt und die Kampfkraft der Alten als „Partisanen und Hacker“ überschätzt (S. 353).
Schirrmacher ist zu optimistisch (S. 353), das Alter hat immer „limitierende Faktoren“ (S. 353).
Das Alter muss psychotherapeutisch und philosophisch mehr erforscht werden (S. 355, 369).

Schöpferisch altern

Rosenmayrs Konzept „schöpferisch altern“ hat folgende Schwerpunkte:
- Kreativität in sich selber suchen
- Selbstveränderung selber finden
- Ein neues Ich-Ideal suchen
- Sich selbst akzeptieren und bejahen
- Rückkehr zu unerfüllten Wünschen anstreben. „Das Beste kommt zum Schluss“
- Mehr Bildung im Alter als Suche nach Einblick in sich selber
- Umdenken: den Mythos vom Alter als Wertlosigkeit stören
- Neue Fähigkeiten, Sprachen, Hobbies, gezielt erwerben

(Rosenmayr, S. 219–236)

Er sieht Programme des Staates für das Alter im 21. Jahrhundert:
- Steuern der Natur
- Akzeptanz der Lebensverlängerung um 20 Jahre
- Die virtuelle Welt und das reale Alter – man muss die Differenz beachten

- Das Leben kann auch in Phasen gelebt werden, indem man sich selbst immer wieder neu erfindet.
- Reifung durch Metamorphosen der Verwandlung
- Herausforderung an die „Neuen Alten", die das Alter neu erfinden
- Verbesserung der Pflege

(Rosenmayr, S. 199–216)

Rosenmayr präsentiert ein großes Programm. Da ist Gronemeyer bescheidener, der nun folgt.

6.6 Die Alten und ihre Schätze

Reimer Gronemeyer (geb. 1939) hat Soziologie und Theologie studiert und lehrte 1975–2004 Soziologie an der Universität Gießen. Er hat sich mit dem Alter in verschiedenen Publikationen befasst, beispielsweise gibt er die Zeitschriften „Demenz" und „Palliative Praxis" heraus. Er gehört zu den Förderern der Hospizbewegung.

Im Alter von 79 Jahren hat sich Gronemeyer mit der „Weisheit der Alten" befasst und sieben Schätze der Alten für die Zukunft entdeckt (R. Gronemeyer: Die Weisheit der Alten. Freiburg: Herder 2018).
Ihm ist klar, dass sich mit der digitalen Gesellschaft eine verschärfte Entwertung der Alten entwickelt. „Die Alten leben in finsteren Zeiten, so wahr sie in einer jugendbesessenen Welt leben." Aber auch: „Die Alten haben eine zunehmende Bedeutung für die Zukunft, weil sie über Schätze verfügen, die diese wankende und brechende Welt dringend braucht." (Gronemeyer, S. 19)

Die Beschleunigung der Technik, die Umstrukturierung der Arbeitswelt, die drohende Weltzerstörung (Klimawandel, Flüchtlingsströme, zerfallendes Europa, Schwund der Artenvielfalt, Ressourcenknappheit, Terrorismus) treiben die Entwertung der Alten voran.
Sie können mit der Datenflut nicht zurechtkommen. Ihr Wissen ist längst veraltet. Ihre Werte gelten nicht mehr. Alles ist wertlos, was gestern war. Viele Alte flüchten in die ewige Jugend, nur wenige werden nachdenklich und bemühen sich um das „Vergessene, das Unsichtbare aus den Tiefen der Gesellschaft" (S. 18). Diese Minderheit der Alten besitzt Bodenhaftung, Starrsinn, Bescheidenheit, verfügt über Alterstugenden und die Fähigkeit

zur Abweichung. Sie sind Hüter von Werkzeugen und Erfahrungen. Sie haben Würde. Ihre Schätze sind durchaus ambivalent. Aber ein Teil der Alten verteidigt Werte.

Fassen wir Gronemeyers Altenphilosophie kurz zusammen:

1. Viele Alte landen im Pflegeheim und verstummen. Aber es gibt bei einigen auch den Mut der Alten. Er lobt den Maler Frans Hals, der im Mittelalter, über 80 Jahre alt, die Gesichter der neuen Kapitalisten malte. Er preist den Sänger Harry Belafonte aus der Karibik, der mit 90 Jahren Lieder singt, um den Herrschenden einen Tritt in den Hintern zu verpassen. Er hat Sympathie für Ernest Hemingway, der in seiner Erzählung „Der alte Mann und das Meer" den Fischer lobt, dem noch das Scheitern nicht den stoischen Mut raubt.
2. Liebe und Sexualität verändern sich radikal. Das Internet macht ganz neue Beziehungsformen möglich. Man kann mit Robotern Liebe machen. Es wird immer schwieriger, „eine Anknüpfung an das zu bekommen, was einmal Liebe war" (Gronemeyer, S. 60). Flexible Beziehungen lösen die traditionelle „romantische Liebe" auf. Gronemeyer fordert die Alten auf, die „alten Philosophen, die Humanisten, die alten Meister der Liebe" zu erinnern, die noch wussten, was Liebe war. Eine Entschiedenheit fürs ganze Leben, wie sie Hemingway in seinem Roman „Wem die Stunde schlägt" (1940) beschreibt (S. 67). Die aufgeweckten Alten wussten noch, was Liebe war und stehen quer zu den heutigen Flüchtigkeiten in den Beziehungen.
3. Die Alten sind die Hüter der Erinnerung. Sie wissen vielleicht noch von den „Traumpfaden" der australischen Aborigines, von der „Reise des Helden" in 1000 Mythen, wie sie Joseph Campbell beschreibt. Sie können dieses Wissen an die Enkelkinder weitergeben. Sie können die heute herrschenden Plattheiten in der intergenerativen Kommunikation durchbrechen. Sie können an der „Wiederverzauberung der Welt" arbeiten und die wachsende Distanz zwischen den Generationen vermindern.

   Die aufgeweckten Alten wissen noch von Krieg, Hunger, Flucht und können der Verteufelung der Flüchtlinge mit eigenen Fluchterfahrungen begegnen. Sie wissen von Auschwitz, von der Idiotie des Nationalismus, der sich schon im 30-jährigen Krieg auflöste. Sie wissen, wie falsch der Antisemitismus ist. Sie sind Kriegskinder und halten gegen die heutige Apokalypse-Stimmung stand. Sie brauchen ihre „Weltuntergänge" nicht mehr durch Schweigen vertuschen, weil sie selber erlebt haben, wie „die Radios bei Sendungen über Krieg, Nationalsozialismus, Hitler, den Holocaust sofort von den Eltern ausgemacht wurden" (S. 98).

Die aufgeweckten Alten wissen noch vom Wert: „Nie wieder Krieg", „Wehret den Anfängen", „Kapitalismus führt zum Faschismus". Sie sind bereit, die Enkel zu warnen.

4. Die Alten besitzen noch Wissen, wie man kocht, einkocht, einweckt, Rücklagen bildet, einkellert. Viele Deutsche haben heute von diesen Hausmitteln keine Ahnung mehr. „Nur 34% der Deutschen kochen noch, 42% kochen nie." (Gronemeyer, S. 110) Fastfood statt kochen. „Lernen kann man von den Alten, von einigen jedenfalls, etwas über die Furcht vor Verschwendung." (S. 117)
5. Im Alter kann die Freiheit wachsen, wenn sie mit Gelassenheit einhergeht. „Eine Haltung, die im Alter rettend sein kann." (S. 124) Der kommende „Homo deus" (Y. N. Harari) kennt keine Gelassenheit mehr. Er scheitert an seiner kosmischen Überlegenheit, wie „winzige Impulse im kosmischen Datenstrom" (S. 125)
   Gelassenheit hatte bei Meister Eckhardt noch die Kraft, mit der Gottheit eins zu werden. Heute ist Gelassenheit cool, aber ohne stoischen Rückhalt. Cool ist völlige Äußerlichkeit, innen ist nur die Leere des toten Gottes. Gelassenheit ist das Wissen tiefer Lebenserfahrung, sagt Rousseau. Heute steht die Wendung nach Innen unter Verdacht. Die bewussten Alten müssen diesen Verdacht vergessen und sich der Kräfte des „inneren Selbst" bewusst werden.
6. Zukunft braucht Herkunft. Zukunft braucht Tradition, die sich heute auflöst. Der Gefahr des irrationalen Heimatkultes der Rechtspopulisten sind die wachen Alten sich bewusst: „Wir sind kein Haufen von Menschen, die keine Wurzeln haben, sondern wir wissen, was war." (S. 151) Diese Alten haben keinen Neid auf die Jungen. Sie wissen von der Kraft der Freundschaft mit der Natur, der Kultur, der Geschichte, der Menschengattungen seit sieben Millionen Jahren und wie sie die Eiszeiten überstanden haben, mit schwachen Mitteln. Die wissenden Alten sind gütig, sie wissen, alle Menschen, denen sie begegnen, führen einen schweren Kampf (S. 165).
7. Heute, wo alle mit Wikipedia alles wissen können, huldigen die trotzigen Alten dem Nicht-Wissen, dem Abschied vom geistigen Imperialismus. Sie haben die dunklen und hellen Seiten des Schatzes des Lebens bei sich. Sie besitzen das gelehrte Nicht-Wissen des Nikolaus von Cues.

Wie man das Wissen der Alten aus der Tiefe holt

„Das Wissen der Alten ist zu Asche verbrannt. Aber in dieser Asche glühen noch die Reste eines Wissens, das lebensrettend werden kann." (Gronemeyer, S. 187) Die Weisheit des Alters ist auch heute die Konzentration auf das Wesentliche (S. 191). Das Wesentliche ist auch heute die Kunst des Still-Seins, um die Stille zu erleben. „Es gibt keine freie Gesellschaft ohne Stille", sagt Herbert Marcuse. Die Stille erlebt die „mysteriöse Bruderschaft der Nacht", die den Kapitalismus schrecklich findet, wie Jean Ziegler schreibt.
Die Alten können Anstifter und Kundschafter werden, für eine Reise zum Absoluten, wie es in Hans Christian Andersens Märchen „Das kleine Mädchen mit den Schwefelhölzern" beschrieben wird. Letztlich führt die Stille zu einem Raum ohne Kälte, Hunger oder Furcht, einem Raum, wo alles Leid getilgt ist (S. 207).

Gronemayr weiß den Weg zu den Tiefen des Unbewussten nicht gut zu beschreiben, ihn eröffnen eher die Tiefen- und die Höhenpsychologie, also C. G. Jung und Roberto Assagioli, Ken Wilber, S. Grof. Sie sprechen vom Weg zur Stille auch für Alte, sie graben die Schätze aus, die die Alten im kollektiven Unbewussten vergessen haben und die die heutige Welt der Untergänge, der Werte, notwendig braucht.

Unser folgender Autor Andreas Brenner will das Alter zum Schwerpunkt einer philosophischen Lebenskunst machen.

6.7 Altern als Lebenskunst

Zum Ansatz

Andreas Brenner, geb. 1963, studierte Philosophie in Bonn, Zürich und Basel. Er lehrte in Freiburg, Tübingen, Potsdam, St. Gallen als Professor für Philosophie und ist heute an der Universität Basel tätig. Seine Forschung bezog sich auf die Ethik in Wirtschaft und Umwelt, auf das Leben, den Leib, die Tiere sowie auf die Lebenskunst, die zwar von W. Schmid 1999 mit seinem Buch „Philosophie der Lebenskunst" thematisiert wurde, aber das Altern als Lebenskunst noch nicht richtig bearbeitet hat.

Dieses Defizit will Brenner beheben. Er hat sich mit der gerontologischen Lebenskunst nicht nur theoretisch, sondern auch praktisch befasst durch die Leitung eines „Philosophischen Cafés" mit der Zielgruppe alter Menschen, die sich einmal die Woche im „Café Dialogue" treffen. Dieses Café wird vom Basler Gesundheitsamt unterstützt und ist im Konzept bestimmt durch Marc Sautet, der in Paris das erste philosophische Café gründete und sich jeweils mit einem großen Publikum über ein gewähltes Thema unterhielt (A. Brenner: Altern als Lebenskunst. Norderstedt: BoD 2019, S. 13).
Brenner machte in seinem Café die Erfahrung, dass „im Alter die Liebe zu Sophia erneut auftaucht", die Alten Zeit haben, um aus ihrem Leben ein Kunstwerk zu machen, dass das Alter letztlich entscheidet, ob das Leben ein eigenes und ein gelungenes war. Gelungen ist das Alter, wenn es sich der Grenzsituation einer letzten Lebensphase, im Sinne von Karl Jaspers (Philosophie Bd. 2 Existenzerhellung 1956), stellt.
In der Grenzsituation Alter begegnet man der Vergänglichkeit, denn Zeitlichkeit ist „zentral für das Verständnis des Alters" (Brenner, S. 22). Alter braucht die Vergangenheit wie die Luft zum Atmen, aber für Brenner ist klar: „Ewiges Leben wäre Horror!" (S. 23) Erst über die Erinnerung an die eigene Vergangenheit erhält sich Identität im Alter. Die fließende Zeiterfahrung prägt das Alter. Die moderne Profitgesellschaft feiert mit dem Jugendkult die Jugend und wertet das Alter ab. „Die Alterslosigkeit gilt als das Ziel." (S. 31) Niemand altert allein. Jeder ist auch im Alter durch den Zeitgeist geprägt.
Für Brenner hatten Platon und Aristoteles eigentlich kein Interesse am Alter (S. 34f.). Auch heute leiden viele Alte an der eigenen „Altersignoranz" (S. 38), die die Kriegskindheit verdrängt und ihr Wiederauftauchen im Alter mit Panik reagieren lässt.
„Alter als Mangel" des Mängelwesens Mensch (A. Gehlen) sollten wir nicht gelten lassen, sondern erkennen, dass das Alter das Leben radikalisiert, zu Grenzsituationen führt, „neue Horizonte eröffnet" (S. 45). Alter bedeutet mehr als Schmerzen. Heute kann man von der Entdeckung des Alters reden, von der Aufhebung der Altersvergessenheit, oder der Altersschelte. Alter ist nicht Krankheit, Depression nicht die typische Altersstimmung, Demenz nicht das Alterziel. Im Alter vollendet sich die Individualität. Altern begleitet das ganze Leben, schon viele Jugendliche sehen ziemlich alt aus. Alter wird oft als Altersschock erlebt, weil man die Zeit vergessen hat, in der man lebt. S. de Beauvoir schreibt in ihrem Standardwerk „Alter" vom Erschrecken, „dass ich selbst so alt bin, wie jene, die mir in meiner Jugend so alt erschienen" (S. 64). Der Altersschock zeigt, „wie viel Zeit schon vergangen ist und wie wenig Zeit noch für uns vorhanden ist" (S. 65). Man erkennt die Unendlichkeit der

„Weltzeit" und die Kürze der eigenen Lebenszeit (H. Blumenberg: Lebenszeit und Weltzeit. Frankfurt: Suhrkamp 1986).
Altersbewusstsein stärkt das Selbstbewusstsein. Es ist die Voraussetzung für ein „altersschockresistentes Selbstbewusstsein" (Brenner, S. 69).

Die Charakteristiken der Grenzsituation des Alterns

1. Die Verlangsamung des Lebens

Zeitverzögerung, Langsamkeit und Innehalten sind alterstypische Haltungen (S. 76). Die Schwächung der Aktivitäten im Äußeren kann den Weg ins „Innere erleichtern" (S. 77). Langsamkeit bringt mehr. Man kann sich beschleunigen so viel man will, man versäumt trotzdem vieles. Dieses Defizit räumt man nur auf durch die Konzentration auf das Wesentliche. Das Wesentliche im Alter ist die Ewigkeit, wer sich auf sie einlässt, kann sich ihr langsam annähern.

2. Erinnerungsarbeit

Erinnern ist eine Lebensnotwendigkeit. Die wesentliche Grundlage der Erinnerung des Körpers und seine Geschichte wird im Leben oft vergessen (S. 93). Die zentralen Geschichten des ewigen Lebens sind Kernpunkte unserer Identität und können nicht oft genug erzählt werden. Erinnerung ist Lebenselixier. Ohne Erinnerung verlieren wir uns selbst. Lebensmut und Lebenskraft gewinnen wir durch Erinnerung. Das ist das Zentrum der Biografiearbeit (vgl. L. v. Werder: Triffst du nur das Zauberwort, München-Weinheim 1986; L. v. Werder: Erinnern, Wiederholen, Durcharbeiten, Berlin: Schibri 2011). Bei der Biografiearbeit hilft das Gesammelte an Bildern, Briefen, Tagebüchern. Nur der demente Mensch verfügt nicht mehr über seine Schlüsselerfahrungen. Wichtig bleibt, dass die der/dem Kranken nahestehenden Personen ihn nicht vergessen.

3. Schmerzen

Altern ist keine Krankheit. Es kann nicht wie eine Krankheit geheilt werden, trotz aller Anti-Aging-Industrie. Krankheit ist vielmehr ein Aspekt des Alters, der sich als Geheimnis zeigt, oft wissen wir nicht, warum wir krank werden. Aber auch die Gesundheit ist verborgen (Gadamer: Über die Verborgenheit der Gesundheit. Frankfurt: Suhrkamp 2003). Solange wir gesund sind, fühlen wir die Gesundheit gar nicht.
Gesundheit ist ein Wunder oder ein Schicksal. Der Umgang mit Krankheit ist oft höchst subjektiv, er schwankt zwischen Übertreibung und Untertreibung

bzw. Verleugnung (Ich war nie krank, sagte ein chronisch Kranker). Der heutige alte kranke Mensch muss viele Angebote zur Heilung annehmen. Es gilt hier, „sich vom sozialen Ich zu emanzipieren" und selbst zu entscheiden, was der eigene Weg zur Heilung ist. Jede Krankheit erweckt die Grenzsituation und damit die Chance der „Existenzerhellung", sagt Jaspers.

Jede Krankheit, jeder Aufenthalt im Krankenhaus eröffnet Nah-Tod-Erfahrungen, Begegnungen mit Sterbenden, letzte Worte, die fünf Phasen des Sterbens von Elisabeth Kübler-Ross.

Das Leben im Alter in Krankheit eröffnet die Lehre des Buddha: „Leben ist Leiden". Gottfried Benn fragt: „Wenn wir gelitten haben, ist es dann gut?" Aber Leid formt das Ich. Die Überwindung der Schmerzen macht das Leben erst zu unserem eigenen Leben, bereitet auf die letzten Schmerzen im Sterben vor. Der Schmerz kann uns die Augen öffnen „für uns, für die anderen, für die Welt und (für das Göttliche)" (S. 139). Wenn der Schmerz nachlässt, erfährt man sich wie neu geboren.

Demenz enthält die Schmerzen des Selbstverlustes, die Walter Jens erleben musste (T. Jens: Demenz – Abschied von meinem Vater. München 2009).

Das Beziehungsleben mit Dementen ist ein Rollentausch von Erwachsenem und Kind. „Leben, zumal menschliches, ist Beziehungsleben. Und das Leben (auch mit Dementen) ist niemals zu Ende, solange wir leben." (Brenner, S. 146)

4. Hilfe annehmen

Kein Mensch kommt ohne Hilfe zur Welt, lebt oder stirbt. Die Hilfe bleibt oft unbewusst. Erst im Alter muss man sich auf Hilfe bewusst einstellen und sich mit ihr arrangieren, weil sie immer mit Scham und Angst verbunden ist. Die letzten Intimitäten werden in der Hilfe geteilt: Essen, Ausscheiden, Sauberkeit, Schlafen. Demütigungen müssen erlebt und überlebt werden. „Der Ruf nach Hilfen ist wie der Ruf der Altenheime, der Pflegestation. Das souveräne Ich scheitert. Das Erlebnis der Selbstentfremdung motiviert zur Flucht. Man verliert sich selbst. Man ist nicht mehr derselbe. Man fühlt sich anderen gegenüber in der Schuld und sieht sich zu Dank verpflichtet. Das fällt dem autonomen Ich nicht leicht. Pflege bleibt oft asymmetrisch. Der Pflegenotstand ist ewig. Die Qualifikation des Pflegepersonals bleibt beschränkt: Arbeit am Körper, an der Seele, an der Selbstständigkeit bleibt defizitär. Pflegeroboter sind keine Alternative." (Brenner, S. 168) Dass Kinder ihre Eltern pflegen, ist oft nicht möglich und wenn ja, ein großes Opfer (S. 169).

5. Die Abschaffung des Alters

Die Anti-Aging-Medizin will das Alter und den Tod abschaffen. Andreas Brenner lehnt dieses Ziel der ewigen Jugend radikal ab. Die Abschaffung des Todes

bleibt Utopie, Science Fiction, Märchen. Aubrey de Greys Buch „Niemals alt" ist für Brenner ein Sprachrohr der Anti-Aging-Industrie (Brenner, S. 179). Aber längeres Leben verändert für Brenner die existentiellen Probleme des Alterns nicht. Langeweile, Sinnlosigkeit werden mit 200 und mehr Lebensjahren epidemisch. Das ist noch sehr 19. Jahrhundert, denn mit der Eroberung des Kosmos in 100 oder 200 Jahren kommen viele Probleme auf uns zu, die ein längeres Leben erfordern. Deshalb hat sich das Leben vom Mittelalter bis zur Neuzeit ja auch schon in der Länge verdoppelt von 40 auf 80 Jahre. Ein verlängertes Leben motiviert zur Faulheit, meint Brenner, ohne das zu beklagen. Der Tod als Sinngeber fällt für den Unsterblichen weg, obwohl nicht der Tod Sinn gibt, sondern das ungeheuerliche Geheimnis des unendlichen Universums und die Einmaligkeit der Erde im leeren All, der 2. Big Bang: die Entstehung und Evolution des Lebens.
Das Leben wählt sich selbst vor der Riesenaufgabe, das All zu vergeistigen im Sinne Hegels, um aus dem Erdgeist einen echten Weltgeist zu machen. Anti-Aging bleibt oft Kosmetik, aber Arbeit an der Lebensverlängerung garantiert das Überleben der Menschheit im Kontext des Klimawandels.

6. Existentiell altern

Die Ökonomisierung des Alters, die Alterspflegeindustrie zerstört die existentielle Qualität des Alters. „Niemand altert für sich allein und dennoch altert jeder selbst" (Brenner, S. 193). Jedes Leben ist Einzelwesen und Wesen im Zeitgeist. Nur scheinbar war das Alter früher besser (allenfalls für die höheren Schichten). Seniorenangebote stellen heute Senioren unter Druck. Wer sie nicht annimmt, fällt in die totale Einsamkeit. Es sei denn, er hat das Wichtigste gewählt: die Arbeit am Fragwürdigsten, am Göttlichen.

7. Tod am Ende des Alters

Der Tod fordert vom Alter, sich das Leben klarzumachen: Pflanzen sterben, Tiere verenden, der Mensch stirbt. Das Todesbewusstsein ist „Vorrecht und Verlängerung" (H. Plesser: Die Stufen des Organischen und der Mensch. Frankfurt: Suhrkamp 1981). Der Tod hat die Erde zu einem großen Friedhof gemacht (Tiziano Terzani) „Sterbend erleide ich den Tod, aber ich erfahre ihn nie", sagt Jaspers. Das Sterben ist die größte Grenzsituation. Es gilt das Unfassbare zu fassen zu versuchen. Die Sorge um den Tod ist eigentlich die Sorge um das eigene Leben. Das Nahen des Todes eröffnet die Chance des „eigenen Sterbens" (Rilke). Es geht dabei um den Ort (Wohnung, Hospiz) und die Begleitung (Sterbehilfe). Philosophieren heißt Sterbenlernen, sagt Sokrates und stellt in Platons „Phaidon" ein Sterbeprogramm vor. Jeden Tag sollten wir kurz an unseren Tod denken. „Wer stirbt, bevor er stirbt, stirbt nicht,

wenn er stirbt", sagt die Metaphysik, die die wahre Grundlage des Alterns ist (wenn sie nicht zu spät entdeckt wird!). Es geht um die Abschiedlichkeit (Weischedel), das Loslassen-Können (Schmid).
Palliativ-Medizin kann die Angst vor dem Sterben nehmen (Brenner, S. 216). Der Tod, sagt die Stoa (Seneca), kann von allen Schranken des Lebens auf ewig befreien.

8. Das Alter als existentielle Aufgabe
Der moderne Alte muss sich gegen die Zumutungen der digitalen Gesellschaft wehren und ihre utopischen Chancen im Alter kennen und wertschätzen! Die vier L's à la Höffe sind zu beachten.
Das Ziel des Alterns: sich selbst erfahren als „Chance des Lebens" (Brenner, S. 229). Diesem Ziel will Brenner in seinen philosophischen Cafés mit seinen alten Klienten näherkommen.

Es folgt Rüdiger Dahlke. Er sieht das Alter medizinisch und spirituell.

6.8 Alter als Geschenk

Dr. med. Ruediger Dahlke arbeitet seit 40 Jahren als Arzt, Autor und Seminarleiter. Er vertritt eine ganzheitliche Psychosomatik, die er mit Büchern wie „Krankheit als Weg" und „Krankheit als Symbol" begründete. Im Sinne von C. G. Jung hat er in seinem Ansatz auch spirituelle und mythische Aspekte der Seele entwickelt. Seinen Ansatz hat er in der Trilogie „Schicksalsgesetze", „Schattenprinzip" und „Lebensprinzipien" dargestellt. In seinem Buch „Alter als Geschenk" (München: Arkana 2018) stellt Dahlke seine Alterstheorie und die heilende Praxis der Lebenskünste des Alters vor.

Altern ist keine Krankheit

Für Dahlke ist Altern keine Krankheit. Die Leiden, die im Alter auftreten, versucht Dahlke zu verstehen und mit Prävention spiritueller und medizinischer Art zu begegnen. Dem Alter sind wir nicht naturgegeben als Schicksal ausgeliefert. Ein verändertes Altersverständnis führt zu einem veränderten Altersverhalten.

Daraus resultiert die Aufgabe des Alters, das Alter einzuordnen und ihm den Sinn zu geben, der ihm entspricht. Das Alter muss seine Schrecken verlieren und als Geschenk sichtbar werden.

Sich ein goldenes Alter gönnen

Eigeninitiative kann Altern als Geschenk erscheinen und erleben lassen. Körperliche Altersbeschwerden sollten keine Macht über uns gewinnen, wenn wir glauben, dass das Alter(n) keine Krankheit ist.
Die heute herrschenden Altersbilder wollen im Alter eine Krankheit sehen und werten das Altern ab. Dagegen ist zu erkennen, dass das Alter zur Freiheit führt und zum Rollenwechsel, jenseits der stressigen Arbeitswelt.
Im Alter gilt es, die Schattenseiten des Lebens, der Arbeit und der eigenen Lebensform zu erkennen und die Neubildung von Nervenverbindungen im Gehirn anzuregen, um den großen Schrecken des Alters – Alzheimer/Demenz – unwahrscheinlicher zu machen.
Das Gehirn, so sagen die modernen Gehirnforscher, bleibt jung durch Erneuerung. Die Vorurteile über das Alter als Hölle und Angstgefängnis sind zu überwinden. Körperliche und geistige Bewegung sind im Alter Gold wert, sie vertreiben das Altersgrauen. Alter, das ist die Zeit der Selbstfindung und Selbsterkenntnis. Alter ist eine Krise und jede Krise hat auch eine Chance zur Erneuerung.

Im Alter kann man nach Dahlke:

- Neue Ziele wählen
- Die Perspektive wechseln von der Materie zum Geist
- Neue Rollen wählen
- Gut für den Körper und das Gehirn sorgen
- Die Schatten in sich, in der Gesellschaft, in der Welt und im Kosmos erkennen und verstehen.

Das Alter wird zur „Heldenreise“ im Sinne von Joseph Campbell, eine archetypische Reise zu sich selbst, die auch den Abstieg zu den Müttern (Goethe) beinhaltet und die folgende Rückkehr in den Alltag.
Das Alter hat das Ziel nach Hause zu kommen, in das Eine, aus dem nach Plotin alles entspringt und alles zurückkehrt (Dahlke, S. 46).
Die große Krise Alter kann für uns durch Schattenanalyse zur großen Chance werden.

Im Alter Orientierung finden

C. G. Jung geht davon aus, dass die erste Lebenshälfte der Materie/Natur vorbehalten ist und die zweite Lebenshälfte dem Geist (Dahlke, S. 39).

Das Alter zielt auf die Auflösung des Grauens vor dem Leben:

- Man muss deshalb zum Wesentlichen zurückkehren.
- Die Entpolarisierung des Lebens in Leben und Tod ist durch Transzendieren jenseits von Leben und Tod zu gestalten.
- Die Alleinheit und Allverbundenheit ist zu erkennen.
- Das Alter macht uns zu Weisen und zu alten Narren/Närrinnen, um uns von der Welt zu lösen.
- Wir müssen erkennen: „Wir kommen unter Leiden auf die Welt, uns bleibt im Leben das Leid nicht erspart, wir verlassen aber die Welt und die Leiden im Sterben.“ (Dahlke, S. 47)
- Das Alter dient der Rückschau, der autobiografischen Analyse. Wir fragen uns, wem wir gedient haben, worauf wir stolz sein können, was uns Orientierung und Leitung vermittelte. Ohne Verständnis unserer Biografie ist Metaphysik und Transzendenz, das Vonwoher (Weischedel) gar nicht zu verstehen. Die autobiografische Arbeit ist wichtig für das Ende und den letzten Übergang in die Einheit, die All-Einheit, das All-Eine (Spinoza, Hegel).
- Es gibt folgende Stufen im Lebenslauf:
    1. Geburt und Geworfen-Werden in die Polarität
    2. Pubertät und die Entscheidung für einen Weg im Widerspruch
    3. Die zweite Lebenshälfte fordert zum Überwinden der Lebensübergänge und Lebenskrisen auf.
    4. Die Alterskrise ist der Kampf um die „Heimkehr“ ins All-Eine. Novalis: „Wohin gehen wir – immer nach Hause.“

Die hinduistischen, buddhistischen und taoistischen Philosophien erlauben uns „die Würde des Lebens-Zeit-Alters zu spüren“ (Dahlke, S. 52). Sie räumen den Greisen die Freiheit zur Transzendenz ein.

Die Schattenanalyse und ihre Resultate

Hinter den Schatten erkennen wir nach C. G. Jung das innere Kind und den alten weisen Menschen als Symbole des Selbst. Der alte weise Mensch ist

schon im Tarot die letzte Stufe des Lebens. Unser aller Weiser beantwortet unsere Fragen: Woher komme ich? Wer bin ich? Wohin gehe ich? Was war der Sinn meines Lebens? (Dahlke, S. 58) Was bin ich als Großvater oder Großmutter? Was bedeuten mir meine Enkel?
Der alte weise Mensch weiß, dass das Leben mehr ist als Wissen und Machen, dass es Transzendenz beinhaltet und entschiedener zum eigenen Leben (zur Existenz) auffordert (ganz im Sinne von Camus, Sartre, Heidegger und Jaspers).

Die Schattenanalyse löst von Angst, Projektionen und Vorurteilen über das Alter. Sie macht den Blick frei auf Mystiker und Metaphysiker, denen wir im Leben begegnet sind, die uns auch angesprochen, die wir oft verdrängt haben.

Übung: Welchen Mystikerinnen und Mystikern sind Sie im Laufe Ihres langen Lebens „begegnet"?

Übung: Welche Bezugspersonen haben Sie im Leben angerührt und Ihnen Kraft gegeben, mit Ihren Schatten fertig zu werden?

Die großen Aufgaben des Alters

1. Eine sinnvolle Tätigkeit nach der Arbeit gibt dem Rentner/der Rentnerin Struktur und Ziele im Alltag. Damit wird der Ausbruch einer Altersdepression und Alterskrise verhindert bzw. gemildert.
2. Partnerschaft, Ehe oder andere liebevolle Gemeinschaften verhindern Einsamkeit, vermindern das Leiden am Alter. „Alleinsein tut unserem Gehirn nicht gut." (Dahlke, S. 74) Das Fehlen körperlicher Zuwendung im Alter produziert Apathie oder Depression. Die Spiegelung der Schattenseiten von Paaren verstärkt sich. „Wer das Schattenprinzip nicht kennt, für den verwandelt sich heiße Liebe in kalten Hass." (S. 77) Die Scheidungsrate von Alten steigt heute, aber auch die Rate der Heiraten im hohen Alter.
3. Der Ausbau einer Alten-Identität steht an. Dazu gehört die Konzentration aufs Wesentliche. Man sollte sich mit „zeitloser Weisheit, mit spiritueller Tradition, mit Religion und Metaphysik und dem Gott der Philosophen beschäftigen" (S. 83). Viele Alte werden starr und stur und leben damit ihre destruktiven Seiten (S. 83).

4. Es gilt, das eigene Lebensmuster, den eigenen Charaktertyp und Existenzentwurf zu erkennen. „Nur wer den Schatten erkennt, kann zum Licht gelangen." (Dahlke, S. 84)
5. Schließlich muss man sich dem Grauen (nicht nur dem Grau der Haare) stellen. Nach Goethes Farbenlehre ist Schwarz keine Farbe, sondern das Fehlen aller Farben. Weiß ist der Gegenpol: es enthält alle Farben. Grau ist die Mitte zwischen Schwarz und Weiß. Trotzdem macht es Angst und überfällt die Alten beim „Morgen-Grauen". Beim Schritt ins Grauen überfällt einen Düsternis und Beklemmung. Gegen das Grauen des Alters anzukämpfen ist aussichtslos, der Abbau des Körpers lässt sich nicht stoppen (es sei denn, man ist Transhumanist und Singularist). Unsere Spukschlösser sind heute die Altenheime. Das Transzendieren der Welt bleibt niemandem erspart (S. 87). Es kann die Hoffnung auf die Menschheit 2.0 sein, die neue Friedensgesellschaft, die Eroberung des Weltraums, der Weg der Freiheit zum All-Einen.

Meditationen gegen das Grauen
Wer nicht stirbt, bevor er stirbt,
der verdirbt, wenn er stirbt.
(A. Silesius)

Und so lang du das nicht hast,
dieses Stirb und Werde,
bist du nur ein trüber Gast
auf der dunklen Erde."
(J. W. v. Goethe)

Der Körper spricht im Alter energisch zu uns

- Aufmerksamkeit für den **inneren Arzt**: Warnzeichen sind jederzeit zu erkennen. „Sie sind unsere Schutzengel." (Dahlke, S. 91) Um keine Angst vor dem Alterssymptom zu haben, müssen wir sie deuten.
- **Graue Haare**: Sie deuteten früher auf Weisheit (Tolkien: Weiser Helfer „Gandalf der Graue").
- **Weniger Geschmacksinn und weniger Esslust**
- **Der graue Star** enthüllt die Welt als nicht mehr bunt, sondern fad.

- **Schwerhörigkeit** verurteilt zur Stille und einer Umorientierung von Außen nach Innen. Die Stimme des Seins hört man in der Stille (Meister Eckhardt, M. Heidegger).
- **Altersweitsichtigkeit** will, dass wir die Übersicht über die Welt gewinnen.
- **Gedächtnisstörungen**: Kurzzeitgedächtnis der Gegenwart schwindet, Langzeitgedächtnis bleibt und macht uns mit unseren Anfängen vertraut (S. 99).
- **Verknöcherung der Gelenke**, Gelenksteife, Osteoporose erzwingen die innere Beweglichkeit.
- **Schlaffe Haut** zeigt, der Körper beginnt, sich zu verabschieden.
- **Falten/Runzeln** zeigen den Abschied vom Körper.
- **Altersflecken**: In ihnen können wir unser Lebensalter erkennen und den inneren Jungmenschen mit dem äußeren Alt-Menschen konfrontieren.
- Die **Schattentherapie** sollte die Konfrontation mit dem älteren Körper durch den Aufstieg in helleres Licht ersetzen (Dahlke, S. 106).

Der Körper und das Gehirn drohen sich für Dahlke im Alter zu verabschieden

Alzheimer-Demenz, Krebs, Herzinfarkt: Alzheimer ist ein Produkt von Eiweißablagerungen, die sich mit Aluminiumverbindungen zu Mörtel entwickeln, der das Innere der Nervenzellen im Gehirn und die Zellfortsätze „einbetoniert". Die Verbindung von linker und rechter Gehirnregion wird blockiert, Logik und Emotion fallen auseinander. Die Entwicklung neuer Zellen, die auch im Alter vom Gehirn produziert werden, stagniert. Cortisol (Anti-Stress-Stoff der Nebennierenrinde) und Beta-Amyloid schützen den Hippocampus nicht mehr vor Reizüberflutung. Beta-Amyloid wird nun zum Schadensfaktor und bildet das Alzheimer-Toxin.
Die Entwicklung neuer Zellen wird aber durch Metaphysik und Philosophie gesteigert und Alzheimer-Entwicklung wird verzögert und getrennt. „Je mehr wir über Metaphysik nachdenken, umso mehr werden die Neuronalkreisläufe im Gehirn angeregt." (A. Newberg/M. R. Waldman: Der Fingerabdruck Gottes. Wie religiöse und spirituelle Erfahrungen unser Gehirn verändern. München: Goldmann 2012, S. 12)
Das Nachdenken über den Gott der Philosophen scheint jene Gehirnteile zu stärken, die unsere Stimmung bestimmt, unser Selbstwertgefühl weckt, unser soziales Bewusstsein und unser Mitgefühl (S. 16).

Im Sinne von Ruediger Dahlke und seiner Idee des Alters als Geschenk schlägt A. Newberg folgende Methoden eines Gehirntrainings für Ältere vor, das Alzheimer verhindern soll:

- **Lächeln** fördert das Gehirn und das Zwischenmenschliche (Newberg/ Waldman, S. 205).
- **Geistig fit** bleiben, durch Schach, Lesen der Hauptschriften der Menschheit (Upanishaden, Heraklit, Kant, Heidegger, Marx, Darwin, Freud)
- **Bewusst entspannen**, um Stress abzubauen, „in den USA die Todesursache Nr. 1“ (S. 220)
- **Gähnen** – ein Geheimtipp! Steigert das Bewusstsein nach Innen (S. 215).
- **Meditation**: Visualisieren, gefühlte Imagination von Bildern, Selbsthypnose können Meditation ergänzen (S. 218).
- **Bewegung**: Aerobic, Yoga, Körperarbeit bewirkt Wunder für Geist und Körper. Körperarbeit erhält die Plastizität des Gehirns (S. 219), das sich im Alter verkleinert.
- **Gespräche mit anderen**: Fragen Sie mal Ihren Nachbarn, was er von Urknall, Evolution und Endknall hält (S. 222).
- **Philosophisches Wissen**: Optimistische Philosophie „scheint eine entscheidende Rolle zu spielen, um im Alter motiviert und geistig gesund zu bleiben“ (S. 225). Es kann Ihr Leben um Monate und Jahre verlängern (S. 231). Pessimismus macht im Alter anfällig für Angst, Schlafstörungen, Zwangsneurosen, Asozialität (S. 232).

Weitere Literatur zum Einfluss der Metaphysik auf das Gehirn:

Keating, J.: Intimacy with God. New York 2009
Newberg, A.; Waldman, M.: Born to Believe. New York 2007
Solowig, N.: Cannabis and Cognitive Funtionic. Cambridge 1998
Kandel, E.: In Search of Memory. The Emergency of a New Science. New York 2006 (deutsch: München 2006)
Newberg, A.; Aquili, E.: Der gedachte Gott. München 2003
Heller, D.: The Childrens God. Chicago 1988

Alzheimer beginnt mit Gedächtnisverlust, Unruhe, Orientierungsschwierigkeiten, unzusammenhängenden Bildern und entwickelt sich bis zum Verstummen und der Agnosie (Unfähigkeit zu erkennen).

Im Alter gesund bleiben

Drei Schritte sind für Dahlke nötig, um gesund zu werden:

1. Problem verstehen
2. Grundlegende Ursachen wandeln
3. Einordnung des Problems in die eigene Biografie

Grundidee:
Wer ungelöste Probleme hat, kann Gehirnzellverluste nicht ausgleichen. Entscheidende Probleme der Existenz lassen sich nur durch Weltorientierung, Existenzerhellung, Metaphysik lösen. „Im Alter kann Schattenbearbeitung zur echten Erlösungstherapie (angesichts von Grenzsituationen) werden.“ (Dahlke, S. 130)

Die Rolle der Ernährung und des Verhaltens bestimmt unsere Gesundheitsdauer

Viele Alterskrankheiten sind Resultat unseres Verhaltens, das Demenz fördert, wenn wir nicht genug schlafen (acht Stunden), den Tiefschlaf verfehlen, uns falsch ernähren. Das Gehirn braucht Baustoffe für die Neurogenese, Nährstoffe für seine Erhaltung und Schutzstoffe.

Folgendes ist für Dahlke zu beachten:

- Omega-3-Fettsäuren einnehmen
- Regelmäßiges Fasten und Bio-Kost, vegan
- Das Zuckerelend und seine Folgen erkennen
- Cholesterin entteufeln
- Ernährungszusammenstellung ohne Rückgriff auf Massentierhaltung
- Das Alter nutzen für Sinnsuche, vor dem Verlassen der Welt (Dahlke, S. 157)
- Liebevolle Kontakte pflegen, das Herz sprechen lassen. Gruppen bilden, um für die Rettung der Welt zu kämpfen.
- Die eigenen Wurzeln autobiografisch erhellen
- Eine Liste der wichtigsten und schönsten Dinge, die vor dem Ende zu tun sind, anlegen.
- Von den Naturvölkern lernen, die das Jenseits mit Freude erwarten, nicht wie die modernen Menschen als Grauen. Filmtherapie nutzen („Der seltsame Fall des Benjamin Button“, „Für immer Adaline“, „Und täglich grüßt das Murmeltier“ etc.)

Übung: Legen Sie eine Liste des Besten an mit dem Titel „Das Beste kommt zum Schluss".

Medizin für gesundes Altern

- Rituale gegen die Angst praktizieren, Angstzeit festlegen (Dahlke, S. 178)
- Mandala malen und den eigenen Lebensweg einzeichnen
- Sonne und Vitamin D3 nutzen
- Natürlich (vegan) ernähren: mediterrane und asiatische Küche
- Fasten: z.B. 2 x die Woche, als Fastenwoche, Kurzzeit-Fasten, Intervallfasten

Folgende Nahrungsergänzungsmittel verwenden:

- Selen (Mangel vermeiden)
- Lithium
- Vitamin B6, B9, B12
- Serotonin für Neurogenese
- Johanniskraut für guten Schlaf

Des Weiteren wird von Dahlke empfohlen:

- Darmsanierung (durch chinesische Pflaumen)
- Ausreichend gutes Wasser (2 Liter pro Tag)
- Gifte ausschalten (Rauchen, Plastik, Alkohol (nur 1 Glas Wein pro Tag), Elektrosmog (Handy, Laptop, Fernseher) minimieren
- 37° C Körpertemperatur halten
- Ausreichend körperliche und geistige Bewegung (möglichst viel an die frische Luft gehen), Schreiben, Lesen, Musizieren
- Für guten Schlaf sorgen
- „Amorex" (Stimmungsaufheller) nutzen
- Auf Demenz-Anzeichen achten, vieles mit Humor nehmen, wenn das Ich zerfällt

(Dahlke, S. 214–217)

Altern als politische Chance

- Das Gehirn entwickelt sich auch im Alter
- Die Alten sollten bedingungsloses Grundeinkommen unterstützen
- Ökowende unterstützen, weil es keinen Planeten B gibt

So wird für Dahlke das Alter zum Geschenk. Allerdings hat das Alter eine wichtige Prägung durch die Generation, die altert.

Im Folgenden geht es um die 68er-Generation, die im 21. Jahrhundert ihren eigenen Weg des Alterns entwickelte. Sie soll als Beispiel für generationsspezifische Lebenskünste im Alter vorgestellt werden.

6.9 Die 68er Generation im Alter

Generationen und Alter

Die Alterung der Menschen vollzieht sich auch in Generationen. Zu einer Generation gehören alle, die in einem bestimmten Zeitraum geboren wurden und als WIR gesellschaftliche Taten vollbrachten. So spricht man von der Generation des 1. Weltkriegs, des 2. Weltkriegs, der Nachkriegs-Generation oder den 68ern. Jede dieser Generationen hat gemäß ihrer gesellschaftlichen Aktion auch ein besonderes Alter gehabt, das für alle Mitglieder der Generation ähnliche Züge hatte, die durch ähnliche gesellschaftliche Umstände entstanden waren. Die 1.-Weltkriegsgeneration wurde durch Wilhelm II, die 2.-Weltkriegsgeneration durch Hitler, die 68er-Generation durch Rudi Dutschke geprägt. Die jeweilige Generation war also im Alter vielleicht kaisertreu, faschistisch, christlich-sozial oder antiautoritär. Sehen wir also genauer hin.

Wer war die 68er-Generation?
Zuerst war es der SDS (Sozialistischer Deutscher Studentenbund), der 2500 Mitglieder hatte, 1958 gegründet wurde und sich 1969 auflöste. Seine Aktionen prägten aber Zehntausende, so dass sich viele für 68er hielten.
Die 68er waren eine Studentenbewegung. Sie kam aus den USA und führte zu einem Wertewandel, vom materialistischen Aufstieg zum postmaterialistischen Politikverständnis (H. Bude: Das Altern einer Generation: Die Jahrgänge 1938–1944. Frankfurt: Suhrkamp. 1997, S. 63) Sie stand im Konflikt mit der älteren hitlerischen Generation, weil sie radikal links war und gegen den rechtsradikalen, aber schweigenden Geist der älteren Generation stand. „Mit der Studentenbewegung ging plötzlich ein Ruck durch alle Gesellschaftsschichten." (Bude, S. 73)
Es ging um die Zertrümmerung der faschistischen Helden der Hitlerzeit. Es war eine politische Begeisterung, die bald wieder verebbte, aber in der Friedens-, Öko-, Anti-Atomkraft-Bewegung, den Grünen und ihrem Aufstieg zur mitregierenden Partei weiterlebte. Die Bewegung begann 1966 und war 1973 schon wieder vorbei (S. 78). Die Kriegskinder durchbrachen in der

Studentenbewegung das verordnete Schweigen über den faschistischen Zivilisationsbruch.

Die Gestalt der 68er-Generation

Die 68er zerfielen von Anfang an in die Neomarxisten, die Antiautoritären und die Links-Angepassten. Die Neomarxisten residierten in Berlin, die Antiautoritären in Frankfurt, die Angepassten überall in den Universitätsstädten der BRD. Die Neomarxisten hatten einen autoritären Charakter und eine Neigung zum Stalinismus. Die Antiautoritären zum Anarchismus. Die Angepassten zur Sozialdemokratie. In der APO (Außerparlamentarische Opposition) fanden sich alle drei Tendenzen für kurze Zeit (Vietnamkongress, Kampf gegen die Notstandsgesetze etc.) zusammen, um sich dann scharf zu bekämpfen.
Die Autoritären kämpften für die Diktatur des Proletariats, die Antiautoritären für die Abschaffung des Staates, die Konformisten für Willy Brandt und seine Kanzlerschaft.

Wie verstanden sich die 68er in ihrer Lebensmitte mit 50 Jahren?

In ihrer Lebensmitte waren die 68er meist angepasst. Sie hatten Karriere gemacht. Sie hatten sich ihren Eltern angenähert. Einige waren auf ihre Eltern fixiert, einige schützten sich durch die kritische Theorie. Einige wurden Autoren. Einige wurden spirituell. Einige wurden Propheten des Weltuntergangs (Bude, S. 105–352).

Wo stehen die 68er heute in der „Gesellschaft der Angst"?

Heute existiert die „Gesellschaft der Angst" (H. Bude: Gesellschaft der Angst. Hamburg: Hamburger Edition 2014, S. 11). Wir leben in einer Abstiegsgesellschaft, die durch Finanz-, Corona-, Umwelt-Krisen geprägt ist. Der Lebenslauf sieht nur noch kurze Phasen vor, besonders im Beruf. Die Abstiegsgesellschaft ist eine Risikogesellschaft hochgradiger Vereinsamung. Man fühlt sich niederkonkurriert und abserviert. Man wird übersehen und nicht berücksichtigt (S. 44). Die Ohnmächtigkeit der Vielen wird zur Quelle von Rache, Gewalt und Hass (S. 55).
Die Abstiegsgesellschaft ist eine Gesellschaft der sozial bedrohten Mittelschicht.
2030 werden 50% der Weltbevölkerung zur abstiegsbedrohten Mittelschicht gehören (S. 75). Alle Statusängste sind zugleich Zukunftsängste. Die Bildung wird entwertet durch den radikalen Wandel der Arbeitswelt. Das Ich wird brüchig (S. 91). Welche Auswirkung hat die Gesellschaft der Angst auf die 68er, die heute alle um die 80 Jahre alt sind?

In Zeiten der Krise hat der Faschismus entscheidende Macht. Er setzt auf Gewalt, nicht auf Theorie. 50% aller Staaten der Welt sind Diktaturen (M. Albright: Faschismus. Eine Warnung. Köln 2018, S. 133).
Viele 68er wählen heute AfD, die deutsche Variante des Rechtsradikalismus. Waren die 68er 1990 noch weitgehend angepasst, so wechseln sie heute nach rechts. Rainer Langhans, Ikone von 1968, sagte im *Spiegel*: „Ich bin Faschist." Die heutigen alten 68er haben Angst in der Gesellschaft der Angst, der Abstiegsgesellschaft. Ihre Renten sind in Gefahr, denn der Staat macht Milliarden-Schulden, Firmen brechen unter Corona zusammen. Kurzarbeit expandiert. Wachstum sinkt um 10–12%.
Von den alten 68ern bleibt nur ein kleiner harter Kern, der aber die Mitte der Demokratiebewegung ist. Viele Alte sind in „Abschiedsstimmung". Sie sind dankbar, die „goldenen Zeiten" von 1968–2001 noch erlebt zu haben. Sie leben in einer Kultur der „Melancholie". Sie beutelt die „Vergänglichkeit". Nur wenige finden und hatten Halt im Leben und versinken im Todeskult. Wenige sehen Sinn in einem langen Leben. Sie haben das Erbe von 68 an die junge Generation der Enkel weitergegeben. Das Erbe heißt: Veränderung ist möglich. Der Faschismus ist zu schlagen, immer wieder. Europa wird die dritte Kraft zwischen den USA und China.
Der alte 68er-Demokrat liebt keine Diktatoren, er ist immer noch antiautoritär, radikal grün, er setzt sich für Einheit, nicht für Spaltung ein. Er nennt die Presse nicht „Lügenpresse". Er glaubt nicht an den Untergang der Welt oder Europas. Er glaubt nicht an Verschwörungstheorien, an das „chinesische Virus". Er ist kein Sozialdarwinist, Rassist oder Frauenfeind geworden. Er vertritt nicht den „Populismus der kleinen Leute". Er will, dass die demokratische Gewaltenteilung in Legislative, Exekutive, Jurisdiktion und freie Presse und Medien bestehen bleibt.
In den alten 68ern regt sich das nie versiegende Verlangen nach Freiheit, wie es der Gott der Philosophen bei Hegel verdeutlicht hat. Er ist für Dialog, nicht für Gewalt. Aber die alten 68er sind keine Bewegung, keine APO, kein SDS. Die alten 68er sind Einzelne, Gruppen, Tendenzen in Parteien und Organisationen.

Als ein Beispiel für das Altern einer 68erin soll nun Silvia Bovenschen vorgestellt werden. Ihre Art zu altern kann das Typische des Alterns einer 68erin auch folgenden Alters-Generations-Gruppen als Vorbild oder als Abschreckung dienen. Aber lesen Sie selbst.

6.10 Altern als 68erin: Silvia Bovenschen

Silvia Bovenschen, geb. 1946, gest. 2017, hat als Autorin in Berlin und Frankfurt gelebt. Sie litt 50 Jahre an Multipler Sklerose und hatte zwei Mal Krebs. Sie lebte mit dem Willen, dieser absurden Häufung von Erkrankungen standzuhalten. „Wir dürfen nicht zulassen, dass sie unser Leben bestimmt", sagte sie nach Jahren im Rollstuhl, immer in einer Parterrewohnung lebend, lange Zeit mit der Malerin Sarah Schumann. Sie engagierte sich in der Deutschen Multiple Sklerose Gesellschaft (DMSG), die dafür eintrat, dass die MS-Kranken ein weitgehend selbstbestimmtes Leben führen können. Sie selbst hat es getan. Ihre Erkenntnisse, wie chronisch Kranke im Alter selbstbestimmt leben, hat sie in ihrem letzten Buch „Älter werden – Notizen" (Frankfurt: Fischer 2006, Tabu Ausgabe 2008, 7. Auflage 2018) festgehalten. Das Buch wurde sehr gelobt und trug dazu bei, ihre vielen Preise zu erweitern und zugleich ihren Roman „Nur Mut", eine schwarze Krimi-Komödie über das Altern, zu ergänzen. Zusätzlich schrieb sie noch fünf weitere Romane.
Ihre Notizen in dem Buch „Älter werden" zeichnen scharf das Bild einer Außenseiterin mit sehr ausgeprägtem Sinn für das Leben einer behinderten Frau in höheren Jahren.

Sie weiß, dass sie als Single nur mit einem Netzwerk von Freunden und Freundinnen leben kann. Sie erkennt, dass sie jeden Tag an den Tod denkt und zugleich das Wohlfühlparadox erlebt. „Die Lage ist schlimm, aber es geht mir doch ganz gut." (Bovenschen: Älter werden – Notizen, S. 18) Das Altwerden ist für sie eine Kränkung. Sie kennt, dass man sich im Alter auch hasst, weil die Jahre des Lebens wie im Fluge verschwinden. Sie bemerkt ihre Sehnsucht nach Unsterblichkeit, glaubt aber nicht, dass der Tod durch Gentherapie wie eine Krankheit zu heilen ist. Aber die Vorstellung, mit einem Chip im Gehirn wieder Gewalt über ihre Beine zu bekommen, macht ihr Mut. Aber: „Ich werde es wohl nicht mehr erfahren." „Da aber vom Menschen alles gemacht wird, was von ihm gedacht wurde, wird sogar die Unsterblichkeit, die Auszeichnung aller Götter, dereinst in den Bereich menschlicher Möglichkeiten rücken." (S. 99) Der Gedanke an die Heraufkunft des „Homo deus" war ihr nicht fremd unter der Bedingung, dass der Mensch sich nicht vorher selbst vernichtet. Aber der Menschheitstraum „Jungbrunnen" wird jetzt zunehmend zugänglicher. (S. 99) Bovenschen fühlt sich im Alter „technologisch nicht überrollt". (S. 102).
Sie kennt jedoch das Gefühl der Abschiedlichkeit im Alter, das sie beim Tod eines Freundes intensiv erlebt. Sie ernannte ihren Freund, wie sie selbst

gehbehindert, zu „meinem Bruder im Leid". Nach seinem Tod konnte sie den Leichnam noch einmal sehen: „Die Gesichtszüge verzerrt, die Zähne hervortretend, die Haut gelb verfärbt, sah er aus, als wäre er aus unserer Zeit gefallen." (Bovenschen, S. 48) Er hatte noch vor seinem Tod gesagt: „Man soll nicht so am Leben hängen." Bovenschen kommentierte: „Ich war sehr beeindruckt und dachte: Dahin muss man kommen." (S. 47)
Aber ihr war klar, erst in höchster existenzieller Not lernt man den Grad der Anhänglichkeit ans Leben kennen. Sie wusste deutlich: „Das Leben selbst, das Altwerden ist eine Kränkung und daran ist vorläufig, trotz Gentechnologie, nicht zu rütteln. Diesen Kampf mit dem Tod haben bislang alle, Helden wie Feiglinge, verloren." (S. 116f.) Sie kannte nur zu gut das Problem der Frage nach Gott als letztem Verursacher aller Dinge in der Welt. Ihre Antwort auf die Gottesfrage lautet: „Für eine alternde behinderte Mehrfachkranke ist der Glaube an einen zentralen Verursacher mehrfach behindert. Man muss entweder eine schlechte Meinung von sich selbst oder von dem Verursacher haben." (S. 90)

Bovenschen kam also bis zur Einsicht der Gnostiker, dass die Welt eine Hölle, das Werk eines bösen (behinderten) Gottes ist. Der weitere gnostische Gedanke, dass erst der gute unbehinderte Gott über die Brücke der Freiheit in die Freiheit führt, ist bei Bovenschen nicht zu finden.
Die genaue Schilderung des Alters der Einsamen nimmt bei ihr einen breiten Raum ein. Sie kennt die Alterskrankheit Alzheimer. „Eine Krankheit, die vor dem Tod schon das, was wir unser Ich nennen, vernichtet. Wandelnde Hüllen. Ganz nah an der Idee des Gespenstes." (Bovenschen, S. 32) Sie weiß, dass, wer einsam ist und depressiv, Schmerzen stärker wahrnimmt. Je älter die Menschen werden, besonders die Singles, umso mehr erleben und berichten sie von Schmerzen. Da bleibt für sie die Frage nach dem Selbstmord nicht aus. Sie ist im Falle unauslöschbarer Schmerzen für Selbstmord. „Schnell und schmerzfrei sollte es aber sein." (S. 80) An die Übersiedlung aus ihrer Wohnung in ein Altenheim denkt sie mit Grauen. Weil die Alten in diesen Heimen weder würdig leben noch würdig sterben dürfen. Fernsehen spielt für sie eine große Rolle: „Ich gewöhnte mir nicht mehr ab, den Kasten abzuschalten, sobald ich das Zimmer betrat. Leben in der Bude. In den 35 Jahren, in denen ich alleine wohnte, störte das nicht." (S. 60) Fernsehen entdeckte sie als gute Einschlafhilfe. Lesen war für sie eine gute Arbeit: „Die Bücher und ich: wir waren eine Art Sekte." (S. 64)
Als guten Lebensbegleiter schätzt sie einen Hund ein, den sie nie hatte. „Geblieben ist die Freundschaft mit einem Hund." (S. 84) Vielleicht fühlte sie: „Hunde sind die besseren Menschen, wie es schon Schopenhauer dachte

und praktizierte. Es war immer ein Pudel.“ Hunde sind für sie Muster der Konfliktregelung und der Soziabilität.
Unbestritten schätzt sie die Erinnerungsarbeit. „Das Wissen, dass die Zukunft kürzer sein wird als die Vergangenheit, trägt vermutlich zu dieser Aufwertung der Vergangenheit im Alter bei.“ (Bovenschen, S. 66) die Erinnerungsarbeit hat sie mit der Erstellung zweier Listen begonnen: „Die erste Liste: eine Aufstellung aller meiner Krankheiten ... Die zweite Liste: das Verzeichnis meiner Publikationen.“ (S. 102)

Wichtig findet sie eine dritte Liste: die Glücksliste. Sie besteht bei ihr aus folgenden Fragen (S. 103f.):
„War ich glücklich, als ich mich noch zu Pferde bewegen konnte?
War ich glücklich, als ich mein Abitur bestand?
War ich glücklich, als ich meine Examina bestand?
War ich glücklich, als ich den Führerschein erhielt?
War ich glücklich bei meinem ersten Rendezvous?
War ich glücklich, als mein erstes Buch erschien?
War ich glücklich über die vielen Ehrungen, die ich erhielt?
War ich glücklich, als ich meinen 50. Geburtstag feierte?“

Sie macht mit dieser Liste folgende Erfahrung: Sie kann sich nicht erinnern. Sie findet dann dieses Fragen „blödsinnig“. Ihre Lebensgeschichte möchte sie lieber in zwei Teilen schreiben: als Horror-Geschichte ihrer Krankheit und als Erzählung der Ereignisse des Glücks. Ihr Leben steht unter dem Motto: „Himmel und Hölle. Glück und Elend. Kaum was dazwischen.“ (S. 104)

Bovenschen ist skeptisch, was den Wert letzter Worte anbelangt. Die letzten Worte ihrer Mutter lauteten: „Du musst mehr Obst essen.“ Selbst diese Worte hat sie ignoriert. Von einer Krankenschwester bekam sie nur den Rat: „Es gibt nicht die großen Worte Sterbender. Die meisten rufen nach ihrer Mutter. Männer wie Frauen.“ (S. 57)

Bovenschen zählt sich zur 68er-Generation und geht immer wieder auf die Frage ein: „Hat mich die Studentenbewegung beeinflusst?“ Sie ist mit den Antworten etwas unsicher. Sie gibt zu, als Linke habe sie die Macht der Konservativen überschätzt. Sie sagt klar: „Bin ich eine 68erin? Antwort: Ja, ich bin. Nein, bin ich nicht.“ (S. 86) Sie kann die Renegaten der 68er nicht leiden. „Sie gehen mir auf die Nerven, 68er, die immer noch abschwören.“ (S. 86) Die vergessen, dass sie auch mal Stalinisten und Maoisten waren. Die verheimlichen, dass sie Steine geworfen und den Vietcong unterstützt haben. Ihr fällt auf, dass ihr aus diesem Lebensabschnitt nicht viele Freunde geblieben sind. „Einer fällt mir ein, der ist schon tot.“ (Bovenschen, S. 87) Ihr Erkenntnisgewinn aus der Studentenbewegung lautet: Ich leide nicht mehr am Größenwahn. Vor der RAF kann sie sich nur ekeln. Baader, ein „brutaler Kerl“, seine Freundin, eine „hysterische Protestantin“. Meinhof, intelligent, aber „sie hatte sich verrannt“. Sie empfindet Mitleid mit ihr. Schlimm war, dass die RAF sich als Elite gerierte und auf die Schwachen und Kleinen höhnisch hinabsah. „Nix Robin Hood.“ (S. 89)

Aber Silvia Bovenschen hat bei einem der wichtigsten Philosophen der 68er studiert in Frankfurt. Bei Theodor W. Adorno. Sie weiß, dass Adorno als Haupt der „Frankfurter Schule“, die Horkheimer, Adorno, Benjamin und Habermas umfasste, heute oft lächerlich gemacht wird. Etwa: „Adorno hat Recht, die Welt ist schlecht.“ Von seinem Denken geht immer noch eine Provokation aus, wenn es in der „Dialektik der Aufklärung“ von Adorno und Horkheimer (1942) heißt: „Der Gipfel der Aufklärung ist der Umschlag in die Selbstzerstörung.“ Bovenschen fand „den kleinen rundlichen Mann mit den großen dunklen Augen“ sehr liebenswürdig. Er hatte einen guten Draht zu den Studenten. Sie hat Adorno im Hörsaal erlebt und war fasziniert. Adorno konnte den Studenten die „Lust des Denkens nahe bringen“. Er machte ihr mit seinen Vorlesungen klar, das es nur das Weiterdenken gibt, keine gesicherten Dogmen. „Mit der Suche nach Orientierung hat es nie ein Ende, das ist das, was uns lebendig hält.“ (S. 129) Sie lernte von ihm: „Wer aber verzweifelt stirbt, dessen ganzes Leben war umsonst.“ (S. 153)
Bovenschen übernahm von ihm auch die Lehre von der Auflösung des Ichs im Fasching und der Konsumgesellschaft. Sie glaubt nicht mehr an die Kontinuität der Lebensgeschichte. „Die Kontinuität des Lebens ist wohl eher eine Kontinuität der Brüche.“ (S. 153)
Absurd ist, dass ihre Krankheit sie in den Rollstuhl verbannte. Sie kennt keine „Körperhäuslichkeit“ (S. 154) Das Ich ist unzuverlässig. „Auch mein Geist ist Teil dieser unzuverlässigen Veranstaltung. Auch mein Hirn macht zuweilen, was es will. Aber bin ich nicht wesentlich mein Hirn?“ (S. 154) Sie hält sich für eine „fragwürdige Erinnerungsgeschichte“ (S. 155).

Natürlich wurde ihr 1979 mit ihrer Dissertation „Die imaginierte Wirklichkeit“ der Feminismus wichtig. Was ihr im Leben fehlte, war aber die Fähigkeit ganz normal gehen zu können. Jedoch auf die Frage am Ende ihres Lebens, was ihr im Leben gefehlt hätte, antwortete sie: „Ich konnte nie auf zwei Fingern pfeifen.“ (S. 155)

Bovenschen hat mich mit ihrem Buch auf das Alter gestoßen, auf mein Alter. Sie hat alle Themen des Alters in mir geweckt. Sie hat mich motiviert, dem Alter in vielen Wissenschaften des Subjekts und vielen Prozessen des Alters in den Staaten, der Gattung, des Kosmos, der Götter nachzuspüren. Sie hat mir beigebracht: Denken ist der letzte Kraftakt gegen die Vergänglichkeit. Sie ist der Kern des Denkens in der Abschiedlichkeit.
Bis 79 Jahre hielt ich mich für 39, erst dann brach der Schein der Jugend in sich zusammen. Bei Silvia Bovenschen lernte ich dann, es macht Sinn, über das Alter im Alter zu philosophieren, allein und mit anderen. Philosophieren und damit Lebenskunst ist die Negation der Negation, solange der Kopf es mitmacht.

Kommen wir nun zur Philosophie des Todesschocks, des Todesgrauens, zur Philosophie der Endlichkeit.

Betreten wir einen Bereich, der in keiner Philosophie des Alters fehlen sollte, aber in den meisten Philosophien des Alters fehlt, wie wir auch bei vielen Autorinnen und Autoren, die wir bisher vorstellten, bemerken mussten.

Kapitel 7

Endlichkeitsphilosophie

7.1 Widerspruch zu Odo Marquard

Am Ende des Lebens bekommt jeder Sterbliche Probleme mit der Zeit. Sie wird knapp. Der Philosoph Odo Marquardt (1928-2009) sieht als Skeptiker, dem man widersprechen sollte, ein ganz einfaches Bild des Alters als Ursprungsort der Endlichkeitsphilosophie. Die Menschen kommen spät und gehen früh, dabei ist die Lebenszeit das knappste überhaupt. Die Kürze unseres Lebens zwingt uns Menschen zur Schnelligkeit. Der Abbau der Kräfte zwingt dagegen zur Langsamkeit. Dieses Paradox kennzeichnet das Alter. „Der Wunsch ist das Zeitmangel-Wesen, seine temporäre Primär-Erfahrung ist eine Knappheitserfahrung." (O. Marquardt: Endlichkeitsphilosophie. Stuttgart: Reclam 2013, S. 51)

Jeder, der weiß, dass er sterben muss, erlebt diesen Zeitmangel. Er erfährt die Endlichkeit. Wenn man die Zeit von der unendlichen Weltzeit aus versteht, erscheint die eigene Zeit als endlich (H. Blumenberg: Lebenszeit und Weltzeit. Frankfurt: Suhrkamp 1986).

Zum Alter gehört, über die Endlichkeit des Alters nachzudenken. Es ist ein Lebensabschnitt, der immer wieder Lachen mit Depression mischt.

Zum Alltag im Alter gehört aber, Zukunftsillusionen zu entwickeln, also Endlosigkeitsillusionen, weil sie den Zeitmangel kompensieren.

Auch Vollendungsillusionen bestimmen das Alter, denn wer will schon als Fragment enden? Man setzt deshalb auf die Enkel, die eine Zukunft haben, die der alte Mensch nicht mehr hat. Natürlich kann man im Alter seine Abschiedlichkeit durch viel Schlaf mildern. „Ich hoffe und vertraue auf einen Gott, der mich nach meinem Tod nicht aufweckt, sondern schlafen lässt." (Marquardt, S. 74) Da aber jeder Schlaf Träume hat, bin ich mit dem ewigen Schlaf gut bedient, denn dann kann ich die eigene Endlichkeit überträumen. Ich weiß dann, dass ich war, aber mich nicht verwirklichen konnte und deshalb in irgendeiner Zukunft erst werden muss. Ich verlasse mich im Alter „auf das Verschwinden und Verklingen" (S. 74). Besser ist es aber, sich auf

das „Prinzip Hoffnung“ zu verlassen, weil dann die eigene Endlichkeit mit der Unendlichkeit in Fühlung bleibt.
Das Alter sollte theoriefähiger sein als Odo Marquardt es erlaubt. Denn die Endlichkeitsphilosophie erfasst vom Leben nur etwas, wenn es sich einen Begriff von der Unendlichkeit erhält. Die Differenz von privater Endlichkeit und öffentlicher Unendlichkeit ist der bleibende Schock im Alter. Theoriefähigkeit im Alter bedeutet, nicht nur die Endlichkeit in allen Dingen zu sehen, sondern auch die Unendlichkeit.
Richtig ist, dass „die Angst vor dem Sterben bleibt, weil das ausgesprochen unangenehm werden könnte.“ (S. 93)
Es sei denn, man hat an fünf Dinge gedacht.

7.2 Fünf Dinge, die Sterbende am meisten bereuen

Bronnie Ware wurde in Australien geboren. Sie wurde Autorin, Songwriterin und bekannte Sängerin, machte viele Weltreisen und suchte nach dem Sinn im Leben. Schließlich arbeitete sie als Palliativ-Krankenschwester und pflegte Sterbende. Die vielen Gespräche mit ihren Patientinnen und Patienten ließen sie erkennen, was Sterbende im Rückblick auf ihr Leben am meisten bereuen. Sie stieß auf fünf Versäumnisse.

1. Ich wünschte, ich hätte den Mut gehabt, mir selbst treu zu bleiben, statt so zu leben, wie andere es von mir erwarteten.
2. Ich wünschte, ich hätte nicht so viel gearbeitet.
3. Ich wünschte, ich hätte den Mut gehabt, meinen Gefühlen Ausdruck zu verleihen.
4. Ich wünschte, ich hätte den Kontakt zu meinen Freunden gehalten.
5. Ich wünschte, ich hätte mir mehr Freude gegönnt.

Auf diese Versäumnisse stieß sie die Ahnung der Endlichkeit, der Schock des Endes des Lebens, des Todes. Erst der Todesschock machte ihr klar, „viel mehr Sinn und Befriedigung in der Zeit zu finden, die uns noch bleibt“ (B. Ware: 5 Dinge, die Sterbende am meisten bereuen. München: Goldmann 2015, S. 34). Durch die viele Pflegearbeit mit Sterbenden wurde Bronnie Ware motiviert zu lesen, zu schreiben, zu meditieren und Yoga zu praktizieren. Sie besuchte Kurse zur Weiterbildung in Palliativpflege. Sie pflegte aber auch oft den Rückzug in die Natur, „wo man in den normalen Rhythmus des Lebens zurückfinden kann“ (Ware, S. 49). Sie erlebte so eine „höhere Macht“, die einen zwingt, „dass man selbst nichts mehr tun kann“ (S. 53). Ihr wurde klar, „dass es einen Ort gibt, an den wir nach unserem Tod gehen oder zurückkehren“ (S. 56).

Ihre fünf Dinge, die Sterbende bereuen, lernte sie von ihren Patienten. Sie kam durch sie mit dem Buddhismus in Kontakt. Sie lernte: „Man muss Mitleid mit sich selbst haben.“ (S. 69) Sie lernte auch Bücher über das Leben zu lesen, außerhalb der gängigen Bahnen und wusste nun, wenn das Sterben fortschreitet, hat man keine Kraft mehr für den Geist. Sie war auch froh, dass sie nur zwölf Monate mit Drogen experimentiert hatte, „dann aber nie wieder“ (S. 81). Ihr Weg führte sie auch in die Musikszene. Sie sang ihre eigenen Songs. „Meditation half mir in dieser Hinsicht sehr.“ (S. 101) Durch Bühnenauftritte hat sie eine Menge gelernt, besonders frei zu sein und sich von allen sozialen Fesseln zu distanzieren.
Sie fand es wichtig, nicht so viel zu besitzen, sondern mit dem Nötigsten auszukommen. Sie glaubte, damit der Erde nichts von ihren schwindenden Rohstoffen wegzunehmen. Ihr Trost war die Musik, die sie hörte und die sie produzierte. Da wurde ihr ihr erstes Versäumnis klar: Man muss seine eigene Existenz leben, man muss die Herrschaft der Konvention durchbrechen, immer auf Reisen sein, ohne Familie, ohne Eigentum, das ist das richtige Leben. Und ganz wichtig: nicht bloß immer zu arbeiten, auch viel Zeit frei zu haben für Träume und Kreativität. Und ebenfalls wichtig: die eigenen Gefühle zu spüren und auszudrücken (S. 165). Ihr unstetes Leben von einem Pflegejob zum nächsten quer durch Australien lehrte sie: Es kommt darauf an, Freundschaften zu pflegen, Kontakte zu stabilisieren, damit man nicht allein in der Wüste endet. Man braucht Freunde bis in den Tod. Auf ihren Weltreisen prägte sich ihr der Gedanke über die Vergänglichkeit ein. Alles vergeht. Alles ist endlich. Alles verschwindet. Schließlich gab sie die Pflegearbeit auf und versuchte, in Gefängnissen den Insassen das Hören von Musik, das Spielen und das Sich-Freuen nahezubringen. Das Projekt scheiterte. Sie fiel in eine Tiefe Depression und lernte ihre letzte Lektion: Es geht darum, aus der Nacht ins Licht zu kommen.

Dabei blieb Meditation ein Teil ihres Alltags, der sie aus der Depression herausführte, weil sie durch Meditation viele negative Denkmuster in sich erkannte und relativierte. Sie musste aber auch durch die dunkelste Stunde ihres Lebens, das mit Gedanken an den Selbstmord angefüllt war. Die Depression verschwand. Der Gedanke der Liebe erreichte sie. Sie wusste nun, wer sie sein und wie sie leben wollte. Sie beschloss ihren Leitspruch:

„Lächeln und Wissen“ (Ware, S. 337). Sie fand einen Freund, bekam ein Kind und wurde sesshaft. Sie schrieb ihr Buch „5 Dinge, die Sterbende am meisten bereuen“, das ein Welterfolg wurde. Ein Buch, das jeder vor seinem Sterben gelesen haben sollte, um das Licht zu erleben, das einen auf dem Lebensweg begleitet. Auch in der dunkelsten Zeit, das Erlebnis, alles ist endlich. Alles vergeht. Das Licht bleibt.

7.3 Die Lebensendgespräche

Es gibt sie, die „Lebensendgespräche“. Sie wurden von Iris Radisch angeregt und über 18 Jahre lang gesammelt. Sie hatte erkannt, dass das Lebensende den Blick auf die „letzten Dinge“ weitet (I. Radisch: Die letzten Dinge. Lebensendgespräche. Reinbek: Rowohlt 2015). Die letzten Dinge, das ist „Eigentlichkeit deiner Existenz“ (Radisch, S. 10), wenn man aus der Erfahrung der Endlichkeit kurz vor dem Beginn des Sterbens auf die Unendlichkeit blickt, die vor einem liegt, und die einem ungeheuerlich vorkommt.

Dieser Blick auf die Unendlichkeit, in der das Ich nicht mehr ist, wird oft radikal. „Die Masken dürfen fallen.“ (S. 11) Was in der ganzen Nacktheit des Blickes gesehen wird: Das ist oft „eine heitere Gelassenheit“ (S. 11), eine „schonungslose Bilanz“, eine „ungebrochene Schaffensfreude“, ein „Gleichmut“, eine „Sehnsucht nach dem Tod“. Sie wollten, dass alles schnell geht, „das Leben ist etwas, das sie schon hinter sich gelassen haben“ (S. 12). Damit sind Unterschiede benannt, aber es gibt einen gemeinsamen Nenner. „Es geht um das, was Bestand hat, wenn die Sanduhr ausläuft und die Selbsttäuschungen sich verflüchtigen.“ (S. 13) Viele Gesprächspartner fragen sich: „Und wer bin ich jetzt, da ich gerade dabei bin zu verschwinden?“ (S. 13) Man fragt, was übersteht von mir die Vergänglichkeit, die Endlichkeit?

Dazu einige Beispiele:

- Es gibt die Gläubigen, die sagen: „Ohne die Verbindung der Seele mit Gott kann man die Dinge nicht beurteilen.“ (J. Green in: I. Radisch, S. 23) „Es geht immer um den Aufstieg der Seele zu Gott.“ (S. 30)
- Es gibt die, die den Tod lieben und das Sterben hassen, „weil ich einige Male mit angesehen habe, wie lange es dauern kann“ (J. Achinger in: I. Radisch, S. 37).
- Es gibt die, die das Leben vermissen werden, wenn sie gegangen sind. „Die Welt ist schön und ich muss sie verlassen und habe noch immer nicht alle Bücher gelesen.“ (C. Simon in: I. Radisch, S. 60)

- Es gibt die, denen das Gedicht Marschverpflegung, Reisegepäck, Überlebensmanna ist (P. Rühmkorf in I. Radisch, S. 72).
- Es gibt die, die ihren Tod schon hinter sich haben, weil sie eine Nah-Tod-Erfahrung im Krankenhaus erlebt haben und ein Buch schreiben konnten mit dem Titel „Der eigene Tod" (P. Nádas in: I. Radisch, S. 77) Peter Nádas hat die Unendlichkeit schon erlebt: „Die Erdenschwere verschwindet und die Bewusstseinsinhalte sind alle gleichzeitig verfügbar. Sie erzeugen einen Raum, den man ewig und unendlich nennen könnte." (S. 80) „Ich habe mich in der Unendlichkeit des Kosmos so sicher gefühlt, wie nie zuvor, auch bei meinen Geliebten nicht." (S. 82) In der Unendlichkeit, nach der Endlichkeit, ist alles gut, „alles ist besser" (S. 87).
- Es gibt die, die den Tod als ein Wunder betrachten, wie die Geburt. „Wir sterben, aber die Welt stirbt nicht." (A. Bitow in: I. Radisch, S. 99)
- Es gibt die, für die lautet der letzte Satz: „Der Rest ist Schweigen." (G. Tabori in I. Radisch, S. 114)
- Es gibt die, die im Schreiben schon in der Unendlichkeit nach der Endlichkeit sind. „In jedem Fall ist das Schreiben eine Anstrengung und eine Loslösung von der Welt." (F. Mayröcker in: I. Radisch, S. 127) Aber wenn ich tot bin, geht die Welt so weiter, „wie an den Tagen, als ich noch lebte" (S. 131). „Aber vielleicht werden die Menschen sogar unsterblich." (S. 132)
- Es gibt die, die glauben eher an Bäume als an Gott (S. Kirsch in: I. Radisch, S. 147).
- Es gibt die, die sich auf den Tod freuen, weil sie dann keine Steuererklärung mehr machen müssen (G. Steiner in: I. Radisch, S. 251).
- Es gibt die, die sagen: „Es ist genug." (J. Kertesz in: I. Radisch, S. 238)
- Es gibt die, die sagen: „Das Schreiben ist eine Droge, die ich brauche, um nicht unterzugehen." (P. Modiano in I. Radisch, S. 267)
- Es gibt die, die sagen: „Meine Figuren haben mir geholfen. Ich selbst bin nicht so wichtig. Heute bin ich noch da, morgen werde ich weg sein. Das ist nur noch eine Frage von ein paar Jahren. Aber meine Figuren werden hoffentlich ein wenig länger bleiben." (A. Oz in I. Radisch, S. 279)
- Und es gibt die, die sagen endlich: „Ich finde, wenn man wissen will, was der Sinn des Lebens ist, muss man sich eine Katze ansehen. Eine Katze, die den ganzen Tag schläft. Da weiß man, dass der Sinn des Lebens einfach das Leben ist." (R. Klüger in: I. Radisch, S. 297)

In unterschiedlichen Metaphern wird am Ende der Endlichkeit von der Unendlichkeit gesprochen. Die Unendlichkeit erscheint als Gott, als Tod, als Welt, die bleibt, als Gedicht, als Nah-Tod-Erfahrung, als Wunder, als Schweigen, als Poesie, als Unsterblichkeit, als Witz, als Droge, als Spiel der Figuren der eigenen Texte, als Leben, das sich im Schlafen der Katze am helllichten Tag äußert. Das sind Antworten von Dichtern auf die Frage nach der Unendlichkeit. Sie sind poetisch bis sarkastisch. Sie belegen R. M. Rilkes Wunsch: „Herr, gib jedem seinen eigenen Tod." Jeder erlebt seine eigene Vision der Unendlichkeit, wenn er die Endlichkeit verlässt. Aber der Sprung von der Endlichkeit zur Unendlichkeit wird nicht geleugnet. Sogar in der schlafenden Katze sprechen die Tiere von der Unendlichkeit, als Geheimnis des Lebens, das einfach lebt, ohne Warum, wie Angelus Silesius schreibt: „Die Ros' ist ohn' Warum, sie blühet, weil sie blühet."

Da fällt Günter Grass auf, der sich in den letzten Monaten seines Lebens um die poetische Erforschung der Endlichkeit bemüht hat, in seinem letzten Buch mit dem Titel „Vonne Endlichkait". Günter Grass gelingt ein sehr komplexes Bild der Endlichkeit, das in das Schema von Kübler-Ross und ihren fünf Sterbephasen – Verleugnung, Hass, Verzweiflung, Angst, Gelassenheit – nicht passt.

7.4 Vonne Endlichkait

Nach einer schweren Operation, die ihm alles entgleiten ließ, beginnt Günter Grass 2015 mit 87 Jahren, „gierig aufs Neue zu leben" (G. Grass: Vonne Endlichkait. Göttingen: Steidl 2015, S. 7). Er will „federleicht vogelfrei sein" mit Stift und Pinsel. Ihm ist, als sei er „splitter-faser-nackt" ins Helle getrieben worden, um den „Ausgang zu suchen" (S. 8). Günter Grass wird erfasst von der Erfahrung der Endlichkeit, des Verlustes von allem. „Kein Facebook zählte meine Freunde und Feinde." (S. 13) Er schreibt ein Gebet an seine Drohne „Seit Gott tot ist" (S. 14), die „alles speichert, nichts vergessen kann". Der Gott des ewigen Internets erscheint und Grass bittet ihn: „Ach, liebe Drohne, mach mich fromm, dass ich in deinen Himmel komm." (S. 14) Ironisch weiß Grass in seiner Endlichkeit von der technischen Unendlichkeit des Internets. Er weiß von der Unsterblichkeit seiner digitalen Seele. Er ist auf der Höhe der Zeit, des Zeitgeistes. Ein Engel besucht ihn und will ihm „Versicherungen aufschwatzen, gegen alles und nichts" (S. 20). In der Erfahrung der Endlichkeit kommt er zur Frage: „Nur was im unmöblierten Nichts geschieht, bleibt eine immergrüne Frage." (S. 22) Er weiß, „das Buch wird Euch (ihr Kritiker) überleben" (S. 24).
Der Tod, der ihm zeitnah bevorsteht, ist reine Natur. „Keinen außerirdischen Mutwillen braucht es ..., mm aus uns Rührei zu machen." (S. 28) Er fühlt sich

am Rande eines Abgrundes, „über dem ich nun hänge, komisch baumelnd, ein zahnloser Narr“ (Grass, S. 31). Er will nie mehr sagen „Ja und Ja, sondern Nein, Nein, Nein und Nein“ (S. 34). Er blickt von Portugal auf die Welt und erlebt: „Verzicht fällt schwer“ (S. 39). Abschied ist saubitter, ist reine Verzweiflung. Auch sein Lieblingsautor Jean Paul wird bald als „überschüssiger Geist“ verramscht sein. In der Endlichkeit ist ein andauernder Verfall, Auflösung, Verlassen, Vergehen. „In wülstig fettem Leib friert eine empfindsame Seele.“ (S. 53) Nachts wird ihm beim Schreiben klar: „Die Zeit ist knapp.“ (S. 54) Man muss schreibend „das wabernde Nichts lichten“ (S. 58). Denn: „Allen ... fehlte jetzt Sinn und Zweck.“ Aber aus Depression entsteht Kunst. „Sie ist der Moorboden, auf dem ich Halt suche.“ (S. 64) Aber zugleich ist Abschied überall, „Abschied vom eigenen Furz“ (S. 68), Abschied vom „griffigen Arsch“ (S. 70). Der Abschied findet kein Ende. Die Lage im eigenen Sarg wird geplant (S. 81). Der körperliche Verfall bedacht. Wiedergeburtsideen als „neues Efeu“ imaginiert. Grabpflege und Grabstein werden entworfen. Einsargung mit den fertigen Särgen geübt. Begegnung mit der eigenen Jugend mit „Anfang zwanzig“ wird geübt.

Die imaginäre Begegnung mit „Jesuslatschen Jupp Beuys“ (S. 95) auf der Kunstakademie, die Grass besuchte, wird möglich. Sehnsucht nach einem verlorenen Freund erfasst ihn. „Deine Bilder versprachen viel.“ (S. 97) Grass’ Gedanken wandern zum Ursprung der Menschheit in Afrika. „Nicht von Affen stammen wir ab, sind außerirdischer Herkunft und fremd hier.“ (S. 103) Er denkt an die verlorene Heimat im All. Er stellt sich vor, die Menschheit genetisch zu erneuern (S. 105) oder durch künstliche Intelligenz im Roboter zu überleben. „Nur gespeichert sind wir unsterblich“, wie die Giganten, „die im Silicon Valley gezüchtet wurden“ (S. 106). Dann stellt er fest: Die Särge für ihn und seine Frau wurden aus seinem Keller geklaut (S. 108). Seine Schreibmaschine war mit ihrem Geklapper Musik für ihn. Er träumt, dass er eine Ehe zu dritt führt. Sein Konkurrent ist im Traum „Wölfchen“, wer auch immer das ist (S. 119). In der Vergänglichkeit lösen sich auch Ehen auf. Die Träume in den letzten Tagen sind voller Verlust. Es sind Angst- und Panik-Träume: „Angst, dieser Köter fiel mich an: Nach letztem Zahn könnte ich dies noch und das verlieren.“ (S. 123) Auch wenn in Zukunft künstliche Intelligenz dichtet, bleibt Grass die Lust am Schreiben. Politisch steht er in den letzten Monaten links von sich. Die Radikalität des Alters erfasst ihn. Er lobt Camus, nicht Sartre.

Aber die Hoffnung ist verletzlich. „Nur Er, der Tod, ist mir da.“ Zukunft ist noch jetzt (S. 137). Kurz vor dem Tod verschwindet jede Zukunft. Kurz vor dem Tod ist pure Gegenwart. Er will nun auch seine Pfeifen verschenken – sein Markenzeichen. Er denkt an seine Konfirmation zurück und weiß nicht

genau, „ab wann mein Kinderglaube gleich einer Kugel Vanille Eis zu schmelzen begann“ (Grass, S. 148). Er sitzt nun gerne in leeren Kirchen, „wenngleich mir der Glaube schon früh ... verschütt ging“ (S. 149). Am Ruf des Kuckucks lässt er sich die noch bestehenden Lebensjahre vorzählen. „Freude und Schreck ... Aber ich glaube ihnen nicht.“ (S. 150)
Plötzlich sind seine gestohlenen Särge wieder da. „Wir rätseln seitdem.“

Gotteswiderlegungen erregen sein Interesse, „als mich der pflaumengroße Bernstein beglückt, in dessen innerster Kammer ein darwinsches Insekt Gott widerlegte“ (S. 156). Er sammelt getrocknete Kröten, „weil sie der Stift auf meinem Papier unsterblich macht“ (S. 160). Am Meer der Unendlichkeit erlebt er, wie er sich „barfuß im Sand entgegenkommt“ (S. 162).

Günter Grass ist ohne Kontakt der Endlichkeit zur Unendlichkeit. Immer mehr Freunde verschwinden. Die Bilanz des Schriftstellers Grass, der mit seinen Veröffentlichungen Welterfolge feierte (1959: Die Blechtrommel, 1963: Hundejahre, 1977: Der Butt, 1979: Das Treffen in Telgte, 1986: Die Rättin), der 1999 den Literaturnobelpreis erhielt, 2006 seine umstrittene Autobiografie „Beim Häuten der Zwiebel“ veröffentlichte, fällt skeptisch aus. „Nur dass ich schreiben musste, weil es mir vorgeschrieben war.“ (S. 167) Sein Endresümee, bevor er das Schreiben aufgibt, beschwört dieses Verschwinden von jeder Zukunft und jeder Gegenwart.

Er schreibt folgendes Gedicht, er schreibt es in Platt-Deutsch, weil es die Sprache der Vereinfachung ist und der banalen Klarheit vor dem Tod (S. 173):

„Vonne Endlichkait
Nu war schon gewäsen
Nu hat sech jennch gehabt
Nu is futsch und vorbei
Nu riehrt sich nuscht nech
Nu vill kain Furz nech.
Nu mecht kain Ärger mehr
Un baldich bässer
Un nuscht nech ibrich
Nu überall Endlichkait sain“

Grass letztes Buch, Texte, Bilder, Gedichte der letzten Zeit vor dem Tod schildern das ganze Panorama der Endlichkeit. Sie beginnt mit der Unsterblichkeit im Internet und endet „Nu überall Endlichkait sain“. Dazwischen kam der

Kinderglaube abhanden durch Darwin. Mit Camus erfasste Grass die Idee der Absurdität der Unendlichkeit: „Nu überall Endlichkait sain".
Besser konnte es die Philosophie des Alters nicht sagen.

Grass hat mit seinem Text von der Endlichkeit einen Beitrag geleistet zum Begriff Abschiedlichkeit, der in Wilhelm Weischedels Philosophie eine zentrale Rolle spielt. Der Text wurde im Jahr seines Todes 2015 geschrieben und Ende 2016 veröffentlicht, er schrieb ihn mit 87 Jahren. Es scheint sein bester Text zu sein.

7.5 Das Ende des Alterns – das Sterben

Michael de Ridder war seit über 30 Jahren als Arzt in Krankenhäusern tätig. Lange war er als Internist Chefarzt der Rettungsstelle einer Berliner Klinik. Er war Vorsitzender einer Stiftung für Palliativmedizin. 2009 wurde er mit dem Ossip-K.-Flechtheim-Preis geehrt für sein Buch: „Wie wollen wir sterben?" (München: DVA 2010). In diesem Buch eröffnet er den Blick auf das „letzte Stündchen", den „Abgang", das „absolute Ende", das in vielen philosophischen Alterstheorien und Büchern nicht vorkommt. Er schreibt: „Sterben – in all seinen Formen und Extremen, seiner ganzen Grausamkeit, Abgründigkeit und Unberechenbarkeit war ... Teil meines seit Jahrzehnten zu bewältigenden Alltags." (de Ridder, S. 14) Sein Blick auf das Ende ist kritisch: „Der Radius des Machbaren in der Medizin weitet sich unablässig aus. Sein Nutzen ist aber für die Kranken auch gering." (S. 19) Nicht der Patient, sondern die Technologie steht im Zentrum des Endes des Lebens. Die Wiederbelebung eines klinisch Toten ist für de Ridder eine „Gewalttat" (S. 45).
Der Tod ist oft kein Moment, sondern ein Prozess, der Stunden und Tage dauern kann, aber auch nur Sekunden.
Heute kann für Ridder der Tod Herztod oder Hirntod sein. Der längere Tod beginnt mit nachlassendem Appetit, allmählicher Gewichtsabnahme, der Einnahme kleinerer Mahlzeiten und Flüssigkeitsmengen, größerem Schlafbedürfnis, bis der Kranke in einen Dämmerzustand verfällt und oft einer Infektion (Lungenentzündung) erliegt.
Dieser Prozess ist meist nicht mit Schmerzen verbunden. Die verminderte Flüssigkeitsaufnahme dämpft das Ich-Bewusstsein. In vielen Sterbeprozessen mildern sich die Angst-Zustände (S. 63). Künstliche Ernährung am Lebensende hält de Ridder für problematisch, weil oft völlig wirkungslos.

Die Situation in Pflegeheimen

Auch die Situation in Pflegeheimen ist gespenstisch. Oft bedingen sich Krankheit und schwierige soziale Situation wechselseitig. Armut kommt zu nachlassender Hygiene, das Resultat: Verzweiflung. Was in Pflegeheimen passiert, ist nicht öffentlich, aber die adäquate Behandlung mit Psychopharmaka wegen „Ruhigstellung“ ist verbreitet. Manche Pflegeheime sind Orte, die das Ende schon vorwegnehmen (de Ridder, S. 85). 2007 zeigte eine Umfrage: ein Drittel aller Bürger*innen wollen in Deutschland lieber Selbstmord begehen als in ein Pflegeheim zu kommen (S. 92).

Die Schmerzsituation

Die Schmerzsituation in Deutschland ist im hohen Alter dramatisch. 11 Millionen Menschen leiden deutschlandweit an chronischen Schmerzen. Deutschland ist bei der Vergabe von starken Schmerzmitteln in Europa immer noch eins der Schlusslichter. Die Angst, dass Patienten süchtig werden, beherrscht die deutsche Altenmedizin. Man glaubt immer noch, Drogeneinnahme führe zu einer moralischen Zerrüttung des Gehirns (S. 109). Folge: „Schwerstkranke werden in Deutschland schmerztherapeutisch ungenügend behandelt.“ (S. 112) Dreiviertel aller Menschen sterben in Deutschland im Krankenhaus.

Das Wachkoma

Das Wachkoma ist besonders problematisch, weil es ein Leben zwischen Leben und Tod ohne Ich ist. Es ist Wachheit ohne Bewusstsein. Die Chance, das Bewusstsein wiederzuerlangen, ist äußerst gering. Die Abgründe der Medizin werden bei der Behandlung des Wachkomas besonders deutlich (S. 184).

Die Selbstbestimmung am Lebensende

Eine schriftlich niedergelegte Patientenverfügung ist heute sehr hilfreich. Sie kann verhindern, dass die Würde des Menschen durch die Menschenwürde-Definition anderer Menschen beeinträchtigt wird. De Ridder schlägt vor:

„Wer seine Reanimation unter allen Umständen verhindern möchte, muss sich ein absolutes Reanimationsverbot auf die Brust tätowieren lassen.“ (de Ridder, S. 199)

Der Wert der Palliativmedizin

Hospize waren die Vorläufer der stationären palliativmedizinischen Einrichtungen. Cicely Saunders gründete 1967 in London das „St. Christopher Hospiz“, die erste stationär palliativmedizinische Einrichtung. 1987 wurde die Palliativmedizin ein eigenes medizinisches Fachgebiet. Die Palliativmedizin will die Schwerkranken nach neuesten Erkenntnissen bestmöglich in der letzten Lebensphase behandeln. Die Qualen Schwerstkranker zu behandeln zwingt die Palliativmedizin, die Pfade der Schulmedizin zu verlassen. „Menschlicher Beistand und Palliativmedizin vermögen vieles, aber in Deutschland sind hier Grenzen gesetzt.“ (de Ridder, S. 249) Denn aktive Sterbehilfe ist in Deutschland verboten. Deshalb gibt es oft die Selbsttötung durch Nahrungsverweigerung. Allein der zum Sterben bereite Mensch sollte nach diesem Wunsch handeln. Praktiziert der Kranke seinen Wunsch, gerät er schon nach wenigen Tagen durch Flüssigkeitsverarmung in einen Dämmerzustand (S. 257). Der Tod tritt dann oft in wenigen Tagen bis wenigen Wochen ein. Rechtlich ist es vertretbar, „einem freiverantwortlichen Menschen, der nicht mehr leben will, zu helfen, ohne ihn zu töten“ (S. (258).

Durch eine Patientenverfügung ist der Arzt auch zu einer indirekten Sterbehilfe ermächtigt. Der Arzt kann palliative Mittel zur Verfügung stellen. Ein Suizid aus eigener Kraft ist nach deutschem Recht nicht strafbar. Schon Michel de Montaigne schrieb: „Sterben und Tod gehören zu den unabänderlichen Attributen unseres Lebens. Sie sind Teil unseres Menschseins und unser Leben besteht in der fortwährenden Herausforderung, unser Sterben zu gestalten.“ (M. d. Montaigne: Die Essays. Leipzig 1953) Lebenskunst gipfelt sicherlich in der Gestaltung des eigenen Sterbens, das sich im hohen Alter mit aller Kraft bemerkbar macht. Obwohl es einen Königsweg zum Sterben nicht gibt, kommt ihm heute noch die Palliativmedizin am nächsten (de Ridder, S. 288). Leben und Sterben zu versöhnen, bleibt aber der zentrale Traum der Medizin, der von der neuen Medizin des Silicon Valley völlig neu entworfen wird (vgl. Teil III des Buches).

Resümee I:

Philosophie des Alterns und seine Lebenskünste

Einstimmung

- Die Philosophie des Alterns kennt eine lange Geschichte des Verschweigens des Themas, das auch peinlich und ängstigend ist, aber auch seine Genüsse hat (Cicero).
- Die Philosophie des Alterns hat die besondere Nähe des Alters zur Metaphysik, zur Frage nach Gott wachgehalten. Philosophieren galt immer als Sterbenlernen (Platon).
- Die Philosophie des Alterns hat das Alter gegen die junge Generation verteidigt und die Abwertung des Alters durch die Jungen bekämpft.
- Die Philosophie des Alterns hat die Lebendigkeit des Geistes gegen den Verfall des Körpers betont (Aristoteles).
- Die Philosophie des Alterns hat die „Abschiedlichkeit" als Wesen der Philosophie im Alter hochgehalten (Weischedel).
- Die Philosophie des Alterns hat die Utopie der Abschaltung des Todes durch innerweltliche Unsterblichkeit antizipiert (Bloch).
- Die Philosophie des Alterns hat gezeigt, ohne Philosophieren ist das Alter wehrlos der Panik vor der Endlichkeit ausgeliefert (Höffe).

Hinweis: Arbeiten Sie ihre Vorstellung über das Alter mit den Übungen auf den folgenden Seiten durch:
Diese vielen Übungen sollen Ihnen nur einen Überblick über die Praxis der philosophischen Lebenskunst im Alter geben. Welche spezielle Übung zu Ihnen und zu Ihrer Alterssituation passt, das müssen Sie für sich auswählen. Diese Wahl sollte je nach Entwicklung Ihres Alters jeweils verändert werden.

Übungen zu den philosophischen Lebenskünsten im Alter

A Philosophische Grundübungen der Lebenskunst im Alltag

1. Philosophische Lebenskünste im Alter

Askese: Auflisten, auf was man im Alter verzichten kann (Schopenhauer)

Positives Denken: Auflisten aller positiven Lebenserlebnisse im Alter (Epikur)

Wiederholung: Aufschreiben der eigenen Lebensgrundsätze im Alter. Häufiges Wiederholen der Grundsätze der eigenen Lebensphilosophie im Selbstgespräch (Epikur)

Identifikation: Eine philosophische Lehrerin/einen philosophischen Lehrer des Alterns beschreiben (Epiktet)

Rituale benutzen: Körperhaltungen festlegen, in denen man am besten über das Alter denken kann.

Überwindung von selbstzerstörerischen Impulsen im Alter durch Andenken an die positiven Schätze des entschärften Alters (Schopenhauer)

Kreativ werden: Innovative Einfälle im Alter gegen das rigide Gewissen durchsetzen

2. Das Selbstgespräch am Alter

Grundübung: Wichtige Lebensfragen im Alter konsequent und häufig bedenken (Seneca) und aufschreiben.

Selbstreflexion: Vergegenwärtigung des Tuns vom Tage am Abend. Planung des Tages am Morgen (Aurel).

3. Das philosophische Lesen im Alter

Mehrfach lesen: Einen philosophischen Text so oft lesen, bis der Sinn des Textes sich öffnet. Dieses Erlebnis beschreiben.

Fragen stellen: Stellen Sie Fragen an den Text über das Alter und suchen Sie nach den Antworten, die der Text gibt.

Chiffren entdecken: In wichtigen philosophischen Texten über das Alter die Bilder des Seins identifizieren und meditieren (Weischedel).

Wichtige Texte über das Alter griffbereit haben: Stellen Sie sich Ihre private Bibliothek über das Alter zusammen, die auch Lyrik, literarische Prosa enthalten kann, auf die Sie im Alter in jedem Fall zugreifen können.

B Herausfordernde Situationen

Allgemeine Grundsätze: Aufstellen und häufiges Wiederholen von eigenen Altersgrundsätzen im Alltag, am Morgen, am Abend, vor und in kritischen Situationen beim Arzt, im Krankenhaus, im Hospiz.

Todesangst als Lebensspender: Todesangst ist immer Zukunftsangst, gegen Zukunftsangst das Ausschöpfen des Augenblicks setzen (Seneca). Diese Wende beschreiben.

Vierfache Medizin anwenden: Epikurs vier Grundsätze gegen die Todesangst oft wiederholen und Wirkung beschreiben. Keine Furcht vor Gott oder dem Nichts. Keine Angst vor dem Tod, der nicht zu erleben ist. Das Gute ist immer leicht zu beschaffen, das Schlimme dauert nicht lange (Epikur).

Machtfrage stellen: Die stoische Unterscheidung praktizieren. Was steht in meiner Macht, was nicht? Das eine gestalten, das andere vergessen (Epiktet). Zwei Listen anlegen: Was steht in meiner Macht und was nicht?

Amor Fati: Gibt es Gründe, das Schicksal stoisch zu akzeptieren? (Seneca)

Jedes Vorurteil über das Alter auflisten und widerlegen (S. de Beauvoir).

Aufhebung des Lebenswillens: Gehen Sie in ein Museum und beschreiben Sie die Überwindung der Lebensgier durch Kunsterlebnisse (Schopenhauer).

Angstbewältigung: Angst in Furcht verwandeln. Nennen Sie Ihre Ängste beim Namen. Beschreiben Sie, was sich nicht in Furcht verwandeln lässt und wie Sie es aushalten oder verdrängen (Seneca).

Revolten notieren: Alle im Lebenslauf gelungenen Widerstandsaktionen gegen die Übermacht der Welt notieren und als Hilfe für kommende Revolteansätze nutzen.

C Identitätskrisen

1. Philosophische Selbsttherapie des Alters

Stimme des Gewissens: Achtsamkeit auf die innere Stimme, besonders über das Alter. Prüfung auf ihre Zustimmung und ihre Negation.

Der innere Dämon: Beschreiben Sie, wie Sie vor dem inneren Dämon Rechenschaft über die eigenen Ängste ablegen (Marc Aurel).

Beichte: Schreiben Sie eine Rede, die ein schonungsloses Bekenntnis über das eigene Alter ist. Halten Sie diese Rede vor sich selbst und vor anderen.

Autobiografisches Schreiben: Durch spontanes schnelles autobiografisches Schreiben der eigenen Lebens- und Todesphilosophie auf die Spur kommen.

Radikales Fragen: Sich von jedem dogmatischen Urteil über den Tod trennen. Jede Aussage über den Tod aufschreiben und skeptisch überprüfen, bis Stille einkehrt (Weischedel).

Selbstbefragung: Einen Fragenkatalog zum eigenen Sterben und zum eigenen Tod aufstellen und beantworten.

Affektenanalyse: Definition der erlebten eigenen Angstaffekte vor dem Tod. Klärung der Ursache, der Wertung und der Lebenssituation, in der die Affekte auftraten.

2. Philosophische Kommunikation über das Alter

Sokratisches Gespräch: Radikales Fragen in Ich-Du-Situationen, in Gruppen über das Alter imaginieren und beschreiben.

Existenzieller Dialog: Erfinden Sie Paare, die älter werden und über ihre Stellung zum Alter, seine Verluste und seine Gewinne sprechen.

Philosophisches Tagebuch im Alter über das Alter führen: Unter Freunden daraus vorlesen und diskutieren.

D Grenzsituationen

1. Philosophische Meditation über das Alter

Descartes Methode des Cogito ergo sum: Abziehen der Sinne von der äußeren Welt durch Schließen der Augen. Konzentration auf die spontanen Einfälle. Aufschreiben der Einfälle. Beschreiben Ihres Ichs.

Philosophischer Gauben: Philosophische Gebete an das unverstehbare Vonwoher schreiben und leise vor sich hinsprechen (Weischedel).

Nicht-Denken: Schreiben Sie: „Ich denke nicht. Ich denke nicht." Erleben Sie, was dann passiert und beschreiben Sie es.

Ursprungsgedanken: Notieren Sie den ersten Gedanken, den Sie in Ihrer Kindheit über den Ursprung der Welt, Ihres Selbst und das Alter hatten. Klären Sie den Ursprung dieser Gedanken.

2. Metaphysische Gedanken

Sternenaugenblick: Betrachten Sie so oft wie möglich bei Nacht die „Milchstraße". Schreiben Sie Ihre Gedanken, die Sie dabei hatten, auf.

Vom Mond aus: Blicken Sie vom Mond aus auf die Erde. Beschreiben Sie den Anblick der Erde.

Todesmeditation: Schreiben Sie alle Vorwürfe, Schmähungen, Beleidigungen gegen Alter, Sterben und Tod auf.

Höhenmetaphysik: Stellen Sie sich vor, Sie reisen jenseits der Milchstraße und blicken auf Ihren Alltag zurück. Beschreiben Sie Ihren Alters-Alltag.

Zeitmetaphysik: Stellen Sie sich vor, Sie betrachten Ihren Alters-Alltag aus dem Jahr 2500.

Meditation des Einen: Stellen Sie sich vor, dass alles in der Welt aus Einem entstanden ist. Beschreiben Sie dann dieses Eine als Feuer, Wasser, Luft und Stein.

Vergänglichkeit bedenken: Werfen Sie Ihre belastenden Gedanken über das Alter ab, indem Sie sich vorstellen, was in 100 Jahren davon noch übrig ist.

Reise durch das Universum: Stellen Sie sich vor, Sie reisen durch das Universum. Beschreiben Sie diese Reise.

Philosophische Leiter entwerfen, die vom Kleinsten bis zum Größten reicht. Benennen Sie dann das Größte, das Sie denken können oder jemals gedacht haben.

Lichtmeditation: Stellen Sie sich ein Licht vor, das immer größer wird. Beschreiben Sie dieses Licht.

Gipfelerfahrungen: Legen Sie eine Liste aller Gipfelerfahrungen Ihres Lebens an, wo Sie mit den Sternen wandelten, in denen die Zeit stillstand, Sie durch das All flogen, das Sein sich lichtete, das Alter und der Tod Ihnen völlig egal war. Nennen Sie Ihre größten Gedanken.

Gottesbeweise durchleben: Nennen Sie alle Gründe, die für einen Gott sprechen, und alle Gründe, die für keinen Gott sprechen. Beschreiben Sie Ihre Erfahrungen beim Erstellen beider Listen.

Poesie über das Eine: Schreiben Sie ein Gedicht über das Eine, das sich immer ins Geheimnis entzieht (Weischedel).

Kommen wir nun zur Psychotherapie des Alters, die zeigen wird, es gibt noch viele Lebenskünste im Alter, die die Philosophie nicht erkannt hat.

TEIL 2

Die Psychotherapie des Alters

Der Wert der Psychotherapie für die psychologische Lebenskunst im Alter

1 Philosophie und Psychotherapie von Sigmund Freud

2 C. G. Jung und die Lebenswende

3 Neue spirituelle Wege der Psychotherapie im Alter

Resümee II: Psychotherapie des Alters und ihre Lebenskünste

Der Wert der Psychotherapie für die psychologische Lebenskunst im Alter

Um 1900 entstand mit der „Traumdeutung“ von Sigmund Freud die moderne Psychotherapie (H. F. Ellenberger: Die Entdeckung des Unbewussten. Bern: Huber 1973, Bd. 2). Sie hat im 20. Jahrhundert eine neue detaillierte Sicht auf das Alter als innerpsychischen Prozess, als Auseinandersetzung von Ich und Unbewusstem im Alter, als Problem alternder Paare und als Lebensphase neuer psychologischer Probleme, wie Demenz und Suizidalität entwickelt. (Vgl. S. Klöppel, F. Jessen (Hrsg.): Praxishandbuch Gerontopsychologie und -psychotherapie. München: Elsevier 2018; G. Heuft u.a. (Hrsg.): Lehrbuch der Gerontopsychosomatik und Alterspsychotherapie. München: Reinhardt 2000)

Die Psychotherapie hat auch dazu beigetragen, dass sich für die Lebenskünste im Alter neue Dimensionen eröffneten, z. B.:

- Selbstanalyse
- Meditation
- Erforschung der Kriegskindheit und ihre Wirkung auf das Alter
- Spezielle seelische Krankheiten im Alter und ihre Therapie
- Traumdeutung im Alter

Dabei gibt es von Anfang an Streit zwischen den verschiedenen Strömungen der Psychotherapie über das Alter. Aber dieser Streit ist kein Rückschritt. Er führte zum Fortschritt in der Lebenskunst des Alterns. Aber sehen wir nun genauer hin.

Kapitel 1

Philosophie und Psychotherapie von Sigmund Freud

1.1 Sigmund Freud und die Philosophie

Entgegen Freuds eigener Vorstellung basiert die Psychoanalyse, und damit auch ihre Nachfolger, auf philosophischen Grundlagen. Auch die Philosophie des Alters hat die Psychotherapie im Alter bei Freud mit geprägt.
Freud behauptet, sich von der Philosophie seiner Zeit sorgfältig distanziert zu haben (S. Freud: Gesammelte Werke (GW), Bd. XIV, S. 86). Aber zu seiner Zeit war die Dekonstruktion des metaphysischen und rationalen Menschenbilds in vollem Gang. Das im deutschen Idealismus hochgeschätzte Ich (bei Fichte und Hegel) wurde von Schelling, Schopenhauer, Eduard v. Hartmann und Nietzsche unter die Vorherrschaft des irrationalen Willens und des Unbewussten gestellt. Die Grundbegriffe der metaphysischen Tradition – Vernunft, Geist, Bewusstsein, Ich, Subjekt, Wille – wurden radikal in Frage gestellt. Auch Freud hielt ein rationales Menschenbild für unhaltbar. Für Freud war schon in der „Traumdeutung" das Unbewusste das eigentlich reale Psychische" (S. Freud: GW, Bd. II/III, S. 617).
Später gab er zu, dass die Psychoanalyse „unversehens in den Hafen der Philosophie Schopenhauers eingelaufen ist" (S. Freud: GW, Bd. XIII, S. 53). In Nietzsches und Schopenhauers Philosophie erkannte er „Ahnungen und Einsichten, die sich oft in der erstaunlichsten Weise mit den mühsamen Ergebnissen der Psychoanalyse decken" (S. Freud: GW XIV, S. 86). Schopenhauers Idee des Willens setzte Freud den „seelischen Trieben der Psychoanalyse gleich" (S. Freud: GW, Bd. XII, S. 12).

Freud hat immer wieder bekannt, dass er viel von den Dichtern gelernt hat, z. B. von dem griechischen Tragödiendichter Sophokles den Ödipus-Komplex. Der Einfluss von Heine, Börne und Lichtenberg ist greifbar. Schnitzler, der Dichter, war für Freud ein „Doppelgänger".

Auch die romantische Philosophie bei Bachofen und Fechner prägten Freud (Ellenberger: Die Entdeckung des Unbewussten. Bern: Huber 1973, Bd. 2, S. 742–760).
Der Einfluss der Philosophie und der Dichter lässt sich bei Freud in drei Perioden teilen:

1. Periode (1876–1896): Aufnahme der Ideen von Schopenhauer, Nietzsche, E. v. Hartmann, Pierre Janet
2. Periode (1896–1902): Erkenntnisse seiner Selbstanalyse
3. Periode (1902–1939): Übernahme philosophischer Einsichten seiner Patienten und seiner Schüler

Es ist deshalb sinnvoll und geboten, die Philosophie des Alters durch die Psychotherapie des Alters zu ergänzen und zu vertiefen.
Dabei spielt die Trauerarbeit über den Abschied von der Welt und den Abschied von geliebten Menschen, die sterben, schon bei Freud eine große Rolle (vgl. S. Freud: Trauer und Melancholie. In: GW, Bd. X, S. 427–446. Ders.: Vergänglichkeit. In: GW, Bd. X, S. 357–366).

Sigmund Freud (1856–1939) und das Alter

Sigmund Freuds Biografie lässt sich nach seinem Biografen Peter Gay in folgende Worte fassen: „Er wurde geboren, er studierte, er reiste, er heiratete, er praktizierte, er hielt seine Vorlesungen, er publizierte, er disputierte, er alterte, er starb.“ (P. Gay: Ein gottloser Jude: Sigmund Freuds Atheismus und die Entwicklung der Psychoanalyse. Frankfurt: Fischer 2005)

Im Laufe der 78 Jahre, die er in Wien lebte, entwickelte Freud die Psychoanalyse des Unbewussten, die er auf Traumen der ersten Lebensjahre zurückführte und deren Verdrängung sowie deren heilende Bewusstmachung. Der Schwerpunkt seiner Forschung lag auf Kindheit und Jugend, der Frühgeschichte der Menschheit sowie der Entstehung der Religion. Das Alter Freuds war dramatisch. Aber eine Psychoanalyse des Alters und ihre Therapie hat Freud nicht vorgelegt. Wirklich alte Patienten hat Freud auch nicht behandelt.
Freuds Angst vor dem Alter zeigte sich aber schon in seiner Angst vor dem Tod. Das führte dazu, dass er immer wieder nach Mitteln suchte, das Alter und den Verlust von Jugendlichkeit und Vitalität im Alter zu vermeiden. So überrascht es nicht, dass sich Freud als Mittsechziger einer Vasiligatur, dem Vorläufer der Vasektomie unterzog. Bei einer Vasiligatur wird der Samenleiter

des Mannes abgebunden, damit der Samen den Körper nicht verlassen kann. Damit sollen Jugendlichkeit und Vitalität auch im Alter erhalten bleiben. Nach Freuds Selbsteinschätzung erzielte der Eingriff bei ihm keine positive Wirkung. Um dem Alter zu begegnen, griff er deshalb auf seine Methode der Selbstanalyse zurück, deren Ergebnisse in seinen Schriften zu finden sind.

Die Bedeutung der Selbstanalyse für das Alter

Freuds Selbstanalyse bestand in der intensiven Arbeit an seinen Träumen (D. Anzieu: Freuds Selbstanalyse. München: Verlag der Psychoanalyse 1990; H. Schott: Zauberspiegel der Seele. Sigmund Freud und die Geschichte der Selbstanalyse. Göttingen: Vandenhoeck & Ruprecht 1985).
Das Resultat dieser Traumdeutungsarbeit war sein erstes großes Werk „Die Traumdeutung", das 1900 erschien. Die Selbstanalyse und die daraus resultierende Traumdeutung gelten bis heute als die eigentliche Geburtsstunde der Psychoanalyse. Mithilfe der Traumdeutung fand Freud den Ödipuskomplex als Wunsch der Vatertötung und ihre Verdrängung als Quelle jeder Neurose. Die Traumdeutung enthält rund 200 Träume, von denen 50 von Freud selbst stammen. Anlass für seine Traumdeutung war der Tod seines Vaters 1896. Er hielt den Tod des Vaters „für das bedeutsamste Ereignis, den einschneidendsten Verlust im Leben eines Mannes" (S. Freud: GW, Bd. II/III, S. X).
Freud erlebte den Tod des Vaters als „sozialen Tod", weil er mit 44 Jahren, in der Lebensmitte, Größenfantasien und Versagensängste entwickelte, denen er durch seine Träume auf die Spur kommen wollte. Seine Selbstanalyse „bildet die Grundlage der von ihm in den Grundzügen entworfenen psychoanalytischen Therapie" (H.-M. Lohmann, J. Pfeiffer (Hrsg.): Freud-Handbuch. Stuttgart: Metzler 2006, S. 107).
Es ist Freud offensichtlich gelungen, der „Krise der Lebensmitte eine große schöpferische Leistung abzuringen" (Lohmann, S. 107). Er konnte den Traum als Königsweg zum Unbewussten erkennen. In der „Psychopathologie des Alltagslebens" setzt Freud seine Selbstanalyse an eigenen Fehlleistungen fort. Auch die spätere Schrift Freuds „Der Mann Moses und die monotheistische Religion" kann als Resultat der späten Selbstanalyse Freuds im Alter gelesen werden. Deshalb überrascht es nicht, dass Freud in seiner ebenfalls späten Schrift „Die endliche und die unendliche Analyse" (S. Freud: GW, Bd. XVI, S. 57–99) betont, dass die Selbstanalyse eine Lebensaufgabe und damit auch eine Aufgabe des Alters ist. Das Grundgeschehen der Selbstanalyse auf der Basis von Träumen erkennt

Freud in einem Prozess, der zuerst das Aufschreiben, dann das Deuten des Traumes durch freie Assoziation zu den wichtigsten Traumthemen umfasst und so die unbewussten Wünsche im Traum in den manifesten Traum überführt. Die Methode der auf Träumen basierten Selbstanalyse hat Freud als wichtigsten Beitrag zur Abwehr von neurotischen Erkrankungen im Alter geleistet.

Übung: Führen Sie ein Traumtagebuch? An welchen Traum erinnern Sie sich, der mit Ihrem Alter zu tun haben könnte?

Es lassen sich deshalb Elemente einer Psychoanalyse des Alters neben der Selbstanalyse aus seinen Altersschriften umreißen. Sein Alter war durch den Krebs seines Rachenraumes geprägt. 1923, mit 67 Jahren, wurde dieser Krebs festgestellt. Es folgten in den 16 Jahren bis zu seinem Tod 30 weitere Mundoperationen. Als Ursache für seinen Krebs wurden erst sein Zigarrenrauchen, später seine komplizierten Familienverhältnisse in seiner Kindheit mit einer massiven Störung seiner Mutterbeziehung angeführt.

Damit stand fest, dass die Kindheit und ihre Traumen besonders das Alter prägten, die Altersentwicklung also durch die Kindheit vorgeprägt ist. Seine Altersschriften geben Hinweise auf die Bearbeitung seines Alterns voller Schmerzen und Enttäuschungen. 1927, 12 Jahre vor seinem Tod, schrieb er eine Religionskritik unter dem Titel: „Die Zukunft einer Illusion". Man kann annehmen, dass die Erfahrung der Endlichkeit ihn zum Wunsch und zur Abwehr religiöser Tröstungen veranlasste. Damit weist er darauf hin, dass sich im Alter eine letzte Phase der Auseinandersetzung mit der Unendlichkeit entwickelt. 1937, mit 81 Jahren, schreibt er den Essay: „Die endliche und die unendliche Analyse". Er stellt fest, dass jede Psychoanalyse in eine Selbstanalyse übergehen muss, die bis zum Tode dauert. Das Alter ist also ein entschiedener Kampfplatz zwischen Eros und Thanatos, den Grundkräften des Unbewussten, die Freud schon 1920 in seinem Buch „Jenseits des Lustprinzips" erkannt hatte. „Dem Todestrieb werden die Sexualtriebe entgegengestellt. Sie sind die eigentlichen Lebenstriebe, die den anderen Trieben, die zum Tode führen, entgegenwirken." (Lohmann/Pfeiffer, S 161)

Der Todestrieb erscheint Freud als wilde nicht-sexuelle, genetisch-biologisch vorgegebene Aggressivität. Damit wird das Altern als gefährliche, von Aggressionsdurchbrüchen gekennzeichnete Lebensphase verstanden, die auch zur Selbstzerstörung tendieren kann.

1930 erschien sein Buch „Das Unbehagen in der Kultur“ (S. Freud: GW, Bd. XIV). Kultur, schreibt Freud, muss „der verlangten Triebunterdrückung und ihrem Aggressionstrieb Schranken setzen“.
Die Kultur treibt den Konflikt zwischen Eros und Thanatos voran, der auch das Alter bestimmt. „Je mehr der Mensch seine Aggressionen meistert, desto mehr steigert sich die Aggressionsneigung seines Ich-Ideals gegen sein Ich. Es ist eine Verschiebung, die Wendung gegen das eigene Ich.“ (S. Freud: GW, Bd. XIII, S. 284)
Gegen diese Ich-Schwächung im Alter, angesichts des Kampfes von Eros gegen Thanatos, hilft für Freud, so im „Unbehagen in der Kultur“, nur die Philosophie der Stoa, die den Ausgang des Kampfes Eros gegen Thanatos gelassen betrachtet, und die Selbstanalyse, die im Alter das Ich stärken soll. Denn: „Wo Es war, soll Ich werden“, so Freud.

Kurz vor seinem Tod, 1938, vollendete Freud sein letztes Werk „Der Mann Moses und die monotheistische Religion“ (S. Freud: GW, Bd. XVI, S. 101–246). Nach neuesten Interpretationen will Freud in seiner Moses-Studie nicht nur die Entstehung der Vater-Religion erklären und die Rückkehr des Ur-Vaters in der Ur-Horde und seine Ermordung durch die Söhne, sondern er will auch die Gefahr der Identifikation seines Ichs mit Moses abwehren. Diese Moses-Identifikation war eine Folge der Vertreibung Freuds aus Wien durch den Faschismus.
Die Moses-Studie ist ein Produkt der späten Selbstanalyse Freuds, der die im Alter auftretende Identitätszerstörung abwehren will. (Vgl. I. Grubrich-Simitis: Freuds Moses-Studie als Tagtraum. Frankfurt: Verlag der Psychoanalyse 1999)
Diese Selbstanalyse zeigt, dass auch der Größenwahn das Ich als Folge des Sieges des Todestriebes im Alter vernichten kann. 1939 veranlasst Freud aufgrund wachsender Schmerzen durch seinen Mundkrebs einen assistierten Selbstmord (M. Schur: Sigmund Freud. Leben und Sterben. Frankfurt: Suhrkamp 1973).

Freuds Alterswerk verrät einige Aspekte einer Psychoanalyse des Alters. Diese Aspekte heißen:
- Kindheitstraumen prägen Alter auch in Gestalt psychosomatischer Krankheiten.
- Das Alter wird durch die Auseinandersetzung mit dem Tod erschüttert.
- Das Alter wird zu einem Kampf zwischen Eros und Thanatos.
- Das Alter muss sich mit stoischer Philosophie gegen den Untergang seines Ichs wappnen.

- Wissenschaftliche Forschung muss helfen, die Zerstörung der Altersidentität durch politische Verfolgung zu verhindern.
- Es ist im Alter erlaubt, sich das Leben zu nehmen, wenn der tödliche Krebs keinen anderen Ausweg bietet.
- Die Selbstanalyse muss jeden alten Menschen bis zu seinem Lebensende begleiten, um Altersneurosen und Alterspsychosen zu verhindern.

Freuds erste Ideen zum Alter haben seine späteren Schüler zur Entwicklung einer Psychoanalyse des Alters angeregt.

1.2 Das Altern lernen

Die Psychoanalyse hat in den letzten 20 Jahren eine neue Perspektive auf das Alter entwickelt. Sie hat erkannt: Frühkindliche Traumatisierungen und Identifizierungen mit Bezugspersonen prägen den Umgang mit dem Alter. Die Psychoanalyse kann solche unbewussten Einflüsse auf das Alter erkennen und ihre negativen Einflüsse deutlich machen. Sie kann die Fallen erkennen, die das Alter stellt, und Perspektiven für eine bessere Lebensqualität im Alter anbieten. Kommen wir deshalb zu Helmut Luft.

Helmut Luft, geboren 1924, war Nervenarzt und Psychoanalytiker. Als Klinikleiter behandelte er viele alte Menschen. Er erkannte, wie Freud, dass Erkrankungen im Alter in der Biografie der Patienten ihre Ursachen haben können. Luft arbeitete seit 1994 im Arbeitskreis „Psychoanalyse und Altern" in Kassel mit. Er veröffentlichte das Buch „Gutes Altern" (Frankfurt: Brandes & Apsel 2014) und „Die Kunst dem Alter zu begegnen" (Frankfurt: Brandes & Apsel 2015) sowie viele Aufsätze in der Zeitschrift „Psychotherapie im Alter".

H. Lufts Erkenntnisse über die Prägung des Alters durch das Unbewusste

Im Alter gibt es eine hohe Selbstmordrate, weil der drohende Tod eine große Kränkung des Lebens ist.
Die letzte große Kränkung des Menschen ist die schreckliche Erkenntnis, dass man im Tod körperlich alles verliert. Der Körper beginnt den Geist zu

beherrschen, durch „das Versagen des Körpers verlieren wir unsere unbewusste Gottähnlichkeit“ (H. Luft: Die Kunst dem Alter zu begegnen, S. 40). Besonders dramatisch sind die fünf Kübler-Ross-Phasen bei Krebs und tödlichen Leidenszeiten. Der tertiäre Narzissmus entsteht erst im Alter. Es entsteht ein Kampf zwischen Ich und Ich-Ideal mit der Gefahr, von Archetypen des Ich-Ideals verschluckt zu werden (C. G. Jung). Verstärkt werden kann der tertiäre Narzissmus durch politische Umstände wie Faschismus, Krieg, Diktatur, wenn die rassistische Ideologie von rechts den Männerkult der Jugend wiederbelebt und den Geschlechterkrieg forciert. Der Wunsch nach dem ewig Weiblichen (Goethe: Faust II) kann hier helfen.
Im Alter kann die Sehnsucht der Rückkehr zu den Ursprüngen (vgl. Freuds Moses-Studie) wieder stark werden. Auch die Angst, diese Rückkehr zu verpassen, macht sich besonders in Altersträumen als Wunsch nach dem Paradies, oder als Wunsch nach Unsterblichkeit bemerkbar (Luft, S. 75).

Im Alter machen sich Regressionen zu den Ur-Traumen der Steinzeit-Menschheit bemerkbar, die Angst, von der Horde allein gelassen zu werden und zu verhungern. Die Angst vor wilden Tieren, die Lockerung des Mord- und Inzest-Verbots, das die Ur-Horde mühsam erkämpft hatte, weil sich im Alter das Über-Ich abschwächt und durch Alkoholsucht stärker abgebaut wird.
Das Alter zeigt spezifische Affekte, weil die üblichen Abwehrmechanismen durch Schwächung des Ichs (A. Freud) nicht mehr perfekt wirken. Die Krankheiten des Logos im Alter machen niedergeschlagen und wütend (besonders wirksam in Paar-Beziehungen). Verzweiflung macht sich breit, weil alltägliche Rituale (Treppensteigen, Hinknien, Anziehen usw.) nicht mehr ohne Probleme möglich sind. Die Angst um den Verlust der Autonomie und vor der Heimeinweisung ist akut. Diese Affekte können „Reaktivierungen früherer Affekte aus Kindheit und Pubertät sein“.
Auch das Generationsverhältnis kann sich affektiv aufladen durch Neid auf Jüngere und Angst vor dem ödipalen Wunsch der Jüngeren (Luft, S. 89).

H. Lufts Vorschläge zur Bewältigung der Traumen des Alters

Für Luft sind Entwicklungssprünge im Gehirn möglich, weil die Evolution die Menschen im 21. Jahrhundert um 20 Jahre länger leben lässt (H. Luft: Die Kunst dem Alter zu begegnen, S. 31, 249, 271).
Träume gewinnen im Alter eine besondere Bedeutung, weil die äußere Welt durch Rückzug abgeschwächt wird. Im Traum wird Trauerarbeit geleistet.

Viele Alten-Träume gewinnen die Struktur von Märchen. Das Schreiben von Märchen mit Happyend ist eine Hilfe gegen Depression. Männer träumen von ihrem Beruf, Frauen von ihrer Familie (Luft, S. 69).

Trauerarbeit über Verluste prägen die Alten-Träume in Stufen:
1. Stufe: Die verlorene Person ist noch da.
2. Stufe: Man erkennt, dass die verlorene Person tot ist.
3. Stufe: Die tote Person gibt Ermunterungen (Luft, S. 70).

Die Stoa und Epikur helfen dem Analytiker Luft im Alter, Affekte des Alters besser zu bewältigen (Marc Aurel, Epiktet, Seneca). Sie machen deutlich, dass die Vorstellungen vor dem Tod schrecklich sind, die Realität aber völlig gleichgültig. Sie helfen, das erlebende Ich vom beobachtenden Ich zu trennen. Das beobachtende Ich fragt: „Steht es in meiner Macht oder steht es nicht in meiner Macht?" (Epiktet) Das Leben kann wie ein Schauspiel betrachtet werden. Prämeditationsformen können hilfreich sein (Luft, S. 103). Abend- und Morgen-Meditation über die eigene Biografie kann gegen Altersverzweiflung helfen, hat Luft festgestellt.
Sophokles, Shakespeare, die großen Tragödien, Goethes Faust, Schillers Wallenstein geben Modelle der Alltagsbewältigung (Ödipus auf Kolonos, ein Sommernachtstraum) (Luft, S. 118f., 137f.).

Bei Klinikaufenthalten im Alter ist die Wiederkehr infantiler Übertragungen zu beachten und zu analysieren. Verlassenheitserfahrungen aus der Kindheit, aus der Scheidung der Eltern und durch Liebesverweigerung im späteren Alter können sich breitmachen (Luft, S. 162).
Luft rät wie Freud zur Selbstanalyse im Alter. Sie sollte drei Stufen haben: Erinnern, Wiederholen, Durcharbeiten auf Basis eines Alterstagebuchs („Schreiben von Tag zu Tag").

Im Alter gelingt die Selbstanalyse besser als in jüngeren Jahren, weil das Über-Ich nicht mehr so viel zensiert und verdrängt (Luft, S. 220).
Im Alter kann man auch als Greis oder Greisin gefragt sein, weil Enkel oder alte Freunde Hilfe brauchen (Luft, S. 242).
Im Alter gibt es einen Widerspruch in der Entwicklung von Geist und Körper. Der Körper verfällt, der Geist kann sich durch Transzendieren erheben (Luft, S. 270).
Im Alter ist die Lebensbilanz oft eine Hilfe, das Schauspiel des Lebens zu entdramatisieren.

Übung: Verwenden Sie für Ihre Lebensbilanz die Zwei-Spalten-Methode mit den Spalten „Gutes" und „Böses" (Luft, S. 275). Schätzen Sie ein wie Ihre Lebensbilanz aussieht.

Neben Helmut Luft hat sich Hartmut Radebold in der Psychoanalyse des Alters einen guten Namen gemacht. Zusammen mit seiner Frau Hildegard Radebold schrieb er das Buch „Zufrieden älterwerden" (Gießen: Psychosozial Verlag 2015).

1.3 Zufrieden älter werden

Hartmut Radebold, geb. 1935 in Berlin, Arzt für Psychoanalyse und psychotherapeutische Medizin, Lehranalytiker in der „Deutschen Psychoanalytischen Vereinigung (DPV)", Lehrstuhl für klinische Psychologie von 1976–1998, 45 Jahre Forschung zur Lage der Alten, 20 Jahre Forschung zur lebenslangen Entwicklung von „Kriegskindern" (Jahrgänge 1927/28 bis 1945/46), Leitung der Kasseler-Gruppe „PSA und Alter" seit 15 Jahren.

Hildegard Radebold, geb. 1941 in Jena. Diplom-Bibliothekarin, Kinderpause von 1977 bis 1994. Danach Aufbau eines ländlichen Büchereisystems. Hat 21 Jahre ihre Eltern gepflegt. Hildegard Radebold erlitt mit 32 Jahren einen Sportunfall (Knie), dessen Folgen bis heute anhalten.

Die Lösung der Aufgaben im Alter fällt beiden schwer, aber sie versuchen es immer wieder neu. Sie stützen sich dabei auf die Vorarbeiten des Psychoanalytikers Erik H. Erikson.

Heute werden die Menschen rund 20 Jahre älter als 1975. Die höheren Erwachsenenalter (60–80 Jahre) sind ein üblicher Bestandteil des Lebenslaufes. Das Alter umfasst ein Drittel der Lebenszeit der Menschen in westlichen Industriegesellschaften. Altern ist nicht nur ein biologischer, sondern auch bio-sozial-psychologischer Prozess. Dazu kommt die zeitgeschichtliche Dimension. Kriegskinder (geboren 1927/28 bis 1945/46) leiden im Alter als Folge des 2. Weltkriegs unter posttraumatischen Störungen. Demenz breitet sich aus.

Man kann aber heute das Alter (ab 60) befriedigend gestalten. Dazu muss man die Krisen des höheren Alters kennen und die Entwicklungsaufgaben in dieser Zeit. „Älter wird man von allein – zufrieden altern muss dagegen gelernt werden." (H. Radebold, H. Radebold: Zufrieden älterwerden. Gießen: Psychosozial 2015, S. 15)

Erik H. Erikson und die Entwicklungsaufgaben im Alter

Nach dem Psychoanalytiker E. H. Erikson entwickelt sich jedes moderne Leben in folgenden Entwicklungsstufen, dem entsprechende Altersaufgaben entsprechen:

Altersphasen und Aufgaben

Altersphase	Aufgaben
Kindheit (oral und genital)	Aufbau eines Ichs
Jugend (2. ödipale Phase)	Lösung von der Familie, Identitätskonflikt
Junges Erwachsenenalter	Berufs- und Partneridentität
Mittleres Erwachsenenalter	Krisen der Lebensmitte
Späteres Erwachsenenalter	Rentenschock und Neuerfindung
Noch späteres Erwachsenenalter	Sinnfindung
Höchstes Erwachsenenalter	Generativität

(E. H. Erikson: Identität und Lebenszyklus. Frankfurt: Suhrkamp 1988
E. H. Erikson: Der vollständige Lebenszyklus. Frankfurt: Suhrkamp 2001)

Nach Erikson ist also ein zufriedenes Alter nur möglich, wenn das Ich den Rentenschock überwindet, Sinndfindung betreibt und das Generativität entwickelt. Generativität umfasst die Sorge und die Liebe zur nächsten Generation, die dem alten Menschen einen tröstenden Hauch seiner Lebensspuren in der nachfolgenden Generation vermittelt. Dem Ehepaar Radebold ist die Entwicklungsaufgabe Generativität im Alter gut vertraut, sie fragen aber weiter.

Allgemeine Ansichten über das Altwerden, die das Altersbewusstsein verdrängen

Die Älteren sind immer die anderen, d. h. die noch Älteren.

Übung: Bei welcher Gelegenheit haben Sie sich zuerst alt gefühlt?

Verbreitete Ansichten über das Altern heißen:

- Älter werden kommt bei mir nicht vor. Ich mache weiter wie bisher.
- Kommt Zeit, kommt Rat.
- Anti-Aging hilft älter werden zu vermeiden.
- Ich tue doch manches für mich (Yoga, Fitness, kein Alkohol)
- Warum soll ich auf meine Bedürfnisse verzichten? Dann lebe ich halt ein paar Jahre kürzer.
- Nach der Rente – beginnt meine Freiheit.
- Nach der Rente – lasse ich mich treiben, fange ich ein 2. Leben an
- In ein Heim gehe ich auf keinen Fall.
- Endlich bin ich für meine Familie da.
- Ich gehe in eine Alten-WG. Mit guten Freunden zusammenleben!
- Ich bin kein Weichei – ich gehe nicht zum Arzt. Ich war immer gesund.
- Vorsorge-Untersuchungen – nein danke.

Woher kommen unsere Vorstellungen vom Älterwerden?

Märchen, Geschichten und Gedichte formten unser Verständnis vom Alter, zum Beispiel „Hänsel und Gretel und die alte Hexe“. Ihre Einflüsse bleiben aber oft unbewusst.

Übung: An welche alten Frauen und alten Männer aus Ihren Lieblingsmärchen erinnern Sie sich? Welche sind Ihre Vorbilder?

Lebenslauf-Modelle waren oft am Tageslauf (12:00 Uhr als Lebensmitte) oder am Jahreslauf (Frühling, Sommer, Herbst und Winter) orientiert. Eigene

Alterserfahrungen entstammen der Eltern- und Großeltern-Generation, oft durch den 1. und 2. Weltkrieg geprägt.

Übung 1: Welchen zeitgeschichtlichen Einflüssen und Altersvorstellungen (Verarmung, sozialer Abstieg, Flucht, Ausbeutung, Vertreibung, Heimatverlust, Gefangenschaft, Verletzungen) waren Sie ausgesetzt? Wie weit prägten diese Sie als Kriegskind?

Übung 2: Welche Botschaften über das Alter als Frau/Mann hat Ihnen Ihre Familie vermittelt?

Übung 3: Inwieweit haben Filme und Fernsehen Ihre Vorstellungen vom Alter geprägt?

Übung 4: Inwieweit sind Figuren aus der Literatur prägend für ihre Altersvorstellungen? Martin Walsers alternde Männer mit Sexproblemen? Oder Henning Mankells Kommissar Wallander?

Die Chancen zur Veränderung im Alter

Altersweisheit wird heute in der Forschung selten festgestellt (H. Radebold/H. Radebold: Zufrieden älter werden, S. 58). Heute entsprechen jeder Altersphase bestimmte Entwicklungsaufgaben, die Erik H. Erikson formuliert hat (S. 60). Viele Entwicklungsaufgaben werden „verdrängt, verleugnet, langfristig aufgeschoben“ (S. 61, Beispielfälle S. 62–65).
Der Prozess des Älterwerdens verlangt die Auseinandersetzung mit vielen Krankheiten, Verlusten, Einschränkungen des Körpers. Seelische Krisen lassen sich deshalb als Folge fehlender Auseinandersetzung mit ungelösten Entwicklungsschritten verstehen. Sie zeigen sich oft als Entwicklungsstillstand (S. 66). Es geht darum, sich mit den vier Alterstheorien – 1. Aktivitätstheorie, 2. Rückzugstheorie, 3. Kontinuitätstheorie, 4. Theorie der selektiven Optimierung (S. 67–68) – sowie 5. eigene Ziele für das Alter zulassen – auseinanderzusetzen.

Übung: Welche Ziele haben Sie sich für das Alter gesetzt? Wie wollen Sie diese Ziele erreichen? Stimmen diese Ziele mit den Zielen Ihrer Partnerin/ Ihres Partners überein?

Was wissen wir über das Alter heute?

- Während des ganzen Lebenslaufs bilden sich neue Gehirnzellen und Verschaltungen.
- Musikalische Aktivitäten stimulieren das Gehirn (Radebold, S. 75).
- Die Depressionsrate bei Frauen ist höher als die der Männer (S. 75).
- Frauen leben länger als Männer: Auf einen hundertjährigen Mann kommen in Deutschland zehn hundertjährige Frauen (S. 76).
- Der eigene Körper wird von Frauen mehr abgewertet als von Männern.
- Männer verdrängen Krankheiten.
- „Frauen werden krank, Männer sterben." (S. 78).
- Ältere Menschen können sich noch ändern: nach Verlusten und Krankheiten.
- Über 60-Jährige profitieren noch von einer Psychotherapie (S. 80).
- Zeitgeschichte hat großen Einfluss auf das Alter. Es gibt die Generationen: Kriegskinder, skeptische Generation, 68er-Freiheitsrausch, Babyboomer, Handy-Generation.
- Kriegskinder leiden im Alter noch/wieder an Hilflosigkeit. Folgen: Verdrängung, Verharmlosung, Verkehrung ins Gegenteil, Verallgemeinerung, Identifizierung mit 3. Reich (S. 85).
- Alles aufheben, vorsichtig-skeptisch, keine Rücksicht auf den Körper, nur funktionieren, Unfähigkeit zu trauern.
- Im Alter: „Längst vergessene Erinnerungen werden wach." (S. 88)
- Weitergabe der Stresssyndrome an Enkel (S. 89).

Wie bin ich auf mein Alter vorbereitet?

- Werden Sie zyklisch auf Ihren körperlichen Zustand untersucht durch Vorsorgeuntersuchungen (Radebold, S. 92f.)? Ist Ihre finanzielle Situation geklärt? Wie ist Ihre Wohnsituation? Welche Interessen am Leben haben Sie noch?
- Wie können Sie Ihre ärztliche Versorgung sicherstellen? (S. 97)
- Erhalten Sie Hausbesuche durch Ihren Hausarzt/Ihre Hausärztin? Was besprechen Sie mit Ihrem Hausarzt/Ihrer Hausärztin?

Übung: Analysieren Sie Ihr Netzwerks durch Cluster und beantworten Sie die oben genannten Fragen.

Entwicklungsaufgaben im Alter nach Radebold und Erikson

1. **Aufgabe: Bisherige Berufstätigkeit beenden**. Und dann? Umstellung auf „Ruhestand" dauert 2–3 Jahre. Wie reagiert der/die Partner/in auf das „Ganze-Tag-Syndrom"? (Radebold, S. 107)

2. **Aufgabe: Sich gut um den eigenen Körper kümmern** (S. 112): Wie verändert sich der Körper? Typische Körperveränderungen im Alter (S. 116): Prostata-Krebs bei Männern, Hautkrebs, Vaginalkrebs bei Frauen.

3. **Aufgabe: Das innere Kind in uns suchen und annehmen** (S. 126): Die Kindheitserfahrungen wirken im Alter nach. Die Kindheitserfahrungen heutiger Menschen über 65 Jahre sind oft Kriegs- und Nachkriegs-Kindheiten gewesen. Es lohnt sich, die Eindrücke der frühen Kindheit auf das Alter zu klären:
   - In welchen Phasen Ihrer Kindheit waren Sie von Kriegsereignissen betroffen (Bomben, Flucht, Vertreibung)?
   - Erlebten Sie Ihren Vater als vom Krieg zurückgekehrten fremden Mann?
   - Hat die Rückkehr des Vaters heute noch Einfluss auf Sie (S. 128)?

   Frühere Verluste in der Kindheit können im Alter Anlass zu „ausgeprägten Depressionen" sein (S. 129).
   Aber das innere Kind hat diese frühen Traumen verarbeitet. „Nötig wird, dieses Kind in sich zu entdecken und wiederzubeleben." (S. 129) Das überlebensfähige Kind ist als Kraft für das Alter wieder zu entdecken.
   Dieses „Kind" wird sichtbar beim Schreiben von autobiografischen Passagen aus der Kindheit, die durch Reisen an Kindheitsorte, Briefe, Tagebücher, Fotos angeregt werden können. „Eine solche Biografie kann man auch in einer Schreibwerkstatt verfassen." (S. 131) Eine psychotherapeutische Teilnahme an einer „Kriegs-Kinder-Gruppe" wäre sehr hilfreich. (S. 131).

4. **Aufgabe: Sich Veränderungen und unbekannte Gefühlen stellen** (S. 132): Das Alter erscheint als ruhige Lebensphase, die ganz dem Rückzug von der Welt gewidmet wird. Aber dem ist nicht so. Es gibt im Alter viele auferlegte Veränderungen. Sie heißen:
   - Die Arbeitstätigkeit endet.
   - Frau und Mann verändern sich körperlich und seelisch, ebenso Frau und Frau, Mann und Mann.
   - Beziehungen ändern sich. Freunde verschwinden. Partner sterben oder werden chronisch krank.
   - Ehrenamtliche Tätigkeiten werden wieder aufgegeben.

- Das Selbstbild ändert sich. Alte Lebensziele und Ideale taugen nicht mehr im Alter.
- Die Selbstständigkeit schränkt sich ein. Hilfen werden gebraucht.
- Die verbleibende Lebenszeit „verkürzt sich zunehmend“ (Radebold, S. 134).

Das Alter ist eine Periode der Verluste, die auch als Befreiung erlebt werden können, zum Beispiel durch Umzug in eine Alten-WG, in betreutes Wohnen. Es muss aber auch Trauerarbeit geleistet werden, die oft sehr schwer ist. Todeswünsche gegenüber der/dem verstorbenen Partner/in sind aufzuarbeiten, werden aber häufig verdrängt und erzeugen noch lange Schuldgefühle. Alte Trauerrituale, wie schwarze Kleidung, sind passé.
Die Trauer umfasst folgende Stufen (Radebold, S. 138):

1. Schock und Protest
2. Auseinandersetzung mit dem Verlorenen
3. Allmähliche Ablösung von dem Verlust
4. Ersatz durch neues Objekt

Das Alter ist ein „ständiger Trauer- und Befreiungsprozess“ (Radebold, S. 138). Die heute Ältesten werden durch ihre NS-Erziehung am Trauern gehindert. Sie haben noch Hitlers Forderung verinnerlicht: „Das Schwache muss weggehämmert werden ... Es darf nichts Schwaches und Zärtliches mehr geben.“ (S. 139)
Die Selbstmordrate der Kriegskinder und der Kinder, die im NS-Geist nach 1945 erzogen worden sind, ist im Ansteigen begriffen. Ihnen geht meist eine Depression voraus. Mit Gefühlen der Wertlosigkeit, Hoffnungslosigkeit, Schuldgefühle. 8–9 % der Kriegskinder leiden an Depressivität, weil der Vater nicht wiederkam oder doch wiederkam und fremd blieb.

Übung: Hier kann der Brief an den Vater, an das gestorbene Familienmitglied helfen. Denn Trauer ist nötig, wenn man neue Chancen im Alter erkennen und nutzen will.

Weinende Väter und Großväter werden aber von den jungen Enkeln nur schwer ertragen und tragen zur Entfremdung bei. Der Besuch von Trauerseminaren in Kirchen oder Wohlfahrtsverbänden, auch bei Beerdigungsinstituten kann helfen.
Älterwerden kann eine beständige Kränkung werden.

Übung: Kann ich mir eingestehen, dass mich mein Älterwerden erschreckt, kränkt, depressiv macht?

Das Idealbild des „starken autonomen Mannes“ ist zu hinterfragen. Wie weit entspricht es Abwehrmechanismen des „Kriegskindes“? Rückzug ist im Alter die schlechteste Option, der Kränkung zu begegnen. Über das Altern braucht man sich nicht zu schämen. Wenn man sich neu verliebt und sexuelle Interessen erlebt, dann soll man ihnen durchaus nachgehen.

Übung: Haben Sie sich nach 70 Jahren noch einmal neu verliebt? Wie haben Sie Ihre Scham vor Sex bewältigt?

Starke Neidgefühle beginnen gegenüber dem/der Partner/in und können sich ausweiten. Hass kann auf Kinder projiziert werden, weil sie noch alles vor sich haben, man selbst als Älterer aber auf alles verzichten muss. Neid betrifft oft das eigene Geschlecht. Ältere sind auch neidisch auf Gleichaltrige, denen es besser geht, die noch vieles können, was man selbst schon verloren hat.
Ein erster Schritt der Bewältigung: Neid ist erlaubt. Nach den Ursachen ist zu fragen. Es kann dann auch Freude entstehen, dass die nachfolgende Generation noch vieles vor sich hat, auf das man gelernt hat zu verzichten. Gleichzeitig gibt es aber auch den Neid der Jüngeren auf die Älteren, die alles schon hinter sich haben, vor denen sich die Jüngeren grauen.

Übung: Wie erleben Sie den Neid um das Alter und auf das Alter, und wie sieht Ihr Trost aus?

Humor und Lachen hilft hier. Lachfilme (Charlie Chaplin, Dick und Doof), Lachseminare, „Das große philosophische Gelächter“ (L. v. Werder, Berlin: Schibri 2005) sind angesagt.

5. **Aufgabe: Befriedigungsmöglichkeiten suchen**: Reisen in warme Länder im Winter, Warmbäder, Nähe zu Hund und Katze suchen, „die Weisheit" alternder Hunde entdecken.
   Gemeinsames Essen mit Spaß und Genuss ist besonders für Kriegskinder mit Hungererfahrungen wichtig. Einseitiges Essen und zu wenig trinken ist schlecht im Alter.
   Die Sexualorgane und Hormone verändern sich. Die Erektion wird schwieriger (beim Mann), die Vagina wird trockener (bei der Frau), Schmerzerfahrungen beim Verkehr entstehen, was durch Salben und Hormon-Ergänzungen (Viagra und Co.) gemildert werden kann. Das Vorbild der Eltern, denen keine Sexualität mehr zugetraut wird, zeigt Wirkung im Alter. Ohne sexuelle Fantasien helfen aber alle Medikamente nichts. Folgen: Neben-Beziehungen, Selbstbefriedigung, Sex-Filme, eine jüngere Partnerin. Schweigen über die ausbleibende Sexualität ist in alten Paarbeziehungen sehr verbreitet. Die Scham vor dem Versagen ist hoch. Die Kenntnisse über Alterssex sind bei vielen Alten äußerst gering. Veränderungen in der Sexualität: längeres Vorspiel, Handstimulation für Orgasmus, Gleitmittel bei trockener Schleimhaut (Radebold, S. 162). Ersatz-Befriedigung: Heißhunger, stundenlanges Fernsehen, Juckreiz am Körper oder an den Genitalien. Heimlicher Sex im Urlaub. Depressive Verstimmung bei sexueller Öde. Besser: selbst aktiv werden und (übers Internet) Sex-Partner/in suchen.

6. **Aufgabe: Beziehungen erhalten und gestalten**: Vereinsamung im Alter führt zu Altersdepression und Demenz. Die Zahl der Beziehungen verringert sich.

Übung: Zeichnen Sie ein Cluster Ihrer Beziehungen.

Männer sind eher einsam als Frauen. Eine Familientherapie enthüllt oft „Familiengeheimnisse". Benachteiligungen in der Kindheit bestimmen auch im Alter die Beziehung zu Geschwistern, zu den Eltern, die pflegebedürftig sind. Zu den Familiengeheimnissen gehören: frühere politische Einstellungen im Dritten Reich oder in der DDR, uneheliche Kinder, Schwangerschaftsabbrüche, finanzielle Engpässe, auch geistiger Abbau wird verleugnet.

Übung: Die Vorbereitung auf den Tod der Eltern ist nötig. Wie gehen Sie das an? Gibt es eine Patientenverfügung, Betreuungsvollmacht, ein Testament? Wie soll die Beerdigung vollzogen werden?

Ältere grenzen sich von den Jüngeren ab. „Werde du erst mal so alt." Oft erwarten alte Eltern zu viel von den Kindern in Sachen Pflege. Fragen zur eigenen Entwicklung der Jüngeren an die Älteren finden nicht statt.

Übung: Welche Konflikte wären mit den Älteren noch zu klären?

Geschwisterkonkurrenz erfordert jetzt Gespräche. Geschwister sind „geliebte Feinde". Im Alter konkurriert man mit den Geschwistern über Enkel, Geld, Gesundheit, Fitness, Reisen, Erfolge der Kinder.

Übung: Wer übernimmt die Pflegeaufgaben gegenüber den alten Eltern?

Bei Söhnen wird Rücksicht auf den Beruf genommen, bei Töchtern aber wird von den Eltern mehr Hilfe verlangt und erwartet. Die Eltern fordern ihre „Lieblinge" und vernachlässigen ihre „Nebenkinder", das fördert Altersneid. „Unbewusst melden sich Gefühle der Eifersucht." (Radebold, S. 181) Neue Beziehungen von Vater und Mutter werden bekämpft. Erbstreit bahnt sich an. Der Älteste fordert den „Familienvorsitz" ein, den der tote Vater hinterlassen hat.

Beziehungen zu weiteren Gleichaltrigen: Männer stützen sich auf das Netzwerk der Frau, bleiben aber oft nur „Anhängsel". Viele über 80-Jährige klagen über Lücken im Verwandten- und Freundeskreis (S. 184). Neue Freundschaften sollten beide Ehepartner gegenseitig akzeptieren. Die Älteren sollten Kontakte mit den Kindern verbessern, mittels Gesprächsangeboten in schriftlicher Form (S. 186). Alle Vorwürfe gegen die Kinder steigern nur erneute Verbitterung und Verhärtung. Sie sollten unterbleiben. Eine „Versöhnung am Sterbebett" ist oft prekär und bleibt in ihrer Wirkung „unklar" (S. 189).

Zwischen den Generationen finden heute oft Transfairleistungen (Geld, Nachhilfe) statt.
Der neue Großelternstatus sollte nicht benutzt werden, um „Lieblingsenkel zu fördern". Die Jüngeren können die Alterskrisen der Älteren mildern. Jüngere können lernen, wie man zufrieden altert. Alleinstehende müssen aktive Netzwerkarbeit betreiben, um nicht „seelisch zu erkranken" (Radebold, S. 195). Mit 65 Jahren sind schon 45 % der Frauen verwitwet, mit 80 Jahren schon 73 %.

7. **Aufgabe: Partnerschaft entwickeln**: In der postfamiliären Phase beginnt die Arbeit an der nachelterlichen Gefährtenschaft (S. 199). Die Gefahr der Scheidungen steigt ab dem 50. Lebensjahr und besonders nach dem 60. Lebensjahr. Beide Partner stellen sich die Frage: Was will ich noch? Befriedigende gemeinsame Erfahrungen sollten im Zentrum der Beziehung zwischen den älteren Partnern stehen (also: Essen und Trinken, Lesen, Filme, Sexualität). Es gilt, den Partner, die Partnerin immer wieder neu zu entdecken. „Neu verlieben kann man sich auch mit 80 Jahren." (S. 203)

8. **Aufgabe: Selbstständigkeit bewahren**: Die finanziellen und erblichen Grundlagen der Beziehung müssen geklärt werden, ebenso die Hilfe in Phasen von Krankheiten und Behinderungen.
Wissen beide, wo die Unterlagen über die Krankheiten zu finden sind? Die geldlichen Rücklagen? Die Patientenverfügung? Die notariell beglaubigte Generalvollmacht? Das Testament?
Oft ist die Wohnung nicht für häusliche Pflege geeignet. Es fehlt auch der „Notkoffer" für plötzliche Krankenhausaufenthalte. Ältere wandern häufiger aus dem Umland in die Städte oder aus dem Ausland in die Heimat Deutschland (S. 210) zurück. Bei Verwitwungen muss klar sein, ob die finanziellen Grundlagen für Pflege, Heim- oder Reha-Aufenthalte vorhanden sind.

9. **Aufgabe: Sich immer wieder auf das Älterwerden einstellen**: Ist die Wohnung für das Leben im Alter geeignet (Fahrstuhl, sturzgesichert, Aufstellen von Pflegebett möglich)? Ist das Auto alterstauglich?
Die Haushaltsführung und die Gartenarbeit, bei denen besonders die Hausfrau viel Bestätigung fand, werden fragiler und sind oft Anlass für Unfälle und Stürze. „90 % aller tödlichen Unfälle passieren im Haushalt." (S. 214)
Die Wohnung der Alten muss entrümpelt, ausgemistet, und es muss viel weggeworfen werden. Die eigenen biografischen Quellen (Bildbände,

Ferienandenken,) sind – wenn von Interesse – den Kindern zu übergeben. Die Entrümpelung der Wohnung der Alten ist besonders bei sich abzeichnenden Krankheiten und angesichts der Umsiedlung in eine kleinere Wohnung, in ein Pflegeheim, ins Hospiz dringend geboten.
Ein höheres Bett kann nötig sein. Ein Hörgerät ist oft erforderlich, Gehstock und Rollator müssen angeschafft werden. „Es ist kränkend, beschämend und schwer zu akzeptieren, dass unser Körper uns allmählich im Stich lässt." (S. 218) Operationen am Knie, an der Hüfte, am Auge (Grauer Star) werden oft zu lange hinausgeschoben. Hörgeräte nicht eingesetzt, was die Kommunikation dramatisiert.

Zukunftsperspektiven für das Alter nach Radebold und Erikson

Die Renten sind nicht sicher. Die Fortschritte in der Altersmedizin sind teuer. Der Klimawandel mit Epidemien (Coronavirus) macht sich schneller bemerkbar als erwartet.
Eine positive Bewertung des eigenen Lebens muss erarbeitet werden, wenn der Abschied von der Erde gelingen soll. Spiritualität wird im Alter immer wichtiger, wenn der Körper verfällt, muss der Geist in der Lage sein, „das Bleibende" zu bedenken (der „Gott der Philosophen" wird zum wichtigsten Bestandteil der Lebenskunst im Alter!). Einigen Alten gelingt das zufriedene Altern nicht ohne politische Folgen. Sie werden Wutbürger und wählen den Faschismus (AfD).
Zufrieden älter werden muss gelernt und ständig geübt werden (Radebold, S. 221). Man altert von selbst, aber zufrieden altert man nur durch eigenes Bemühen. Man muss gelernt haben: Worüber habe ich noch Macht, worüber habe ich keine Macht mehr (Epiktet und die Stoa)?

Die Zeitgeschichte prägt unsere Kindheitsneurosen, die im Alter als Psychosen wiederkommen können. Deshalb widmet sich Hartmut Radebold auch den „dunklen Schatten unserer Vergangenheit".

1.4 Das Alter im Lebens- und im Zeitgeschichtsverlauf

„Wir haben eine Geschichte, wir sind Geschichte und wir verkörpern unsere Geschichte, d.h. die dazugehörigen Erfahrungen begleiten uns ein Leben lang“, schreibt der Psychoanalytiker Hartmut Radebold in seinem Buch „Die dunklen Schatten unserer Vergangenheit“ (Stuttgart: Klett-Cotta, 2015, S 129). Das Alter als wichtiger Abschnitt unserer Lebensgeschichte muss sowohl als Teil der eigenen Lebensgeschichte als auch als Teil der Weltgeschichte im Rahmen der Staats- und Kriegsgeschichte des 20. Jahrhunderts gesehen werden. Der Psychoanalytiker Erik H. Erikson untersuchte die Stellung des Alters im Lebenslauf, Hartmut Radebold die Stellung des Alters im Geschichtslauf des 20. Jahrhunderts. Erikson entdeckte dabei die Fragilität des Alters zwischen Generativität und Verzweiflung. Radebeul entdeckte die Wirkung der Kriegskindheit auf das Alter im 20. Jahrhundert der Katastrophen und der zweiten Welle des Faschismus.
Sehen wir uns diese Altersprägungen und ihre Konsequenzen für die Lebenskunst im Alter genauer an. Kommen wir noch einmal auf Erik H. Erikson zu sprechen, der Hartmut Radebold sehr beeinflusst hat.

Erik H. Erikson und die Stellung des Alters im Lebenslauf

Erikson hat in den 50er-Jahren des 20. Jahrhunderts Freuds Elemente der Entwicklung des Ichs im Lebenslauf in einem Konzept „des vollständigen Lebenszyklus“ weiterentwickelt, das auch am Ende des Lebens die Lebensphase des Alterns berücksichtigt.
Eriksons Arbeit am Lebenszyklus begann mit der Erkenntnis, dass die Eltern-Kind-Beziehungen in industriellen und „primitiven“ Gesellschaften wichtige Unterschiede aufweisen (E. H. Erikson: Kindheit und Gesellschaft. Stuttgart: Klett 1957). Dabei wurde ihm klar, dass die soziale Gruppe, in der das Kind sich entwickelt, bedeutenden Einfluss auf die Ich-Entwicklung des Kindes hat. Auf der Basis von Freuds Phasen der Trieb-Entwicklung zeigt Erikson, dass die orale Phase sowohl das Urvertrauen als auch die Urangst entwickelt. In der analen Phase muss das orale Ich die Balance zwischen Selbstbehauptung und Zweifel bewältigen. In der genitalen Phase kämpft das Ich um die Balance zwischen Kompetenz und Minderwertigkeit.

Mit seinem Beitrag zu „Identität und Lebenszyklus" (Frankfurt: Suhrkamp 1966) hat Erikson das pubertäre Ich im Konflikt zwischen Identität und Identitätsdiffusion thematisiert. Damit legt er die Grundlagen für sein Modell der Entwicklung von Ich und Triebentwicklung in den Phasen des Erwachsenenlebens. Das Ich wird also als Instanz begriffen, die regressiv die Entwicklung des Ichs erschwert, progressiv die Entwicklung des Ichs fördert und dabei die Balance zwischen Regression und Progression durchhalten muss.

Das frühe Erwachsenenalter (20–35 Jahre) balanciert zwischen Intimität und Isolation, das mittlere Erwachsenenalter (35–65 Jahre) zwischen Generativität und Stagnation. Auf dieser Basis stellt Erikson dann in seinem Buch „Der vollständige Lebenszyklus" (Frankfurt: Suhrkamp 1988) den Grundkonflikt des Ichs im späten Alter (65–95 Jahre) dar. Das Alter muss die Leistung vollbringen, zwischen Integrität und Verzweiflung zu balancieren. Wenn diese Balance des Ichs gelingt, entwickelt es Weisheit. Der Grad der Weisheit hängt für Erikson von den Einflüssen der ersten oralen Lebensphase ab. Erst auf der Basis des Urvertrauens wird der alte Mensch „ein Gefühl von Rückschau und Zusammenfassung und möglicherweise eine aktive Antizipation des Sterbens entwickeln können" (E. H. Erikson: Der vollständige Lebenszyklus, S. 81). Falls die Urangst in der oralen Phase dominant war, wird die Verzweiflung das Alter prägen, die „zu einem großen Teil aus einem anhaltenden Gefühl von Stagnation besteht" (S. 81).

Im Alter nehmen alle Werte des Lebens eine neue Qualität an. Der Gipfel der Bewältigung des Alltagskonflikts ist die Entwicklung einer letzten bejahenden Philosophie. Angesichts der drohenden Desintegration von Körper und Seele kann die Philosophie für „eine dauerhafte Hoffnung auf Weisheit sprechen" (S. 83).

Die Erreichung der Philosophie wird für Erikson aber von destruktiven Kräften bekämpft. Der Körper verliert die Kraft der Blutgefäße, des Muskelsystems, des Bindegewebes. Die Psyche erlebt den allmählichen Verlust des Gedächtnisses und der Sicherheit der Erinnerung an die Identitätsentwicklung im Lebenslauf. Diese Störungen müssen Abwehrprozesse gegen die „lauernde Verzweiflung" im Ich entwickeln. „Alte Menschen wollen dann viel zu alt werden oder zu lange jung bleiben." (S. 84) Die richtige Abwehr besteht aber in der Entwicklung der Generativität, der Einsicht, dass das Alter das Bindeglied zwischen den Generationen ist. „Denn das Leben des Einzelnen ist die Überschneidung eines einzigen Lebenszyklus mit nur einem kurzen Abschnitt der Weltgeschichte." (S. 85)

Für die Lebensqualität der heutigen Alten, die zwischen 1938 und 1945 geboren wurden, waren die Traumen durch den Zweiten Weltkrieg und die Nachkriegszeit prägend. Dabei wurden die Traumen in der Kriegskindheit verdrängt und werden im späten Alter, wenn die Verdrängung nachlässt, wieder spürbar.

Die neue Psychoanalyse der Kriegskinder und ihr spätes Alter wurden besonders von dem Analytiker Hartmut Radebold untersucht. Er kam in seinem Buch „Die dunklen Schatten unserer Vergangenheit, Hilfe für Kriegskinder im Alter“ (Stuttgart: Klett-Cotta 2015) zu folgenden Erkenntnissen über die Endphase im Lebenslauf deutscher Kriegskinder:

H. Radebold und das Alter im Geschichtsverlauf

Der Psychoanalytiker klärt auf

Hartmut Radebold beginnt seine Studie über den Zusammenhang von Kindheit und Zeitgeschichte und ihre Folgen für das Alter mit der These: „Das als Folge des Zweiten Weltkriegs und der direkten Nachkriegszeit erlebte Leid ... führte zu ... bis heute anhaltenden ... individuellen wie auch familiären Folgen.“ (H. Radebold: Die dunklen Schatten unserer Vergangenheit. Stuttgart: Klett-Cotta 2015, S. 19)

Diese Folgen sind bis heute, wo die Betroffenen im hohen Alter sind, nicht erforscht. Fest steht, die Verluste in der Kindheit waren ungeheuerlich. Im Zweiten Weltkrieg kam jeder achte Deutsche ums Leben. 11 % der deutschen Bevölkerung wurden getötet. Von den betroffenen Geburtsjahrgängen starben 30 %. 12 Millionen Deutsche wurden Flüchtlinge. Es gab 1,7 Millionen Witwen, fast 2,5 Millionen Halbwaisen und 100.000 Vollwaisen. Die traumatischen Folgen hießen:

- Verlust von Bezugspersonen
- Verlust von Heimat, Sicherheit, Geborgenheit
- Gewalterfahrungen durch Krieg, Vergewaltigung, Verletzung, Mord (Radebold, S. 27)

Diese Erfahrungen für Kriegskinder im Alter erfordern:

- Bewusstmachen des eigenen Leids
- gegenseitige Akzeptanz des fremden Leids
- notwendige Hilfe für Betroffene im Alter, in dem die Verdrängung zurückgeht
- „Wenn du den Frieden willst, behalte den Schrecken und das Leid des Krieges bewusst in Erinnerung als Teil deiner Biografie.“ (S. 31)

Diese Thesen heißen **nicht**: Alle Überlebenden leiden im Alter an einem posttraumatischen Stresssyndrom (Radebold, S. 44). „Aber die 68er-Studentenrevolte artikulierte den Protest gegen die zurückgekehrten Väter, die für das Dritte Reich, den Zweiten Weltkrieg und seine Folgen verantwortlich waren." (S. 65)

Viele Studien weisen aber auf depressive, ängstliche und panische Störungen der Kriegskinder im Alter hin. Kriegskinder im Alter können nichts wegwerfen, suchen Wärme, sparen, planen, streben nach Sicherheit, kämpfen um Autonomie, um ihr Eigentum, haben eine mangelnde Fürsorge für sich selbst, haben Angst Menschen zu verlieren, haben die Schwierigkeit zu trauern, sind skeptisch (S. 72f.).
In schwerwiegenden Fällen treten die Aspekte des posttraumatischen Stresssyndroms in Erscheinung, d.h. Angstzustände, Panikattacken sowie phobisches Verhalten (S. 75). Dazu kommen Alkohol, Tranquilizer sowie der Gebrauch von Schlaf- und Schmerzmitteln ein Leben lang, um aufsteigende Ängste und Depressionsneigung immer wieder still zu stellen. Diese Erscheinungen werden von Hoffnungslosigkeit, dem Gefühl der Bedrohung und der Entfremdung begleitet. Meistens erscheinen traumatisierte Kriegskinder im Alter als „gebrochen" (S. 79). Der Alterungsprozess scheint die traumatischen Inhalte zu reaktivieren. Die drohende Abhängigkeit im Alter und die ohnmächtige Hilflosigkeit werden bei Kriegskindern im Alter besonders ängstigend erlebt.

Die Kriegskinder wurden weiter beschädigt durch das Schweigen der aus dem Krieg zurückkehrenden Väter. Erst die 68er waren in der Lage, gegen die zurückgekehrten Väter zu rebellieren. Sie wehrten sich auch gegen den Zwang, viel leisten zu müssen, haben sich aber dennoch den Ansprüchen gebeugt. Die Folge: psychische Müdigkeit schon im mittleren Alter.

Im höheren Alter und nach der Pensionierung sind folgende Entwicklungen der Kriegskinder zu beobachten:
- Stress wegen Überforderung
- Fehlende Rücksichtnahme auf den Körper
- Nichteinhaltung von Vor- und Nachsorgeuntersuchungen
- Fehlende Bereitschaft für Rehabilitationsmaßnahmen
- Fehlende Trauer über Beziehungsverluste.

Ein befriedigendes Alter können Kriegskinder kaum entwickeln, wenn sie schon im mittleren Alter deutliche Folgen traumatischer Erfahrungen gezeigt haben (S. 123) und keine Aufarbeitung der Traumen erfolgt ist.

Die Situation im Alter bringt ganz sicher verstärkte Traumatisierungen und Retraumatisierungen mit sich (Radebold, S. 129). Es gilt die These: „Wir haben eine Geschichte, wir sind Geschichte und wir verkörpern unsere Geschichte, d. h. die beschädigenden zeitgeschichtlichen Erfahrungen begleiten uns lebenslang." (S. 129)

Die therapeutische Hilfe für traumatisierte Kriegskinder im Alter stößt jedoch auf Widerstände. Wenige Ältere berichten über ihre Kindheitstraumen im Krieg und können ihre aktuellen Symptome auf ihre Kriegserfahrungen beziehen.

Übung: Schreiben Sie einen kurzen Text über ihre Kriegskindheit.

Nach der Schilderung der Familiengeschichte könnten folgende Fragen einen Zusammenhang von Zeit- und Privatgeschichte anstoßen: Warum habt ihr das Verbrecherische des Systems nicht erkannt? Was habt ihr vom Holocaust gewusst? Warum wart ihr von Hitler begeistert? (Radebold, S. 145) Das beste Setting für diese Arbeit mit Älteren bietet die Biografiearbeit oder zeitgeschichtliche Erzählgruppen (S. 162f.).
Erst in den 80er Jahren des 20. Jahrhunderts begann die Psychoanalyse, sich mit der zeitgeschichtlichen Prägung der Biografie ihrer Patienten zu befassen. Bis heute wurde auch die Kriegskindheitssituation deutscher Psychoanalytiker nicht reflektiert. Das Alter des Analytikers spielte für die Therapie der Älteren keine Rolle (S. 211). Erst in der Gegenwart wird Freuds These in ihrer Bedeutung erkannt: „Keine Generation ist im Stande, bedeutsamere seelische Vorgänge vor der nächsten Generation zu verbergen." (S. 219) Damit man seine Kriegsfolgen nicht an die Enkel weitergibt, ist die eigene biografische Reise in die Kriegskindheit nötig, als wichtige Aufgabe für das eigene Altern. Das eigene Altern kann nur besser gelingen, wenn man die eigenen Störungen im Alter mit den Erfahrungen in der Kriegskindheit in Zusammenhang bringt (S. 135–138). Das eigene Altern gelingt besser, wenn man sich die Kriegskindheitserlebnisse bewusst macht, seine abgespaltenen Gefühle erkennt, die Kindheitsorte besucht und das Grab des gefallenen Vaters in Polen oder Russland besichtigt (S. 221f.). Man wird dann erleben, dass alle Kindheitserfahrungen höchst individuell sind und erst anhand von Bildern, Berichten, Träumen greifbare Gestalt annehmen. Eine solche Reise bedarf einer sicheren Begleitung durch Geschwister, Freunde, Kursteilnehmer oder professionelle Kräfte. Das Resultat dieser Selbstaufklärung könnte sein: Die Krisen des Alters „verlaufen kürzer und weniger intensiv" (S. 230). Das Kind

in mir, dieses traumatisierte Ich, taucht besonders beim autobiografischen Schreiben wieder auf und macht aus dem autobiografischen Schreiben „eine Art Psychoanalyse" (Radebold, S. 234).
Da ein Drittel der über 80-Jährigen in Deutschland zu den Kriegskindern mit ihren Traumen zählen, ist es deutlich, dass ein zufriedenes Alter ohne Reisen in das Nebelland Krieg nicht zu haben ist. Das Ausmaß aktueller Betroffenheit über den Holocaust und den Zweiten Weltkrieg bleibt bei den älteren Deutschen groß, „ganz im Gegensatz zu allen anderen internationalen Studien zum Thema Kindheit und Zeitgeschichte" (S. 240).

Radebolds Forschungen über die Entstehung und Wirkung des Syndroms Kriegskindheit erhellen auch das Phänomen der Entwicklung paranoider depressiver Fantasien bei den Alten, die sich durch ihre Kinder verfolgt fühlen oder auch die im Alter durchbrechenden Größenphantasien, „die an vergangene Ideale und erlebte Machtgefühle anknüpfen und die zur Kompensation der jetzigen Entwertungserfahrung im Alter verwendet werden" (S. 99).
Es scheint so, dass der überall beobachtbare Ausbruch des Rechtsradikalismus in Europa, Asien und den USA „gerade in den Altersgruppen der 30- bis 44-Jährigen und 18- bis 29-Jährigen Folgen einer transgenerationellen Weitergabe der Größenphantasien der Alten an die Jüngeren ist" (, S. 103).

Es steht damit die These im Raum, dass der heutige Rechtsradikalismus in Europa von AfD bis le Pen eine späte Folge der unbewussten Traumen der Kriegskindheit im Zweiten Weltkrieg ist. Altern ohne zeitgeschichtliches Denken und Einfühlen wird die zweite und dritte Welle des Rechtsradikalismus und die Gefahr des Untergangs der Demokratie in einem Vierten Reich nicht aufhalten. Das aufgeklärte Alter hat also eine wichtige Aufgabe in der Tradierung einer antifaschistischen Lebenskunst.

Kapitel 2

C. G. Jung und die Lebenswende

2.1 Philosophie und die Tiefenpsychologie von C. G. Jung

Es ist sicher, dass die drei großen Philosophen des Unbewussten – Carl Gustav Carus, Arthur Schopenhauer und Eduard von Hartmann – großen Einfluss auf C. G. Jung hatten. Nietzsche wird bei Jung häufig zitiert. Von ihm stammen sicher die Konzepte vom Schatten und vom alten Weisen, die C. G. Jung in seine Seelenlehre einbaute. Die Idee der Entwicklung des Ichs in acht Phasen bei Erik H. Erikson übernimmt die ersten fünf Phasen der Libido-Entwicklung von Freud, während die folgenden drei Phasen von Jungs Konzept der Individuation stammt.

C. G. Jung (1875–1961) hatte eine Karriere als Psychiater absolviert, ehe er zu S. Freud stieß und Vorsitzender der Psychoanalytischen Gesellschaft wurde. Als Psychiater hatte er in der Psychiatrie Burghölzli erkannt, dass bei den Patienten „häufig universelle Symbole (die er später Archetypen nannte) in ihren Wahnvorstellungen und Halluzinationen vorkamen" (H. F. Ellenberger: Die Entdeckung des Unbewussten. Zürich: Huber 1973, Bd. 2, S. 897).
Zwischen 1910 und 1913 machte er einige Versuche, das Reich der Archetypen, die er im kollektiven Unbewussten vermutete, auszuloten. Er entschloss sich, wie S. Freud zu einer Selbstanalyse, die aber ganz anders war als die von Freud. Einen umfänglichen Bericht über seine Selbstanalyse, die ihn bis zu seinem Tod begleitete, gibt C. G. Jung in seinem Buch „Erinnerungen, Träume, Gedanken" (Zürich: Mascher Verlag 1962, S. 174–203).

Das Aufsteigen der Archetypen aus dem kollektiven Unbewussten ins Bewusstsein in Lebenskrisen versuchte Jung mit folgenden Mitteln zu erkennen:
1. Er schrieb und zeichnete alle Nachtträume auf.
2. Er erfand mythische Geschichten der Heldenreise, die er analysierte.

3. Er versetzte sich durch Selbsthypnose in leichte Trance, um sich Heldengestalten vorzustellen, deren Schicksal er dann verfolgte.

Mit diesen Methoden erlebte er den alten Weisen Elia, die blinde Frau Salome und den Philosophen Philemon. Im Gespräch mit Philemon erfuhr Jung, dass er sich selbst Dinge lehren kann, von denen er nichts wusste.

Er erlebte, wie in einer Psychose, die Gefahr sich zu verlieren. Deshalb gab er sich folgende Regeln für die Selbstanalyse des kollektiven Unbewussten:
1. Es sollte eine starke Bindung zur Realität aufrechterhalten werden.
2. Jedes Bild des kollektiven Unbewussten sollte so weit wie möglich in die Sprache des Bewusstseins übersetzt werden.
3. Die Erkenntnisse aus dem kollektiven Unbewussten sollten in Handlungen übersetzt und in das Alltagsleben eingegliedert werden.

Seine Experimente mit den Archetypen lehrten ihn, dass seine Seele einen Schattenanteil hat, dass er als Mann einen weiblichen Anteil (die Anima) in sich hatte. In „Philemon" begegnete er auch seinem Selbst.
Seine Selbstanalyse umfasste also die aktive Imagination von Motiven aus Sagen, Märchen und Mythos in leichter Trance durch Autogenes Training. Es folgte die schriftliche und malerische Verarbeitung der inneren Bilder. Diese Methoden wurden durch vertiefte Traumarbeit erweitert, wobei die Trauminhalte auf der Objektstufe äußere Beziehungen und auf der Subjektstufe innere Beziehungen zwischen Ich und Unbewusstem darstellen sollten. Schließlich ergab sich für Jung eine intensive Arbeit an seinem Schatten, der alles Destruktive in ihm repräsentierte. Im Schreiben von Kunstmythen sollte die Selbstanalyse den Individuationsprozess der Auseinandersetzung des Ichs mit dem Archetypen unterstützen (L. v. Werder: Kreative Einführung in Grundkonzepte der Psychotherapie. Berlin: Schibi 1998, S. 41–47).

Jungs Konzept der Selbstanalyse war sicherlich von Mystik und Romantik beeinflusst. Seine Selbstanalyse verfolgte er sein ganzes weiteres Leben. Er machte damit deutlich, wie wichtig seine Methoden der Selbstanalyse im Alter sein können. Als Lebensziel im Alter wurde von Jung die Entwicklung einer Ich-Beziehung zum inneren Selbst als Form der Selbstverwirklichung verstanden. Das war sein Fortschritt gegenüber S. Freud.
Über seine Selbstanalyse schrieb Jung in seiner Autobiografie: „Erinnerungen, Träume, Gedanken": „Die Jahre, in denen ich den inneren Bildern nachging, waren die wichtigste Zeit in meinem Leben, in der sich alles Wesentliche entschied. ... Meine gesamte spätere Tätigkeit bestand darin, das auszuarbei-

ten, was in jenen Jahren aus dem Unbewussten ausgebrochen war und mich zunächst überflutete. Es war der Urstoff für ein Lebenswerk." (Jung, S. 203)

Es wird intensiv diskutiert, in welchem Maß Mystiker zum Denken Jungs beigetragen haben. Die romantische Philosophie bei F. W. J. Schelling und G. H. von Schubert haben Jung sicher beeinflusst, ebenso J. J. Bachofen und G. F. Creuzer. „Besonders in Creuzers Werken fand Jung einen reichen Schatz von Mythen und Symbolen mitsamt ihren Deutungen, außerdem eine spezifische Auffassung von Mythen und Symbolen." (H. F. Ellenberger: Die Entdeckung des Unbewussten, Bd. 2, S. 962).
Creuzer vertrat schon die These, die Jung übernahm, dass die primitiven Menschen transpersonale Erfahrungen in Mythen übersetzen und moderne Menschen nach der Aufklärung in der Lage sind, ihre Bedeutung zu erkennen und sie zu deuten.
Diese romantischen Philosophen waren neben seiner Selbstanalyse Jungs unmittelbare Quellen. Durch sie erhielt er Kenntnisse einer langen mystischen Tradition, die bis zu den Gnostikern und Alchemisten, aber auch zu Paracelsus, Böhme, Swedenborg zurückreichte. Jung ist ohne die romantische Philosophie und ihre Vorläufer nicht zu verstehen.
Jungs Theorie der zwei Lebenshälften – der extrovertierten ersten Lebenshälfte im Beruf und Politik und der introvertierten zweiten Lebenshälfte nach der Pensionierung – in der Suche nach seinem Selbst in den Tiefen des kollektiven Unbewussten, ist ohne die mystische Tradition nicht zu erklären. Seine Schülerinnen und Schüler haben in ihren Alterstheorien diese Anregungen ausgebaut, besonders Verena Kast, Ingrid Riedel, James Hillmann. Auf diese Autoren werden wir eingehen.

2.2 C. G. Jung und die Lebenswende

C. G. Jung ist nach Sigmund Freud der erste Tiefenpsychologe, der dem Alter und seiner psychologischen Entwicklung besondere Aufmerksamkeit schenkt. In seinem Aufsatz „Die Lebenswende" von 1950 begreift er den Lebenslauf in zwei Abschnitten (C. G. Jung: Seelenprobleme der Gegenwart. Zürich: Buchclub ex libris 1972, S. 177–194).
Die ersten 50 Jahre ist der Mensch nach außen orientiert, die nächsten Jahrzehnte mehr nach innen. Der erste Lebensabschnitt dient der Erringung einer Stellung in der Gesellschaft, mit Beruf, Familie, Kinderaufzucht. Der

zweite Lebensabschnitt orientiert sich an Selbsterkenntnis, Abschiednehmen, Loslassen. Das Lebenspanorama sieht Jung als Sonnenaufgang in der ersten Lebenshälfte und Sonnenuntergang in der zweiten Lebenshälfte. Der Übergang von der ersten zur zweiten Lebenshälfte, also die Krise der Lebensmitte, geht mit der Angst des Verlustes des Gewohnten einher und mit der Abwehr des Neuen. Einige geben sich dem Neuen hin, andere klammern sich an das Alte. Der Blick in den Abend geht einher mit der Umwertung aller Werte und Ideale des Morgens. Für den Mann wird das Weibliche wichtig, für die Frau das Männliche. Der Mann entdeckt in der Lebenswende das Gefühl, die Frau die Vernunft. Die erste Lebenshälfte dient der Natur, die zweite Lebenshälfte könnte der Kultur und der Philosophie gewidmet sein. Die zweite Lebenshälfte könnte durch Selbsterkenntnis auch die Kultur der Seele wiederentdecken. Durch Träume und Visionen werden die urtümlichen, archetypischen Bilder wieder bewusst, die seit Urzeiten den Menschen angeboren sind und ewig lebendig das kollektive Unbewusste umfassen. Philosophische Weisheit wäre eine Rückkehr zu den archetypischen Bildern und Ideen vom Ganzen. Die Unsterblichkeit erfasst als Sehnsucht den Menschen und entwertet den Blick auf den Tod. Jung meint, man sollte den Tod nicht fürchten, weil die Archetypen oft das Meer abbilden, in das alle Flüsse einmünden. „Das Meer wird zum Ausdruck der Unendlichkeit, in das alles endliche Leben zurückkehrt und in der es aufgehoben ist.“ (I. Riedel: Die innere Freiheit des Alters. Ostfildern: Patmos, 2017, S. 186) Auch das Bild des göttlichen Kindes erscheint in der zweiten Lebenshälfte und wirkt der drohenden Resignation entgegen. Dazu kommen die Bilder vom alten Weisen oder der weisen Alten.

Mit seiner Idee der Lebenswende ist Jung zum Vorreiter einer Psychotherapie mit alten Menschen geworden, die bei Sigmund Freud nicht ausführlich gedacht wurde, weil Freud an eine seelische Entwicklung im Alter und an eine Psychotherapie im Alter nicht entschieden genug dachte. C. G. Jung verdankte seine entscheidenden Erkenntnisse, wie wir schon darstellten, seiner zweiten Lebenshälfte. 1875 geboren, erlebte er in seiner Selbstanalyse, seiner „Nachtmeerfahrt“, um 1910-18 das kollektive Unbewusste, aus dem später seine Archetypenlehre entstand. Jung gewann damit Erkenntnisse, die erst 50 Jahre später in der „Transpersonalen Psychologie“ von Ken Wilber, Stanislav Grof, Alan Watts usw. in den USA wiederentdeckt wurden.

In Jungs Werk kam in seiner zweiten Lebenshälfte „die abendländische und vor allem romantische Tradition des Unbewussten zu seinem Abschluss“ (M. Brumlik: C. G. Jung. Zur Einführung. Hamburg: Junius 1985, S. 9). Jungs Ideen der zweiten Lebenshälfte basieren schließlich in der spätantiken und mittelalterlichen Mystik und Alchemie, wie in der deutschen Romantik des

19. Jahrhunderts. In der zweiten Lebenshälfte (1952 mit 77 Jahren) schaffte Jung Werke wie „Antwort auf Hiob", die der Frage nachgehen, warum der gute Gott oft das Böse schafft, wie die Hiobsgeschichte zeigt, und viele Epochen der Weltgeschichte, u. a. der Faschismus, der das jüdische Volk in Europa beinahe vollständig ausrottete. Er schrieb 1955 mit 80 Jahren sein Hauptwerk „Mysterium Coniunctionis" (C. G. Jung: GW, Bd. 14). Über den Tod als Ende des Alters machte er sich keine Illusionen. Er schrieb: „Der Tod ist ja auch eine furchtbare Vitalität – darüber darf man sich nicht täuschen – nicht nur als physisches Geschehen, sondern vielmehr als psychisches: Ein Mensch wird weggerissen und was bleibt ist eisige Totenstille." (C. G. Jung: Erinnerungen, Träume, Gedanken, S. 317)

Die Reise zu den Archetypen vor dem ersten Weltkrieg, die er in seiner Autobiografie „Erinnerungen, Träume, Gedanken" im 82. Lebensjahr im Kapitel die „Auseinandersetzung mit dem Unbewussten" beschrieb, wurde zum Beginn seiner Kreativität, die erst im Alter ihren Höhepunkt erreichte. Jung plädierte auch für eine „höhere Schule für Menschen" in der zweiten Lebenshälfte.

Jungs Mitarbeiterin Ingrid Riedel hat für das Curriculum der Schule der zweiten Lebenshälfte folgende Vorschläge zur Lebenskunst im Alter gemacht (I. Riedel, S. 150–163):

1. Erkenntnis der doppelten Linie der zweite Lebenshälfte: Aufstieg und Abstieg.
2. Entwicklung eines neuen Selbstbildes in der Auseinandersetzung mit dem Schatzhaus der Menschheit.
3. Vergleich der eigenen Biografie mit der von anderen.
4. Autobiografische Texte schreiben über Dank und Freude, Helles und Dunkles.
5. Die Chancen neuer Beziehungen in der zweiten Lebenshälfte, wenn Paare altern, wagen.
6. Reaktion auf die Veränderungen der Sexualität erproben.
7. Das innere Kind entdecken und entwickeln.
8. Abwehrmethoden gegen Resignation entwickeln.
9. Loslassen lernen.
10. Zugänge zur Spiritualität, Transzendenz, Mystik wiederfinden, zum Gott der Philosophen, Pilgerwege nach Athen aufspüren, Meditation lernen und Imagination.
11. Welten des Weltgeistes erforschen.
12. Das eigene Selbst als Teil der Weltseele erfahren.

13. Die Mitarbeit des Menschen an der Zukunft des Kosmos durch Technik in Angriff nehmen.
14. Den Zusammenhang von Leben-Können und Sterben-Lernen entfalten.

Riedels Curriculum für eine Schule für Menschen in der zweiten Lebenshälfte formuliert aus, was C. G. Jung als Chancen für das höhere Alter erkannte und selber lebte. Besonders Jungs Schülerinnen, wie Aniela Jaffé, Marie-Louise von Franz, Verena Kast und Ingrid Riedel, haben an diesem Curriculum weitergearbeitet.

Kommen wir nun zu Verena Kast.

2.3 Altern – immer für eine Überraschung gut

Verena Kast ist heute Mitte 70. Sie arbeitet noch als Dozentin und Lehranalytikerin am C.G.-Jung-Institut in Zürich. Sie kennt die Schwierigkeiten des Alterns und hofft, dass viele Menschen kreativ auf die Lasten des Alterns reagieren, sich auf Überraschungen einstellen. In ihrem Buch: „Altern – immer für eine Überraschung gut“ (Ostfildern: Patmos 2017) schreibt Kast: „Ich sehe das Altern als einen Prozess mit Entwicklungsaufgaben, die uns herausfordern.“ (Kast, S. 9) Sie glaubt, dass das Leben im Altern mit der Abschiedlichkeit konfrontiert wird. Sie schreibt als Psychotherapeutin und hält das Alter für eine Herausforderung, aber nicht für eine Krankheit.

Das Wohlbefindensparadox des Alterns

Das Alter ist eine Phase der Verluste, aber trotzdem ist das Wohlbefinden im Alter öfters besser als in jüngeren Jahren. In den 80er-Jahren waren wir so glücklich wie in den 20er-Jahren. Kast führt dieses Phänomen auf C. G. Jungs These zurück: Die ersten 50 Jahre des Lebens sind nach außen gerichtet, die letzten 50 Jahre werden von innen bestimmt: von Träumen, Imagination, Kreativität als Folge der stärkeren Auseinandersetzung des Bewusstseins

mit dem kollektiven Unbewussten, dem Schatzhaus der Menschheit, in dem die Grundkenntnisse der Menschheit sich in Bildern versammelt haben, von denen die Mythen sprechen.
Im Umgang mit dem kollektiven Unbewussten gibt es die Haltungen Flexibilität und Starrsinn. Mit Flexibilität reagieren wir auf den Fluss des Lebens, die Vergänglichkeit, den Verlust von Mitmenschen. Es gibt nun ein spirituelles Erleben des Ewigen, wenn der Boden schwankt. Deshalb das Wohlbefinden.

Das Bedürfnis nach Kontrolle

Im Alter werden die Grundängste wieder aktiv: verlassen zu werden und ausgestoßen zu sein. Aber das Alter besitzt auch eine wachsende Lebenskompetenz. Diese befähigt einen, sich auf Unvorhersehbares einzustellen. Im Inneren macht sich eine stärkere Lebenskraft bemerkbar (Kast, S. 31). Der Wert der Anderen steigt im Alter. Sie können helfen. Wenn im Alter häufiger Ohnmacht und Angst auftreten, brauchen wir die Nächsten, aber auch die Gewissheit, unkontrollierbare Beziehungen, Angst, Panik, Tod als Zerfall zuzulassen. Die äußere Kontrolle ist wichtig, wichtiger aber ist die innere Kontrolle im Alter, der Umgang mit den Archetypen.

Emotionen und Gefühle im Alter

Ängste versuchen das Alter zu erobern. „Die Welt wird im Alter von Apokalypsen umstellt." (Kast, S. 43) Das lähmt. Man resigniert (S. 43). Gegen die Ängste hilft Austausch. Ängste zeigen sich oft als Ängste vor kleinen Verlusten: mehr Vergesslichkeit, weniger sich leisten können. Aber: „Wir machen uns im Voraus zu viel Angst." (S. 47) Ängste erobern unsere Träume. Die ohnmächtige Angst wird oft Wut. Wut auf Ratschläge und Verletzungen unserer Grenzen. Die Angst, sich schämen zu müssen, ist eine große Angst im Alter. Unser Schatten wird sichtbar. Wenn man seine Ausscheidungen nicht mehr kontrollieren kann, verfällt man in tiefe Scham (S. 53). Der Körper wird gebrechlicher und tut weh. Vor der Endlichkeit kann man nicht mehr fliehen. Das Einüben in die Abschiedlichkeit, das Scheitern ist gefragt und der Humor. Mit Humor kann man auch den eigenen Schatten akzeptieren, „auch wenn man es lieber anders hätte" (S. 161). Die Freuden des Lebens sind im Alter zu aktivieren durch häufigen Lebensrückblick, aber auch durch Berücksichtigung der Vor-Freuden von guten Tagen.

Übung: Was sind Ihre größten Vorfreuden im Alter?

Alte Menschen entdecken ihre Interessen neu, die durch Depression verschüttet wurden: das Schreiben nach Bildern, Musik und das Komponieren, Jugendinteressen, Bergsteigen.

Übung: Welche Jugendinteressen mussten Sie Ihr Leben lang unterdrücken?

Alterszufriedenheit basiert auf einem Überschuss an positiven Gefühlen.

Übung: Listen Sie die besten positiven Gefühle Ihres Lebens auf.

Das Leben ist polar: hell und dunkel. Alte Menschen achten viel auf die zwei Seiten der Medaille. Die Akzeptanz des eigenen Schattens stabilisiert die eigenen Emotionen (Kast, S. 74).

Übung: Entwerfen Sie ein Mandala, ein Bild, das Ihre Schatten- und Ihre Lichtseiten umfasst.

Alte Menschen ziehen sich auf sich selbst zurück. Deshalb sind auch nicht die Beziehungen das Wichtigste, sondern das eigene Wohlbefinden. Alte Menschen entziehen sich Konflikten. Nach einer Zeit des Rückzugs können sie sich dann wieder mit Konflikten befassen.

Übung Kennen Sie diese Rückzüge?

Das Trauern und die Einsamkeit gehören zum Alter dazu. Besonders durch den Tod des Partners/der Partnerin wird das Beziehungsselbst, das sich vom eigenen Selbst unterscheidet, gestört. Das Beziehungsselbst hat sich durch lange Gemeinsamkeiten aufgebaut, durch Ich-Du-Beziehungen, gemeinsame Werke wie Kinder, Wohnung, Reisen. Beim Tod muss das Selbst des Überlebenden die Kräfte des Beziehungsselbst übernehmen. Gedanken an den Verstorbenen, emotionale Erinnerungen an den Verstorbenen helfen dem eigenen Selbst bei Trauer und Ablösung. „Trauern im hohen Alter ist auch immer von Inseln des Wohlbefindens und der Dankbarkeit durchsetzt." (Kast, S. 81)

Übung: Wie entwickelte sich Ihre Trauerarbeit bei Verlust und wie baute sich Ihr Selbst nach Verlust des Beziehungsselbst wieder auf?

Durch Trauer wird der Individuationsprozess, der nach Jung das Leben begleitet, als Kampf des Bewusstseins mit dem kollektiven Unbewussten (den Archetypen) gesteigert. Aber es bleibt nicht aus, dass infantile Verlassenheitsängste sich wieder melden. Was alte Menschen sich besonders wünschen, sind Zärtlichkeit und Körperkontakt (S. 87).

Übung: Wie wichtig ist Ihnen Körperkontakt im Alter?

Der Kampf mit der Vergänglichkeit, die Erfahrungen der Abschiedlichkeit

Man muss sich mit dem Tod langsam anfreunden, das ist eine Entwicklungsaufgabe im hohen Alter. Das Genießen des Lebens wird zum Gegengewicht von Verlust und Selbstverlust. Die Erinnerung an die Verstorbenen mildert den Todesschock. „Es sollten immer wieder Situationen des Lebensrückblicks stattfinden, die schließlich das ganze Leben umfassen (Kast, S. 89).

---

1. Übung: Schreiben Sie in zehn Sätzen eine Lebensrückschau Ihres ganzen Lebens. Die Rückschau sollte Höhen und Tiefen des Lebens umfassen.

2. Übung: Arbeiten Sie mit einer Grafik, die Ihre Aufs und Abs der Lebenslust und -unlust umfasst und schreiben Sie einige Sätze zu den wichtigsten Wendungen Ihrer Lebensgefühle. Das kann auch in Gruppen passieren, wenn es intensiver sein soll. Auch die Diskussionen von Nah-Tod-Erfahrungen gehören in solche Erinnerungsgruppen.

Das ***Lebenslaufmodell der hohen und tiefen Gefühle*** *in einem Manuskript von Verena Kast:*

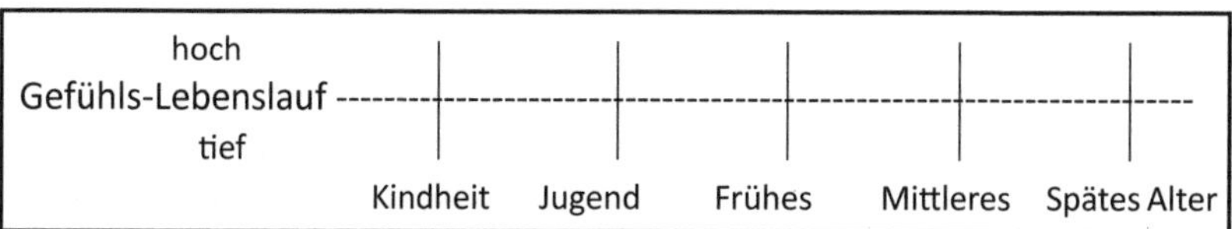

3. Übung: Listen Sie die Nah-Tod-Erfahrungen Ihres Lebens auf und schildern Sie ihre Wirkung auf Ihr weiteres Leben.

4. Übung: Visualisieren Sie Entscheidungssituationen, in denen Sie scheiterten oder in denen Sie weiterkamen. Legen Sie eine Liste von Entscheidungssituationen an, gehen Sie Ihre Lebensphasen durch auf der Suche nach außergewöhnlichen Erfahrungen, die zeigen, der Tod ist vielleicht nur ein Durchgang.

Das Erzählen ist ein wichtiger Teil der Erinnerungsarbeit. Die Zuhörer und die Erzähler werden beim Erzählen eine Gemeinschaft. Naturerlebnisse werden wichtig, weil die Natur in einem Jahr das Werden und Vergehen vorstellt, dem man als Teil der Natur auch unterliegt. Die Naturbetrachtung lehrt: Alles ist Werde und Stirb. Das Erleben des Erhabenen, wie die Flow-Erlebnisse, die das Ich mit dem Handeln verschmolzen haben, erweitern sich in Kommunikation. Solche Erzählgruppen produzieren in den Teilnehmern Oxytocin, das positive Wirkung auf Entzündungen hat und heilend auf Zellverfall wirken kann.

Der Lebensrückblick sollte die Geschichte der vielen Lieben umfassen, die kleinen und die großen, die guten und die bösen. Die Schattenseiten und die hellen Seiten sollten in diesen Liebesgeschichten wichtig werden. Die Konfrontation mit der großen Fülle der Autobiografik wie Goethes „Dichtung und Wahrheit", Dantes „Göttliche Komödie", C. G. Jungs „Erinnerungen, Träume, Gedanken" können in Erzählgruppen Thema werden.

Übung: Welche großen Autobiografien würden Sie gerne in Gruppen diskutieren und warum?

Die Kraft des Lebensrückblicks

Für das Alter ist die Imagination besonders wichtig. Die beste Imagination ist eine Geschichte. Der Lebensrückblick ist voller Geschichten. Da gibt es die Erlösungsgeschichte oder die Vergiftungsgeschichte. Die Erlösungsgeschichte zeigt die Lösung von Problemen, die Vergiftungsgeschichte erzählt das Scheitern. Erlösungsgeschichten kommen häufiger vor als Vergiftungsgeschichten (V. Kast: Was wirklich zählt, ist das gelebte Leben. Die Kraft des Lebensrückblicks. Freiburg: Herder 2016, S. 210, S. 33f.).
Die beste Erlösungsgeschichte ist die Freudenbiografie. Man stellt sich vor, in welchen Situationen des Lebens man sich sehr gefreut hat.
Freude suggeriert uns eine Verbundenheit mit etwas, „das über uns hinausgeht.“ (Kast, S. 76) Eine Freudenbiografie verbessert sicher unsere Immunabwehr, sie relativiert die Ängste und das Grauen des Lebens. Als Mittel gegen das Grauen des Lebens riet schon Epikur (341–270 v. Chr.), Erinnerungen an angenehme Erfahrungen sorgfältig zu speichern und sie immer wieder zu aktivieren. Selbst die Sterbensängste hat Epikur durch freudige Erinnerungen relativiert und entwertet.

Träume sind ein großer Schatz der Erinnerung, sie eröffnen einen Zugang zur Welt des Unbewussten, das unser Leben formt und begleitet. Jede Gestalt des Traumes können wir als einen Aspekt unseres Selbst verstehen. „Jede Gestalt kann Züge unseres Selbst zeigen, die wir kennen, solche, die wir erst durch diesen Traum kennenlernen.“ (S. 94)
Der Lebensrückblick konzentriert sich oft auf die Kinderzeit. Kinderfantasien können im ganzen Leben eine große Rolle spielen. Jeder Lebensrückblick umfasst philosophische und spirituelle Aspekte. Fast jeder wird sich an das kirchliche Gottesbild seiner Jugend erinnern, das oft mit Himmel und Sternen verbunden ist. Mit dem Abschied von den Eltern wird oft auch der Kinderglaube verlassen.
All-Einheitserfahrungen sind die folgenden Gotteserfahrungen. „Dieses Erlebnis, einig mit dem Ganzen zu sein, das habe ich erlebt, wie viele von uns“, schreibt André Comte-Sponville in seinem Buch „Woran glaubt ein

Atheist?" Antwort: „An eine Spiritualität ohne Gott". Das kulturelle Unbewusste, besonders in der Mystik, verbindet unsere Imagination im Alter mit weit zurückreichenden Kulturen und Philosophien. Die Mystik der Welt ist der Schatz, der uns bleibt, wenn wir älter werden und unser Lebensrückblick immer intensiver wird.
Verena Kast plädiert für eine Lebensrückblick-Therapie, die durch die Erinnerung der Flow- und Gipfelerfahrungen das Grauen vor dem Leben als Tod verscheucht (Kast, S. 159–178). Die spirituelle und die Freude-Biografie können alle schrecklichen Erlebnisse entwerten (S. 166).

Der Umgang mit den großen Sorgen im Alter

Die größte Sorge ist der Verlust der Selbstständigkeit. Aber es kommt die Zeit, wo die Selbstständigkeit durch Krankheit und Verfall eine totale Illusion ist. Alte Menschen sind nie nur selbstständig. Sie sind auch abhängig. Sie leben intensiv in Beziehungen.

Übung: Wie weit können die eigenen Kinder bei dem Kampf um die großen Lasten des Alters helfen?

Man muss klären, wie man sterben will. Was bedeutet das Hospiz, Homecare, die Klinik, die letzten Tage? Was passiert zwischen Heute und dem Pflegeheim? Wie kann der Körper vor dem Verfall geschützt werden? Was bedeutet Wellness, Fitness? Die Schockerfahrungen des alternden Körpers mit seinen Schmerzen und Krankheiten zeigen die Beschleunigung des Alterungsprozesses. Der Körper ist unser unberechenbarer Weggefährte. Die Biologie ist nicht auszutricksen. Hilfe annehmen und Dankbarkeit zeigen ist eine große Aufgabe bei den großen Alterssorgen.

1. Übung: Wie zeigen Sie Dankbarkeit für Hilfen? Fehlende Dankbarkeit zerstört jede Paarbeziehung.

2. Übung: Unbeeindruckte Hilfe schwächt sich ab. Kritisierte Hilfe wird zum Gift für die Paarbeziehung. Wie wirkt sich Ihr Altern auf Ihre Paarbeziehung aus?

3. Übung: Die Patientenverfügung wird oft zu einer Überforderung. Was für eine Patientenverfügung gibt es bei Ihnen?

....

Das Schattenproblem bei alternden Paaren

Das Leben besteht aus Licht und Schatten. Auch der Mensch hat mit der Persona seine helle Seite und mit dem Schatten seine dunkle Seite, die sich aus Verdrängtem des Bewusstseins aufbaut.
C. G. Jung entwickelte das Konzept von Persona und Schatten. Unter Schatten verstand er alle Persönlichkeitsaspekte, die vor der Welt verborgen sein sollten. Manches an diesen Schatten ist uns bekannt. „Es gibt aber immer auch Schatten, die uns selber verborgen sind." (V. Kast: Der Schatten in uns. Die subversive Lebenskraft. Ostfildern: Patmos 2020, S. 9)

Die Persona entspricht unserem Ich-Ideal. Der Versuch, das Ich-Ideal zu leben, scheitert, es sei denn, man erkennt seinen Schatten und beginnt ihn zu akzeptieren. Der Schatten ist inhaltlich nicht zu definieren. „Alles, was wir nicht oder noch nicht akzeptieren können, kann zum Schatten werden." (S. 20) Unser Schatten ist uns ausgesprochen peinlich. Wir schämen uns, wenn unser Schatten entlarvt wird. Deshalb projizieren wir unseren Schatten auf andere Menschen. „Wir machen diese Menschen zu Sündenböcken, an ihnen ärgert uns, was mit unseren eigenen Schattenseiten zusammenhängt." (S. 20) Werden Menschen aber zu sehr idealisiert, ist es hilfreich, ihren Schatten zu sehen. Die unaufgelöste Projektion des Schattens hat gewichtige Folgen: Fremdenhass, Antisemitismus, Antikommunismus. Die eigenen Probleme werden die Probleme der Sündenböcke und ihre Vernichtung scheint oft der einzige Weg zu sein, die eigenen Probleme durch Vernichtung der Projektionsträger zu lösen. Auch in Familien bilden sich Schattenbrüder und Schattenschwestern heraus, die unsere negativen Seiten angehängt bekommen. „Damit ist der Destruktivität Tür und Tor geöffnet." (S. 30)

Die Schatten in unserer kapitalistischen Gesellschaft sind oft unsere sinnlichen, vitalen und leidenschaftlichen Seiten. Wenn wir uns über unsere Schattenprojektionen aufklären und sie als zu uns gehörig betrachten, werden wir offener und angstfreier (S. 32). In Träumen werden wir oft mit unseren Schatten konfrontiert, auf der Objektstufe als Teil der Realität und auf der Subjektstufe als Teil unseres Selbst. Die Selbstanalyse des Schattens ist schwierig aber wichtig, weil das Projizieren die zwischenmenschlichen Beziehungen stark belastet und oft auch zerstört. Aber viele Schattenprobleme sind nicht zu lösen und kehren immer wieder (Kast, S. 38).

Der Schatten in der Beziehung/beim Paar

Der projektive Umgang mit dem Schatten entwickelt sich auch bei Paaren. Meist wissen wir als Paarmitglied, welche Schattenanteile der Partner/die Partnerin hat (S. 114). Oft gehen Paare davon aus, dass der/die Andere mit unseren Schattenanteilen besser umgehen kann als wir selbst. Kann der Partner/die Partnerin nicht mit unserem Schatten umgehen, kommt es zu Kränkungen und Verletzungen. „Dann ist keine Verarbeitung des Schattens möglich, sondern nur die Produktion von viel neuem Schatten." (S. 117) Wenn Paare einen gemeinsamen Schatten entwickeln, in symbiotischen Beziehungen, dann müssen beide die Verantwortung für den gemeinsamen Schatten übernehmen (S. 119).
Ideale sollen den Schatten zum Verschwinden bringen. Die Ideale erzwingen aber immer wieder neue Schattenaspekte. „Der Schatten des Beziehungsideals ist gefürchtet, denn er bedroht die Beziehung." (S. 122)
Wenn der eigene Schatten auf den Anderen projiziert wird, wird der Andere zum Feind. Das hat zur Folge, dass der projizierte Andere sich auch den Partner zum Feind macht. „Als Folge davon werden beide nun sehr destruktiv miteinander umgehen." (S. 124) Die Beziehung, die am Ideal der Gemeinsamkeit orientiert ist, steht auf dem Spiel.

Der Schatten in der Beziehung alternder Paare

Alternde Paare verlieren viele Fähigkeiten und Kompetenzen. Die Gefahr der Aufladung der Schatten ist jetzt mehr als in früheren Lebensphasen gegeben. Paare im Patriarchat tendieren dazu, dass Frauen den Männern einen egoistischen Schatten unterstellen und Männer den Frauen einen sozialen Schatten.

Immer wieder nehmen diese antagonistischen Schatten zu. Es geht deshalb um gemeinsame Schattenanalyse, die als Ermittlung des guten Gemeinsamen die Aggression aus der Schattenprojektion unterläuft. Jede Streitbeziehung zeigt, dass die Schattenprojektion und ihre Folgen unbewusst bleiben. Die auftretenden Krankheiten fordern eine Revision der Schatten, der Mann muss die kranke Frau pflegen und umgekehrt. Damit muss er seine egoistischen Schattenaspekte in soziale umwandeln, was viel Energie kostet. Wenn die Frau den kranken Mann pflegt, muss sie sich ihren sozialen Schattenanteilen annähern, was auch oft Wut und Protest hervorruft. Im Alter ist Schattenakzeptanz gefragt. Das heißt, im Alter muss man auch seine Begrenztheiten akzeptieren. Man braucht mehr Authentizität und Echtheit. Schattenakzeptanz führt zu einer Reduktion von Lebensangst. Paare müssen eine „konstruktive Streitkultur entwickeln" (Kast, S. 134).

Der große Gewinn des Alters

Das Alter ist nicht nur Abschiedlichkeit und Ende, sondern auch die Zeit der Offenheit, Freiheit und Annäherung an spirituelle Erfahrungen.
Kreativität kann die große Überraschung des Alters werden. Ausgeglichen im Alter zu werden ist ein Gewinn. Den Individuationsprozess zu verfolgen, die auftauchenden Archetypen zu verarbeiten, ist der große Gewinn des Alters.

Übung: Welche Archetypen haben Ihr Unbewusstes und Ihr Leben bestimmt: Schatten, Anima/Animus, Größenselbst, Selbst? Wie hat die Natur mit ihren Kräften und mythischen Gestalten (Pau, Dionysos, Prometheus, Herakles, Orpheus) auf Ihr Leben und Ihre Träume gewirkt?

Das Alter kann die Technik der Imagination nach C. G. Jung praktizieren. Imaginationen eröffnen nicht nur dem Geist neue Welten, sondern der Seele neue Gefühle und dem Körper neue Kraft (Kast, S. 131).
Im Alter nimmt die Vorstellungsfähigkeit nicht ab, auch nicht ihre spontane Form: das Tagträumen, Visionen, innere Bilder. Viele Philosophen von Platons „Mythen" über Epikurs „Bild der Götter" bis zu Kants „gestirnten Himmel", Schopenhauers „Erfahrungen des Erhabenen", Jaspers „Erfahrung des Umgreifenden", Kurzweils Bild vom „Menschen 2.0" sprechen von Vorstellungsideen.

---

1. Übung: Man muss sich im Alter entscheiden, welche Philosophie einem entspricht. Schreiben Sie die positiven Gefühle auf, die Ihre Lieblingsphilosophen in Ihnen auslösen bzw. auslösten.

2. Übung: Nähern Sie sich über die Hintertreppe Ihrem Lieblingsphilosophen, wie Weischedel seinen „Bestseller" nennt.

3. Übung: Erfassen Sie den Sinn des langen Lebens, das die Chance eröffnet, Ihr Leben abzurunden, Charakter zu zeigen, die eigene Individuation abzurunden in der Begegnung mit Dionysos, dem Lehrer des „Stirb und Werde". Akzeptieren Sie Ihre Schatten, ihre Anima/Animus, ihre Selbstbilder.

4. Übung: Lernen Sie langsam das Loslassen. „Ein großes Thema des abschiedlichen Lebens ist das Loslassen." In Beziehung zu jungen Leuten kann der/die Ältere das Loslassen üben.

Abschließende Übungen zu Verena Kasts Lebenskünsten

Lebensrückblick-Therapie: Listen Sie Ihre Flow- und Gipfel-Erfahrungen und Nah-Tod-Erfahrungen auf. Sie werden so einige Schrecken des Alters entwerten.

Schattenarbeit: Entdecken Sie Ihre Schattenprojektionen auf andere. Sie werden stärker, wenn Sie auch Ihre Schattenseiten akzeptieren, besonders wenn Paare älter werden.

Die eigene Altersphilosophie erhellen: Was erleben Sie beim Lesen Ihres Lieblingsphilosophen?

Haikus schreiben: Haikus können die Überraschungen des Alters in drei Zeilen fassen (1. Zeile 5 Silben, 2. Zeile 7 Silben, 3. Zeile 5 Silben).

Imagination üben: Sinn lässt sich im Alter auch durch die Imagination der inneren Bilder des Absoluten erahnen. Verfallen Sie nicht der heute gängigen Metaphysik-Veralberung, folgen Sie lieber Ihren positiven Tagträumen. Nutzen Sie die Einstiegsmethoden der Imagination: grüne Wiese, Haus, Wasser. Imaginationen schaffen Gegengewichte zur Erdenschwere und Dunkelheit der Welt.

Dem/der alten Weisen begegnen: Diese Archetypen vermitteln Sinn, wenn das Alter mehr und mehr als sinnlos erscheint. Diese Archetypen repräsentieren oft die eigene Philosophie des Überlebens.

Vertiefen wir nun die Methode der Imagination als stärkste Hilfe gegen die Zumutung des Alters.

2.4 Ressourcen im Alter durch Imagination

Das Menschenbild der jungschen Psychotherapie

Bei C. G. Jung werden die spirituellen Bedürfnisse des Menschen als ein Grundbedürfnis behandelt, wie es bei Kant, Schopenhauer, Nietzsche, Heidegger, Jaspers ja auch formuliert worden ist. Der wache Mensch ist immer an Politik, Gesellschaft, Religion und Metaphysik interessiert. Aus der Kulturgeschichte wird deutlich, dass der Mensch immer eine Beziehung suchte zu dem, was ihn übersteigt. Das wird besonders im Alter deutlich, wo die Grenzerfahrungen Geburt und Tod besonderes Interesse erwecken. Das Absolute findet immer weniger in den Dogmen der Weltreligionen Ausdruck, sondern es wird in atheistischen und nihilistischen Gesellschaften auf Macht, Sexualität, Geld/Kapital, Menschheit, Natur projiziert. „Alles kann vergottet werden und damit auch totale Hingabe fordern." (V. Kast: Die Tiefenpsychologie nach C. G. Jung. Ostfildern: Patmos 2019, S. 93) Vieles wird von vielen absolut gesetzt, besonders gern von Diktatoren und in totalitären Systemen.
Hinter der Sehnsucht nach dem Absoluten steht die Sehnsucht nach einer „großen Einheitserfahrung" (S. 93). C. G. Jung ist aber strikt dagegen, dass das Unbewusste mit Gott identisch oder anstelle des Absoluten gesetzt wird.

Auch gegenüber archetypischen Symbolen ist eine radikale gesunde Skepsis notwendig, damit der Einzelne nicht im Alter vom Absoluten vernichtet wird und als Fanatiker und Dogmatiker endet. (Was sich heute im Handeln und Denken von Trump und Putin zeigt.)
Die ersehnte Einheitserfahrung sollte Nüchternheit verbreiten und das Leben bereichern, nicht einmauern in Wahn und Massenpsychose, wie es der Hitler-Kult bis heute auch noch verursacht.
Einheitserfahrungen können als Peak-Ereignisse im Laufe des Individuationsprozesses immer wieder erlebt werden. Wenn dieses Erlebnis des „All-Einen" einen kreativen Prozess auslöst im Malen, Schreiben, Forschen, Engagieren für die Welt, dann fördert es die Individuation.
Der Individuationsprozess stellt mit Träumen, Nachtträumen, aber auch Dystopien, Apokalypsen immer wieder die Beziehung zwischen Bewusstsein

(Ich) und Unbewusstem (Selbst) her. Diese Beziehung ist für C. G. Jung eine zentrale Ressource. Sie zeigt sich in Selbsterkenntnis, Selbstsorge, neuen Lebensperspektiven besonders im Alter, das angesichts des Todes Sinnerfahrung braucht.

Welche Hilfen öffnet Imagination im Alter?

Im Alter kann sich der geistige Horizont erweitern, auch wenn der Zeithorizont sich extrem verkürzt. Es bleibt aber immer Zeit für Kreativität oder die Auseinandersetzung mit Kreativität und Kunst.
Musik, Wasser, Sonne, Natur können Spuren des Erhabenen vermitteln. Die Imagination, die jeder Mensch besitzt (zum Beispiel wenn er sich irgendetwas vorstellt), eröffnet die Welt des Größeren als man selbst ist.

Übung: Überlegen Sie sich zehn Vorstellungen und schreiben Sie: „Ich stelle mir vor, dass ...“

Jung lobt immer wieder die Imagination: „Die Imagination ist die reproduktive oder schöpferische Tätigkeit des Geistes überhaupt, ohne ein besonderes Vermögen zu sein ... Die Fantasie als imaginative Tätigkeit ist für mich einfach der unmittelbare Ausdruck der psychischen Lebenstätigkeit, der psychischen Energie, die dem Bewusstsein nicht anders als in Form von Bildern oder Inhalten gegeben sind.“ (Kast, S. 131)
Ernst Bloch hat die Imagination als Öffnung des Noch-Nicht-Bewusstseins zur Schatzkammer der Utopien und die Tagträume als ständige Verbindung zwischen dem Bewusstsein und dem Noch-Nicht-Bewusstsein bezeichnet. (E. Bloch: Prinzip Hoffnung. Frankfurt 1972, Bd. 1-3).
Bloch wie Jung wussten, dass Imagination nicht nur emotionale, sondern auch körperliche Veränderungen im Alter bewirken. Imaginieren oder Tagträumen kann man auch im Alter üben und verbessern.

Die Vorstellungskraft und Fähigkeit zur Imagination nimmt im Alter nicht ab, wenn auch der Körper verfällt. Alte Menschen entwickeln eine komplexe Vorstellungskraft sowohl als Bilder der Erinnerung, besonders von Kindheit und Jugend, als auch als willentlich hergestellte Vorstellung ohne äußere sinnliche Stimulierung. Gerade weil das Gehirn der Alten weniger größere

Aufgaben zu lösen hat, wendet sich die Vorstellungskraft mehr der inneren imaginären Welt zu. Dieses Tagträumen im Alter können wir beeinflussen.

Schon Epikur (341–270 v. Chr.) wies darauf hin, dass die Angst vor dem Sterben durch positive Imagination abgeschwächt wird, wie sein Brief an seinen Schüler Idomeneus am Tage seines Todes zeigt:
Epikur war der Ansicht, man solle die guten Erfahrungen des Lebens sorgfältig bewahren, so dass man sie sich jederzeit vorstellen kann.

Übung: Legen Sie eine Liste aller guten Erfahrungen Ihres Lebens an, aller Tagträume, die in Erfüllung gegangen sind.

Größte Schmerzen können durch Erinnerungen als größte Freuden relativiert werden.
Auch Seneca fordert in seinen „Briefen an Lucilius“ das positive Denken, das in größten Zwangssituationen noch an das Vorteilhafteste dieser Situation denkt.
Gute Erinnerungen sind die größten Schätze im Gedächtnis, die erhalten bleiben, wenn man sie öfters erinnert, aufschreibt oder auch anderen erzählt.
Man sollte sich nicht von der Erinnerung an schlechte Erfahrungen, die es auch gibt, überwältigen lassen. Man sollte sie verdrängen. Trotz abnehmender Kräfte bleibt der Geist im Besitz der Erinnerung an gute Erfahrungen.
Obwohl wir die schlechten Erfahrungen besser erinnern, als Entschuldigung für das Nicht-Erreichen unseres Ich-Ideals, sollten wir gute Erinnerungen immer wieder freilegen, bewusst machen, aufspüren, zum Beispiel die gute Erinnerung an Lehrmeister, die uns im Leben vor dem Scheitern bewahrten.

Übung: Zählen Sie zehn Lehrmeister/innen auf, die Ihr Leben gefördert haben.

Auch gute Erfahrungen sind nicht immer angenehm. Sie werden zu guten Erfahrungen in Krisen, wenn uns fernstehende Menschen den richtigen Rat geben, den wir so niemals erwartet hätten. Selbst im späten Alter kann man hoffen, dass diese guten Menschen uns in den größten Ängsten helfen, auch wenn wir nichts mehr erwarten und mit dem Leben fertig sind.
Die Placebo-Forschung hat bewiesen, dass geistige Imaginationen auf den Körper wirken können. Die Vorstellungskraft kann biologische Veränderungen im Körper hervorrufen. „Vorstellungen können verändert werden und sich

verändern und auch Veränderungen im Gehirn hervorrufen. Auch durch Psychotherapie im Alter verändern sich Strukturen im Gehirn." Auch wenn wir „bloß reden", das Gehirn kann sich dadurch verändern" (Kast, S. 171). Wie wir unser Alter verstehen, hat Einfluss auf unsere Entwicklung im Alter, aber auch auf die Bewältigung der Altersbeschwerden. Unsere inneren Bilder, die in Tagträumen, Nachtträumen, Texten der Dichter und Philosophen auftauchen, haben Einfluss auf unsere körperliche Akzeptanz. Wenn unsere lebenssteigernden Vorstellungen immer wieder zugänglich werden, meditiert, imaginiert präsent sind, haben wir eine Hilfe, dass unser Wohlbefinden auch angesichts wilder Verluste und grauenhafter körperlicher Einbußen gut bleibt. Forschungen der positiven Psychologie zeigen, dass sich positive Vorstellungen durch häufige Übungen „linear mit dem Alter verbesserten" (S. 142).

Die Imagination bei C. G. Jung

Imagination ist die Tätigkeit unserer Vorstellungskraft, unserer Einbildungskraft, unserer Fantasie und unserer Tagträume. Sie begleitet uns durch das Leben. Wir können sie nicht verlieren, „auch nicht im hohen Alter" (V. Kast: Imagination. Zugänge zu inneren Ressourcen finden. Ostfildern: Patmos 2016, S. 25). Sie ist Voraussetzung für Kreativität und mystische Erfahrung.
Imagination wird zur Lösung alltäglicher Probleme eingesetzt, aber auch als Schlüssel für mystisches Erleben. C. G. Jung entdeckte die Imagination als therapeutische und kreative Methode in seiner „schöpferischen Krankheit", die nach seiner Trennung von Freud und den Anzeichen des Ersten Weltkrieges ausbrach und ihn mit hohen Affekten überschwemmte.
Jung begann, die Bilder zu finden und zu gestalten, die hinter seinen Emotionen lagen. „In dem Maße, wie es mir gelang, die Emotion in Bilder zu übersetzen, d.h. diejenigen Bilder zu finden, die sich in ihnen verbargen, trat innere Beruhigung ein. Wenn ich es bei der Emotion belassen hätte, wäre ich womöglich von dem Inhalt des Unbewussten zerrissen worden." (C. G. Jung: Erinnerungen, Träume, Gedanken, S. 102)
Jung hat seine Imagination zuerst in sieben Notizbüchern festgehalten, die er dann in das „Rote Buch" übertrug und mit Bildern ausgestaltete. Jung hat die Imagination zwar nicht erfunden, sondern gefunden: als Bilderstrom, auf den man sich konzentrieren und damit auseinandersetzen kann, seitdem es Menschen gibt. Seine Imaginationen waren der Urstoff für sein Lebenswerk. Jung stellte fest: „Ich bin tatsächlich überzeugt, dass schöpferische Einbildungskraft das uns einzig zugängliche seelische Urphänomen ist, der

eigentlich seelische Wesensgrund, die einzige unmittelbare Wirklichkeit." (C. G. Jung: Briefe I 1906-1945. Ostfildern: Patmos, S. 86)

Während Freud mit den Bildern des Nachttraums arbeitete, fand Jung die Arbeit mit den Bildern des Tagtraums. Jung sah und erlebte, dass sich in den inneren Bildern des Tagtraums Hoffnung regt, da „sie sehr oft auf die Zukunft und auf das Überschreiten der Grenzen von Zeit und Raum ausgerichtet sind" (Kast, S. 34).
Je intensiver wir uns auf die Tagträume einlassen, umso eher werden wir Erfahrungen machen, die vielleicht denen der Mystiker ähnlich sind. Tagträume werden so besonders im Alter zu einer Lebensressource, weil sie den Individuationsweg des Ichs mit den Kräften der Archetypen verbinden. Sie wurden von Ernst Bloch im „Prinzip Hoffnung", wenn sie nicht apokalyptisch wären, als Einblick in eine gelungene Zukunft gedeutet.
Der innere Fluss der Bilder muss nicht nur wahrgenommenen, sondern auch aufgeschrieben und aufgezeichnet werden. Die Imagination beginnt mit der Entspannung, wie sie auch das Autogene Training in seiner Grundstufe anbietet. Im Zustand der Entspannung wird der Strom der inneren Bilder erfahrbar. Bei akuten Psychosen oder Zwangsneurosen ist Imagination aber nicht angesagt.

Folgende Einstiegsübungen ins Imaginieren bei geschlossenen Augen bieten sich an:
Grüne Wiese: Stellen Sie sich bei geschlossenen Augen eine grüne Wiese vor. Betrachten Sie die Umwelt dieser Wiese und beschreiben Sie Ihre Betrachtungen.
Das Haus: Stellen Sie sich ein Haus vor, beschreiben Sie es und beschreiben Sie die Zimmer des Hauses.
Das Wasser: Stellen Sie sich ein Wasser vor und klären Sie, wohin es fließt.
Ruhebilder: Stellen Sie sich einen Ort vor, der Sie völlig ruhig werden lässt.

Bilder der Entspannung sind Sehnsuchtsbilder. „Bloch hat sich immer dafür eingesetzt, dass der Bereich der Imagination das Reich des Wunsches und der Utopie ist." (Kast, S. 71) Sehnsuchtstagträume können in die Zukunft „vorgreifen" und der Individuation Ziele und Strukturen vermitteln. Sie sind für Kast auch Bilder vom besseren Leben, die uns aus dem Alltag herausheben. „Sie lösen Hoffnung auf Verbesserung und Veränderung aus. Durch sie wird Hoffnung wieder möglich, also sind sie das, was besonders im Alter Sinn macht. Wir erleben, dass die Welt besser ist, als wir dachten.

Sehen wir uns die Themen der Imagination im Alter nach Verena Kast genauer an.

Themen der Imagination im Alter nach V. Kast

Das Selbstbild: Sehen Sie sich als Tier und als Baum. Das Tierbild wird ihre animalischen Schattenseiten abbilden, der Baum das Ziel ihres Individuationsprozesses. Zu den Bildern solle nach C. G. Jung der Imaginierende dann seine subjektiven Einfälle sammeln, um das Bild in seinen aktuellen Lebenszusammenhang zu stellen. Dann sollen die Bilder in den Kontext der Kulturgeschichte gestellt werden. Gerade die Einbettung des Bildes in große Zusammenhänge öffnet den Zugang zum kollektiven Unbewussten, der sich in den Bildern auf der Objektstufe ausspricht. Die Bilder der persönlichen Geschichte öffnen sich zur Menschheitsgeschichte. Im Alter erlebt man durch diese Deutungen, dass man Teil der Menschheit und ihrer Sehnsucht nach Vollendung ist.

Stopp-Bilder gegen die Angst: Sollte der Imaginierende merken, dass die Bilder ihm Angst machen, sollte er „Stopp“ rufen und sich durch tiefes Atmen wieder entspannen. Durch das Vorstellen einer angenehmen Szene soll dann das Angstbild entwertet werden (Kast, S. 100).

Verschiedene Möglichkeiten des Umgangs mit Angstbildern: Das Ansehen des Ängstigenden und das Vermeiden der Verdrängung ermöglichen, das Ängstigende zu erkennen. Auch das Gute an ängstigenden Gestalten oder Tieren ist zu berücksichtigen. Man kann auch vor den Angstbildern fliehen, die Augen öffnen und über die Angst nachdenken, ehe man in eine Entlastungsmeditation einsteigt. Wichtig ist auch in den Kampf mit destruktiven Schatten einzusteigen und seinem Willen zur Zerstörung des Imaginierenden zu widerstehen.

Einen inneren Begleiter/eine innere Begleiterin finden: Der innere Begleiter/die innere Begleiterin kann in der Imagination spontan auftreten und uns helfen, die Schattenfiguren neu zu betrachten.

Übung: Stellen Sie sich eine Weltreise vor. Welche Art Begleiterin/Begleiter würden Sie wählen?

Für C. G. Jung war die aktive Imagination der Königsweg zur Selbstanalyse, die der Geübte im Imaginieren auch einschlagen kann. Für Sigmund Freud waren es dagegen die Träume, deren Analyse das Verhältnis von Ich und Unbewusstem im Alter klärte.

Der/die alte Weise: Diese alten Ratgeberinnen und Ratgeber sind für Alte auf Augenhöhe. Sie fordern immer zur Besinnung auf: Woher kommst du? Wohin willst du?

Übung: Stellen Sie sich bei geschlossenen Augen eine schwierige Aufgabe vor. Beginnen Sie Ihren Weg. Dann treffen Sie auf eine alte Gestalt, die um Nahrung bittet. Auf ihre Fragen antworten Sie, geben ihr etwas Nahrung und hören auf ihren Rat. Hinter den mehr alltäglichen Figuren können sich auch die Archetypen des/der alten Weisen verbergen, die den Vater- oder Mutterkomplex übersteigen. Sollten Sie einem der Archetypen des alten Weisen begegnen, geht die Begegnung mit einem Gefühl der Befreiung einher.

Tiere in der Imagination: Tiere repräsentieren Wünsche, Sehnsüchte, aber auch Aggressionen (Tiger, Löwen, Wölfe). „Imaginationen von Tieren beleben uns, sie können aber auch viel Angst auslösen." (S. 135) Es kann zu Kämpfen mit den Tieren kommen.

Übung: Stellen Sie sich ein Tier vor, das sie mögen und dazu ein Tier, das sie hassen. Beobachten Sie, wie die Tiere sich verhalten. Sie werden erleben, dass Sie zwei Aspekte Ihrer Person erfahren und auch etwas über ihr Verhältnis. Es ist wichtig, mit den Tieren Kontakt aufzunehmen und sie auch zu füttern. Die Identifikation mit den Tieren sollte nicht passieren, denn man sollte sich nicht vom Unbewussten, das sich in den Tieren zeigt, bestimmen lassen (S. 141).

Übung: Stellen Sie sich eine Wiese vor, auf der sich Tiere befinden. Nähern Sie sich den Tieren und fragen Sie sich, ob Sie auch so ein Tier sein wollen.

Imaginative Arbeit an Träumen: Motive aus Träumen, die uns unverständlich sind, können durch Imagination zu den Traummotiven erschlossen werden.

Imagination vom Umgang mit Hindernissen und Krisen: Hindernisse treten oft im Alter auf, aber auch in Träumen. Wenn wir sie imaginieren, werden Art und Weise der Hindernisse deutlicher und damit auch Wege, die über die Hindernisse hinausführen.

Übung: Stellen Sie sich einen Fluss vor, der auf Hindernisse stößt und beobachten Sie, wie der Fluss die Hindernisse überwindet.

Diese Imagination eignet sich auch zur Klärung von Paar-Problemen im Alter oder zur Klärung von Krisen im Alter.

Imagination in die Vergangenheit und in die Zukunft – die Zeitreise

Übung: Imaginieren Sie die Lieblingsmotive Ihres Lebens aus der Vergangenheit und die Sehnsüchte ihrer Zukunft. Stellen Sie sich nach der Zeitreise die Fragen: Wie sieht Ihr Problem aus der Vergangenheit heute aus? Wie sieht Ihr Problem in der Gegenwart in einem halben Jahr aus? Tödliche Krankheiten sind für Zukunftsreisen weniger geeignet, für Rückreisen im Leben, wenn sie geheilt werden konnten, aber durchaus hilfreich.

Imaginative Reise durch den Körper: C. G. Jung hat immer psychosomatisch gedacht, deshalb sind bei körperlichen Symptomen imaginative Reisen durch den Körper hilfreich. Sie ersetzen aber nicht die Konsultation bei einem Facharzt. Besonders Herz-, Darm- und Lungenkrankheiten sind mit regressiven Bildern der Hilfe durch die Mutter oft zu lindern (S. 173).

Übung: Stellen Sie sich als Säugling vor, der von der Mutter umarmt, gesalbt und geherzt wird. Vielleicht hilft es Ihren Symptomen.

Imaginative Arbeit an einer neurotischen Komplex-Episode: Imaginationen können Neurosen nicht heilen, aber sie können Aspekte der Neurose ins Bild heben und damit die Reflexion zugänglich machen. Dafür müssen auch die Angstaspekte der inneren Bilder längere Zeit ausgehalten werden. Die eigenen Schattenseiten müssen uns auch im Alter klar bleiben. Gegensätzliche

Seiten unseres Wesens müssen im Alter in Dialog treten, um auch Neues an uns zu entdecken, das für Angst, Einsamkeit, Depression Hilfe geben kann. Dafür ist die Imaginationsarbeit oft länger.

C. G. Jung über aktive Imagination – Rückblick: Aktive Imagination hilft beim lebenslänglichen Individuationsprozess, der Anstehendes entwickeln, Ausgespartes integrieren und Überholtes verabschieden soll.
Jung schrieb 1947: „Bei der Imagination kommt es darauf an, dass Sie mit irgendeinem Bild beginnen ... Warten Sie, bis das Bild sich wandelt ... Kommt eine Figur vor, sprechen Sie mit ihr ... Auf diese Weise analysieren Sie Ihr Unbewusstes und das Unbewusste analysiert Sie. Ohne diesen Dialog kann es überhaupt keine Individuation geben." (zit. n. Kast, S. 188)
Im Verlauf der Individuation werden wichtige Archetypen wie Schatten, Animus/Anima, auch das Selbst aktiviert und soweit wie möglich ins bewusste Leben integriert. „Im Individuationsprozess geht es um ein konsequentes Fragen nach mir selbst, nach meinem Unbewussten, meinen Mitmenschen, meiner Mitwelt, der Erde und den Kosmos." (S. 189) Alle Antworten im Individuationsprozess sind vorläufig, auf Korrektur angelegt.
Wichtig für sein Alter war für Jung die Begegnung mit dem alten Weisen: Er wird nicht zum alten Weisen, aber er hat Zugang zum alten Weisen. Der alte Weise ist ein Symbol der Ganzheit und kann die Zerrissenheit des Menschen heilen.
Die aktive Imagination ist für C. G. Jung die beste Methode, sich mit irritierenden Affekten, die sich im Alter häufen, auseinanderzusetzen (S. 199). In der aktiven Imagination treffen wir besonders im Alter auf Bilder, die eine spirituelle Bedeutung haben können. Was uns durch aktive Imagination zufällt, ist für Jung und Kast die Ressource, die besonders das Altern braucht (S. 201).

Ingrid Riedel, eine weitere Anhängerin von C. G. Jung, wird uns im folgenden Kapitel erklären, wie man im Alter von der Ich-Sucht zur Ich-Freiheit kommen kann und die Todesangst verliert.

2.5 Die innere Freiheit des Alters

Der Bezug auf das Unendliche

Ingrid Riedel ist Psychotherapeutin in eigener Praxis in Konstanz und Professorin für Religionspsychologie. Sie lehrt auch am C.-G.-Jung-Institut in Zürich. Bei der Untersuchung des Alterns geht es ihr um die Gewinnung der inneren Freiheit bei aller altersgemäßen Einschränkung. „Altern bedeutet zweierlei: Leben ausschöpfen und Leben loslassen. Dieses Zweierlei kann furchtbar – aber auch fruchtbar sein." (I. Riedel: Die innere Freiheit des Alterns. Ostfildern: Patmos 2017, 5. Aufl., S. 9) Leben loslassen ist Gelassenheit, Leben ausschöpfen ist Aufbruch, das Leben einzuholen mit allem, was gelebt worden ist. Dabei geht es um die Aussöhnung mit dem Fragment, das das eigene Leben immer geblieben ist, im Rückblick. Man fragt sich im Alter: „Wer bin ich, wenn ich dem Ende nahe bin?" Die Antwort gibt es durch das „Unendliche", auf das ich bezogen bin. Für C. G. Jung war das die Kernfrage des Lebens: Bin ich auf Unendliches bezogen oder nicht? Im Alter sinkt die Sonne hinter den Horizont, aber im Inneren strahlt ihr Licht als Archetyp des großen Selbst umso intensiver.

Verluste mehren sich

Wenn uns die wichtigen Menschen verloren gehen im Alter, bleiben sie doch im inneren Raum der Erinnerung.

Durch die Erinnerung an sie können wir die Kräfte spüren, die wir zum Überleben am Ende brauchen. Das Alter ist deshalb auch die Zeit für Aufarbeitung und Versöhnung. Wir müssen unserem Schatten begegnen, unseren eigenen Schwächen, und den Spuren, die er in unseren Beziehungen hinterlassen hat. Unsere vergangenen Beziehungen werden dann Teil von uns. Sie werden aber nur Teil von uns in der Erinnerung, wenn wir die Trauerphasen durchlitten haben:

1. Das Nicht-wahrhaben-Wollen
2. Die aufbrechenden Emotionen der Verlassenheit
3. Das Erlebnis des Wiederfindens (Riedel, S. 28f.)

Autobiografisches Schreiben und der Raum der Erinnerung

Je mehr sich die Zukunftsperspektive im Alter verkürzt, umso mehr Interesse entwickelt der alte Mensch am Blick in die Vergangenheit. Das Ich ist undenkbar ohne die Erinnerung seiner Geschichte. Die Erinnerung an die eigene Biografie hängt von der Stimmung des Ichs ab. In dunklen Stunden färbt sich die Biografie pessimistisch, in guten Stunden wird der Lebenslauf heller. Es kommt darauf an, zwischen der dunklen und der hellen Biografie ein Gleichgewicht herzustellen. Der Erinnerungsschatz ist nicht fest, sondern sehr beweglich. Allerdings sind spezielle tief eingreifende Erinnerungen immer leichter zu erinnern. Aus solchen Erinnerungen macht das Gedächtnis des Ichs wie aus Fragmenten ein Ganzes.
Im Alter sind Erinnerungen ein Schatz, in den wir wie in eine Schatzkammer eintauchen können.
Das Lesen eigener Tagebücher aus der Vergangenheit ist im Alter oft ein riesiges Abenteuer. Sie zeigen, wie wir Krisen bewältigten und geben für die Krisen des Alters Hilfen und Rat. Das Erinnern von Personen, die uns geliebt haben, ist oft eine weitere Hilfe im Alter, um das Selbstwertgefühl zu stabilisieren. Wir stellen fest, dass gerade große Liebeskrisen „uns über uns hinaustreiben in die Suche nach Transzendenz“ (Riedel, S. 37). Unsere Erinnerung umfasst Landschaften, spirituelle Orte, archäologische Ausgrabungen, aber auch uralte Bäume und ganze Städte, die unser Leben prägten. Das führt im Alter auch zur Rückkehr an die Orte des eigenen Lebens. Auch historische Epochen, wie die Jahre um 1968 oder 1989, können noch im Alter das Gefühl vermitteln, den Weltgeist bei seinem Spiel mit den Menschen erlebt zu haben. Wie C. G. Jung mit seinem „roten und schwarzen Buch“ kann man mit Schreiben und Zeichnen den Raum der Erinnerung stabilisieren und damit auch das Ich.

Prägende Zeitgeschichte und die Erinnerungsarbeit

Gerade die Kriegskinder werden im Alter erleben, wie die traumatischen Erlebnisse von Terror, Gewalt, Krieg und Flucht wieder lebendig werden.
In autobiografischen Gesprächsrunden kann man über die Schritte – erste Orientierung, erstes Sprechen, Interpretation des Erlebten ins eigene Leben – versuchen, die alten Schmerzen der Kriegskindheit zu lindern.
Die Lebensrückblicktherapie von Verena Kast („Was wirklich zählt, ist das gelebte Leben. Die Kraft des Lebensrückblicks“, Freiburg: Kreuz-Verlag 2010) zeigt, wie schwierige Lebenssituationen sich in Texte und Bilder verwandeln.

Das gilt auch für die Befreiungserfahrungen der 68er (Riedel, S. 59). Im Erzählen aus dieser Zeit kann bewältigt werden, dass die Suche nach Freiheit vom Neo-Konservatismus überrollt wurde und einige Extremisten den Aufbruch zerstörten. Aber auch dieses Erleben des Überlebens der 68er in den Grünen, der Friedensbewegung, der Ökobewegung, des Feminismus kann das alte Ich stabilisieren.

Im Alter ist immer jetzt. Vom Wert des Reisens im Alter

Viele entdecken das Jetzt erst im Alter. Was jetzt geschieht, geschieht vielleicht zum ersten Mal oder zum letzten Mal. Das frühe Alter ist die Zeit der Reisen an magische, spirituelle Weltorte, die im Schatzhaus der Menschheit herausragen, so Ägypten, Kreta, Indien, China, Athen, Jerusalem, Maya- und Inka-Städte usw. Das Alter sucht die Transzendenz in der Immanenz und steht staunend vor den tibetischen Mandalas und ihrem mythischen Weltmodell, ein System des großen Ganzen. Auch die Reisen an die Orte der Kindheit kann die erste kindliche Weltentdeckung wieder erlebbar machen. Der alte Mensch lebt im Heute, im Jetzt und weiß, wenn er seine Lebensstationen noch einmal gesehen hat und die wichtigsten Stationen der Menschheit, die Lebensorte der großen Philosophen, z. B. Athen, wo Platon lebte, oder Rom, wo Kaiser Marc Aurel seine Selbstbetrachtungen schrieb, oder Indien, wo Buddha unter dem Bahdi-Baum Erleuchtung fand, dann wird er bereiter sein, sie auch verlassen zu können, für immer (Riedel, S. 73).

Einsamkeit im Alter und der Lebenskreis

Im Alter zählen Beziehungen doppelt. Sie sind nicht nur vergänglich, sondern auch sehr wichtig. In den Beziehungen zeigt sich, das Leben war eine Mischung von Licht und Schatten, Lachen und Weinen. Es begann mit den Geschwistern. Es bezog sich auf die Familiengeschichte mit ihren Ahnenfiguren. Es tauchen die Phasen des Engagements auf für die Arbeiterklasse, den Befreiungskampf der Afro-Amerikaner in den USA. Es gibt manchmal die Wiederkehr der Studentenzeit, die Etappen von Projekten. Die Phasen des Philosophierens – marxistisch, existentialistisch, digital – machen die Einbindung des Einzelnen ins Allgemeine wieder greifbar.

Kreativität im Alter

Viele Künstler, ebenso viele Geisteswissenschaftler, schaffen ihre wichtigsten Werke erst im Alter. Auch das kreative Aneignen der Mystik der philosophischen Theologie bei Dorothee Sölle kurz vor ihrem Tod belegt, dass das Alter dem Transzendieren keine Schranken setzt. Damit wird Alter kein Defizit, sondern ein Geschenk, wie schon Betty Friedan schreibt. Viele Alte sind heute in den Medien unterwegs, nicht auf Hass- und Mordspuren, sondern auf Facebook und Instagram, um viel über sich ins Netz zu stellen. Die neue Gehirnforschung zeigt: Das alte Gehirn bleibt kreativ, wenn es nicht dement vergeht (Riedel, S. 97). Weibliche und männliche Anteile tauschen sich im Alter aus, wie C. G. Jung erkannte, und steigern den neuen Blick auf die Welt im Alter.
Das Überschreiten der Lebensmitte birgt die Wende vom Außen zum Innen. Der alte Mensch versucht, die Welt mehr von innen als von außen zu sehen. Das Innen zeigt als Noch-Nicht-Bewusstsein auch die Zukunft der Menschheit in 10.000 Jahren jenseits von Dystopie und Weltuntergang am Leitfaden von Physik, Technik und Geist.

Die Gelassenheit des Alters

Schließlich konnte der alte Mensch zur Gelassenheit finden, denn sein Transzendieren lässt ihn das Leben, den Kosmos, die Geschichte der Sterne und Galaxien erkennen und dass alles ein Stirb und Werde, Werde und Stirb ist. Der alte Mensch kann die Würde entwickeln, gelassen vor den Galaxien bei Nacht zu stehen und zu wissen, dass er zum wachsenden Selbstbewusstsein im Kosmos gehört, der ohne das Bewusstsein nur ein Ort toter Sterne und explodierender Sonnen bleibt.
Im Alter entwickeln wir eine Liebesfähigkeit zum großen Ganzen, in das wir uns fallen lassen können, weil wir an seiner Bewusstwerdung mitgearbeitet haben, als Ameise, aber nicht völlig vergeblich. Der alte Mensch weiß, dass Realität Widerspruch ist und Widerspruch das Werden. Damit ist ihm Leiden und Tod ein Pol, der vom Neuen, vom Werden, von den Revolutionen als anderer Pol im Gleichgewicht gehalten wird. Der Schmerz kann akzeptiert werden, wenn „innere Freiheit besteht, auch wenn das Leiden nicht aufhebbar ist" (Riedel, S. 122).

Weisheit und Narrheit des Alters

Samuel Beckett hat im „Absurden Theater“ den Wert der Altersnarrheit auf die Bühne gebracht. Er hat den alten Weisen mit dem alten Narren konfrontiert. Er hat es möglich gemacht, wieder in Bezug zu den alten Narren zu treten, die auch das Komische am Leben im Alter nicht vergessen.

In den Traumen alter Menschen werden die Archetypen alter Weiser und alter Narr auftreten. Das zeigt, dass die Verbindung von Weisheit und Narrheit uralt ist. Der Narr ist seit ewig der Freie. „Er ist kein trauriger Trottel oder Idiot, sondern ein freier Mensch.“ (Riedel, S. 132) Das Überidentifizieren mit diesen Archetypen ist gefährlich, aber der Bezug zum Weisen und Narren gibt dem Leben der Alten Kraft.

Alt werden mit den Ideen von Meister Eckhart

Die Alten müssten Mystiker/innen werden, weil sie leichter das Am-Leben-Bleiben und das Das-Leben-Verlassen lernen könnten. Meister Eckhart, dem neoplatonischen Mystiker des Mittelalters, stellte das rechte Leben keine Fragen mehr nach dem Warum-wir-leben, sondern das rechte Leben lebt ohne Fragen, schreibt Ingrid Riedel.

Rechtes Leben ist „ohne Warum, weil es eben aus sich selbst lebt“ (Riedel, S. 164). Meister Eckhart lehnt das Leben nach dem Leistungs- und Profitprinzip ab, weil es an die Erde fesselt, an die Jagd nach dem Geld. Erst ein Leben ohne Warum, wie die Rose, die blühet, weil sie blühet, schafft dem alten Menschen die Freiheit von den Zwängen der Konkurrenzgesellschaft. Die Alten haben ein Recht, die Welt loszulassen. Denn sie wissen, dass wer vor der Entstehung der Welt dabei war, auch nach dem Ende der Welt als Potenz erhalten bleibt, ohne zu wissen, wie das geht, denn ein richtiger Bezug zum Absoluten heißt, des Absoluten ledig zu werden, weil es allmächtig ist. Im Alter können wir Alten endlich leben, wie wir wollen, ohne Warum. Das ist reine Mystik, in der das Ich schweigt und das All singt.

Statt Ich-Sucht Ich-Freiheit. Man sollte sich nicht von kleinen Dingen fesseln lassen, sondern sich den großen Dingen zugesellen. Dann bleibt, wenn man die Welt verlassen hat, das Aussamen des eigenen Lebens und Denkimpulse in den kommenden Generationen. „Ohne Warum wird der Mensch fruchtbar über seine Lebenszeit hinaus.“ (S. 177) Das Geben wird schließlich fruchtbarer sein als das Nehmen. So beschließt Ingrid Riedel ihr Buch „Die innere Freiheit des Alters (Ostfildern: Patmos 2017, 5. Aufl.).

James Hillmann erschließt uns im nächsten Kapitel den Sinn eines langen Lebens.

2.6 Vom Sinn des langen Lebens

James Hillmann: ein Schüler C. G. Jungs

C. G. Jung erforschte den psychischen Lebenslauf des Menschen, besonders von der Krise der Lebensmitte bis zum Ende. Er erweiterte damit Freuds Blick von den ersten Jahrzehnten des Menschen bis ins Alter. Außerdem entdeckte Jung das kollektive Unbewusste in jedem Menschen und die Archetypen als Urbilder der kollektiven Seele. Gerade die letzten Lebensphasen waren für Jung durch den Kampf zwischen Ich und Unbewusstem gekennzeichnet. Das Ziel der lebenslangen Individuation sah Jung in der Angleichung der Beziehung zwischen Ich und Selbst als Ursprung aller Archetypen.
Jung hatte großen Einfluss auf die Entwicklung der Tiefenpsychologie in den USA, die wichtige Jungianer hervorbrachten. Zu ihnen gehört James Hillmann, der neben vielen Büchern, wie zum Beispiel „Die erschreckende Liebe zum Krieg“ (München. Kösel 2005), auch seine Tiefenpsychologie des Alters unter dem Titel „Vom Sinn des langen Lebens. Wir werden, was wir sind“ (München: dtv 2004) veröffentlichte. Weitere wichtige Bücher von Hillmann heißen: „Pan und die natürliche Angst – Über die Notwendigkeit der Albträume für die Seele“ (Zürich: Schweizer Spiegel-Verlag 1995), „Hundert Jahre Psychotherapie und der Welt geht's immer schlechter“ (Zürich: Walter 1999).
James Hillmann arbeitete als Psychoanalytiker und war Dozent an mehreren Universitäten in den USA und in Europa.

Seine Tiefenpsychologie des Alters gliedert er in drei Teile:

1. Am Leben bleiben im Alter
2. Sich vom Leben verabschieden
3. Was zum Schluss bleibt

1. Am Leben bleiben im Alter

Hillmanns Buch „Vom Sinn des langen Lebens“ beginnt mit dem Satz: „Alt werden ist nichts Zufälliges“ (Hillmann, S. 9). Es hat einen tieferen Sinn, den er entschlüsseln möchte. Er ist sich sicher, das Geheimnis des Alters enthülle sich nicht in der Krise der Lebensmitte, sondern erst im höheren Alter, weil sich unter den dann entwickelnden Krisen der wahre Charakter des Menschen zeigt. War für Freud die Charakterbildung eine Sache von Kindheit und Jugend, so ist sie für Hillmann die Aufgabe des Alters. Denn im Alter erscheinen andere Archetypen als in der Jugend. Früh erscheinen die Götter des Aufbruchs, spät die Götter des Abschieds. Das Alter sollte sich nicht so sehr mit dem Tod beschäftigen, denn der Tod „geht über das Denken hinaus“ (S. 26), sondern mit den Veränderungen des Charakters zu Lebzeiten. Je älter man wird, umso mehr zeigt sich der eigene Charakter (S. 26) und mit dem Charakter auch der Gott des Alters Dionysos, als Stirb und Werde, der als Archetyp des Selbst im Alter das Ich Tag und Nacht beherrscht (S. 27).
Das Alter muss die Mythen kennen. „Mythen zeigen uns die imaginativen Strukturen in unseren chaotischen Geschichten, und unser menschlicher Charakter kann vor dem Hintergrund der Charaktere der Mythen seinen eigenen Platz finden.“ (S. 47) Zum Beispiel den „Heros in 1000 Gestalten“, wie ihn Joseph Campbell in seinem gleichnamigen Buch beschrieb, das die Lebensreise in Aufbruch, Abenteuer, Kampf ums Überleben, Abstieg und Abschied gliederte.

Übung: Beschreiben Sie in fünf Sätzen Ihre Lebensreise als Reise des Heros/der Heroine.

Das Leben der Alten ist auch heute noch ein Abenteuer, obwohl von der Ermordung der Alten durch die Jungen nur noch ödipal geträumt wird, ebenso wie von der Ermordung der Jungen durch die laiotischen Alten (vergl. den Mythos von Vater Laios und seinem Sohn Ödipus).
Um am Leben zu bleiben, sollten die Alten: Lebensrückschau halten, kosmologische Spekulation betreiben, Mythen studieren, Begegnungen mit den Ahnen abhalten.

Übung: Mit welchen Ahnen haben Sie Kontakt – in Träumen, Tagträumen, Erinnerungen?

Die Verlängerung des Lebens und des Alters findet heute in nanotechnologischen und molekularbiologischen Laboratorien statt. Man glaubt, das Alter abschaffen zu können (Hillmann, S. 64). Man sagt: „Es gibt keinen Grund für das Eintreten des Todes." (S. 65) Wir müssen aber davon ausgehen, immer sterblich zu sein, damit die „Götter unsterblich sind" (S. 66). Aber das Leben ist schon heute zu erweitern. Wir können die Weltgeschichte studieren, die eigene Familiengeschichte, die Geschichte unserer Mitmenschen, die Geschichte der Zukunft (S. 70).

Übung: Wie weit betreiben Sie historische Bewusstseinserweiterung?

Auch die Erforschung der eigenen Geschichte ist ein Abenteuer. Man fragt sich: Wie viele bin ich?

C. G. Jung hat diese Selbsterforschung im hohen Alter in seiner Autobiografie „Erinnern, Träume, Gedanken" vorgestellt im Gespräch mit Aniela Jaffé. Seine Selbstanalyse machte sein „Lebenswerk aus und bildete die Grundlage seiner Theorie" (S. 85).

Seine Autobiografie zeigt C. G. Jung als Einzelnen, als einen Charakter. „Ohne die Idee des Charakters ist kein Einzelner von bleibendem Wert ... Unser Charakter wird zur fruchtbaren Quelle von Fiktionen, selbst wenn unsere tatsächliche Person verblasst. Jung erkannte diese Wahrheit in seinen allerletzten Jahren, in denen er feststellte, dass ihm der Charakter, der er glaubte zu sein, fremd geworden war. Seine Realität als dasselbe Selbst wurde porös, undeutlich, anfällig. Während er sich völlig auflöst ... überlebt sein Charakter in der Imagination der menschlichen Welt." (S. 87) Auch das Selbst besteht aus archetypischen Bildern, die zu Geschichten motivieren, „die erzählen, wer dieser Mensch wirklich war" (S. 87).

Der autobiografische Impuls ist im Alter das Medium, die Wandlungen des Selbst in den Phasen des Lebenslaufs auf der Spur der Charakterentwicklung zu erforschen und Identität in der langsamen Nicht-Identität des Alters zu erhalten.

Übung: Wie gehen Sie mit dem autobiografischen Impuls um?

„Alt sein ist ein Abenteuer", sagt James Hillmann (S. 92), das Abenteuer der Langsamkeit. Es geht um den Kampf um die eigene Identität, auch in der

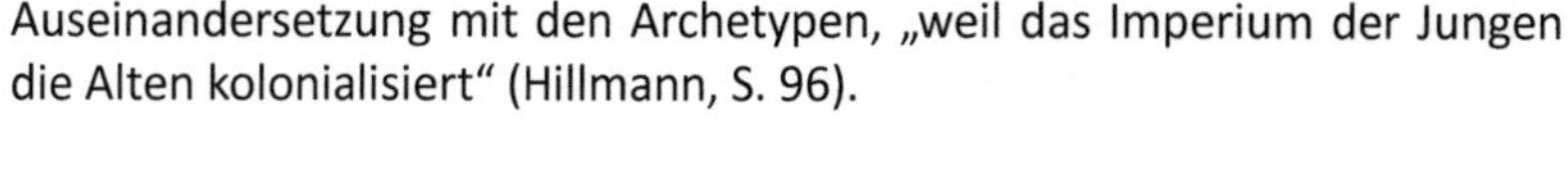

Auseinandersetzung mit den Archetypen, „weil das Imperium der Jungen die Alten kolonialisiert“ (Hillmann, S. 96).

Übung: Wie gestaltet sich Ihr Verhältnis als alter Mensch zum Imperium der Jungen?

„Alter bedeutet, beim Zustand eines Bildes anzugelangen, seinem einzigartigen Bild, das der Charakter ist.“ (S. 99) Denn an manchem Tag erleben wir uns als bloße Zahl 76, 81,91 oder „als vergessener Ausgestoßener ..., versunken in Erinnerungen an längst vergangene und weit entfernte Zeiten“ (S. 100). Aber mit der Arbeit am Charakter bleiben wir auch im Alter am Leben, am langen Leben.

2. Sich vom Leben verabschieden

Im höheren Alter entwickeln wir uns auch vom „Bleiben“ zum „Gehen“. Diese Wende kann mit den üblichen Ratschlägen „zur Kunst alt zu werden“ nicht begriffen werden. Diese Ratschläge taugen nichts, wenn man hört (Hillmann, S. 106):

- Bleibe aktiv
- Laufe bergauf
- Iss viel Joghurt
- Erledige den Haushalt selbst
- Trainiere deine motorischen Fähigkeiten
- Komme deinen Aufgaben nach
- Entwickle neue Interessen
- Schließe neue Freundschaften
- Sorge dich nicht
- Lache
- Denke positiv
- Streng dich mehr an, mach mehr
- Bleibe

Die entscheidende Qualität der Alten, die beginnen zu gehen, besteht darin Fragen zu stellen, die nach dem Sinn des eigenen Lebens fragen, nach der Quelle der eigenen Lebenskraft, und selbst wenn diese Fragen als leere Spekulation abgewertet und nicht akzeptiert werden, ist es wahr, „dass diese Fragen für den alten Menschen legitim sind“ (Hillmann, S. 109).

Übung: Was für neue Fragen wirft Ihnen das Alter zu?

Ohne solche Fragen und die Arbeit an ihren Antworten werden wir nur von unseren Alterskrankheiten terrorisiert oder von der Angst vor dem Tod (S. 115). Aber gerade das Erlebnis des Verfalls des Körpers stimuliert den Geist. Alles, was sich völlig inakzeptabel anfühlt, „bietet uns die überraschendsten Einsichten“ (S. 118).
Wir entdecken: „Wiederholung ist eine Hauptspezialität des Alters.“ (S. 119) In den Wiederholungen des Erzählens unserer Geschichte steckt der Impuls, uns auf das „Gehen“ einzurichten. Wichtige Geschichten bestehen in unseren Erfahrungen des kollektiven Unbewussten, der Unterwelt, in der Begegnung mit den Archetypen in Träumen und Tagträumen. Oft begegnen uns die Archetypen in den „Ahnen unseres Lebens“, unsere „Toten“ kehren zurück, besonders in Zeiten, wo wir uns im Alter völlig verloren fühlen.

Übung: Welche „Toten“ kommen in Ihren Träumen vor?

Die Nächte werden im Alter immer wichtiger, nicht nur, weil wir oft zur Milchstraße hinaufblicken und unsere spontanen Gedanken über das Universum erleben. Oft versagt der Schlaf und der Griff zur Schlaftablette steht an. Aber das Wachen in der Welt kann auch die archetypischen Stärken steigern. Wachen in der Nacht wird zum Weg, auf Antworten zu stoßen. Wir begegnen unserem Schatten, der zeigt: Unser Leben war keineswegs perfekt.

Übung: Wie sieht Ihr Schatten aus?

Die Schattenbegegnungen zeigen Ihnen die Problematik des Menschseins in der Welt. Angst wird zum Schlüssel, den „dunklen Engeln“ zu begegnen. Diese Begegnungen stärken Ihren Charakter für sein Gehen.

Im Alter erleben Sie auch Ihre Infantilisierung. Sie können nichts mehr richtig machen. Sie beginnen aber auch, die Welt nicht mehr so persönlich zu nehmen (Hillmann, S. 143).
Sie erleben, wie Sie körperlich vertrocknen und wie Ihr Geist „nach oben greift".

Übung: Kennen Sie diese Gefühle? Wie gehen Sie damit um?

Die Imagination, von C. G. Jung entdeckt, wird auch für Hillmann zum Kern der Erinnerungsarbeit. Durch Imagination verwandeln Sie Ihr Leben in Geschichten (S. 158).

Übung: Was sind Ihre Schlüsselgeschichten, die Wenden in ihrem Leben thematisieren?

Das wirkliche Wunder des Alters ist aber das Vergessen, als Versöhnung mit dem Abenteuer Leben und Altwerden. Rasende Wut kann im Alter entstehen. Sie sind leicht zu reizen, brausen auf. „Ihre Reizbarkeit zeugt von Ihrer beginnenden Abreise." Das Altwerden ist ein Begegnen mit allgemeinen und persönlichen Widersprüchen. „Sämtliche Komplexe springen aus dem Sack", schreibt James Hillmann (S. 166).

Übung: Welche Wutanfälle haben Sie?

Weitere Komplexe zeigen sich: Kleinlichkeit, Verdrossenheit, Verlegenheit, weinerliche Sentimentalität, Neid, Boshaftigkeit, Intoleranz.
Mit diesem Zerfall beginnt die Trennung vom Leben. Dieses In-Stücke-Fallen „findet im Mythos des Dionysos einen archetypischen Hintergrund (S. 169). Dionysos verkörpert die Lebenskraft, die sich nun noch einmal zeigt. Die Alten sind kindlich, wild, pflegebedürftig. Sie sind manchmal verwirrt wie Betrunkene, verwandt mit Pflanzen oder Haustieren. Die Alten „zerfallen, um zu gehen und auch um zusammenzukommen" (S. 171). Vielleicht müssen die Alten zerfallen, um uns vom Leben zu trennen und um zu erfahren, was uns als Lebenskraft durch die Zeiten getragen hat. Der Charakter der Alten

gehört nun einem „alternativen Gott an, nämlich Dionysos, der selbst in Stücke gerissen wurde“ (Hillmann, S. 173) und sich wieder zusammenfand. In dieser Zeit gerät der Körper in die komische Tragödie, immer weiterzumachen, aber die Kräfte nehmen ab, die Potenz verschwindet. Männer erleben eine Feindseligkeit gegenüber Frauen, deren Gleitflüssigkeit austrocknet. Der sexuelle Akt wird seltener, aber die erotischen Fantasien beginnen zu blühen. Die Hinfälligkeit des Alters und die gesteigerte erotische Fantasie tauchen zusammen auf und gehören zusammen. Das Sexualleben wird mehr und mehr „ein Leben der Imagination“, die in der Liebe immer eine große Rolle spielte. Die männliche Fantasie richtet sich auf die erotischen Zonen, die weibliche Fantasie entwickelt Bruchstücke vom Liebesroman (S. 182). Im Alter zeigen sich „bleibende Bilder der Erregung“ (S. 183). Diese Erregungen können stärker sein als in der Jugend, die noch biologische Potenz besaß. Es zeigt sich, wie Jung sagt: „Die Psyche besteht im Wesentlichen aus Bildern. Die Psyche schafft besonders im Alter durch Bilder täglich Wirklichkeit.“ (S. 187)

Übung: Welche Sexualfantasien begleiten Ihren zerfallenden Körper?

Die Sinne schwinden im Alter: Die Augen sehen nicht mehr so gut, die Ohren hören nicht mehr so gut, aber die Imagination beginnt zu singen. Sehr schön sprechen davon die Haikus und Abschiedsgedichte der alten Japaner:

Daibai (70) schreibt:

„Meine siebzig Jahre
Der verwitterte Wedel von Pampagras
Gesäumt von blühender Iris.“
(S. 194)

Seign (75) schreibt:

„Nicht einen Augenblick
stehen die Dinge still – siehe
Farbe in den Bäumen.“

Übung: Schreiben Sie ein Abschieds-Haiku.

Herzbeschwerden begleiten das Alter. Das Herz wird zum Zentrum der Imagination. Es ist nicht bloß eine Pumpe für den Kreislauf des Blutes, sondern scheint die Quelle von Schönheit, Tiefe, Würde und Liebe zu sein. Aber das Herz führt Ihnen auch die Schandtaten Ihres Lebens vor, wie Sie betrogen haben, verlassen haben, wie Sie Ihre Egoismen gelebt haben. Das alternde Herz wird mit schwerer Arbeit belastet (Hillmann, S. 203). Aber die Alten kehren in ihren Imaginationen auch zur Kindheit zurück, in die alten Landschaften der Kindheit. „Die Rückkehr dieser Gefühle bringt der Mythos von der ewigen Wiederkehr zum Ausdruck." (S. 206) Ein weiteres Zeichen, dass Dionysos der Gott der Alten ist. „Stirb und Werde", schreibt Goethe.
Ewige Rückkehr wendet sich dem Ewigen zu, als das imaginäre Utopia (S. 209). Die Sehnsucht nach dem Ewigen wird durch nichts Irdisches gestillt. Sie sehnt sich nach dem Geistigen, das den zerfallenden Körper überlebt. Die Mythen sprechen auf ihre Weise vom Ewigen und ihre „erstaunlichen Bilder und Anregungen aktivieren den alternden Geist. Es ist die Zeit der Jenseitsfantasien und ihre zynische Zerstörung" (S. 212).

Übung: Suchen Sie im Alter Bilder der Ewigkeit? Welche kurzen Lichtblicke zeigen sich vom „anderen Ufer", von der Tür, die sich öffnet, von dem bleibenden Stern am Nachthimmel?

Sie erleben Ihr Altwerden, wenn Sie Ihr Gesicht im Spiegel betrachten. Während Teile des Körpers schlapp werden, faltig, wird das Gesicht immer schöner. Den Blick auf den Körper meiden wir, aber unser Gesicht betrachten wir immer öfter. Das Gesicht offenbart große Teile des eigenen Charakters, auch die eigenen Schattenseiten.
James Hillmann zitiert W. Butler Yeats:

„Ich suche mein Gesicht, das war,
noch ehe die Welt begann." (S. 234)

Diese Idee gibt es schon bei Plotin oder Meister Eckhart. Es ist der Blick durch das eigene Gesicht bis zum Anfang der Welt, wo schon die eigenen Keime des Lebens wie auch der Individuen sich entwickelten.

Übung: Schreiben Sie einen Satz über Ihr Gesicht, das war, noch ehe die Welt bestand.

C. G. Jung sagte einmal: Auch mein Schatten ist mir im Gesicht sichtbar. „Es ist eine lebendige Kraft in meinem Gesicht." Er dachte wohl auch an die vielen Selbstporträts von Rembrandt und die lange Tradition des Selbstporträts.

Übung: Welches Selbstportrait zieht Sie an?

3. Was bleibt, wenn wir gehen

Um gehen zu können, brauchen wir Jahre. Oft bleiben wir beim Gedanken an das Gehen auf den Tod fixiert. Aber das sagt nicht viel. Der Tod sagt nichts. Wir müssen uns fragen: Was bleibt von uns, wenn wir gegangen sind?

Übung: Was bleibt von Ihnen, wenn Sie gegangen sind?

Das Bild Ihres Charakters wird bleiben in der Erinnerung Ihrer Kinder oder Enkel, wenn sie mit Ihnen gelebt haben und sie sich erinnern können. „Ihr Vater ist gegangen. Doch sein Charakter ist geblieben." (Hillmann, S. 245)

Übung: Beschreiben Sie den Charakter der Portalfiguren Ihres Lebens: Vater und Mutter – nach Goethe: „Vom Vater hab ich die Statur, des Lebens ernstes Führen, vom Mütterchen die Frohnatur und Lust zu fabulieren."

Die späten Jahre Ihrer Eltern haben Ihren Charakter deutlich werden lassen. Oft ändert sich das politische Profil des Charakters der Eltern im Alter. Der Vater, stramm rechts, wird liberal. Die Mutter, atheistisch, fragt: „Wohin gehe ich in der Ewigkeit?"

Übung: Welche politischen Änderungen zeigt der Charakter Ihrer Eltern, der bleibt?

Sie befassen sich mit Theorien über das Alter und über das Sterben, beschleunigter Stoffwechsel, genetische Prägung, frühere Traumen und ihre Wirkung im Alter.

Übung: Welche Gründe finden Sie für Ihr Sterben?

Hoffen Sie auf einen guten Charakter, der Spuren hinterlässt bei den Nachgeborenen? Haben Sie Scham, Schuld und die Schattenseiten Ihres Charakters genügend beachtet oder werden diese Spuren von späteren Generationen aufgespürt?
Das Charakteristische an Ihnen bleibt als Bild erhalten, glaubt Hillmann (Hillmann, S. 282). Sie werden zum Ahnen/zur Ahnin, dessen/deren Charakterbild oft unscharf ist.

Sie prägen Ihr „Bleibendes" durch Ihre Großelternschaft. Sie imaginieren die Zukunft Ihrer Enkel. Besonders die Großmütter repräsentieren die großen Frauengestalten des Mythos: Kybele, Gaia, Rhea, Isis, Nut (S. 289).
Die mythischen Großmütter geben uns auch Erdung. Sie verteidigen die Welt gegen den entfesselten Kapitalismus. Sie stehen gegen den Fundamentalismus, die die Erde aufs Spiel setzen, um in ein falsches Utopia zu springen. „Was bleibt, wenn wir Alten gegangen sind? Schönheit – das ist das Erbe der jüngeren Generation, also die Kraft, das Projekt Mensch weiterzuführen in eine weite Zukunft." (S. 289)

4. Ihre Einzigartigkeit ist ihre Unverwechselbarkeit im Alter

Im Alter muss man nach Hillmann alles tun, um unersetzlich zu werden. Als Unersetzliche/r bleiben wir als Spuren zurück. Wir werden zu einer kleinen Melodie, die ein Echo hinterlässt, von der wir zu Lebzeiten nichts wussten. Unser Charakter wird zu einem „sehr kostbaren und lieben Bild, das zurückbleibt und überdauert" (Hillmann, S. 306).

Übung: Worin besteht Ihre Einzigartigkeit, die bleibt, wenn Sie gehen?

W. B. Yeats schreibt in seinem Gedicht „Ein Gebet fürs hohe Alter“:

„Ich bete, dass wiewohl alt, ich gelten mag
Als töricht begehrlicher Mann.“
(Hillmann, S. 304)

Hillmann fragt sich: Was bleibt, wenn wir gegangen sind? Seine Antwort heißt:

„Der imaginative Charakter“

1. Der imaginative Charakter ist der Widerspruch von Ich und kollektivem Unbewussten. Der Charakter ist exzentrisch und einzigartig in der Auseinandersetzung mit den Archetypen.
2. Er umfasst Psyche und Soma
3. Der imaginative Charakter entwickelt sich im Lebenslauf.
4. Der imaginative Charakter ist eine Ansammlung von Eigenschaften.
5. Der imaginative Charakter ist als Bild wahrnehmbar.
6. Er entzieht sich der Analyse.
7. Er entzieht sich auch dem moralischen Zugriff. Ist eher ein Mandala.
8. Der imaginative Charakter ist unpersönlich. Das Selbst verschmilzt im Alter mit dem Ich. Das Selbst verschmilzt im Tod mit Gott (S. 300), der für Hillmann das Dionysische „Stirb und Werde“ ist.
9. Der imaginative Charakter hinterlässt seine Spuren in der Geschichte, als Motor der neuen Aufbrüche aus Krisen.
10. Der imaginative Charakter ist Schicksal, introvertiert oder extrovertiert.
11. Der imaginative Charakter ist in der Jugend der Ruf zum Aufbruch, im Alter verleiht er der Abschiedlichkeit Sinn und Zweck.
12. Der imaginative Charakter ist eine therapeutische Idee C. G. Jungs und seiner platonischen Philosophie der Archetypen.

Heute gibt es neue Wege zur Erforschung der Spiritualität im Alter. Was ist dabei herausgekommen? Lesen Sie das nächste Kapitel.

Kapitel 3

Neue spirituelle Wege der Psychotherapie im Alter

3.1 Der spirituelle Weg im Alter

Der Streit

Dass die Spiritualität und ihre Erfahrung eine große Bedeutung für das Alter haben, wird heute stark bezweifelt.
Es werden folgende Mythen über die Spiritualität im Alter kritisiert:

1. Mythos: Spiritualität als Sinnsuche gehört zum alten Menschen
Der Mensch ist nicht von Natur aus spirituell. Untersuchungen zeigen, dass ein Drittel der Europäer im Alter über den Sinn des Lebens nachdenkt, ein Viertel der Europäer denkt nie oder selten über den Sinn des Lebens nach, ein Drittel der Deutschen ist konfessionslos (B. u. A. Heller: Spiritualität und Spiritual Care. Bern: Huber 2014, S. 141).

2. Mythos: Spiritualität entwickelt sich in Stufen
Dieses Stufenmodell mit dem Alter als Höhepunkt spiritueller Entwicklung lässt sich empirisch nicht belegen, obwohl es von J. W. Fowler, Jean Piaget, Lawrence Kahlberg, Erik H. Erikson vertreten wird.

3. Mythos: Spiritualität nimmt im Alter zu
Ein eindeutiger Zusammenhang zwischen Altern und Mystik ist in empirischen Studien nicht festzustellen (Heller, S. 144). Je älter umso spiritueller – Diese These gilt nur für eine Minderheit von Europäern.

4. Mythos: Nur das Alter ist erfolgreich, das sich spirituell entwickelt
Das Alter ist so vielfältig, dass es sich nicht auf Spiritualität als Sinnsuche reduzieren lässt.

5. Mythos: Spiritualität ist geschlechtslos und altersandrogyn
Die Umfragen sagen: Frauen sind spiritueller als Männer. Frauen sind durch ihre Spiritualität gesünder und langlebiger als Männer.

6. Mythos: Die Zielvision des Alters heißt: Du sollst das volle menschliche Potential entwickeln und das kannst du nur spirituell
Die Idee des alten weisen Menschen ist pure Ideologie. Mit ihm sollen die Defizite des Alters verdeckt werden. Viele Menschen sterben allein, schwach, dement und können von Altersweisheit nicht einmal träumen.

Resümee: Das Streben nach spiritueller Weisheit kann nicht an das Alter delegiert werden. Aber es gibt viele Berichte über einen spirituellen Aufbruch im Kontext von tödlichen Krankheiten und Krisen im Alter. Zu den wichtigsten Berichten gehören die Bücher von Tiziano Terzani, Asienkorrespondent des „Spiegel", der mit 60 Jahren an Krebs erkrankte und auf einer langen Sinnsuche erkannte: „Krisen und Krankheiten sind in der Geschichte des Menschen oft Wege zur Entwicklung von Spiritualität und Ego-Transformation." (T. Terzani: Noch eine Runde auf dem Karussell: Vom Leben und Sterben. Hamburg: Hoffmann & Campe 2007)

Es macht also Sinn, sich trotz aller Einwände mit den Fragen zu beschäftigen: Was ist Spiritualität und was bedeutet sie im Alter? Und: Was bedeuten Spiritualität und Mystik für die Psychotherapie mit alten Menschen?
Diesen Fragen werden wir im Folgenden nachgehen.

Der spirituelle Weg im Alter

Jedes Individuum wandelt sein Bewusstsein zwischen Geburt und Tod. Aber die Basis der Wandlung ist die mit sich selbst identische Person. In der Kindheit erwachen das Selbst- und das Weltbewusstsein. Es entwickelt sich in Jugend und Erwachsenenalter und kann im Alter zur „Gerotranszendenz und Selbsttranszendenz" überleiten (A. Newberg u.a.: Der Fingerabdruck Gottes. Wie spirituelle Erfahrungen unser Gehirn verändern. München: Goldmann 2012, J. Karnfield u. a.: Nach der Erleuchtung. Wäsche waschen und Kartoffeln schälen. Wie spirituelle Erfahrungen das Leben verändern. München: Goldmann 2008).
Es geht hier nicht um Esoterik, sondern um Wissenschaft.

Der Weg des Bewusstseins

Der Weg des Bewusstseins lässt sich beim Menschen, im Gegensatz zum Tier, als Übergang von präpersonaler zu personaler und transpersonaler Entwicklung des Bewusstseinshorizonts verstehen.
So unterscheidet Ken Wilber die präpersonale, personale und transpersonale Bewusstseinsentwicklung sowohl in der Evolution als auch im individuellen Leben. In der Evolution beginnt das präpersonale Bewusstsein in der Steinzeit als magisches Bewusstsein, um sich in den Hochzivilisationen als mythisches Bewusstsein zu entwickeln. In der Industriegesellschaft wird das Bewusstsein das technisch-wissenschaftliche Bewusstsein.
Das individuelle Bewusstsein des Menschen der Gegenwart entwickelt auch diese Stufen: In der frühen Kindheit besitzt er magisches Bewusstsein, im Erwachsenenalter mythisches und technisches Bewusstsein, aber erst im Alter kann er neben dem technisch-wissenschaftlichen Bewusstsein auch mystisches Bewusstsein entwickeln (A. A. Bucher: Psychologie der Spiritualität. Weinheim: Beltz 2007, S. 61). „Das individuelle Bewusstsein wird vom Präpersonalen zum Personalen und schließlich zum Transpersonalen, vom Vorbewussten zum Selbstbewussten und Überbewussten, von der Natur zur Menschheit und endlich zur Gottheit." (Bucher, S. 62) Psychologische Stufenmodelle des Bewusstseins können zeigen, wie Menschen an die Schwelle der Spiritualität gelangen.
Das Alter gilt als „spirituelle Reise" und als spiritueller Prozess. „Zahlreiche Studien bestätigen dies." (Bucher, S. 95) Qualitative Untersuchungen von Alten haben bei ihm „Gerotranszendenz" als Verringerung der Ich-Zentriertheit und eine höhere Verbindung mit dem Universum festgestellt. Auch Selbsttranszendenz und spirituelle Reifung wurden erkannt. Schwere Krankheiten haben eine Vertiefung der Spiritualität zur Folge, wurde festgestellt (Bucher, S. 98). Auch die Effekte der Entwicklung transpersonalen Bewusstseins wurden empirisch untersucht. Es gab folgende Ergebnisse: Transpersonales Bewusstsein verlängert die Lebensdauer (S. 101ff.). Besonders Meditation wird mit positiven Auswirkungen auf das Herzkreislaufsystem, das Immunsystem in Beziehung gesetzt. Auch auf die Seele wirkt sich spirituelle Suche positiv aus. Die Resultate: Spiritualität kompensiert Unzufriedenheit, hilft in Lebenskrisen, fördert die Selbsttranszendenz, erhöht die Beziehungszufriedenheit, schützt vor Depression und Suizidalität (S. 120ff.), steigert die Hoffnung, Generativität und Kreativität (S. 123).

Das Ego gerät im Alter in den Zwiespalt zwischen starrem Egozentrismus und fortschreitender Ich-Relativierung, wenn es auf den Tod zugeht. Im Alter kann idealerweise eine Idee der „Philosophia perennis" oder der „philosophischen Mystik" entstehen. Das geschieht immer nur ansatzweise. Beim Menschen hängt es von seiner ökologischen, reflexiven, kulturellen Situation einerseits und von seiner Persönlichkeit ab, ob er im Alter spirituell erwachen kann. (Ch. Scharfetter: Der spirituelle Weg und seine Gefahren. Stuttgart: Thieme 1999).

Der Weg des spirituellen Pilgers im Alter

Der Wanderungsweg des Bewusstseins wird im Buddhismus als das „Überschreiten des Flusses" begriffen. Damit wird die Zielstrebigkeit und Selbstständigkeit des Pilgers angesprochen. Den Pilger begleitet auf diesem Weg ständig die Frage nach dem Wohin und Woher seiner Wanderschaft. Auch im Alter begegnet dem Pilger die Erfahrung, die R. M. Rilke so benennt: „Denn bleiben ist nirgends." (R. M. Rilke: Duineser Elegien Nr. 1). Eine bleibende Heimat findet der erwachte Mensch nicht. Es gibt besonders im Alter aber für einzelne Erwachte „Herbergen" und „Schutzhütten". Dort kann er in der Meditation die Vielheit der Welt als das Eine erfahren. Er kann feststellen, dass viele Alte mit ihm diesen Weg gehen, obwohl er mit ihnen nicht persönlich bekannt ist.

Hermann Hesse beschreibt in „Das Glasperlenspiel" (Frankfurt: Suhrkamp 1981) die spirituellen Stufen im Lebenslauf:

„Stufen
Wie jede Blüte welkt und jede Jugend
dem Alter weicht, blüht jede Lebensstufe,
blüht jede Weisheit auch und jede Tugend
zu ihrer Zeit und darf nicht ewig dauern.
Es muss das Herz bei jedem Lebensrufe
bereit zum Abschied sein und Neubeginne.
...
Und jedem Anfang wohnt ein Zauber inne,
der uns beschützt und der uns hilft zu leben.
...
Der Weltgeist will nicht fesseln uns und engen.
Er will uns Stuf' um Stufe heben, weiten.
...

Nur wer bereit zu Aufbruch ist und Reise
Mag lähmender Gewöhnung sich entraffen.
...
Des Lebens Ruf an uns wird niemals enden ...
Wohlan denn, Herz, nimm Abschied und gesunde!“
(Hesse, S. 483f.)

Gefahren auf dem spirituellen Weg

Dieser spirituelle Weg ist nicht leicht zu finden und zu bestehen. Es gibt viele Gefahren. Man kann in Selbstüberschätzung, Größenwahn umkommen oder im Egozentrismus oder Glaubensfundamentalismus eingeschlossen werden, glaubt Scharfetter.
Es wurde intensiv über spirituelle Erfahrung und Psychose diskutiert. Dabei erkannte man folgende wichtige Unterschiede:

Spirituelle Erfahrung	**Psychose**
Kontrollierbar	Unkontrollierbar
Sinnliche Elemente werden als mentale Konstrukte erkannt	Sinnliche Elemente erscheinen als physikalische Realität
Visuelle Halluzinationen	Auditive Halluzinationen
Inhalte kritisierbar	Unkorrigierbare Inhalte
Integrativ für die Seele	Desintegrierend für die Seele

(Bucher, S. 139)

„Spirituelle Erfahrungen können zu einer Inflation des Egos führen, wenn Menschen wähnen, hervorragende Persönlichkeiten, Propheten, Jesus, ja selbst Gott zu sein.“ (Bucher, S. 140)
Natürlich können transpersonale Bewusstseinszustände zu Realitätsverlust führen oder den Beitritt zu totalitären Sekten, fundamentalistischen oder faschistischen Gruppen fördern. Der Verlust der Persönlichkeit an das Gruppen-Wir infantilisiert. Die Welt zerfällt dann in zwei Gruppen: die Erleuchteten und die Verlorenen. Apokalyptische Gruppen, besonders im rechtsradikalen Lager, sind für Menschen mit transpersonalen Bewusstseinselementen eine große Gefahr, sie können in satanistischen Gruppen untergehen.
Der spirituelle Weg ist also nicht ungefährlich (Scharfetter, S. 145).

Die Abschiedlichkeit des Alters

Für Buddha ist das Ende des Lebens, die Erarbeitung der Abschiedlichkeit und des Loslassens: Leiden.
Es geht um das Einüben des Verzichts, das Aufgeben der Schuldgefühle, das Nicht-Festhalten am Versäumten. „Loslassen ist früh einzuüben, dass nichts im Leben festgehalten werden kann: die Geborgenheit im Mutterleib nicht, die behütete Kindheit nicht, die Aufbruchszeit der Jugend nicht, die scheinbar gesicherte Reife des Erwachsenen nicht." (Scharfetter, S. 36)

Achtsamkeit im Alter einüben

Das Alter kann zur Phase der Achtsamkeit werden. In der „Alten-Achtsamkeitsübung" kann erfahren werden: Alles Seiende ist vergänglich. Die Achtsamkeit lässt das Festklammern an das Leben bewusst werden. Aber es kann auch das letzte große Loslassen gelingen, die Verabschiedung aus dem lebendigen Dasein als Individuum.

Die spirituellen Gewinne des Alters

Mit der spirituellen Ich-Relativierung, Ich-Transzendenz geschieht die Selbstbescheidung, im besten Fall ein Wachstum von Altruismus, Toleranz, Güte und Bescheidenheit.
Der Triebdruck lässt nach. Die Affekte werden schwächer. Die Werte des Mephisto werden klarer: „Alles was besteht ist wert, dass es zu Grunde geht." Goethes Bild „Wenn du das nicht hast, dieses Stirb und Werde, bist du nur ein trüber Gast auf der dunklen Erde", taucht aber auch auf.

Die Lasten des Alters stimulieren Spiritualität

Es zeigt sich, dass der Einzelne seine Verluste, Ängste, Verwirrtheit annehmen kann. Der Einzelne wird darum kämpfen, dass das „Sich-ablösen-von-allem-Seienden" gelingt, ja auch der Verzicht auf Erlösung muss gelingen.

Spiritualität im Alter für Augenblicke

Der Blick auf das All-Eine kann entstehen, für Augenblicke. So G. Benn in dem Gedicht:

„Ein Wort:
Ein Wort, ein Satz –: aus Chiffren steigen
erkanntes Leben, jäher Sinn,
die Sonne steht, die Sphären schweigen,
und alles ballt sich zu ihm hin.

Ein Wort – ein Glanz, ein Flug, ein Feuer,
ein Flammenwurf, ein Sternenstrich –
Und wieder Dunkel, ungeheuer
Im leeren Raum um Welt und Ich."
(G. Benn: Gedichte. Frankfurt: Fischer 2000, S. 304)

Die Alten können auch durch spirituelles Schreiben (L. v. Werder: Spirituelles Schreiben. Berlin 2011) die Subjekt-Objekt-Spaltung überwinden und das All-Eine erfahren. Alle stehen vor dem All-Einen und man lässt sich los zum Ein- und Heimgehen (K. Jaspers).
Im Alter kann der Ursprung von Allem entdeckt werden. Es kann klar werden, dass man aus dem Einen kommt und ins Eine zurückkehrt, wie Novalis sagt: „Wohin gehen wir? Immer nach Haus." Wie es auch Ken Wilber feststellt, dass das Gesetz der ewigen Philosophie gilt. So steht am Ende, im Sterben, das Verlassen des Verlassens.

Transpersonale Psychotherapie im Alter

Bei C. G. Jung und den existenziellen Psychotherapeuten sind die transpersonalen spirituellen Bewusstseinserfahrungen am häufigsten. Menschen mit transpersonalen Bewusstseinsaspekten bevorzugen solche Therapeuten, die kosmische und transpersonale spirituelle Erlebnisse akzeptieren.
Es gibt aber auch transpersonale Therapeuten, wie S. Grof und R. Assagioli, deren Therapie – Gipfelerlebnis, Ekstase, mystische Erfahrung, kosmisches Bewusstsein, Transzendieren – das Selbst zum Ziel haben. In der Therapie wird meditiert, die Lektüre spiritueller Bücher unterstützt, aktive Imagination nach C. G. Jung eingesetzt. Diese Therapeuten waren und sind selbst auf dem mystischen Weg. Diese Therapie praktiziert die spirituelle Verbundenheit

zwischen Klient und Therapeut. Es wird Achtsamkeit auf die Regungen des Patienten praktiziert. Hoffnung und Zuversicht begleiten die Therapie. Also alles Elemente für ältere Menschen, die von den sozialen und körperlichen Bedingungen des Alters in Depression und Verzweiflung getrieben werden. Aber fest steht, „spirituelle Interventionen" werden umso häufiger vorgenommen, je spiritueller sich die Therapeuten selbst verstehen.
Aktive Imagination, also Bilder, sind visuelle Gedanken und wirken stärker im emotionellen Bereich.
Im deutschen Sprachraum hat sich auch das auf Achtsamkeit gegründete Verfahren zur Stressreduktion von Kabat-Zinn etabliert, das nachweisbar Wirkungen hat (Bucher 1999, S. 157).
Nach dem Vorbild von C. G. Jung werden auch „Mandalas" zur Betrachtung oder durch Malen in der Meditation eingesetzt. Meditative Praxis kann oft wirksamer sein als autogenes Training oder progressive Muskelentspannung.

Spiritualität als Aufgabe der Psychotherapie Älterer

Das Leben besteht aus Entwicklungsaufgaben in Stufen. Zur letzten Stufe „Alter" gehört die Auseinandersetzung mit der Endlichkeit, dem Sterben und dem Tod. Wer diese Aufgabe nicht löst, regrediert in infantile Ängste und Panik oder stirbt wort- und gedankenlos: „Das war's." Kreativität und Spiritualität können helfen, die Aufgaben und Ängste der letzten Entwicklungsphase zu bewältigen. Die Frage an die Patienten lautet: Werden die Fragen nach der Endlichkeit Ihres Lebens für Sie wichtig? Wie haben Sie sich in Ihrem Lebenslauf mit der Endlichkeit auseinandergesetzt?
Die spirituelle Frage stellt sich natürlich in jeder Lebensphase, wahrscheinlich aber immer drängender, je älter die Patienten und Patientinnen werden.
Fragen und Antworten zur Spiritualität, zum Weg der Mystik sollten eine Psychotherapie der über 60-Jährigen begleiten. Die über 60-Jährigen sollten Orte und Angebote der Einübung in Achtsamkeit und Meditation vermittelt bekommen. (H. Radebold: Förderung von Kreativität und Spiritualität – eine Aufgabe der Psychotherapie Älterer. In: P. Bäurle: Spiritualität und Kreativität in der Psychotherapie mit älteren Menschen. Bern: Huber 2005, S. 305–312)

3.2 Neurotheologische Lebenskünste im Alter

Die Neurotheologie erweitert die Übungen zur Lebenskunst im Alter erheblich. Sie geht von der Prämisse aus: Wenn man im Alter intensiv über „die zentralen Fragen des Alters nachdenkt ... wächst das Gehirn" (A. Newberg, M. R. Waldman: Der Fingerabdruck Gottes, S. 51, 54, 69, 72, 95, 120, 147, 201, 207ff).
Die Neurotheologie schlägt folgende Übungen für den Körper im Alter vor: bewusstes Atmen, tiefes Gähnen, Entspannungsreduktion, progressive Muskelentspannung, Visualisierung und geführtes Bilderleben, Gehmeditation, Gedächtnissteigerung, sich seinen Dämonen stellen, der imaginäre Kampf, anderen Freundlichkeit und Vergebung senden (S. 247–296).
Die Übung dieser Aufgaben kann vielleicht ein Gefühl des Eins-Seins mit dem Göttlichen zur Folge haben. „Dies ist offensichtlich eines der mächtigsten Erlebnisse, das Menschen im Alter machen können." (S. 296) Denn Meditation ist „gesund und kann Sie Gott näher bringen" (S. 297).

Die Neurotheologie schlägt aber auch folgende **acht Lebenskunstmethoden** vor, mit denen Sie im Alter den körperlichen, geistigen und spirituellen Gesundheitszustand Ihres Gehirns verbessern können. Dabei ist es nicht von Bedeutung, „wie Sie an Gott glauben ... Diese Methoden funktionieren auch, wenn Sie gar nicht an ihn glauben." (Newberg/Waldman, S. 201) Stellen wir nun diese Methoden kurz vor:

8. **Lächeln:** Lächeln ist die Methode, die im Buddhismus eine große Rolle spielt. Lächeln belebt die Neuralkreisläufe und fordert zwischenmenschlichen Umgang. Lachen regt immer wieder neue Nervenpfade an.

7. **Geistig fit bleiben:** Gedächtnisübungen können die kognitiven Funktionen besonders bei älteren Menschen verbessern. Sie sollten philosophische Schriften lesen, darüber diskutieren, um ihr Gehirn zu aktivieren. Auch Computerspiele zur Förderung der geistigen Fähigkeiten sind zu benutzen (S. 209).

6. **Bewusst entspannen:** Stress ist weltweit die Todesursache Nummer eins. Der beste Weg zur Entspannung führt über die Konzentration auf den Atem.

5. **Gähnen:** Gähnen ist das bestgehütete Geheimnis der Neurowissenschaft. Gähnen entspannt nicht nur, es befördert Sie auch in einen höheren Zustand des kognitiven Bewusstseins.

4. **Meditieren:** Antistresshormone und biologische Botenstoffe sowie depressionshemmende Neurotransmitter wie Dopamin und Serotonin werden durch Meditation im Körper produziert. Sie können Ihre Meditation auch durch Visualisierungen, geführtes Bilderleben und Selbsthypnose ausbauen.

3. **Bewegung:** Leibesübungen reparieren und schützen Sie vor stressbedingten neurologischen Schäden. Sie schützen vor Alzheimer. Bei älteren Patienten entsprechen tägliche Leibesübungen tatsächlich zwölf Sitzungen einer psychodynamischen Psychotherapie (Newberg/Waldman, S. 219).

2. **Gespräche mit anderen:** Besonders philosophische Gespräche über die Evolution, den Urknall und den Endknall, über Gott und das 23. Jahrhundert stabilisieren das Gehirnwachstum im Alter.

1. **Glaube und Wissen:** Egal, was Sie glauben oder was Sie wissen über die Welt, die Erde, den Menschen und Gott – wenn Sie einen gemäßigten Optimismus vertreten, sind Sie auf der sicheren Seite, im Alter geistig gesund zu bleiben. Das Glauben oder Wissen über Nihilismus oder bösartige autoritäre Götter ist in jedem Fall ein Mittel, krank zu werden, Wutanfällen zu verfallen und ständig Stress zu haben. Sie bereiten sich auf diesem Weg schnell Selbstzerstörung oder Tod vor. Hoffnung und Optimismus werden Ihr Leben „um Monate oder sogar Jahre verlängern“ (S. 231). Das lehrt auch der Logo-Therapeut Viktor Frankl in seinem Buch: „... trotzdem Ja zum Leben sagen. Ein Psychologe erlebt das Konzentrationslager“ (München: dtv 2008) (vgl. auch A. Newberg, E. d'Aquili: Der gedachte Gott. München: dtv 2003).

Die Bedeutung der Traumdeutung im Alter ist nicht unumstritten. Befassen wir uns mit dem Träumen im Alter.

3.3 Traumdeutung im Alter

Das Altern findet oft im Verborgenen statt, besonders bei Menschen, die sich lieber als „ewig Junge" verstehen. Das Altern wird verdrängt und muss mit der Wiederkehr des Verdrängten rechnen. Deshalb ist der Königsweg zum Unbewussten, die Traumdeutung, besonders im Alter wichtig, wie auch S. Freud in seiner Selbstanalyse und in seinem Hauptwerk „Traumdeutung" (1900) feststellte. Das Alter ist die große Zeit des Loslassens. Die Zukunft schrumpft. Der Tod rückt näher von Tag zu Tag. Es ist deshalb nur natürlich, dass das Altern mit Angstträumen verbunden ist. Im Traum vom alten Menschen können folgende Bilder erscheinen:

Angstsymbole der Träume und Tagträume im Alter

Traumsymbole	Mögliche Bedeutung
Altersheim	Sorge um materielle Versorgung
Begräbnis	Trennung von wichtigen Personen
Dunkelheit	Hinweis auf Unwissenheit
Ertrinken	Erlebnis der Hilflosigkeit, Warnung vor Verlust des Lebenswillens
Hinrichtung	Notwendigkeit geistiger Neurorientierung
Krankenhaus	Wunsch nach Hilfe
Krankheit	Erlebnis der Lebensuntüchtigkeit
Leiche	Symbol einer abgestorbenen Seite der Psyche
Meer	Bild des kollektiven Unbewussten der Unendlichkeit
Operation	Hinweis auf psychische Störung
Raubtier	Symbol für Aggression
Testament	Angst vor Alter und Krankheit
Ungeheuer	Hinweis auf unbewusste Persönlichkeitsstörung
Wüste	Erfahrung seelischer Vereinsamung

(G. Harnisch: Das große Traumlexikon. Freiburg: Herder 1997)

Traumbilder von Krankheiten ermuntern zur Wahrnehmung der eigenen Begrenztheit. Herzkrankheiten deuten auf Störungen hin. Augenleiden sprechen von Problemen, Beziehungen klar zu erkennen. Eigentliche Krankheitsträume sprechen von radikalen Herausforderungen. Traumbilder vom Tod können als schwarzes Pferd erscheinen, als Bild von der Lebensuhr, vom Baum des Lebens, der alt wird. „Solche Träume von Tod teilen sich oft in so klaren Bil-

dern mit, dass da nicht viel zu entschlüsseln ist." (G. Harnisch: Die Botschaft der Angstträume. Freiburg: Herder 1997, S. 121)
Menschen in der Nähe des Todes träumen auch von gewaltigen Landschaften, von Felsentoren, Sonnenuntergängen oder Flüssen, die sie zu überqueren hatten. Sie weisen auf die Archetypen des kollektiven Unbewussten hin und auf die Vorbereitung zum Loslassen, zum Abschied, zum Ende der Endlichkeit. Auf den ersten Blick scheint das Deuten der Angstträume im Alter so schwer zu sein wie das Erlernen einer Fremdsprache. Die Sprache der Angstträume ist fremd, weil sie aus dem Unbewussten stammt und zugleich vertraut, weil sie aus *unserem* Unbewussten stammt.

Bei der Deutung der Träume im Alter ist auf folgende Regeln zu achten:
1. Ort und Zeit können wichtige Aufschlüsse über die Bedeutung der Träume geben. Achten Sie auf „Tagesreste", auf Ereignisse von gestern, die sich im Traum melden, weil sie noch nicht bewältigt sind.
2. Klären Sie, welche Rolle Sie im Traum spielen, oder welche Anteile von Ihnen im Traum personifiziert werden. Gerade unsere Schattenanteile geben uns Hinweise auf Aufbruch und Erneuerung.
3. Achten Sie auf Ihre Gefühle beim Aufwachen aus einem Traum. Positive Gefühle wollen uns bestärken, negative Gefühle wollen uns warnen.

Es gibt Voraussetzungen für eine gelingende Traumarbeit:
1. Die Traumerinnerungen müssen trainiert werden. Beim Aufwachen hilft die erste Frage: Was habe ich geträumt?
2. Alte Traumerinnerungen sollten Sie in einem Traumtagebuch notieren oder durch Skizzen fixieren.
3. Schreiben Sie nach dem Traumtext alle freien Assoziationen auf, die Ihnen zum Traumtext einfallen. Fassen Sie diese Assoziationen in einem Deutungstext zusammen. Benutzen Sie folgende Schemata zur Fixierung ihres Traumes:
   - Wichtige Ereignisse vom Vortag
   - Neue Einflüsse durch Nahrung, Genuss und Arzneimittel
   - Trauminhalte: Einzelheiten der Traumhandlung, wichtige Symbole, Metaphern, Chiffre, archetypische Bilder
   - Verfassen Sie Ihren Deutungstext durch Einbeziehung Ihrer Assoziationen zum Traum
   - Klären Sie, ob der Traum zu einer Serie gehört, die Sie schon lange erleben
   - Kontrollieren Sie Ihre Deutung auf Plausibilität

Das Resümee lautet:
Traumdeutung im Alter ist der Kern der psychoanalytischen Selbstanalyse im Alter.
Die psychoanalytische Selbstanalyse ist die Psychoanalyse für alle Alten.
Die Psychoanalyse für alle kann im Alter besonders die Entwicklung von Depressionen verhindern, die Förderung der Identität und den Abschied vom Leben unterstützen. Sie steht gegen die oft plötzliche Todespanik der erkannten Endlichkeit.

Trauern und Traum im Alter

Der Tod ist im Alter immer eine reale Bedrohung. Er erscheint nicht nur als die Beendigung des eigenen Lebens, sondern auch als Ende des Lebens der Anderen als Ende der Menschheit und der Welt überhaupt. Die Folge des Sterbens von vielen im Alter, mit denen man verbunden war, ist Trauer. Das Ende einer Beziehung zu einem Freund/einer Freundin kann Verzweiflung auslösen wie der drohende eigene Tod. Der Tod der anderen löst eine radikale Veränderung des Selbsterlebens aus, das nach V. Kast in vier Phasen verläuft:

1. Nicht-wahrhaben-Können
2. Aufbrechen von chaotischen Emotionen
3. Suchen nach einer Bewältigung von Trauer
4. Aufbau eines neuen Selbst- und Weltbezuges

(V. Kast: Trauern. Phasen und Chancen des psychischen Prozesses. Freiburg: Kreuz-Verl. 2020, S. 65f.)

Die 1. Phase des Trauerns wird geprägt durch einen Gefühlsschock. Der/die Trauernde ist unter dem einen starken Gefühl erstarrt (Kast, S. 70). Oft kommen plötzliche Tränenausbrüche.
Die 2. Phase zeigt chaotische Gefühlsausbrüche. Träume in dieser Phase zeigen Wut, Zorn, tiefe Niedergeschlagenheit. Das Emotionschaos ist ein Bild für das Chaos im Leben, in dem Altes verschwindet und Neues sich bildet.
In der 3. Phase tauchen Träume auf, die zu Gesprächen mit der/dem verlorenen Partner/Partnerin führen, die leibhaftig in den Träumen auftauchen. Die Entwicklung dieser Zwiegespräche kann zur Trennung von dem Partner/der Partnerin führen, wie er/sie zu Lebzeiten war. Diese Phase kann Wochen bis Jahre dauern.
Die 4. Phase führt dazu, dass der/die Trauernde auch neue Beziehungen eingeht. In dieser Phase kann es Rückfälle in die früheren Phasen der Trauer geben. Die Erfahrung des Todes von anderen ist der stärkste Stress im Leben.

„Angesichts des Todes stellt sich die Sinnfrage radikal." (Kast, S. 85) Träume können in diesen Situationen Lebenshilfe geben. Der Gedanke an den Tod kann nur ertragen werden, wenn „wir uns gleichzeitig vorstellen, dass der Tod uns mit etwas verschmelzen lässt, „das uns übersteigt" (S. 140). Der/die Trauernde sehnt sich nach der Symbiose mit dem Größten. Möglich sind mystische Erfahrungen im Traum wie im Alltag. „Das mystische Erleben ist ein Verschmelzen des Mystikers mit dem Göttlichen, das Aufgehen in einem größeren Ganzen." (S. 141) Solche mystischen Erlebnisse können auch in Erotik und Sexualität erlebt werden, die dann in neuen Beziehungen ausgelebt werden können. Liebe und Tod, Tod und Liebe liegen nahe beisammen.

Davon spricht R. M. Rilke in seinem Gedicht „Schlussstück":

„Der Tod ist groß.
Wir sind die Seinen
lachenden Munds.
Wenn wir uns mitten im Leben meinen,
wagt er zu weinen
mitten in uns."
(R. M. Rilke: Das Stundenbuch. Frankfurt: Insel 1995, S. 32)

Der Tod führt zur völligen Sinnlosigkeit und provoziert die Suche nach dem absoluten Sinn. In Träumen können deshalb jetzt Hilfegestalten auftreten, wie im Märchen. Es gilt aber auch hier, den Lebensrhythmus von „Symbiose, Loslösung und Individuation zu wahren" (S. 153). Die im Alter häufig auftretende Abschiedstrauer beim Sterben im Umfeld, „lässt uns das Bleibende suchen, das wir dann mehr als nur bleibend haben wollen" (S. 153). Die Entwertung der Welt, die eigene Existenz in der Zukunft zeigt gnadenlos die Abschiedlichkeit der eigenen Existenz.
Die Träume sprechen von Trennung, von Todesschock, vom eigenen Tod, vom Tod der Eltern, radikalen Änderungen, dem Tod des Großen-Ichs, von Grenzsituationen. Es liegt nahe, dass die Suche nach Transzendenz aufbricht, als Sehnsucht nach einer Symbiose mit der Lebenssteigerung des Ewigen. Wenn diese Sehnsucht total enttäuscht wird, droht Depression. Denn der drohende Tod des eigenen Lebens oder des Lebens der anderen ist ein grauenhafter Schmerz. Er zerstört unseren Narzissmus, wenn der Verlust nicht durch positive Träume und die Trauer nicht durch Trost eingehegt wird.

Je nach Größe des Umfelds der Anderen, die sterben, treten Trauerphasen auf oder werden verdrängt, um dann in Depressionen überzugehen. Das Alter umfasst so mehrere Phasen des „Stirb und Werde". In diesem Prozess bildet sich dann die „abschiedliche Existenz vor Transzendenz". Als eine solche wird in der Phase des eigenen Sterbens nach Kübler-Ross die „abschiedliche Existenz" folgende Lebensabschnitte durchleben, wenn sie erfährt, dass sie an einer Krankheit leidet, die zum Tode führt:

1. Phase: Nicht-Wahrhaben-Wollen
2. Phase: Zorn
3. Phase Verhandeln
4. Phase: Depression
5. Phase: Zustimmung

(E. Kübler-Ross: Gespräche mit Sterbenden. Stuttgart: Kreuz-Verlag 1980)

Diese Stadien werden auch den Trauerprozess der Hinterbliebenen prägen und ihre Träume. Das Alter ist also durch periodische Phasen der Trauerarbeit geprägt, die S. Freud als Abzug der Libido vom verlorenen Objekt beschreibt und Paula Hermann so bestimmt: „In der Trauerarbeit werden die Schmerzen aller vergangenen Verluste wiederholt ... Nur ein gesunder Narzissmus kann das Mitleiden bewältigen und die Belohnung des Weiter-Existierens für das Durchstehen der Trauerarbeit erleben." (P. Herrmann: Bemerkungen zum Arbeitsbegriff in der Psychoanalyse. In: Psyche, 10, 1966, S. 321)

Für Ingeborg Bachmann ist die von Trauerarbeit geprägte Altersphase und ihr Ende im folgenden Gedicht benannt:

„Die Liebe hat einen Triumph
und der Tod hat einen,
die Zeit und die Zeit danach.
Wir haben keinen.

Nur Sinken um uns
von Gestirnen, Abglanz und Schweigen.
Doch das Lied über'm Staub danach
wird uns übersteigen."
(I. Bachmann: Sämtliche Gedichte. München: Piper 2010, S. 157)

Viele haben die Romane von Irvin Yalom „Und Nietzsche weinte" (1994), „Die Schopenhauer-Kur" (2005), „Das Spinoza-Problem" (2012) gelesen. Sie haben damit schon einen Begriff von existentieller Psychotherapie. Über die von Yalom entwickelte und praktizierte Psychotherapie wird das folgende Kapitel informieren.

3.4 Irvin Yalom und die existentielle Psychotherapie im Alter

Klassische Psychotherapieschulen waren lange skeptisch gegenüber einer Psychotherapie mit Alten. S. Freud unterstellte den Alten eine fehlende Plastizität der seelischen Vorgänge. Der Tod als das Noch-nicht-Erlebte spielt in Freuds Psychoanalyse eine untergeordnete Rolle. Unter dem Einfluss der Existenzphilosophie stellt sich aber das Alter geradezu als „existentielles Lebensalter" dar. Durch seine vielen Verluste und seine Nähe zum Tode wird das höhere Alter zu einer existentiellen Aufgabe. Existentielle Psychotherapeuten stützen sich auf ein Konzept der Alterspsychotherapie, die dringlich ist, weil immer mehr Menschen ein hohes Alter erreichen und die existentiellen Grundfragen – Sinn, Leiden, Schmerz und Tod – sich in dieser Lebensphase verstärkt stellen.

Die Existenzphilosophie hat nicht nur eine enge Beziehung zur Thematisierung der Probleme des Alters, sondern gibt mit Sören Kierkegaard (1813–1855), Karl Jaspers (1883-1959), Martin Heidegger (1889–1976), Jean-Paul Sartre (1905–1980), Simone de Beauvoir (1908–1986) und Albert Camus (1913–1969) viele therapeutische Hinweise zum Umgang mit der Alterskrise und ihrer existentiellen Bedeutung und der Lebenskunst im Alter (vgl. R. T. Vogel: Existentielle Themen in der Psychotherapie. Stuttgart: Kohlhammer 2013).

Viele der philosophischen Erkenntnisse der Existenzphilosophen können auf psychotherapeutische Prozesse mit Alten heruntergebrochen werden. Es lassen sich folgende psychotherapeutisch wichtige Einsichten der Existenzphilosophie für das Alter feststellen:

1. Das menschliche Dasein ist ein Seiendes, das sich zu sich selbst verhält und sich besonders im Alter um sich selbst sorgt (Heidegger).
2. Existentielle Themen, wie Sinn, Sterben, Einsamkeit, Verzweiflung, Panik, sind ständiges Anliegen der Existenzphilosophie des Alters (Jaspers).
3. Der Mensch setzt sich gerade im Alter mit der Zeitlichkeit und Endlichkeit seines Lebens auseinander (Camus).
4. Durch die vorweggenommene Vorstellung seiner Endlichkeit drohen immer wieder Existenz- und Vernichtungsängste im Alter (Kierkegaard).
5. Die eigene Identität ist immer wieder frei wählbar, was im Alter mit Pensionsschock und Verlusten körperlicher Art zur häufigen Neuerfindung der Identität im Alter zwingt (Sartre, de Beauvoir).

6. Wenn der alte Mensch auch ins Alter geworfen wird (Heidegger), ist er doch auch im Alter zur Freiheit verurteilt (Sartre, de Beauvoir).
7. Der Mensch ist im Alter besonders durch den Blick des Anderen existent. Dieser beeinflusst unseren Existenzentwurf im Alter und ist beteiligt an der Entstehung typischer Altersneurosen, wie Zwangsneurose, Sexualphobie, Psychose und psychosomatischer Verdrängung (Sartre).

Wer aber ist Irvin Yalom?

Biografie von Irvin Yalom

1931 wurde Irvin Yalom als Sohn jüdischer Emigranten in den USA geboren. Seine Eltern betrieben einen Gemüseladen im Ghetto von Washington. Sicherster Ort war die Bibliothek, in der Yalom zum Vielleser wurde, u. a. Dostojewski und Tolstoi. Er litt unter vielen Ängsten, verstand sich als Außenseiter. Mit 14 Jahren verliebte er sich in eine Frau, mit der er später vier Kinder hatte und bis zu ihrem Tode im Jahre 2019 zusammen blieb. Er studierte Medizin. 1956 promovierte er an der Universität Boston. 1960–63 absolvierte er eine Facharztausbildung als Psychiater an der Johns-Hopkins-Universität. 1963 war er Assistenzprofessor an der Stanford-Universität in Kalifornien. Er begann sich für Existenzphilosophie zu interessieren und schrieb sein Hauptwerk „Existentielle Psychotherapie". Er absolvierte eine klassische Psychoanalyse, die er nicht gut fand. Erst die dreijährige Analyse bei Rollo May am William Alanson White Institute in Washington machte ihn mit existentieller Psychotherapie vertraut. 1973–1994 war er Professor für Psychiatrie an der Stanford Universität. Mit 63 Jahren ging er in Frührente, um bis heute therapeutisch zu arbeiten und zu schreiben.

So entstanden auch die Romane „Und Nietzsche weinte" (1994), wo Nietzsche den Arzt Breuer von der Todesangst befreit durch die Lehre von der ewigen Wiederkehr, „Die Schopenhauer-Kur" (2005), wo ein Schüler von Yalom sich mit Schopenhauer selbst heilt, und „Das Spinoza-Problem" (2012), wo er schildert, wie man Faschisten mit Spinoza verunsichern kann.

Sein Hauptwerk „Existentielle Psychotherapie" (Köln: Edition Humanistische Psychologie 2000) behandelt vier existentielle Schwerpunkte, die auch im Alter wichtig sind.

Es gibt im Alter folgende Grenzsituationen:
1. Die Angst vor dem Tode, die hinter jeder Neurose steckt
2. Die Schwierigkeit ein freies Leben zu führen
3. Die Erfahrung der Einsamkeit
4. Das Problem der Sinnlosigkeit

Die Existenzphilosophie hat intensiv über die Vergänglichkeit, das Leben als Alterungsprozess und das Diktat des Todes gearbeitet.
Die Moderne ist zugleich ein Ort der Orientierungslosigkeit und Unsicherheit, besonders im Alter, das beschreibt Yalom umfassend in seiner Autobiografie. In ihr stellt er fest, dass die beste Lebenskunst gegen die Angst vor Sterben und Tod das Schreiben ist: Er notiert, „dass der Akt des Schreibens mein Versuch ist, den Lauf der Zeit und den unvermeidlichen Tod zu benennen ... Ich glaube, dieser Gedanke erklärt die Intensität meiner Leidenschaft zu schreiben – und damit nicht aufzuhören." (I. Yalom: Wie man wird, was man ist. Memoiren eines Psychotherapeuten. München: b+b 2017, S. 382f.)

Im hohen Alter schrieb Yalom Kurzgeschichten über die Therapie älterer Menschen, „die sich mit Problemen des höheren Alters auseinandersetzten, wie Ruhestand, Altern und die Konfrontation mit dem Tod" (Yalom, S. 392). Wichtig wurde für ihn im Alter auch die Teilnahme an Selbsterfahrungsgruppen. Über seine Erfahrung in diesen Gruppen schreibt er: „Wir haben den Tod von Ehepartnern, Wiederheirat, Ruhestand, Krankheiten in der Familie, Probleme mit den Kindern und Umzug in ein Altenheim besprochen. In jedem einzelnen Fall sind wir dabei geblieben, uns selbst und gegenseitig aufrichtig zu hinterfragen." (S. 405)
Dabei wurde die schwierigste Erfahrung, den Beginn und die Entwicklung von Demenz bei zwei hochgeschätzten Mitgliedern mitzuerleben.

Im Alter gehörte Yalom auch zu einer Schreibgruppe für Ärzte mit Namen „Pegasus", die sich einmal im Monat für zwei Stunden trifft, um ihre Texte zu besprechen. Er gibt offen zu, dass er im Alter oft von großen Schrecken heimgesucht wird. „Das Alter ist bedrohlicher als ich es mir vorgestellt habe. Die Schmerzen in den Knien, die Gleichgewichtsstörungen, der steife Rücken am frühen Morgen, die Erschöpfung, die nachlassende Seh- und Hörfähigkeit, die Hautflecken, all dies ist mir bewusst, aber gegenüber dem schlechter werdenden Gedächtnis eher nebensächlich." (S. 436)
Das Gedächtnis lässt ihn nun oft im Stich. „Ich erkenne vertraute Gesichter, aber die Namen sind verflogen." (S. 437) Verlorene Schlüssel, Brillen, IPhones, Telefonnummern und der genaue Parkplatz, „das ist mein täglich Brot"

(Yalom, S. 438). Viele Lieblingsbücher liest er nochmals im Alter, als wenn er sie nie gelesen hätte.
Um seine Angst vor dem Tod zu lindern, denkt er nun oft an einige Spuren, die sein Leben hinterlassen wird in nachfolgenden Generationen. Er gibt zu: „Ich bin ein Novize darin, 85 zu sein, und ich hadere damit, alt zu sein." (S. 441) Er weiß, dass er sein Leben lebenslang analysiert hat, aber „ich merke jetzt, was für ein Jammertal noch in mir ist, das ich wohl nie werde bewältigen können" (S. 442). Deshalb sprechen ihn die Worte von Nietzsches Zarathustra an: „War das das Leben? Wohlan! Noch einmal!" (S. 444) Der Gedanke an die Wiedergeburt hindert ihn, angesichts des Todes wahnsinnig zu werden.

Über die Psychotherapie denkt er im Alter:
„Die Therapie sollte sich immer an der Beziehung Patient–Therapeut, niemals an einer Theorie orientieren." Angesichts der Grenzsituationen sind Therapeut und Patient als Reisegefährten im Alter auf Augenhöhe.

Yalom zeigt in seinen Fallgeschichten und Romanen, dass der Therapeut von der Bipolarität des Lebens ausgehen muss. Wenn man weiß, dass Bipolaritäten das Leben bestimmen, dann kann Trauer aus Todesangst entstehen, dann können Zwangsstörungen aus Freiheitsverlust, soziale Ängste mit Beziehungsmangel und Depressionen mit Sinnlosigkeitsgefühlen zusammenhängen.

Diese Zusammenhänge werden für Yalom auch in den griechischen Mythen thematisiert:

Der Tod im „Orpheus-und-Eurydike-Mythos";
Das Problem der Freiheit in der „Ilias" von Homer;
Das Problem der Einsamkeit im „Narziss-Mythos";
Das Problem der Sinnlosigkeit im „Sisyphos-Mythos".

Die Auseinandersetzungen mit diesen Mythen schaffen auch für den Selbstanalytiker Möglichkeiten der Selbstanalyse. Yalom geht damit über Freuds „Ödipus-Mythos" hinaus und eröffnet das weite Feld der archetypischen Muster, die den alten Menschen quälen können, die aber im Mythos ihre Abschwächung finden.
Das Alter muss wissen, dass es in Polaritäten verstrickt ist, „die man mit Hilfe einer therapeutischen Lebenskunst ein Stück weit verstehen und ein Stück weit in ein ausgeglicheneres Leben integrieren kann" (G. Gödde, J. Zirfass: Therapeutik und Lebenskunst. Gießen: Psychosozial 2016, S. 678).
Zu bedenken bleibt aber, „ob in der digitalen Revolution unser Alter mittels neurologischer, medizinischer und nanotechnologischer Entwicklungen

vielleicht besser, intensiver und umfassender neu gestaltet werden kann" (Gödde/Zirfass, S. 607).
Sicher ist auf jeden Fall, dass das Alter vor neuen Chancen steht, aber auch vor der Gefahr, dass Utopie in Dystopie umschlägt. Aber wichtig ist, die Perspektiven von Ray Kurzweil und Aubrey de Grey, „niemals zu altern" im Blick zu behalten. Vielleicht sind diese Perspektiven erst für die Ur-Enkel realistisch. Für die heutigen Alten ist das Arsenal der Konzepte „schöpferisch zu altern", die Lebensspanne „zu verlängern" und damit auch die Beziehung zum Absoluten zu vertiefen, weiter auszuschöpfen und zu vertiefen.
So viel steht fest: „Künstliche Intelligenz" kann uns die heutigen Ängste und heutigen existentiellen Krisen nicht abnehmen. „Die Lektion der künstlichen Intelligenz besteht nicht darin, rational zu werden wie Maschinen, sondern zu erkennen, was Rationalität nicht leisten kann", meint R. D. Precht in seinem Buch „Künstliche Intelligenz und der Sinn des Lebens" (München: Goldmann 2020, S. 240).

Stress ist im Alter ein wichtiger Faktor, der den körperlichen Zerfall beschleunigt. Deshalb ist nun ein Blick auf das autogene Training, mit dem man Stress abbauen kann, nötig.

3.5 Autogenes Training im Alter

Die enormen Herausforderungen des Alters, die plötzlich eintreten und oft Fragen von Leben und Tod aufwerfen, sind ohne autogenes Training (AT) nicht zu bewältigen.
Das autogene Training hat Ähnlichkeiten mit mystischen Versenkungsübungen, mit Hypnose und Suggestion, aber auch mit Yoga und der progressiven Muskelrelaxation von Edmund Jacobson. Das autogene Training hat auch Berührungspunkte mit der Psychoanalyse von Sigmund Freud und C. G. Jung. Der Vorteil des autogenen Trainings gegenüber diesen genannten Methoden ist jedoch: Das Training ist leichter zu lernen. Jede Volkshochschule bietet es an. Es kann in jeder Lebenssituation praktiziert werden. Seine Einteilung in Grund-, Mittel- und Oberstufe gibt den älteren Menschen ein Stück Autonomie zurück. Jede/r kann selbst entscheiden, wie weit er/sie im autogenen Training gehen will, um Krisen zu bewältigen. Wer über die Stellung des AT im Kontext der Entspannungsverfahren mehr erfahren will, sollte das Lehrbuch

des AT-Erfinders J. H. Schultz mit dem Titel „Das autogene Training“ (Stuttgart: Thieme 1994, S. 244–297) lesen.

Johannes H. Schultz (1884–1970) arbeitete als junger Facharzt bei Oskar Vogt, dem Erforscher der Hypnose, an der medizinischen Fakultät der Universität Breslau. Er hatte Zugang zu dem „Hypnose Ambulatorium“ von Vogt und entdeckte, dass alle hypnotisierten Patienten die Trance als Schwere- und Wärmeerlebnis in Armen und Beinen, als Ruhe der Atmung, Wärme im Leib und als Kühle der Stirn erlebten. Die Idee, dass die Alten sich die Schwere-, Wärme-, Ruhe- und Kühleerlebnisse in Selbsttrance vergegenwärtigen können, stand am Beginn der Entwicklung des AT.

Wichtige Ideen zum AT gewann J. H. Schultz auf einer Indienreise aus seiner Begegnung mit der indischen Philosophie und Praxis. „Die Stufeneinteilung und das gradweise Aufsteigen der Übungen des autogenen Trainings zeigen eine Analogie zu den Meditationsübungen des Kundalini-Yoga.“ (F. Doucet: Geschichte der Psychologie. München: Reinhardt 1971, S. 163)

Das AT basiert auf folgenden Grundsätzen:
- Jedes Individuum kann sich auch im Alter leicht Selbstsuggestion vermitteln.
- Alle alten Menschen können Selbstkontrolle und Selbststeuerung praktizieren.
- Sie können ihren Körper in effektive Entspannungszustände versetzen.
- Sie können sich effektiv auf Veränderungen ihres Körpergefühls konzentrieren.
- Sie können den Einfluss äußerer Reize auf das Nervensystem durch Schließen der Augen, der Ohren und durch eine Ruhelage des Körpers stark mildern.
- Sie können das sympathische Nervensystem der Anspannung schwächen und das parasympathische Nervensystem der Entspannung stärken.

Diese **Grundsätze** lassen sich durch sechs Übungen in die Praxis umsetzen, die jeweils nur 15 Minuten dauern können:
Phase 1: Schwereübung: Sagen Sie zu sich: „Meine Arme und Beine fühlen sich schwer an.“
Phase 2: Wärmeübung: Sagen Sie zu sich: „Meine Arme und Hände fühlen sich warm an.“
Phase 3: Herzübung: Sagen Sie zu sich: „Mein Herz ist ruhig und entspannt.“
Phase 4: Atemübung: Sagen Sie zu sich: „Mein Atem ist ruhig und entspannt.“

Phase 5: Sonnengeflecht des Bauches: Sagen Sie zu sich: „Mein Sonnengeflecht ist ruhig und entspannt."
Phase 6: Stirnübung: Sagen Sie zu sich: „Meine Stirn ist angenehm kühl."
(Schultz: Das autogene Training. Stuttgart: Thieme 1994, S. 13–82)

Diese Grundübungen umfassen die Unterstufe des AT. Auf ihnen bauen die Mittelstufe und Oberstufe des AT auf.

Auf der **Mittelstufe** wird mit formelhaften Sätzen die Selbstsuggestion vertieft. Sagen Sie mehrmals zu sich: „Meine Angst vor dem Arzt ist ganz gleichgültig", „Der Umzug ins Heim ist ganz leicht", „Meine Lage wird von Tag zu Tag besser" usw.

Auf der **Oberstufe** ermöglichen Visualisierungsübungen einen vertieften Ausbau der autogenen Selbsterneuerung. Man kann die Lieblingsfarbe, abstrakte Ideen (wie Gerechtigkeit, Glück, Liebe usw.) erscheinen lassen oder sich Vater- oder Muttergestalten, das Bild bestimmter anderer Menschen oder philosophische Grundprobleme des Alters vorstellen. Dann versenkt man sich in das Bild des Todes, der Ewigkeit, der Unsterblichkeit und den Sinn des Lebens (Schultz, S. 187). Oder man kann auf der Oberstufe Fragen stellen an das Unbewusste, z.B.: Gibt es einen Gott? Gibt es ein Leben nach dem Tod? Woher kommen wir? Wer sind wir? Wohin gehen wir?

Die wichtigsten Übungen des AT der Oberstufe heißen:

- Farberlebnisse
- Wahrnehmung konkreter Gegenstände beim Gang über eine Wiese
- Abstrakte Werte
- Der Weg auf den Meeresgrund
- Der Weg auf die Bergeshöhe

Beschreiben wir kurz den Weg auf den Meeresgrund und den Weg auf die Bergeshöhe:
Wie in Dantes „Göttlicher Komödie" sollten der Weg auf den Meeresgrund und der Weg auf die Bergeshöhe als Weg ins Inferno und dann als Weg ins Paradies verstanden werden.
Sagen Sie sich auf dem Weg zum Meeresgrund im Zustand der Trance: „Ich habe einen Zauberstab, der hilft mir auf der Reise zum Meeresgrund. Sollten gefährliche Wesen auftauchen, kann der Zauberstab sie wegzaubern. Das Auftauchen positiver Wesen bedeutet Stärkung."

Beim Weg auf die Bergeshöhe ergeben sich Lichterlebnisse und die Begegnung mit dem/der alten Weisen. Diese Begegnungen bedeuten eine weitere Stärkung der Selbstheilungskräfte.
Nach beiden Wegen sollte man sich sorgfältig zurücknehmen und einen Text über die Reiseerlebnisse verfassen.

Besonders durch die Übungen der Oberstufe kann der/die ältere Übende in Trance folgenden Nutzen haben:

- Er/sie kann die eigene Lebens- und Todeshaltung ergründen und ändern.
- Sein/ihr Bewusstsein kann sich erweitern.
- Seine/ihre Kreativität wird in Trance stimuliert.
- Neue Denkmuster können aktiviert werden.
- Spirituelle Erlebnisse, Lust und Zufriedenheitsgefühle können sich ereignen.

Dem AT werden heute zunehmend positive Wirksamkeitsnachweise auch im Alter nachgewiesen.

Kommen wir nun zu einer neuen Dimension des Alterns: das Altern als Paar.

3.6 Wenn Paare altern

Paare im Blick der Paartherapie

Die Paartherapie entwickelte sich synchron zur Verlängerung der Ehen aufgrund der Lebensverlängerung. Sie entstand in den 60er und 70er Jahren des 20. Jahrhunderts. Ein Überblick über diese Entwicklung gibt W. Schmidbauer mit seinen Büchern „Altern ohne Angst. Ein psychologischer Begleiter“ (Reinbek: Rowohlt 2003) und „Psychotherapie im Alter. Eine praktische Orientierungshilfe (Stuttgart: Thieme 2005).

Im deutschen Sprachraum hat zuerst Horst-Eberhard Richter 1963 den psychoanalytischen Blick auf die Familie und ihre Konflikte gerichtet. Er entwickelte dafür eine Rollentheorie, die sich auch zur Beschreibung von Paarverhältnissen unter Erwachsenen im Alter eignet. Die Paar-Rollen sind auch im Alter durch unbewusste und bewusste gegenseitige Erwartungen der

Partner charakterisiert. Die Rollen werden benutzt, um sich kompensatorisch von inneren Konfliktspannungen zu entlasten. Statt Konflikte selbst zu lösen, wird der Partner manipuliert, als Abbild dressiert, als Ersatzobjekt missbraucht oder er hat als narzisstische Fortsetzung des eigenen Selbst zu fungieren.

H. E. Richter unterscheidet in seinem Buch „Eltern, Kind und Neurose" (Reinbek: Rowohlt 1973) zwischen folgenden Rollenmustern:

1. **Rolle eines Partnerersatzes**: A wird von B unbewusst genötigt, für einen Partner C aus der eigenen infantilen Vorgeschichte einzutreten.
2. **Rolle eines Abbildes**: B soll die genaue Kopie des Selbstbildes von A realisieren aus narzisstischem Interesse.
3. **Rolle des idealen Selbst**: B soll das Ich-Ideal erfüllen, dessen Realisierung durch A misslungen ist.
4. **Rolle des negativen Selbst**: B soll A seine negativen Seiten abnehmen durch Projektion. B wird zum Sündenbock und verkörpert A's schwache Seiten.
5. **Rolle des Bundesgenossen**: B soll als Bundesgenosse in A's zahlreichen Kämpfen in der Familie fungieren. (Richter, S. 22)

Im Alter, wenn die Kinder die Familie schon lange verlassen haben, stabilisieren diese Rollen die neurotischen Konflikte.

Übung: Erkennen Sie solche Rollenmuster aus der eigenen Familie?

Der Schweizer Analytiker Jörg Willi (geb. 1934) hat das Rollenkonzept zur Analyse von Paaren ausgebaut. Er hat besonders betont, dass die Partner sich auch in der langjährigen Ehe um Abgrenzung bemühen. Da jeder Mensch progressive erwachsene Tendenzen und regressive kindliche Anteile besitzt, sind in der Paarbeziehung besonders gern ein regressiver und ein progressiver Rollentyp zusammen, also im patriarchalischen Klischee eine defensive Frau und ein dominanter Mann. In Paarbeziehungen ist aber oft schwer zu erkennen, wer wen im Alter beherrscht. Meist wird dem Mann die dominante und der Frau die unterwürfige Rolle unterstellt. Bei genauerem Hinsehen zeigt sich auch im Alter ein Rollenwechsel. Krankheit, Hilflosigkeit, Unfähigkeit werden als Mittel eingesetzt, um den Partner zu beherrschen. Das Paar strebt aber im Kern nach einer Gleichheitsbalance, damit es keinen Sieger oder Besiegten gibt. Allerdings hat der Besiegte auch im Alter immer die Chance, das Gleichgewicht wieder herzustellen, zum Teil auf destruktive

Weise, z. B. durch Weinen, Depression, Davonlaufen, Schweigen, Märtyrer- oder Heiligenhaltung, psychosomatische Symptome, Suizidversuche, Alkohol, Arbeitsstreik oder Außenbeziehungen (das ödipale Dreieck).

Nach Maßgabe der Psychoanalyse durch Fixierung auf frühe kindliche Entwicklungsstufen unterscheidet Willi vier Paartypen, die auch im Alter auftreten:

1. Das narzisstische Paar: Dieses Paar sieht Verschmelzung als Ideal.
2. Das orale Paar: Es kämpft um die gegenseitige Versorgung, besonders bei Krankheiten im Alter, durch den anderen.
3. Das sadistische Paar: Jeder strebt ständig um die Vorherrschaft bei schwächer werdender Energie.
4. Das ödipale Paar: Es versucht, die klassischen patriarchalischen Rollenmuster mit Nachdruck neu zu bestimmen.

(Vgl. J. Willi: Die Zweierbeziehung. Reinbek: Rowohlt 1975; J. Willi: Was hält Paare zusammen? Reinbek: Rowohlt 2004; J. Willi: Psychologie der Liebe. Reinbek: Rowohlt 2005; J. Willi: Die Zweierbeziehung. Das unbewusste Zusammenspiel von Paaren durch Kollision. Reinbek: Rowohlt 2012)

Übung: In welchen Paartypen erkennen Sie sich wieder?

Wenn Paare älter werden

Die Paarbeziehungen werden im Alter überprüft und neu tariert, wenn Paare älter werden. Das Eintreten der Paare in den Ruhestand, Pensionierung, Verrentung ergibt neue Ordnungsversuche der Interessen, der Abgrenzung, der Regressions- und Progressionsbedürfnisse, der Gleichwertigkeitsbalance. Progressive und destruktive Methoden kommen von Seiten der Paare zum Einsatz. Die dunkle Seite der Liebe macht sich weiter bemerkbar (R. Scham: Die dunkle Seite der Liebe. München: Hauser 2004). Allerdings hat schon C. G. Jung darauf hingewiesen, dass bei vielen Paaren keine Konflikte auftreten, weil die Natur die Gleichwertigkeitsbalance ordnet. „Relativ wenige Paare geraten in ein tieferes Uneins mit sich selbst", obwohl mit der Pensionierung für C. G. Jung der Wechsel der Lebensorientierung auch bei Paaren von der Natur zur Kultur einsetzt. Diesen Wechsel machen viele Paare nicht mit.
Jedoch ist mit der Pensionierung, dem Eintritt in die zweite Lebenshälfte, immer die Gefahr akut, dass Trennungen, Streit, Scheidungen, Ehe-Irrungen

auftreten oder es werden neue „psychologische Entwicklungsmöglichkeiten der Sinnfindung erkannt, welche die philosophische oder religiöse Sphäre berühren, wo der Paarstreit sein Ende erreicht" (C. G. Jung: Die Ehe als psychologische Beziehung. In: Ders.: Seelenprobleme der Gegenwart. Zürich: Buchclub ex libris 1972, S. 207).

Hans Jellouscheks Konzept der Paarbefriedung im Alter

Hans Jellouschek (geb. 1939) ist Paartherapeut in eigener Praxis in Tübingen. Er erkennt durch Blick auf Richter und Willi folgende Konflikte der Paare nach der Arbeitsphase:
Nach der Pensionierung mit 65 Jahren geht es ihm nun bei Paaren darum,

1. ein neues Gleichgewicht zu suchen,
2. ein neues gemeinsames Drittes zu entdecken, das auch ein Hobby, aber auch die Krankheit des Partners sein kann,
3. die Notwendigkeit neuer Achtsamkeit im Alter zu entdecken (Besonders wichtig ist die Achtsamkeitsbilanz. Achtsamkeit in kleinen Dingen „ist die Brücke von der jugendlichen Verliebtheit zur Vertrautheit im Alter" (H. Jellouschek: Wenn Paare älter werden. Freiburg: Herder 2008, S. 68)),
4. Erotik und Sexualität sanfter und langsamer neu entdecken,
5. Versöhnung mit den störenden Aspekten der Vergangenheit der Paargeschichte zuzulassen,
6. Humor, Positive Resonanz, die Vergangenheit als gemeinsamen Schatz zu erkennen,
7. die Auseinandersetzung mit dem Tod zu suchen: Ausweichen, Verdrängen? Neue Bilder gegen den Tod und die Endlichkeit entwickeln: Mein Leben ist ein „Ton in einer großen Symphonie" (Jellouschek, S. 146), „Das Leben ist ein großer Strom. Mein Leben ist eine Welle in diesem Strom." „Das Leben ist ein Tanz und wir tanzen einige Schritte mit."

Übung: Welche Todesbilder haben Sie mit Ihrem Partner/Ihrer Partnerin schon entwickelt?

Diese Bilder lassen sich mit den heutigen Erkenntnissen der Wissenschaft besser vereinbaren als mit den alten biblischen vorkopernikanischen Vorstellungen der dreiteiligen mythischen Welt: Hölle, Erde, Himmel sowie dem Jüngsten Gericht und seiner Einweisung in Himmel nach oben und Hölle nach unten.

Ganz anders in dem Gedicht „Herbst“ von R. M. Rilke aus seinem „Buch der Bilder“:

„Die Blätter fallen, fallen wie von weit ,
als welkten in den Himmeln ferne Gärten ;
sie fallen mit verneinender Gebärde.

Und in den Nächten fällt die schwere Erde
aus allen Sternen in die Einsamkeit.

Wir alle fallen. Diese Hand dort fällt.
Und sieh dir andre an: es ist in allen.

Und doch ist Einer, welcher dieses Fallen
unendlich sanft in seinen Händen hält.“
(Jellouschek, S. 149)

Übung: Wie beschreibt Rilke in seinem Gedicht das Ende des Alterns? Schildern Sie es in Ihren Worten.

Der gemeinsame Weg des Paares zum Ende hin
1. Todesängste miteinander teilen.
2. Gemeinsame Meditationen suchen und finden.
3. Wenn man merkt, der Andere ist anders und geht im Leben und im Sterben andere Wege, dann gilt: „Ich muss ihn auch anders sein lassen.“

Tipps für ein Altern zu zweit, z. B. im Urlaub
1. Immer an den gleichen Urlaubsort fahren.
2. Langsam die Reise vorbereiten.
3. Ein Ziel im Urlaub haben.
4. Pausen machen zum Verschnaufen.
5. Gegenseitige Anerkennung geben und viel loben! (Jellouschek, S. 156)

Die größte Herausforderung im Alter ist für Paare die Liebe

Elisabeth Drimalla ist Fachärztin für Psychotherapie. Sie arbeitet als Paar- und Sexualtherapeutin in eigener Praxis in Hannover. Sie fragt sich in ihrer Praxis immer: „Wie gelingt es trotz körperlicher und seelischer Herausforderungen des Alters eine lustvolle Sexualität und Partnerschaft zu leben?" In ihrem Buch „Amor altert nicht" (Göttingen: Vandenhoeck & Ruprecht 2016) versucht sie Antworten auf diese Frage und auf die Bewältigung der biologischen und psychosozialen Herausforderungen für die Liebe im Alter zu finden.

Drimalla weist dabei auf folgende biologische Veränderungen von Mann und Frau im Alter hin,, die die Liebe beeinflussen:
Bei der Frau geht die Östrogenproduktion zurück. Die Dicke der Scheidenschleimhaut nimmt ab. Die Scheidenfeuchtigkeit wird schwächer. Der sexuelle Verkehr kann Schmerzen bereiten. Die ältere Frau braucht länger zur Erregung. Verlängern Sie das Vorspiel und benutzen Sie Gleitgel. Inkontinenzprobleme lassen sich mit Beckenbodenübungen nach Arnold H. Kegel beheben. Die Orgasmusfähigkeit bleibt bei der Frau aber bis ins hohe Alter erhalten.
Beim Mann sinkt der Testosteronspiegel und damit die Erektionssteife. Die Erektion wird störanfälliger. Der Orgasmus ist beim Mann oft kürzer und weniger intensiv. Die gutartige Prostata-Vergrößerung erfordert Medikamente, die die Erektionsfähigkeit schwächen.
Frauen und Männer definieren Potenz ganz unterschiedlich: Männer, unter Leistungsstress, geraten leicht in den Teufelskreis von Angst, Versagen und Rückzug. Frauen erleben Potenz als Fähigkeit des Mannes, sich emotionell zu öffnen und zärtlich zu sein.
Durch Fortführung der sexuellen Kontakte können störende Veränderungen „gemildert und hinausgezögert werden" (S. 18). Aber dafür ist der innere Zensor zu beruhigen und die negativen Sexualmythen müssen entwertet werden, welche Sexualität auf Fortpflanzung reduzieren und jede sexuelle Lust verteufeln.
Bernie Zilbergeld erklärt in „Die neue Sexualität der Männer" (Tübingen: dgvt 1996) die Veränderungen der Sexualität für Männer und Frauen.
Über weibliche Sexualität klären Elia Bragagna und Rainer Prohaska in „Weiblich, sinnlich, lustvoll. Die Sexualität der Frau" (Wien: Ueberreuter 2010) auf.

Biologische Herausforderungen sind für Drimalla die physiologischen Veränderungen:

- Erektionsstörungen
- vorzeitiger Samenerguss

- sexuelle Lustlosigkeit
- Krankheiten, die die Sexualität im Alter beeinflussen, wie Krebs (Brust-, Prostata-, Darm-, Gebärmutterhalskrebs), Depressionen, Arthrose, Parkinson, Diabetes, Herzerkrankungen.

Wie kann das Paar diese Gefährdung seiner Sexualität und Liebe bewältigen? Ihre Antwort: „Regelmäßige sexuelle Kontakte bis ins hohe Alter, wenn irgend möglich.“ (Drimalla, S. 18) Verlängerung des Vorspiels, sich Zeit lassen: „Sex ist nicht nur Geschlechtsverkehr, es ist ein Liebesspiel.“ (S. 19)

Alle schweren chronischen Erkrankungen, wie Krebs, Depressionen, Parkinson, Diabetes und Herzkrankheiten, können beim Mann die Erektionsfähigkeit schwächen. Medikamente, wie Viagra, stärken die Erektion nur um den Preis erheblicher Nebenwirkungen. Auch Anti-Depressiva können zu Libidoverlust, Erektionsstörungen, Orgasmushemmung und Ejakulationsstörungen führen. Schwere Krankheiten konfrontieren das Paar mit dem eigenen Tod oder dem des Partners/der Partnerin. „Die Stimmungen schwanken dann zwischen panischer Angst und Hoffnung.“ (Drimalla, S. 34)

Jede Art der Berührung fördert aber die Oxytocin-Ausschüttung und dämpft die Stressantwort des Körpers. Stress verschlechtert die Kommunikation zwischen den Paaren. „Lob und Komplimente nehmen ab, Kritik und Abwertung zu.“ (G. Bodenmann: Stress und Partnerschaft. Bern: Huber 2007). Stress entsteht, wenn die äußeren Anforderungen größer sind als die eigenen Fähigkeiten. Achtsamkeitsmeditation, Autogenes Training oder Yoga können helfen, den Widerspruch abzuschwächen. Wenn Entspannung eintritt, verschwindet der Stress. Auch die Wertschätzung durch den Partner/die Partnerin baut den Stress, der nicht selten noch durch die Pflege der noch älteren Eltern verstärkt wird, ab. Soziale und emotionale Unterstützung durch den Partner/die Partnerin fördert die Verarbeitung jeder Krankheit und gestaltet den Krankheitsverlauf günstig (V. Tschuschke: Psychoonkologie. Psychologische Aspekte der Entstehung und Bewältigung von Krebs. Stuttgart: Schattauer 2011).
Der eigene kommende Tod wird durch den Verlust des Partners/der Partnerin zur Realität. Wer überlebt, muss sich der Trauerarbeit stellen und danach neu dem Leben öffnen. Auch eine Scheidung im Alter kann ein großer Stressfaktor werden.
Die Chance, durch Gespräche diese kritischen Phasen zu überwinden, schildern die Bücher von M. L. Moeller: „Die Wahrheit beginnt zu zweit. Das Paar im Gespräch“ (Reinbek: Rowohlt 1988) und „Worte der Liebe. Erotische Zwiegespräche“ (Reinbek: Rowohlt 2002).

Die Qualität des sexuellen Erlebens hängt in chronischen Krisen stark von der Qualität der Partnerschaft und Sexualität vor der Erkrankung ab. Der Einsatz eines Vibrators kann Frauen helfen, ihre Bereitschaft zum Koitus und zum Liebesspiel zu erhöhen.

Der „Liebestod" des Mannes im sexuellen Akt als Folge von sexuellen Anstrengungen und Herzkrankheit ist äußerst selten. Von 5560 Todesfällen traten nur 34 während sexueller Aktivität auf, 18 Personen hatten dabei eine Herzerkrankung. 80% dieser 18 erlebten den Liebestod außerehelich in Hotelzimmern oder im Auto. Am wenigsten lebensgefährlich ist der Sex mit der eigenen Frau/dem eigenen Mann in der eigenen Wohnung. Die körperliche Belastung beim Alterssex gleicht dem Steigen von drei Etagentreppen oder schnellem Gehen.
Die Bewältigung von chronischen Krankheiten und sexuellen Störungen kann nach Jon Kabat-Zinn durch Meditation unterstützt werden (vgl.: J. Kabat-Zinn: Gesund durch Meditation. Das große Buch der Selbstheilung. Frankfurt: Fischer 2009).
Lawrence leShan zeigt in „Diagnose Krebs. Wendepunkt und Neubeginn" (Stuttgart: Klett-Cotta 2013), dass auch in chronischen Krisen der Mensch und Paare ihren eigenen Weg zur Gesundung finden können.

Die Autorin Elisabeth Drimalla schlägt für die **Erneuerung des Liebesspiels nach schweren Krankheiten** folgende Übungen vor:

---

1. Übungen zum Kennenlernen des eigenen Körpers und um Neues an ihm zu entdecken: („Experimente mit Berührungen")

2. Übungen, um mit dem Körper ins Gespräch zu kommen und Neues an sich und dem Körper des Partners/der Partnerin zu entdecken („Liebesspiel unter Auslassung der erogenen Zonen" (S. 118f.))

Es folgen **Übungen zur Paargeschichte**:

---

3. Übung: Legen Sie sich ein gemeinsames Paartagebuch Ihrer schönsten Erlebnisse an, die Sie gemeinsam beschreiben. Jeder einen Satz, der von einem Satz des Partners beantwortet wird.

4. Übung: Schreiben Sie seriell: „Ich erinnere mich ...“ und schreiben Sie wechselseitig auf zwei Seiten Ihre Paarerinnerungen auf.

5. Übung: Drehen Sie in Gedanken einen Film Ihrer Paargeschichte. Wie heißt der Film? Was sind die zentralen Szenen dieses Films?

6. Übung: Beschreiben Sie die Erfahrung Ihrer ersten Begegnung.

....

Psychosoziale Herausforderungen sind für Elisabeth Drimalla:

- Die Überwindung der sexuellen Mythen über Alterssex und -liebe
- Die Entwicklung der gegenseitigen Unterstützung in der Paarbeziehung
- Die Entwicklung einer neuen Sprache für ihre Liebe
- Das Entdecken des Fremden im anderen
- Die Entwicklung von Achtsamkeit in der Paarbeziehung

Drimalla bietet dazu einen Fragebogen für das Paar zur Wiederentdeckung von Lust und Nähe. Die wichtigste Frage lautet: Wie heißt der erste Liebesbrief an Ihren Partner (den Sie gleich schreiben) (Drimalla, S. 111)?
Dann gibt es einen Fragebogen für Frauen zu den Sexualmythen und für Männer, die auf die gleichen Mythen eine Antwort finden sollen.

Die Mythen über Sex bei Frau und Mann lauten:
1. Mythos: Man fühlt sich immer wohl beim Sex.
2. Mythos: Ein wirklicher Mann will beim Sex nicht reden.
3. Mythos: Jede Berührung ist sexuell und sollte zu Sex führen.
4. Mythos: Männer können und wollen jederzeit Sex.
5. Mythos: Beim Sex zeigt ein wirklicher Mann, was er kann.
6. Mythos: Beim Sex geht es um einen steifen Penis.
7. Mythos: Sex ist gleich Geschlechtsverkehr.
8. Mythos: Ein Mann muss seiner Partnerin beim Sex ein Erdbeben erleben lassen.
9. Mythos: Zu gutem Sex gehört immer ein Orgasmus.
10. Mythos: Beim Sex sollten Männer nicht auf Frauen hören.
11. Mythos: Guter Sex ist immer spontan.
12. Mythos: Echte Männer haben keine sexuellen Probleme.
13. Mythos: Die Frau ist beim Sex immer passiv.
14. Mythos: Die Frau ist zur Befriedigung des Mannes da.
15. Mythos: Eine Frau ist immer zum Sex bereit und will immer.

(Drimalla, S. 112–117)

Die Erneuerung der Sexualität/Liebe im Alter sollte mit **Übungen zur Lebensgeschichte** weitergehen:

---

1. Übung: Schreiben Sie auf, wie man in Ihrer Familie über Sex gesprochen hat.

2. Übung: Überlegen Sie: Worin ähnelt Ihr Partner/Ihre Partnerin überhaupt nicht Ihren Eltern?

3. Übung: Welche Lebenserfahrungen haben Ihre Sexualität verletzt?

Das Buch von Elisabeth Drimalla schließt mit **Übungen zu mehr sexueller Phantasie**. Sie heißen (Drimalla, S. 125):

---

1. Übung: Schreiben Sie ganz schnell auf, was Sie am liebsten in der Liebe mit Ihrem Partner/Ihrer Partnerin erleben würden.

2. Übung: Schreiben Sie ganz schnell auf, was Sie ohne Ihren Partner/Ihre Partnerin in der Liebe noch erleben würden.

3. Übung: Schreiben Sie zehn Gründe auf, warum Sie mit Ihrem Partner/Ihrer Partnerin Liebe machen wollen.

4. Übung: Sammeln Sie alle erotischen Augenblicke, die Sie im Alltag erleben.

In der Paarbeziehung kommt alles darauf an, dass die Paare sich gegenseitig positives Feedback geben und sich bedanken. „Es ist, als würden sich lang verschlossene Türen zum Anderen zu öffnen beginnen.“ (Drimalla, S. 72) Lob und Kritik sollten sich 5:1 verhalten (J. Gottmann: Die 7 Geheimnisse einer glücklichen Ehe. Berlin: Ullstein 2011). Ein gutes Beispiel ist der Brief von André Gorz (83 J.) an seine schwer erkrankte Frau (82) in: A. Gorz: „Brief an D. Geschichte einer Liebe“ (Zürich: Rotpunktverlag 2007). Er schreibt, dass er durch die Pflege seiner Frau bereichert und beschenkt worden ist.
Mit den sieben Aspekten der Achtsamkeitspraxis kann der Partner/die Partnerin nach Gorz neu entdeckt werden. Diese Aspekte heißen (Gorz, S. 90f.):

1. Nicht-Beurteilen
2. Geduld

3. Den Geist des Anfängers praktizieren
4. Vertrauen Sie der Kraft der Sexualität
5. Akzeptanz der Partnerschaft
6. Loslassen der alten Vorurteile über den Partner/die Partnerin

Nachdenkliches Resümee

Fest steht, die unbewussten Paarwidersprüche, die H. E. Richter und J. Willi auch für das Alter thematisierten, werden bei Jallouscheck und Drimalla nicht bedacht.
Elisabeth Drimalla hat die Rolle der biologischen Grenzen der Liebe und ihre Aufhebung nicht genug beachtet. Das dialektische Verhältnis von Liebe und Tod, Liebe und Unendlichkeit wird von ihr nur berührt, aber nicht weiter diskutiert (Drimalla, S. 33f.)
Der Kampf zwischen Eros und Thanatos, den Freud entdeckte, bleibt ihr fremd. Die gnostische Idee, die C. G. Jung erkannte, dass das Absolute nach Jakob Böhme sowohl Zerstörung als auch Schöpfung ist, wird von Frau Drimalla nicht bedacht. Liebe ist immer ambivalent. Besonders im Alter hat die Liebe auch eine dunkle destruktive Seite, die auch durch Verdrängung nicht völlig verschwindet.
Auch im Alter ist Gewalt von Männern gegen ihre Ehefrauen weit verbreitet. Es ist aber üblich, wie bei sexuellem Missbrauch, wegzusehen.

Die neue Psychologie des Alters im Lebenslauf versucht, die Ambivalenz des Alters besser zu berücksichtigen.

3.7 Die neue Psychologie des Alters im Lebenslauf

Prof. Dr. Hans-Werner Wahl (geb. 1954) promovierte an der FU Berlin. Er war langjähriger Leiter der Abteilung für psychologische Altersforschung des Psychologischen Instituts der Universität Heidelberg, ist Mitherausgeber der Zeitschrift „European Journal of Ageing“ und hat internationale Preise für seine empirische Altersforschung erhalten. Seine Spezialität: Langzeitstudien über die drei Phasen des Alters: Junges Alter (65–80), mittleres Alter (80–85), spätes Alter (85–95).

In seinem Buch „Die neue Psychologie des Alterns“ (München: Kösel 2017) geht Wahl von folgenden Aspekten einer neuen Psychologie des Alters aus:

1. Man muss das Alter als letzte Etappe eines ganzen Lebenslaufs betrachten. Man muss wissen, auch ganz frühe Phasen des Lebens, wie Kindheit und Jugend, haben Einfluss auf die Altersphasen (Wahl, S. 33) durch Neurosen und Traumata.
2. Das Leben ist eine Mischung von Gewinnen und Verlusten, die sich im Alter besonders zeigen.
3. Die Lebensentwicklung verläuft nicht gleichförmig. Es gibt Unterschiede zwischen den Individuen, aber auch innerhalb der Lebensphasen, die durch Umbrüche, Krisen und Aufschwünge gekennzeichnet sind.
4. Das Alter ist aber nicht die Zeit der Krankheiten, der Depressionen, der Verluste.
   Denn: 60–70% der Alten altern normal, 20% sind hauptsächlich krank, 10–20% altern erfolgreich. Alle Bücher über „erfolgreich altern“ zielen demnach auf 10–20% der Alten. Sie gelten nur für die Alterungselite.
5. Das Altern wird durch das ganze Leben mitbestimmt und hat so viele Freiheiten wie es im ganzen Leben möglich war, Autonomie zu erstreben.
6. **Das Alter zerfällt in drei Phasen: jung, mittel, alt.** Besonders die Gruppe der jungen Alten (65–80) wird durch Anti-Aging-Angebote angesprochen (S. 40).
7. Die individuelle Altersentwicklung wird durch externe Faktoren, wie Rente, Umwelt, Wohnsituation, Partnerbeziehung, mitbestimmt. 20% der über 80-Jährigen und 40% der über 90-Jährigen leben in Heimen (S. 42).
8. Individuelle Entwicklung ist immer nur im gesellschaftlichen Kontext möglich. Die Corona-Krise 2020ff und die Finanzkrise 2008 haben großen Einfluss auf die Autonomie-Einschränkung der Alten gehabt.
9. Menschliche Plastizität wirkt bis zum Tod. Durch die digitale Revolution wird das Alter durch Internet, Handy, Chips im Kopf und durch die neue Medizin der Organ- und Gelenkersetzung verändert.

Das Wohlfühlparadox der jungen Alten wird in der 1. und 2. Altersphase stark in Frage gestellt. Es kommt im höheren Alter zu einer Annäherung von Alterungs- und Krankheitsprozessen.

Die in der 3. Altersphase sich rapide verkürzende Nähe zum Tode schränkt das Wohlfühlparadox erheblich ein. Denn mit dem Tod ist alles vorbei (Wahl, S. 184). Aber gegen die Position totaler Verzweiflung, Panikstarre, Selbstmordversuch, um den Tod zu töten, steht die Gelassenheit, wenn man weiß, was am Ende wirklich zählt (S. 185). Das kann aber nur der „Gott der Philosophen", das „unsterbliche Leben", der „Weltgeist" oder der „unsterbliche Wille" sein. Eine Erarbeitung der Gelassenheit ist eigentlich Aufgabe im ganzen Leben. Sie ist auch noch möglich zwischen 65 und 80 Jahren im 3. Altersabschnitt. Wenn sie bis dahin nicht erfolgt ist, bleibt nur die „Hoffnung mit Trauerflor".

Die Kindheit entscheidet stark über die Qualität des Lebens im Alter. Entscheidend ist das **Gesundheitsbewusstsein im Alter** und die Zerstörung der negativen Altersbilder, gegen die schon Cicero vor 2000 Jahren kämpfte. Das Gesundheitsbewusstsein lässt sich durch folgende Fragen ermitteln:

1. Würden Sie Ihren gegenwärtigen Gesundheitszustand als ausgezeichnet, sehr gut, gut, weniger gut oder schlecht bezeichnen?
2. Wie würden Sie Ihren Gesundheitszustand im Vergleich zur gleichen Alterskohorte bezeichnen: besser – genauso gut – schlechter?
3. Wie stellt sich Ihr Gesundheitszustand im Vergleich zu dem vor zehn Jahren dar: besser – genauso gut – schlechter?
4. Schauen Sie in die Zukunft: Wie wird sich Ihr Gesundheitszustand im Vergleich zu Ihrem jetzigen darstellen: besser – genauso gut – schlechter?

Übung: Beantworten Sie diese vier Fragen, um Ihr Gesundheitsbewusstsein zu erkennen.

Vom Gesundheitsbewusstsein und der Abwehr der Verteufelung des Alters als Verfall hängt der Prozess Ihres Alterns ab. Der Geist ist stärker als das Fleisch.

Die Hauptfrage der neuen Psychologie des Alterns lautet: **Sind wir in der Lage, im Alter unsere Autonomie zu erhalten?** Die Antwort lautet:

1. Das heutige Alter ist sehr ambivalent.
2. Das Alter ändert sich in der digitalen Revolution. Die Antiquiertheit des Menschen muss gegen den Druck der Technik immer wieder durchbrochen werden.
3. Die Konzepte des „guten Alterns" werden durch die Krisen der digitalen Revolution in Frage gestellt. Es wird eine längere Phase der Autonomie und eine längere Phase der Pflegebedürftigkeit auf uns zukommen.

4. Die Lebensziele müssen im Alter reduziert und synchron auf die eigenen Fähigkeiten angepasst und verkürzt werden (Wahl, S. 189).
5. Positive Entwicklungsmöglichkeiten im Alter sind für 20% der Alten realistisch, die der Oberschicht angehören und über Geld, Bildung, Kultur, Arzthilfe verfügen. Nur eine kleine Gruppe von Alten altert wirklich erfolgreich (S. 192).
6. Wichtig für erfolgreiches Altern ist heute die Nutzung der Gero-Techniken: Pflegeroboter, gute Altersutopien, Leben nach dem SOK-Modell (Selektion der Ziele, Optimierung der Resilienz, Kompensation von Verlusten).
7. Primäre Gero-Techniken heißen: Physiotherapie, Krafttraining, Psychotherapie, Erinnerungstherapie, Alters-Krisen-Programme, Exoskelette, Sensortechnologie, Nutzung von (mobilen) Endgeräten, wie Computer, Handy, Smartphone, Tablet, und des Internets (S. 210).
8. Heute werden junge Menschen beim Psychotherapeuten immer noch bevorzugt (S. 204). Alte Menschen werden als nicht mehr aussichtsreiche Fälle abgewertet. Aber klar ist: „Psychotherapie funktioniert auch mit alten Menschen.“ (S. 205)
9. Alter bleibt Sisyphosarbeit (S. 212). Letztlich bleibt viel am Alter geheimnisvoll. Darüber schreibt eher die Literatur, wie Iris Radisch in: „Die letzten Dinge“ (2015) oder wie Günter Grass in: „Vonne Endlichkait“ (2015) spricht.
10. In 100 Jahren wird Altern mit dem heutigen Alter nicht mehr zu vergleichen sein, denn Computer und Gehirn werden sich verbinden, und die Erfahrung des Alterns wird hormonell, mikrobiologisch, immunsystemspezifisch zur Ausdehnung der Lebenszeit von vielleicht bis zu 120–140 Jahren führen. Damit könnte das Alter in das Methusalem-Komplott verwickelt werden.

Kommen wir nun zur Geronto-Psychotherapie, die sich der dunklen Seite des Alters und ihrer Bewältigung zuwendet.

3.8 Alterskrankheiten der Seele und die Geronto-Psychotherapie

Die Häufigkeit psychischer Störungen im Alter in Deutschland

2014 waren 27% der deutschen Bevölkerung älter als 60 Jahre, dieser Anteil wird 2030 auf 35% und 2050 auf 38% steigen (S. Klöppel, F. Jessen (Hrsg.): Praxishandbuch Gerontopsychiatrie und -psychotherapie. München: Elsevier 2018, S. 3). Ende 2014 gab es über 17.000 Hundertjährige in Deutschland, davon waren 85% Frauen.

Es gibt spezifische seelische Störungen im Alter. Es beginnt mit den Demenzerkrankungen mit Gedächtnislücken und schwindenden Alltagskompetenzen. Bei den 65- bis 69-Jährigen leiden 1% an Demenz, bei Menschen über 90 sind es 50%.
Depressionen im Alter befallen rund 20% der Bevölkerung. 2014 verübten 16 Menschen auf 100.000 Einwohner Suizid, bei den über 85-Jährigen waren es schon 35.
Angstkrankheiten werden im Alter zu wenig beachtet, obwohl sie meist schon in der Jugend beginnen und sich im hohen Alter chronifizieren. Nach dem 65. Lebensjahr sind Schizophrenien sehr selten. Bis zu 10% der Alten über 70 erleben psychotische Erfahrungen.

Resultat: „Psychische Störungen im Alter zählen zu den zentralen Versorgungsherausforderungen der Zukunft.

Psychotherapien im Alter

Der Anteil der älteren Menschen an der Psychotherapie ist überraschend gering, obwohl 25% der Älteren von psychischen Problemen belastet werden. Viele Alte meinen noch, „Psychotherapie sei etwas für Schwache, Gefühle und das Privatleben behalte man besser für sich“ (Klöppel/Jessen, S. 39).

Die **Verhaltenstherapie** ist für Ältere gut geeignet, wenn das Thema genau fokussiert wird, langsam gearbeitet wird und Gedächtnishilfen gegeben werden (Smartphone-Aufzeichnungen, schriftliche Hausaufgaben, Mitgeben von

Handouts). Kognitive Verfahren sollen das disfunktionale Denken verändern, z. B. das Stereotyp: „Altern ist schrecklich". Das Argument: „Die Zeit ist knapp. Ich sterbe bald" wird mit dem Fakt konfrontiert: „80-Jährige werden heute 90." Die Klage über die Schwächen des Körpers sollen durch den Blick auf die Stärken des Körpers im Alter verändert werden. Lebensrückblickinterventionen können die typischen Altersphasen durcharbeiten, um die Bedeutung des Alters bewusst zu machen. Neuinterpretationen negativer Erfahrungen sollen versucht werden.

Die **Psychoanalyse** kann bei Älteren wie bei jüngeren Alten angewandt werden. Verluste, Beziehungsgestaltung und die Endlichkeit (Sterben und Tod) stehen bei der existentiellen PSA mit Alten im Fokus. Ziel ist die Akzeptanz der eigenen Person mit Stärken und Schwächen.
Ein Problem ist die umgekehrte Übertragungssituation, die den Therapeuten als Kind stigmatisiert und ihm damit die therapeutische Kompetenz abgesprochen wird.

Systemische Therapie geht davon aus, dass der Patient der Fachmann für sich selbst ist. Der Therapeut leistet „Hilfe zur Selbsthilfe" durch Fragetechniken und Hypothesenbildung. Der Körper soll wichtiger im Alter werden als treuer Begleiter. Die Rückkehr der Pubertätskrisen in der Jugend sollen im Alter akzeptiert werden. Die Verdrängung dieser Identitätskonflikte im Alter „stürzt den Älteren oft in noch größere Verzweiflung" (Klöppel/Jessen, S. 45). Der Fragilität muss die Potentialität im Alter gegenübergestellt werden. Das zeitlebens lernfähige Gehirn ist die Basis des Vertrauens zwischen Patient und Therapeut für einen guten Ausgang der Therapie. Das gilt auch für systemische Paartherapien, die keineswegs die Sexualität aussparen sollen.

Spezifische Störungen im Alter und ihre Therapie

Kognitive Störungen können (neben den Möglichkeiten der Pharmakologie) nach Klöppel/Jessen folgende Therapien erhalten: **Erinnerungstherapie** (S. 105) soll das kontinuierliche Identitätsempfinden fördern durch Fotos, Bücher, alte Zeitungen, vertraute Gegenstände.

....

Übung: Über welches Erinnerungsarsenal verfügen Sie?

....

Kognitive Stimulation findet in Gruppen statt. **Ergotherapie** stützt sich auf Tanz, Malen, geführtes Bewegen. Außerdem gibt es Musiktherapie, Bewegungsförderung.

Suchtstörungen

Der Alkoholmissbrauch steigt, besonders bei älteren Frauen (Klöppel/Jessen, S. 123), die langsam zu den Männern aufschließen.
Allerdings nimmt der Alkoholmissbrauch im Alter ab im Gegensatz zum Medikamentenmissbrauch. Illegale Drogen spielen heute bei Älteren keine große Rolle. 26% der Männer und 8% der Frauen über 60 Jahre betreiben im Alter einen problematischen, 2–3% der Männer und 0,5–1% aller Frauen einen schädigenden Alkoholmissbrauch. Damit entstehen für diese Gruppen Sturzgefahr, Verstärkung der Medikamente, ein höheres Suizidrisiko. Die Gefahren des Rauchens sind in der Gruppe der 65- bis 79-Jährigen nicht hoch.

Psychotrope Medikamente (Hypnotica, Sedativa, Psychostimulanzien) machen bei 5% der Älteren Probleme. Immerhin sollen bis 1,9 Millionen Menschen in Deutschland von ärztlich verschriebenen Medikamenten abhängig sein (S. 125). Suchtstörungen werden durch Einsamkeit, Einschränkung sozialer Beziehungen, Verlust des ökonomischen Status stimuliert. Alkoholmissbrauch im Alter führt zur stärkeren Schädigung von Organen und dem zentralen Nervensystem.
Substanzkonsumstörungen im Alter werden in Deutschland unterdiagnostiziert und untertherapiert. Die Alten bagatellisieren die Probleme, haben Angst vor Stigmatisierung, rechtfertigen den Gebrauch mit chronischen Schmerzen.

Psychotherapeutische Hilfen spielen bei der Entwöhnung von Süchten eine zentrale Rolle (S. 138). Besonders wirksam ist die kognitive Verhaltenstherapie, Psychoindikation, motivierende Gesprächsführung. Die Psychotherapie kann mit Entzugsmedikamenten begleitet werden.

Psychosen im höheren Lebensalter betreffen häufiger Frauen (Klöppel/Jessen, S. 154). Psychosen haben im Kern die „Wahnbildung“. Meist handelt es sich um „Verfolgungswahn“, seltener sind Eifersuchtswahn oder Liebeswahn (S. 155). Viele Hirnerkrankungen können mit psychotischen Symptomen einhergehen, wie Doppelgänger-Wahn oder wahnhafte Verfolgung durch verkleidete Personen (S. 159), dazu kommen hypochondrischer Wahn, Halluzinationen, Tinnitus.

Psychosoziale Hilfen und Psychotherapie sind angezeigt. In extremen Fällen wird die Einleitung einer gesetzlichen Betreuung nicht zu vermeiden sein (Klöppel/Jessen, S. 164).

Depressionen und bipolare Störungen im Alter

Depressionen steigern sich im Alter, wenn sie sich auch in jüngeren Jahren schon anbahnten. 4–7% der älteren Menschen leiden an depressiven Episoden (Klöppel/Jessen, S. 168). Viele Antidepressiva sind wirksam bei der Bekämpfung von Depressionen (S. 172), z. B. MAO-Hemmer, Valdoxan, Johanniskraut, Brintellix, Tianeurax.

Die Psychotherapie bietet verschiedene Methoden an: Schlafentzug, Licht- und Bewegungstherapie, auch mehrdimensionale Therapieansätze.

Bipolare Störungen werden im höheren Lebensalter wissenschaftlich überraschend wenig beachtet (S. 185). Mit wachsendem Alter nimmt die bipolare Störung ab (S. 186). Gute Studien über die Wirkung von Psychotherapien bei bipolaren Störungen liegen nicht vor (S. 195).

Angst im Alter

Frauen erkranken deutlich häufiger als Männer an Angststörungen (Klöppel/Jessen, S. 202). Ursachen für Angst im Alter sind biologischer und psychosozialer Art. Sie gehen oft auf traumatische Kindheitserfahrungen, Erziehungsstil, Modell-Lernen, belastende Lebensereignisse zuürck.

Die Wirkung von Psychotherapien bei Angststörungen scheint begrenzt (S. 204). Höhere Wirkungen haben Medikamente (S. 205). Aber einfühlsame stützende Gespräche sind unerlässlich (S. 206).

Nach Sturzangst tritt auch das posttraumatische Stresssyndrom im Alter wieder in Erscheinung, bei sexuellem Missbrauch, Kriegstraumata, Folter, schweren Unfällen oder Involvierung in Katastrophen oder Verbrechen (S. 212). Im Alter fehlen dann Coping-Strategien, Resilienzen, Ressourcen. Die Verdrängung der lange zurückliegenden Traumata bricht zusammen (S. 213) und es kommt zu einer Traumareaktivierung.

Pschotherapeutisch kann auf EMDR, kognitiv-verhaltenstherapeutische Techniken zurückgegriffen werden (S. 215). Psychoanalytische und existentielle Psychotherapien (Radebold, Yalom) kommen seltener zum Einsatz.

Essprobleme im Alter

Mangelernährung ist das Hauptproblem im Alter, wenn endogene Appetitkiller, Schluckprobleme, verzögerte Magenentleerung das Trinken und Essen bremsen. Dazu kommen die Medikamente, die den Hunger zügeln. Jeder Dritte zwischen 75 und 85 Jahren isst jeden Tag acht verschiedene

Medikamente, die nicht nur Wahnvorstellungen, sondern Sturzgefahren und Hungerabbau bewirken.
Zu den Appetitkillern gehören Antidepressiva, Neuroleptika, Antirheumatica. „Durch die gegenseitige Beeinflussung von Gesundheits- und Ernährungszustand kann ein schwer zu durchbrechender Teufelskreis entstehen." (Klöppel/Jessen, S. 223) Demenzerkrankungen sind die häufigste Ursache einer chronischen Mangelernährung im Alter. Bis zu 31% der älteren depressiven Patienten haben einen erniedrigten Vitamin-B12-Spiegel. Der niedrige Vitamin-B12-Spiegel bedeutet die Gefahr, in den folgenden drei Jahren an Alzheimer zu erkranken (T. Klein: Volkskrankheit Vitamin-B12-Mangel. Dresden: Hygeia 2019, S. 97f.).
Es besteht durchaus eine Demenzprävention durch mediterrane Ernährung: Gemüse, Obst, Fisch, Olivenöl, wenig Fleisch, die auch von der Anti-Aging-Bewegung empfohlen wird (J. Huber, B. Österle: Die Anti-Aging-Revolution. Wien: edition a 2020, S. 210ff.).

Schlafstörungen im Alter
Nach aktuellen Schätzungen leiden 12% der Personen über 60 Jahren an einer klinisch relevanten Schlafstörung (Klöppel/Jessen, S. 231). Ältere Menschen erwachen nachts häufiger, haben erhöhte Tagesmüdigkeit mit häufigen Tagesschlafepisoden. Das führt oft zu schlafbezogenen Atmungsstörungen. Wichtig für die Therapie sind:

- regelmäßige Bettzeiten
- nur leichte Kost am Abend
- bei nächtlichen Grübelzwängen aufstehen und Tagebuch führen (S. 233).

Sexualstörungen im Alter
Sexualität ist ein wichtiger Aspekt des ganzen Lebens. Störungen der Sexualität haben erhebliche Auswirkungen auf die Gesundheit. Männliche Sexualstörungen waren länger bekannt, weibliche Störungen wurden erst seit den 1990er Jahren als wichtiges Thema entdeckt. Nur etwa 25% aller Menschen in Europa suchen aktiv ärztliche Hilfe bei sexuellen Problemen. Viele Menschen glauben, dass die Sexualität für die meisten älteren Menschen keine Rolle mehr spielt. Richtig ist: Die Sexualität bleibt ein wichtiger Teil der Lebensqualität während des gesamten Lebens. Im Alter nehmen die sexuellen Probleme zu, der Leidensdruck nimmt aber ab (Klöppel/Jessen, S. 244).

Folgende Faktoren beeinträchtigen nach Klöppel/Jessen die Sexualität:

1. Körperliche Veränderungen: Bei Frauen verändert sich die Vagina, beim Mann der Erektionswinkel.

2. Die Anzahl der eingenommenen Medikamente steigt mit dem Alter. Viele Medikamente dämpfen die Sexualität (Psychopharmaka).
3. Rauchen, falsche Ernährung, fehlende Fitness schwächen im Alter die Sexualität.
4. Sexualität im Alter ist ein Tabuthema. Es wird nur sporadisch in der Partnerschaft oder beim Arzt angesprochen.
5. Viele Menschen haben im Alter keine Sexualpartner mehr, besonders Frauen, die im Durchschnitt sieben Jahre älter werden als Männer (Klöppel/Jessen, S. 244).

Statistisch stellt sich das Problem so dar: 66% der Männer und 59% der Frauen über 70 waren mit einem Partner sexuell aktiv.

Sexuelle Probleme und körperliche Störungen

- **Erektionsstörungen** können auf kardiovaskuläre Erkrankungen deuten und sollten abgeklärt werden. Kardioprotektive Medikamente, wie Betablocker, Calciumantagonisten, ACE-Hemmer oder Thiazide können Erektionsstörungen verursachen oder die sexuelle Lust der Frauen dämpfen.
- **Zuckerkrankheit/Diabetes mellitus** kann mit Erektionsstörungen einhergehen. Frauen berichten über Angst vor schmerzhaftem Verkehr, Libidoverlust und Orgasmusproblemen (Klöppel/Jessen, S. 246).
- **Psychische Erkrankungen**, wie Depressionen, Schizophrenie, Sucht, Angststörungen, Persönlichkeitsstörungen, haben eine Beeinträchtigung der Sexualität zur Folge. Männer haben eher sexuelle Probleme wegen Depressionen, Frauen wegen Libidoverlust.
- **Hormonelle Veränderungen**: Die genaue Bedeutung des Sinkens des Testosterons für sexuelle Probleme ist bisher noch nicht völlig geklärt (S. 247). Mit Testosteron-Gels, -Injektionen oder -Pflastern ist die Kontraindikation bei Prostata-Karzinom oder kardialen Problemen zu beachten. Bei Frauen ist die Gabe eines Testosteron-Pflasters zur Steigerung der Libido in ihrer Wirkung noch nicht abgeklärt (S. 247).

Sexuelle Probleme in Altenheimen

Die mangelnde Privatsphäre und das Alters-Sex-Tabu erschwert die Sexualität im Altenheim. Nur liberale Altenheime und ihr freizügiges Personal können „eine hohe sexuelle Zufriedenheit für die Bewohner ermöglichen“ (Klöppel/Jessen, S. 246) und neue Paarbildungen fördern.

Therapeutische Ansätze zur Hilfe bei sexuellen Problemen
Es geht hauptsächlich um die Feststellung der sexuellen Problematik, besonders der Versagensangst bei Männern.
Nicht jedes sexuelle Problem bedarf der Therapie. Ein großer Teil der Probleme wird durch das Sexual-Tabu, Unwissenheit, fehlende Aufklärung oder sexuelle Fehleinstellung verursacht. Hier hilft schon Beratung.
Pharmakologisch gibt es in Deutschland vier Substanzen, die therapeutisch bei sexuellen Problemen im Alter erfolgreich sind. Sie heißen (Klöppel/ Jessen, S. 249):

1. Viagra & Generika
2. Cialis
3. Levitra
4. Spectra

Resümee II: Psychotherapie des Alters und ihre Lebenskünste

Mit der Psychotherapie wird das Altern vom Betroffenen aus erhellt. Damit wird das Alter viel komplexer als in der Philosophie des Alterns. Die unbewussten Anteile am Altern kommen zur Sprache, die lebendigen Konflikte im Alter werden durch Psychotherapie sichtbar. Der Interessierte an Lebenskunst erhält ein viel klareres und zugleich dramatisches Bild vom Altern. Die Methoden der Psychotherapie bei Altersstörungen kann die Lebenskunst teilweise übernehmen, z. B. die Lebensrückblicktherapie, die Resilienz-Forschung, die Methoden der Entspannung wie Yoga, Autogenes Training, Meditation, die nicht nur in der Psychologie, sondern auch in der Philosophie eine lange Tradition haben. Neu für die philosophische Lebenskunst ist, durch die Psychotherapie vermittelt, der Einsatz von Psychopharmaka, deren Verschreibung aber dem Arzt überlassen bleiben muss.

Psychotherapeutische Literatur, wie z. B. die Romane von Yalom, S. Beckett oder Günter Grass, erweitern zusätzlich das kreative Selbstverständnis über das Altern. Der Brückenschlag zwischen Philosophie und Tiefenpsychologie ist im Alter unerlässlich.

Einstimmung
Die Psychotherapie hat ...

- ... die innere subjektive Geschichte des Alters entdeckt und gerettet.
- ... die Erinnerungsarbeit durch Imagination zur Bewahrung des ganzen Lebens des Individuums ausgebaut.
- ... die Bekämpfung der kindlichen Traumata, die im Alter wiederkehren, ermöglicht.
- ... die Bedeutung und die Probleme der Paarbeziehung im Alter zum Thema gemacht.
- ... die besonderen seelischen Erkrankungen und ihre Milderung bzw. Heilung im Alter institutionalisiert.
- ... den Sinn des langen Lebens entdeckt.
- ... das stoische Ertragen der Alterslasten wieder modernisiert.
- ... die Selbstanalyse, die Traumaarbeit und die Ich-Erhellung zu den Lebenskünsten im Alter hinzugefügt.

Die nun folgenden Übungen können Ihnen als Leser bzw. Leserin einen Überblick über die Vielzahl der lebenskünstlerischen Übungen geben. Mit diesem Überblick haben Sie die Chance, die für Sie geeeignete Übung auszuwählen, die zu Ihrem Altersproblem passt.

Übungen zu den tiefenpsychologischen Lebenskünsten im Alter

1. Fragen und Antworten zum eigenen Unbewussten

Bitte notieren Sie Ihre Antworten auf folgende Fragen:

- Was sind Ihre frühesten Kindheitserinnerungenim Hinblick auf:
  Ängste, Strafen, Freude, Spiele

- Wie ist Ihr Verhältnis zu:
  Ihren Eltern: Vater und Mutter
  Ihren Geschwistern

- Welche Auswirkungen hat Ihre Kindheit auf das Alter:
  Welche Kindheitserlebnisse sind im Alter noch lebendig?
  Welche Kindheitskonflikte prägen Ihr Alter?
  Welche Normen im Alter gehen auf kindliche Erfahrungen zurück?

2. Fragen zur Selbstanalyse im Alter

2.1 Allgemeine Übungen

- **Freie Assoziation:** Schreiben Sie ganz schnell alles auf, was Ihnen durch den Kopf geht. Assoziieren Sie dann ganz schnell zum entdeckten Hauptproblem. Deuten Sie dieses Hauptproblem.
- **Geschichte des Ichs:** Listen Sie die Höhepunkte und Niederlagen Ihres Ichs im Laufe Ihres langen Lebens auf. Stellen Sie fest, was die Ursachen für die Hochs und Tiefs in Ihrem Leben waren.
- **Lieblingsheld/in:** Stellen Sie fest, welche Figur aus Mythos, Märchen, Philosophie Ihre besondere Sympathie besitzt. Assoziieren Sie frei zu dieser Figur. Stellen Sie fest, was die Ursachen für die Wertschätzung dieser Figur sind.
- **Männlicher Kastrationskomplex:** Schreiben Sie als Mann die Geschichte Ihres Penis. Berücksichtigen Sie die besondere Gefahr für dieses Organ im Alter. Stellen Sie fest, welche Reaktion Sie auf die Penisgefährdung ausgebildet haben.
- **Weiblicher Beschützerkomplex:** Assoziieren Sie frei zu den Beschützern Ihres Lebens. Stellen Sie fest, wie Sie sich von den Beschützern im Alter befreit haben.

2.2 Autobiografische Selbstanalyse

- **Ereigniskette:** Listen Sie die wichtigsten Erlebnisse in Ihrem Leben auf.
- **Gefühlsabfolge:** Beschreiben Sie die emotionalen Phasen in Ihrem Leben: Hochs und Tiefs.
- **Lebenslaufsymbole:** Legen Sie fest, welches Symbol Ihrem Leben entspricht (Pfeil, Kreis, Welle, Zick-Zack, punktierte Linie, Collage, Treppe aufwärts, Treppe abwärts). Geben Sie dann eine schriftliche Deutung Ihres Lebenslaufsymbols.
- **Lebensbilanz:** Listen Sie die positiven und negativen Resultate Ihres Lebens im Alter auf.
- **Lebensrückblick – Lebensvorschau:** Stellen Sie den Resultaten Ihres bisherigen Lebens die Erwartungen an Ihr zukünftiges Leben gegenüber.
- **Lebenspanorama:** Malen Sie eine große Landschaft, in die Sie die Etappen Ihres Lebens bis in die Gegenwart einzeichnen.
- **Lebenslaufmeditation:** Stellen Sie sich Ihr Leben im 10., 20., 30., 40., 50., 60., 70., 80. Lebenszeitpunkt vor. Sehen Sie Ihr Leben als Fahrstuhl, in dem Sie bei jeder Etage die Bilder aufrufen, die zu der jeweiligen Etage gehören, besonders die Bilder aus den 70er und 80er Jahren Ihres Lebens.

- **Zeitzeugen:** Befragen Sie alle Zeitzeugen, die berichten können, was Ihr Leben war.

2.3 Selbstanalyse im Alter

- **Krisensymptome im Alter:** Beschreiben Sie Ihre Leiden im Alter und wie Sie die Leiden bewältigen.
- **Traumanalyse:** Achten Sie auf Ihre Träume. Versuchen Sie Serien von Träumen aufzuschreiben. Achten Sie auf Symbole des Alters, des Sterbens, des Todes, der Unsterblichkeit im Traum.
- **Aktive Imagination im Alter:** Imaginieren Sie den Lauf Ihres Lebens und achten Sie auf Phasen, zu denen Ihnen nichts einfällt. Die leeren Stellen im Leben verbergen wichtige Erkenntnisse.
- **Krisensituationen malen:** Malen Sie ein Bild Ihrer größten Alterskrise.
- **Brief an Sigmund Freud und C. G. Jung:** Schreiben Sie erst an S. Freud, dann an C. G. Jung einen Brief über Ihre Alterskrise. Formulieren Sie dann auch die imaginären Antworten von Freud und Jung.
- **Heilendes Märchen:** Beschreiben Sie die Alterssituation in Form eines Märchens nach drei Abschnitten: Anfang, Suche, Lösung. Lassen Sie das Märchen glücklich enden (Happyend).

2.4 Übungen zu S. Freud

- **Über-Ich, Ich, Es:** Schreiben Sie ganz schnell auf, was Sie über diese Begriffe wissen, insbesondere über die Konflikte zwischen den drei Aspekten Ihrer Seele im Alter.
- **Abwehrmechanismen des Ichs:** Im Alter wird angesichts vieler Kränkungen vom Ich mit Abwehrmechanismen reagiert. Die häufigsten Abwehrmechanismen heißen: Abspaltung der Gedanken, die stören; Projektion schädlicher Gefühle auf andere: „Nicht ich hasse ihn, sondern er hasst mich!"; Verschiebung von niederen Wünschen auf höhere. Stellen Sie fest, wann Sie derartige Formen der Abwehr zur Lösung von Altersproblemen benutzt haben. Schreiben Sie darüber.
- **Eros und Thanatos:** S. Freuds letzte Triebtheorie hieß: Lebens- und Todestrieb bekämpfen sich. Das Alter erweckt in höheren Lebensjahren häufiger den Todestrieb. Beschreiben Sie, wie Sie den Todestrieb durch die Aktivierung Ihres Lebenstriebes in Schach gehalten haben.

2.5 Übungen zu C. G. Jung

- **C. G. Jungs Archetypen:** Jung entdeckte das kollektive Unbewusste, das über das biografische Unbewusste hinausreicht und die kollektiven Bilder der Menschheit „enthält". Wenn Sie in Träumen Menschheitssymbole erlebt haben, versuchen Sie sie zu beschreiben, z. B. der alte Weise, die böse Mutter, der Held oder die Heldin.
- **Der Schatten:** Jedes Ich hat seine Schattenseiten. Im Traum kann sich der Schatten als Böses, Gefährliches, Bedrohliches zeigen. Die Traum-Schatten-Erscheinungen im Alter sollten Sie festhalten.
- **Die Heldenreise:** Das Leben ist eine Reihe von Heldenreisen. Diese Reisen umfassen den Aufbruch, die Suche, den Kampf mit dem Bösen, den Sieg, die Rückkehr in den Alltag. Beschreiben Sie eine Heldenreise, die Sie erlebt haben. Damit wird Ihnen noch klarer: Ihr Sterben wird Ihre letzte Heldenreise ohne Rückkehr in den Alltag werden.

Kommen wir nun zu den Konzepten der neuen Medizin, die der digitalen Revolution entspringt. Es geht um die höchst umstrittene Frage: „Lässt sich der Tod abschaffen?" Zum heutigen Alter gehört es, sich dieser Frage zu stellen, auch wenn man geneigt ist, gleich die Antwort zu haben. Sie lautet dann: „Nein, Nein, Nein". Aber sehen wir uns das Problem genauer an.

TEIL 3

Die neue Medizin des Alters

Kapitel 1

Lange leben ohne alt zu werden

Die Medizin gerät in Bewegung. Sie hat sich der Umwälzung des Alters und des Todes verschrieben, besonders im Silicon Valley, dem Ursprungsort der digitalen Revolution. So sagt Peter Thiel, ein Milliardär des Valley: „Die große Aufgabe der Welt ist, den Tod zu einem lösbaren Problem zu machen." (T. Schulz: Zukunftsmedizin. München: DVA 2018, S. 207) Jeff Bezos, der Amazon-Gründer unterstützt ihn, ebenso Ray Kurzweil, der Chefideologe des Transhumanismus, und viele andere.

Die neue Medizin des Alters und des Todes teilt sich heute in zwei Lager: die einen möchten, dass die Lebensspanne länger wird, in der der Mensch gesund bleibt, das andere Lager möchte, dass der Mensch unsterblich wird. Wir werden beide Lager in Teil III dieses Buches präsentieren.

Die Lebensspannenverlängerer der Gesundheit werden unter „Gesünder leben" oder „Anti-Aging" vorgestellt.

Die Unsterblichkeitsvisionäre werden mit Aubrey de Grey, D. Duscher, D. Sinclair, M. Riesewieck und H. Block zur Sprache kommen. Dabei wird es darum gehen, den Horizont auf das Alter zu erweitern und auch die alte Ärzte-Utopie, den Tod abzuschaffen, in modernem Licht erscheinen zu lassen.

Sicher, der dritte Teil dieses Buches öffnet einen Blick in eine lange Zukunft. Es wäre aber falsch, die Pioniere des Anti-Aging oder der Unsterblichkeit bloß zu verlachen. Die Geschichte zeigt: Ikarus stürzte noch ab, aber Charles Lindbergh flog als erster von Paris nach New York. Erst träumte Wernher von Braun von der Reise zum Mond, dann waren die Amerikaner die Ersten, die ihn mit von Brauns Hilfe betraten.

Zukunftspessimismus ist für Deutschland als Wirtschafts- und Wissenschaftsmacht gefährlich. Zukunftspessimismus darf sich diese Potenzen nicht von den Zukunftsblockierern und Bedenkenträgern zerstören lassen.

Kapitel 2

Anti-Aging: Lebensverlängerung

Anti-Aging heißt heute Altersverhinderung. Sie hat in der neuen Medizin das Ziel, das biologische Alter des Menschen hinauszuzögern. Die Lebensqualität soll auch im Alter auf hohem Niveau gehalten werden, die Lebenserwartung soll verlängert werden. Die Medizin, die Ernährungswissenschaft, die Nahrungsergänzungsmittelindustrie, die Kosmetikbranche, teilweise im Kontext von Schönheitsoperationen, verwendet den neuen Begriff.
Anti-Aging stützt sich auf folgende biologische Erkenntnisse: Vitamin E und C schützen vor Herzinfarkt. Folsäure vor Schlaganfall, auch Arteriosklerose wird gemildert. Omega-3-Fettsäuren senken kardiovaskuläre Risiken. Thymustherapie hilft gegen Altern. Melatonin reduziert Bluthochdruck, schützt das Herz und reduziert das Migräne- und Krebsrisiko.

Es gibt folgende Anti-Aging-Methoden, die besonders auf die Regeneration des Körpers zielen:

1. Vereinfachung der Lebensweise
2. Ernährung ohne Fleisch
3. Vitaminergänzung besonders mit Vitamin B12

Folgende Therapien des Anti-Aging sind verbreitet:

1. Frischzellentherapie à la „Konrad Adenauer"
2. Wachstumshormontherapie
3. Thymustherapie
4. Fütterung seneszenter Zellen
5. Intervall-Fasten
6. Ausschaltung des Vitaminmangels, besonders Vitamin B12
7. Kosmetik

Diese Therapien haben allerdings keinen sicheren Wirkungsnachweis, obwohl man annimmt, dass die Behebung des Vitamin-B-Mangels folgenden positiven Einfluss auf den Körper ausübt:

- Energiegewinnung in den Zellen
- gutes Erinnerungsvermögen

- Verbesserung des Fettstoffwechsels
- Regeneration der Myelin-Ummantelung der Nervenfasern
- Bildung von Neurotransmittern
- Wachstum des Gehirns gegen Alzheimer-Demenz
- Bildung von Hormonen
- Verbesserung der Abwehrkraft des Immunsystems
- Epigenetische Veränderung der Chromosomen
- zelluläre Langlebigkeit
- Entfaltung aller genetisch angelegten Möglichkeiten

(T. Klein: Volkskrankheit Vitamin-B12-Mangel. Dresden: Hygeia 2018, 10. Aufl., S. 24, 132-133)

2.1 Die besten Tipps

Anti-Aging kann den Tod nicht aufheben, aber Alterungsprozesse können verlangsamt und zum Teil rückgängig gemacht werden. Ganz einfach lässt sich Anti-Aging in zwei Teile teilen:

1. Teil: Theorien des Alterns
2. Teil: Maßnahmen, wie man, gestützt auf neue Studien, lange gesund und vital bleiben kann.

Das Alter kann chronologisch in Phasen geteilt verstanden werden (vom 18. Lebensjahr bis zum Tod) oder biologisch als ein Vorgang gesehen werden, der vom Einzelnen gesteuert werden kann. Das Biologische bemisst sich an körperlicher und geistiger Leistungsfähigkeit und an dem aktuellen Gesundheitszustand. Beides lässt sich beeinflussen durch die Lebensweise im Alltag, das wäre die **Lebenskunst im Alter**.

Die Alterserscheinungen machen sich als Gelenkverschleiß, Schmerzen, Müdigkeit oder Kurzatmigkeit bemerkbar, die mit der Zeit zu Gelenkarthrose oder Lungenerkrankungen führen.

Über diesen Verfallsprozess des Körpers gibt es nach Dr. P. Niemann, Facharzt für Geriatrie in den USA drei Theorien (P. Niemann: Anti-Aging. Stuttgart: Thieme 2018):

1. Die Reparaturleistung des Körpers lässt nach durch innere und äußere Abnutzungserscheinungen.

2. Die schützenden Telomere werden kürzer. Telomere sind Proteinkappen an dem Ende der Desoxyribonukleinsäure (DNS), eines wichtigen Teils jeder Zelle, aus denen der Körper besteht. Die DNS sind Träger unserer Erbinformationen in Form von Genen. Sie schützen jede Zelle, bis sie abgenutzt ist und die Zelle stirbt. Die Verkürzung der Telomere wird als Alterungsprozess verstanden.
3. DNS-Methylierung lässt die Zellen altern. An unseren Genen hängen sich Ketten von Methylgruppen an, die die Funktion der Zellen altern lassen. Diese Methylierung findet als Folge äußerer und innerer Umstände mal schneller und mal langsamer statt.

Der Körper unterliegt nicht nur dem Verschleiß, dem Abbau, sondern er besitzt auch Selbsterhaltungsenergien, die das Anti-Aging stärken wollen. Der Alterungsprozess ist nur zum Teil genetisch vorbestimmt, wir können durch innere und äußere Maßnahmen auf den Alterungsprozess Einfluss nehmen, dabei spielt der eigene Lebensstil eine entscheidende Rolle.

Die äußeren/sozialen Maßnahmen, die zum Teil banal sind, heißen:

- Rauchen Sie nicht.
- Schaffen Sie sich ein Haustier an.
- Gehen Sie nur zum Arzt, wenn Sie krank sind.
- Sprechen Sie nur mit einem Arzt, der Sie versteht.
- Suchen Sie sich durch Heirat oder Freundschaft einen Partner.
- Bleiben Sie körperlich aktiv.
- Gehen Sie raus in die Sonne.
- Schlafen Sie ausreichend.
- Achten Sie auf Ihr Gewicht.
- Nutzen Sie nicht ständig Ihr Smartphone.
- Tragen Sie passende Schuhe.
- Bleiben Sie zuhause, wenn Sie krank sind.
- Treffen Sie sich regelmäßig mit Freunden und Freundinnen.
- Genießen Sie die Glücksmomente im Alltag.
- Nehmen Sie sich Zeit für die Hautpflege.
- Arbeiten Sie nicht an Wochenenden.
- Gehen Sie so oft wie möglich zu Fuß (120 Minuten pro Woche).
- Verreisen Sie einmal im Jahr.
- Gehen Sie möglichst gar nicht in Rente, wenn Ihnen Ihr Job Spaß macht.
- Arbeiten Sie kürzer pro Woche.
- Tragen Sie eine Brille.
- Pflegen Sie Ihre Zähne gut.

- Engagieren Sie sich ehrenamtlich.
- Gehen Sie nur zu Vorsorgeuntersuchungen, die Ihr Arzt für unverzichtbar hält.
- Reden Sie mit Ihren Nachbarn.
- Erlernen Sie oder spielen Sie ein Instrument.
- Hören Sie mehrmals in der Woche Ihre Lieblingsmusik.
- Meiden Sie Lärm.
- Trainieren Sie ohne Smartwatch.
- Genießen Sie mindestens einmal im Monat einen Sonnenuntergang oder die Milchstraße bei Nacht.
- Zahlen Sie lieber in bar.

Übung: Welche Vorschläge praktizieren Sie schon? Welche haben Sie sich erst vorgenommen? Schreiben Sie eine To-Do-Liste, die Sie in Ihrer Wohnung dort aufhängen, wo Sie sie täglich sehen.

Die inneren medizinischen Maßnahmen, die zum Teil wichtig sind, lauten:

- Reduzieren Sie Ihre Medikamente auf die notwenigsten.
- Essen Sie Nüsse.
- Trinken Sie ab und zu ein Gläschen Alkohol.
- Vermeiden Sie unnötige Operationen.
- Nehmen Sie Schlafmittel nur in Ausnahmefällen ein.
- Essen Sie mehr Fisch.
- Essen Sie täglich viel Obst und Gemüse.
- Meiden Sie Süßstoffe.
- Nehmen Sie möglichst wenig Antibiotika ein.
- Versuchen Sie Stress zu vermeiden.
- Essen Sie täglich Joghurt.
- Machen Sie einen Bogen um zuckerhaltige Getränke (Zucker lässt uns schneller altern).
- Essen Sie Käse.
- Schränken Sie Ihren Salzkonsum ein.
- Nehmen Sie weniger Kalorien zu sich, durch „Fasten von Zeit zu Zeit“.
- Essen Sie Vollkornprodukte, wie sie die „Kreta-Diät“ empfiehlt.
- Trinken Sie mehr Wasser (ein Tag ohne Wasser schädigt Niere, Haut und Darm, 2 Liter Wasser am Tag beugen Alterskrankheiten vor).
- Essen Sie wenig Fleisch, das Sie direkt beim Produzenten kaufen, der artgerechte Tierhaltung praktiziert.

Übung: Welche Vorschläge für die innere Verbesserung Ihrer Gesundheit praktizieren Sie schon oder werden Sie jetzt umsetzen?

Anti-Aging verbindet Vegetarismus, Diät, gutes Sozialleben mit der Sorge um sich selbst. Im Alter verlängert diese Lebenskunst das Leben, das sonst durch Depression, Stress und Frust stark belastet werden kann.

2.2 Der heiss umstrittene Wert des Anti-Agings

Der Multi-Vitamin-Ansatz

Dr. Rüdiger Schmitt-Homm ist Gerontologe und Universitätsdozent für die Weiterbildung von Präventivmedizinern. Simone Homm ist Fachärztin für Allgemeinmedizin. Ihr Schwerpunkt ist individuell ausgerichtete Präventivmedizin. Zusammen haben sie das „Handbuch Anti-Aging und Prävention" (Kirchzarten: VAK 2017[8]) geschrieben.
Sie behaupten: „Aktive Prävention und damit rechtzeitige Beeinflussung von degenerativen Alterungsprozessen wird zu einem immer wichtigeren Therapieansatz werden, nicht nur im viel gescholtenen Lifestyle/Wellness/Fitness-Bereich, sondern auch in der Medizin." (Homm, S. 531)
Ihre Behauptung stützt sich auf folgende Argumente:

1. Wir stehen vor einer „Ergrauung" der Gesellschaft. Aber die Menschen werden älter, jedoch nicht gesünder. Die Haupttodesursachen entstehen aus normalen Alterungsprozessen: Herz-Kreislauf, Krebs, Parkinson, Alzheimer, Demenz, Diabetes. Ursache und Beginn dieser Krankheiten liegen meist Jahrzehnte zurück. Ihre Behandlung im Kontext von weiteren Alterungsprozessen machen Behandlung und Heilung besonders schwierig.
2. Besonders expansiv sind die Erkrankungen an Alzheimer. Je mehr Menschen ein hohes Alter erreichen, umso mehr erkranken an Alzheimer: an Gedächtnisverlust, Unselbstständigkeit, Hilflosigkeit. Unter den 80- bis 90-Jährigen muss jeder Vierte mit Alzheimer rechnen. Ab 90 Jahre sind 50% von Alzheimer-Demenz betroffen.

3. Mehr als 100 Pharmafirmen erproben mittlerweile fast 200 potentielle Therapeutika, u. a. auch Impfungen. Allerdings wird eine Alzheimer-Erkrankung zu behandeln sehr teuer sein (Homm, S. 535). Prävention wäre sehr wichtig. Allgemeine Ernährungs- oder Lifestyle-Ratschläge bringen nichts.
4. Allerdings gibt es zur Vorbeugung gegen Alzheimer folgende Präparate:
   Vitamin E (Tocopherol) stoppt das Entstehen von Alzheimer 10 oder 20 Jahre vor dem Ausbruch.
   Omega 3-Fettsäuren (Docosahexaensäure) senken bei Gesunden das Erkrankungsrisiko um 70%.
   Steroidhormone (Estradial und Testosteron) sind die wichtigsten Schutzfaktoren gegen Alzheimer.
   Kurkuma (Bestandteil des asiatischen Gewürzes gleichen Namens)
   Folsäure und Homocystein, das als Marker für Alzheimer auch im Blut bestimmt werden kann.
5. Neben Alzheimer expandieren im Alter auch Osteoporose (Knochenalterung), Diabetes, Parkinson. Besonders Parkinson ist mit Alterungsprozessen im Gehirn verbunden. Immer gilt: „Degenerative Alterungsprozesse sind die Hauptverursacher der klassischen Alterskrankheiten." (S. 540) Der Anteil der Alterskrankheiten kann nur zurückgedrängt werden, „wenn krankheitsfördernde Alterungsprozesse früh und aktiv zurückgedrängt werden durch Prävention" (S. 543).
6. Die klassische Reparaturmedizin kommt zu spät und ist oft nicht wirksam. „Anti-Aging im Sinne von aktiver Prophylaxe degenerativer Alterserscheinungen bietet dagegen die Chance auf echte Altersinterventionen." (S. 543f.)
   Allerdings wird Anti-Aging und seine aktive Prävention gegen das Altern durch Pharmakonzerne oder Gesundheitsbehörden gebremst. So hat die amerikanische Lebensmittelüberwachungs- und Arzneimittelbehörde FDA (Food and Drug Administration) in den USA den Zugriff der Bürger auf Aminosäuren, DHEA, Melatonin erst verboten und dann auf Druck der Zivilgesellschaft doch zugelassen. Die FDA wollte die Exklusivrechte der Pharma-Riesen auf dem Präventionsmarkt nicht einschränken. „Die größte Barriere zwischen den Menschen und einem längeren Leben ist bei Weitem die FDA. Es ist nicht Unwissenheit. Es ist die FDA." (S. 545)
   In Deutschland ist die Situation grundsätzlich nicht anders. Präventionsmedizin wird behindert durch Reparaturmedizin.

Das Konzept Prävention der Anti-Aging-Medizin

Prävention gegen Alterungsprozesse ist nicht nur wichtig für alte Menschen. „Je früher wir den Kampf gegen das Altern aufnehmen, desto besser sind unsere Erfolgsaussichten." (Homm, S. 39) Unsere Lebensspanne hat sich deutlich verlängert, besonders aber das Alter. „Wir haben die Chance,, länger alt zu bleiben." (S. 43) Besser ist aber im Sinne des Anti-Aging: „Länger jung und vitaler bleiben." (S. 44) Wir sollten uns fragen, „wie wir länger Kraft und Jugendlichkeit erhalten können" (S. 45).
Mit dem Anti-Aging gibt es „die erste Generation, die über Mittel und Möglichkeiten verfügt, Alterungsprozesse zu modulieren" (S. 51). Gezielte Altersprävention ist für Anti-Aging der eigentliche Schlüssel für ein gesundes und langes Leben. „Der Weg dahin ist eine lebenslange Aufgabe und die Chancen sind umso größer, je früher man beginnt." (S. 51) Da 300 Einzelfaktoren beschrieben werden, die das Altern verursachen, ist die Hoffnung auf *eine* Pille, die das Altern stoppt, unwahrscheinlich. Altern ist komplex und wird von Philosophen, Religiösen und Dogmatikern als festes Schicksal benannt, das nicht zu ändern ist.

Die folgenden Thesen des Ehepaars Homm sind zum Teil umstritten. Deshalb liefern wir die Kritik einiger ihrer Thesen gleich mit.

Altersursachen und ihre Beeinflussung

a) Altersursache Gene

Der Stopp der Zellteilung ist nur eine Altersursache. Es existieren außerdem eine ganze Reihe anderer genetischer Schalthebel. Um Alterungsprozesse entscheidend zu verlangsamen, sind aber grundlegende Veränderungen des genetischen Codes gar nicht notwendig (Homm, S. 71). Eine gezielte Nahrungseinschränkung (= kalorische Restriktion) gehört zu den stärksten Interventionen, die das Altern bremsen können (S. 73).
Auch Hormoneinflüsse auf Gene beeinflussen Alterungsprozesse. Folgende biologische Stoffe beeinflussen außerdem die Gene: Carnitin, Alpha-Ligonsäure, Cystein, Folsäure, Vitamin B12, Vitamin B6, Vitamin D, Magnesium, Zink. Besonders wirksam erwies sich für die Lebensverlängerung Resveratrol, das in den Schalen roher Trauben enthalten ist. „Es scheint tatsächlich den Ablauf der Alterung zu beeinflussen. Es kann dem Körper zugeführt werden durch Rotwein, Traubensaft, Rosinen." (S. 78f.)

b) Altersursache oxidativer Stress und freie Radikale

In jedem Augenblick des Lebens werden „in jeder Körperzelle Anti-Aging-Schlachten geschlagen. Stress ist ein wichtiger Faktor für Alzheimer, Parkinson, Arteriosklerose, Krebs. Durch Stress entstehen winzige Moleküle und Atome, die freien Radikalen. Sie spielen bei allen Alterungsprozessen eine Rolle. Sie werden durch Schutzenzyme bekämpft, die aber leider im Alter abnehmen. Allerdings hilft hier gegen die Zellzerstörung in den menschlichen Gefäßen ein alter Bekannter – Vitamin C. Es geht darum, oxidativen Stress erst gar nicht entstehen zu lassen.

Gesund essen und trinken ist hilfreich. Rauchen aufgeben. Alkohol macht aus jungen Männern Alte, sagten schon die Römer, wie Cicero. Als Mittel gegen freie Radikale gelten: Vitamin E, Vitamin C, Karotinoide, Vitamin A, Melatonin, Ginkgo, Folsäure (Homm, S. 147f.).

c) Altersursache Hormone

Der Alterungsprozess wird auch durch Hormone gesteuert, besonders durch Sexualhormone, Schilddrüsenhormone, Wachstumshormone, Melatonin, Calcitriol. Die Antibabypille ist die häufigste Hormontherapie der Welt (S. 156).

d) Altersursache Schilddrüsenhormone

Durch Schilddrüsenschwäche können folgende Körperfunktionen erkranken: Immunsystem, Herzkreislauf, Stoffwechsel, Sexualfunktion, Gehirnfunktion, Bewegungsapparat, Schlaf. Bei den Schilddrüsenhormonen lassen sich folgende Typen unterscheiden: T4 das Speicherhormon, TE das eigentliche Wirkhormon, rT3 das Schattenhormon. Um die Schilddrüsenfunktion zu unterstützen, sind folgende Mittel wichtig: Vitamin B12, Selen, Kalium, Vitamin B6, Magnesium, Vitamin D, Melatonin, Vitamin C. Voraussetzung für eine gelingende Schilddrüsenhormon-Therapie ist eine gute Diagnose und eine auf das Individuum abgestimmte Therapie. Es gibt dabei folgende Risiken: individuell zu hohe Dosis, Cortisonmangel, Jodmangel (Homm, S. 191).

e) Altersursache Menopause:

Die Menopause der Frau ist hauptsächlich eine Umstellung des Hormonhaushalts. Dieser hat folgende Auswirkungen: Schweißausbrüche, Unruhe, Schlafstörungen, Migräne, Aggressivität, Libidoverlust, Depressionen (Homm, S. 195).

Die Langzeitfolgen des Hormonmangels nach der Menopause heißen: Osteoporose, Entstehung der Anfänge von Alzheimer, Risiko von Gefäßkrankheiten. Allerdings ist die Menopause keine biologische Notwendigkeit und kommt zum Beispiel bei Menschenaffen nicht vor. Beim Menschen gibt es in der

Menopause einen Rückgang besonders folgender Hormone: E1 Estron, E2 Estradiol, E3 Estriol, P Progesteron.

Gegen Ende des 20. Jahrhunderts waren die hormonellen Defizite der Menopause soweit erforscht, „dass sich immer mehr Frauen vor allem gegen akute Beschwerden der Wechseljahre hormonell behandeln ließen“ (Homm, S. 211). Die Folgen waren überzeugend. Viele Frauen fühlten sich wieder als Frauen durch erweiterte Aufnahme von Östrogenen. Aber erst eine individualisierte Hormonoptimierung im Zusammenhang mit der Menopause kann verschiedenen Alterungsprozessen vorbeugen. Aber älter als 120 Jahre wird derzeit kein Mensch. Allerdings kann eine hormonelle Unterstützung durch Östrogene die Alterung des Bewegungsapparates (und damit Stürzen) und die Entwicklung von Alzheimer bremsen.

Gegenargument: *„Früher wurde vermutet, dass eine lange Hormonbehandlung nach den Wechseljahren vor ernsthaften Erkrankungen schützen kann. Diese Annahme hat sich jedoch nicht bewahrheitet, im Gegenteil: Inzwischen ist sicher, dass sie das Risiko für einige schwere Erkrankungen sogar erhöht. Dazu gehören: Schlaganfall, Herzinfarkt, Blutgerinnsel/Thrombosen, Brustkrebs.“ (https://www.gesundheitsinformation.de/welche-vor-und-nachteile-hat-eine-langfristige-hormonbehandlung.html vom 17.1.2022)*

f) Altersursache Andropause und Testosteron

Hormonelle Altersuhren sind die mächtigsten Schrittmacher der Alterung. Die Mechanismen des Alterns sind bei Mann und Frau gleich. Deshalb muss das Hormonsystem bei Mann und Frau ähnlichen Alterungsprozessen unterworfen sein. Heute ist sicher, dass die Hormonersatztherapie für den Mann in den nächsten zehn Jahren zu einem der am schnellsten wachsenden Therapiebereiche werden wird. In Asien hat der Arzt viele Mittel gegen Alterung im Angebot. Der Westen holt gerade auf. Sicher ist: „Androgene Hormone, allen voran das Testosteron, gehören zu den wichtigsten Steuersubstanzen in unserem Organismus.“ (Homm, S. 237) Die Mengenverteilung von Testosteron ist bei Männern und Frauen unterschiedlich. Männer haben mehr davon. Bei Männern entsteht Testosteron in den Hoden, bei Frauen in den Eierstöcken. Die Hauptwirkungen von Testosteron heißen (S. 237):

- Aufbau der Muskeln
- Erhaltung der Knochendichte
- Regulation der Potenz
- Verbesserung kognitiver Prozesse
- Regelung der Aggression und des Tatendrangs

Grund für den sinkenden Testosteronspiegel bei Männern ist die sinkende Produktion der Hoden durch Radikale sowie Gefäßalterung, außerdem wird das Testosteron im Alter beschleunigt in Östrogene umgewandelt.
Hormonmangel macht sich an folgenden Symptomen bemerkbar: die Figur verändert sich (dickerer Bauch), Depressionen, Potenzprobleme.
Als Regel gilt für Homm: Je früher eine Testosterontherapie erfolgt, umso eindrucksvoller sind die Wirkungen. Dennoch ist es auch mit 80 Jahren noch nicht zu spät für eine hormonelle Verjüngungskur. „Medikamente wie Viagra, Levitra, Cialis können Erektionsstörungen effektiv überwinden helfen." (Homm, S. 259) Allerdings können Diabetes und Stress die Wirkung dieser Mittel verhindern. Jedoch kann Testosteron nach Homm die Jugendlichkeit und verbesserte Lebensqualität steigern.

Gegenargument: *„Immer häufiger bekommen gesunde Männer mit altersüblichen Beschwerden Testosteron, weil dessen Wert vermeintlich zu ‚niedrig' ist. Hersteller bewerben ihre Mittel sehr stark und versprechen mehr Jugendlichkeit, Manneskraft sowie ein besseres und längeres Leben. Aber nach den vorhandenen Studien ist es zweifelhaft, ob Testosteron-Mittel Abhilfe schaffen können. Fachleute haben alle Studien zu dieser Frage ausgewertet. Zusammenfassend stellen sie fest:*

- *Testosteron-Mittel verlängern* ***nicht*** *das Leben.*
- *Sie verbessern* ***geringfügig*** *die Sexualität.*
- *Sie verbessern* ***nicht*** *die körperliche Fitness.*
- *Sie verbessern* ***nicht*** *die Gesundheit im Alter, psychische Beschwerden oder das Gedächtnis.*
- *Es gibt* ***widersprüchliche Ergebnisse*** *zu Herz-Kreislauf-Schäden: Einige deuten auf ein erhöhtes Risiko für Herzinfarkte und Gefäßschäden hin, andere beobachten keinen Unterschied.*
- *Es gibt* ***keine Hinweise****, dass sich der Blutzucker, das Gewicht oder die körperliche Verfassung bei älteren Männern mit Diabetes oder metabolischem Syndrom (Blutzucker, Blutfette und/oder Blutdruck erhöht, Fettleibigkeit) verbessern.*

Der Nutzen war ausgeprägter, wenn die Hersteller die Studien finanziert hatten. In anderen Studien fand sich oft kein Vorteil. Zudem waren die meisten Studien ungeeignet, um Nebenwirkungen zu beurteilen.
Zu den Nebenwirkungen von Testosteron gehören: *Verdickung des Blutes mit erhöhter Gefahr für Blutgerinnsel (Thrombosen), erhöhte Blutfette, Kopfschmerzen, Prostata-Beschwerden, Brust-Schwellung, Stimmungsschwankungen und Bluthochdruck." (Quelle: https://www.patienten-information.de/kurzinformationen/testosteron am 17.1.2022)*

Das Vorliegen einer Prostata-Krebserkrankung verbietet jede Testosterontherapie. Zur Vorbeugung gegen Prostatakrebs gibt es folgende Mittel (Homm, S. 265ff.):

1. Bewegung
2. Pektin
3. Vitamin D
4. Vitamin K
5. Omega-3-Fettsäuren
6. Selen
7. Tocopherole
8. Cycopin (enthalten in Tomaten)
9. Grüner Tee
10. Brokkoli
11. Aspirin
12. Coenzym a10

g) Altersursache: Adrenopause und DHEA

Biologisches Altern und DHEA (Dehydroepiandrosteron) ist seit den 90er Jahren des 20. Jahrhunderts ein heißes Thema in den USA. Es stand die Frage im Raum: „Ist DHEA ein Mittel, das alles heilt und hilft ewig zu leben?" DHEA ist ein C-19-Steroid. Es entsteht aus Cholesterin. Das C-19-Steroid ist die Vorstufe für weitere Hormone. Es wurde 1932 in Deutschland im Urin entdeckt. Etwa 50% des Testosterons des Mannes und 70% der Östrogene der Frau entstehen aus DHEA. Es wird aus Pflanzenextrakten gewonnen. Lange Zeit glaubte man, DHEA sei wirkungslos.

Dann stellte man fest: DHEA hilft (Homm, S. 282):

1. bei der Ordnung des Hormonhaushalts
2. bei der Aktivierung von Neuronen im Gehirn
3. bei der Stabilisierung des Immunsystems bei Stress und Traumata
4. bei der Hemmung des Wachstums verschiedenster Tumore
5. bei der Abwehr von Osteoporose

Eine hohe Verfügbarkeit von DHEA kann nach Homm zu einer langen Funktionsfähigkeit des Gehirns beitragen. Ein hoher DHEA-Spiegel kann die negativen Auswirkungen von Stress auf das Gehirn verhindern. DHEA ist das in der höchsten Konzentration vorkommende Hormon beim Menschen. Allerdings ändert sich der DHEA-Spiegel im Laufe des Lebens. Mit 90 Jahren werden wir 95% der optimalen Hormonmenge verloren haben. Man nennt diesen altersbedingten Hormonverlust die „Andrenopause". „DHEA bestimmt

darüber, wie wir altern." (Homm, S. 292) DHEA verbessert Gesundheit und Lebensqualität. Das belegen viele Studien (S. 309).
Wichtig zu wissen: In Deutschland ist DHEA weder als Medikament noch als Nahrungsergänzungsmittel zugelassen.

h) Altersursache: Somatopause und Wachstumshormon
„Das hohe Alter ist voll von Leiden und Schmerz und ich betrachte diese als Parasiten des Lebens, die allmählich immer gewaltigere Ausmaße annehmen. Ich habe deshalb dem Alter den Krieg erklärt", sagte Ana Aslan (1899–1988), eine Pionierin der Aging-Interventionsforschung.
Aslan setzte deshalb auch auf ein Wachstumshormon. Es wird heute als Somatotropin oder somatotropes Hormon bezeichnet und mit STH abgekürzt. Es ist seit 75 Jahren bekannt und hat heute eine steile Karriere vor sich.
Ein Mangel des Wachstumshormons führt zu typischen Alterserscheinungen. Durch gezielte Vermittlung dieses Hormons lassen sich nach Homm entsprechende Alterserscheinungen verhindern. Das Hormon unterstützt eine frühe und auf optimale Leistung ausgelegte Lebensform. Aber es stimmt auch: „Wachstumshormone sind nicht die Wunderdroge, von der jeder umso jünger wird, je mehr er sich zuführt." (S. 324) Doch der Einsatz beim Doping spricht eine andere Sprache. In vielen Sportarten ist das Wachstumshormon immer noch eines der häufig eingesetzten Mittel. Um die eigene Wachstumshormonproduktion zu steigern, sind folgende Interventionen nötig: „Intensivbelastung, drastische Reduktion der Nahrungsmenge am Abend" (S. 347), tiefer und ausgiebiger Schlaf.

***1. Gegenargument:** „Das Wachstumshormon (engl. human Growth Hormone = hGH) ist ein körpereigenes Peptidhormon. HGH regt die Zellen zu Teilung und Wachstum an und wirkt so anabol (muskelaufbauend). Die missbräuchliche Anwendung zu Dopingzwecken ist **verboten**.*
... HGH kann das Wachstum von inneren Organen (z. B. Herz, Leber) anregen und schwere Schäden daran verursachen. Ein vergrößertes Herz und ein erhöhter Blutdruck können einen Herzinfarkt auslösen. Außerdem führt hGH zu überproportionalem Wachstum von Händen und Füßen, aber auch von Kinn, Nase und Ohren (Akromegalie). Diese Veränderungen sind irreversibel. Als Folge des hGH-Missbrauchs kann auch Dickdarmkrebs entstehen. Durch den Eingriff in den Glukosestoffwechsel besteht zudem die Gefahr, dass hGH Diabetes auslöst.
(QUELLE: https://www.sportintegrity.ch/anti-doping/praevention/ausbildung/mobile-lesson/s2-hgh am 17.1.22)

2. Gegenargument: *„Künstliche Hormone zu nehmen ohne einen bestimmten medizinischen Grund zu haben, führt bisweilen zu starken Nebenwirkungen. Dazu gehören auffällige Verdünnungen des Unterhaut-Fettgewebes um die Injektionsstelle, während die äußere Hautdicke zunimmt. Außerdem führt hGH zu einer verminderten Glukosetoleranz und erhöhten Blutzuckerwerten. Darüber hinaus kommt es durch die Stimulation des Knochenwuchses auch beim Erwachsenen an bestimmten Knochen zu auffälligen Formveränderungen. So kann bei höheren Dosierungen das Wachstum der Kieferknochen zu Zahnlücken führen; auch Hände und Füßen werden auffällig größer (Akromegalie). Am Herzen kann das Muskelwachstum zu Störungen der Durchblutung und Funktion bis zum Herztod führen. Langfristige Nebenwirkungen von HGH sind noch nicht vollständig erforscht." (QUELLE: https://www.mylife.de/sport-fitness/wachstumshormone/)*

i) Altersursache: Zirbeldrüse und Melatonin

Die Zirbeldrüse im Gehirn produziert (im Alter weniger) den Botenstoff Melatonin. Sie befindet sich im Zentrum des Gehirns. Descartes sagte über sie: „Da ist die kleine Drüse im Gehirn, genannt Zirbeldrüse, in der die Seele ihre Funktion ausübt, mehr als in irgendeinem anderen Teil des Körpers." (S. 349) Erst 1953 erkannte man, dass die Zirbeldrüse Melatonin produziert. Die Wirkung des Melatonins wurde als Müdigkeit und Schlafbereitschaft diagnostiziert. Heute weiß man: Das Melatonin regelt den Schlafrhythmus, die Fortpflanzung, die Stimmung der Psyche, das Maß an Depressionen, das Immunsystem, die Wachstumsgeschwindigkeit von Tumoren. Heute weiß man auch: Die chirurgische Entfernung der Zirbeldrüse führt zu einer Vielzahl von Alterungsprozessen. Andererseits kann das Zirbeldrüsenhormon Melatonin den Alterungsprozess hinausschieben. Melatonin erwies sich schon im 20. Jahrhundert als einer der effektivsten Schutzstoffe für Menschen gegen die Ausbreitung zellschädigender Radikaler. Melatonin verstärkt die Effektivität anderer lebenssteigernder Vitamine wie Vitamin C und Vitamin E. Es kann jeden Zellbereich erreichen. Auch Alzheimerplaques werden am Wachstum gehindert. Das Immunsystem wird gestärkt. Es schützt die Erbinformation. Ein Molekül Melatonin kann bis zu vier Radikale abfangen. Es wurde auch in drei Milliarden alten Algen nachgewiesen (S. 347). Es optimiert die Immunfunktion, stoppt die Gefäßalterung, unterstützt den Schlaf, erhält die Sehfähigkeit, vermittelt Strahlenschutz und stellt sich gegen Alzheimer und Parkinson. Melatonin ist nach Homm praktisch an allen bisherigen Alterungsmechanismen als Regulator und Schutzfaktor beteiligt.

***Gegenargument:** „Der Wirkstoff Melatonin ist eines der Hormone, die den Tag-Nacht-Rhythmus steuern, und wird im Körper aus dem Nervenbotenstoff Serotonin gebildet. ... Hochdosierte Präparate des Hormons sind in Deutschland verschreibungspflichtig. Es ist zugelassen zur kurzfristigen Behandlung einer nicht auf anderen Erkrankungen beruhenden Schlafstörung (primäre Insomnie) bei Patienten über 55 Jahren. Die Melatonin-Dosierung pro Tablette beträgt zwei Milligramm. Die Melatonin-Tabletten sollen helfen, den gestörten Tag-Nacht-Rhythmus zu normalisieren. ... Die Langzeitwirkung des Hormonpräparates ist noch nicht ausreichend erforscht und sollte daher vermieden werden." (QUELLE: https://www.netdoktor.de/medikamente/melatonin/ Von Benjamin Clanner-Engelshofen, Apotheker, Arzt. Aktualisiert am 17.02.2022, abgerufen am 4.4.2022)*

j) Altersursache: Energiestoffwechsel und Q10

Energiemangel ist bei vielen Älteren die am häufigsten geäußerte Klage. Richtig daran ist, dass die nachhaltige Störung bei der Energieproduktion in den Mitochondrien der Zellen zu lebensbedrohlichen Krankheiten führen.
Die Energieausbeute unserer Körperzellen nimmt nämlich im Verlauf des Lebens ständig ab (S. 412). Das lässt sich auch nicht mit mehr Nahrungsaufnahme stoppen. Essen ist eine der Ursachen für das Altern. Die Mitochondrien sind ihre eigenen Totengräber. Zwischen dem 50. und 90. Lebensjahr geben 25–50% aller im Gehirn arbeitenden Neuronen ihre Funktion aufgrund eines nicht mehr funktionierenden Energiestoffwechsels auf. „Sie sterben ab. Ohne Ersatz." (S. 419)
Allerdings wurde 1975 in England das Coenzym Q10 entdeckt. Das hatte Auswirkungen auf die unsichtbare Alterung durch Herzschwäche, denn das Coenzym Q10 wird bei Herzpatienten verordnet. Q10 kann nämlich generell die Überlebensfähigkeit von Organen im Lebensverlauf fördern. Aber im alternden Organismus entwickelt sich ein echter Mangel an Q10, jedoch kann Q10 eine positive Beeinflussung des Bluthochdrucks fördern. Die Bedeutung von Q10 auf das Herz-Kreislauf-System geht weit über das Cholesterin hinaus. Bei Arteriosklerose kann Q10 nur in Kooperation mit Vitamin E+C wirksam werden.

***Gegenargument:** „Zu viele Vitamine aus der Nahrung zu sich zu nehmen ist fast unmöglich, über Vitaminpräparate geht das aber durchaus - und ein Nutzen von extremen Dosen, erst Recht für nicht mangelernährte Menschen, konnte nicht nachgewiesen werden. Im Gegenteil: Für die sogenannte Cochrane Analyse wurden 78 Studien mit über 300.000 Teilnehmern daraufhin untersucht,*

ob die Einnahme von hohen Dosen an Antioxidantien wie Vitamin A, C, E, Betacarotin und Selen zur Vorsorge vor lebensbedrohlichen Krankheiten wie Krebs, Herz-Kreislauferkrankungen oder Schlaganfall nützlich sein könnten. Die Dosen durch Nahrungsergänzungsmittel lagen um ein Vielfaches höher, als der empfohlene Tageshöchstsatz. Das Ergebnis war eindeutig negativ - für keinen der Stoffe konnte eine lebensverlängernde Wirkung nachgewiesen werden. Im Fall von Vitamin A, E und Betacarotin kam es sogar zu einer höheren Sterblichkeit. Zum Teil bedingten solch extrem hohe Vitamindosen über einen längeren Zeitraum sogar Tumore."
(QUELLE: https://www.rbb-online.de/rbbpraxis/rbb_praxis_service/infektionen-grippe/erkaeltung-und-grippe/immunsystem-staerken-nahrungsergaenzung-chance-gefahr.html – Beitrag von Lucia Hennerici vom 23.01.2019, abgerufen am 4.4.2022)

k) Altersursache: zu wenig Bewegung

Die Thesen „Sport ist Mord" oder „mehr Sport weniger altern" sind nicht korrekt. Bewegung und Sport müssen aber richtig eingesetzt werden, wenn sie das Altern erträglicher gestalten sollen. Dafür braucht der Körper die richtige Belastung und die richtige Unterstützung durch Selen, Coenzym Q10, Vitamin E, Vitamin C.
„Der menschliche Körper braucht regelmäßige Belastung, um nicht beschleunigt zu altern." (S. 465) Ur-Menschen mussten jeden Tag 40 km laufen, um zu jagen und zu sammeln. Dieses Erbe prägt auch noch den Homo sapiens. Hippocrates kam vor 2400 Jahren durch Beobachtung zur Einsicht: „Bewegung muss sein." „Ohne Belastungsanreiz verkümmert der Bewegungsapparat." (S. 468) Dieser Faktor ist durch keine Pille zu ersetzen. Treppensteigen ist besser als Fahrstuhl. Krafttraining wirkt sich bei Jüngeren positiv aus, bei Älteren bewirkt es Wunder. Das richtige Training vermittelt ein jugendliches Hormonniveau, eine erhöhte Insulinsensitivität, verbesserte Glucosetoleranz, maximale Sauerstoffaufnahme, kardiovaskuläre Fitness (S. 479), Erhalt von Kraft und Muskulatur, Schutz vor Knochenabbau, Schutz vor Bluthochdruck, Hormonausstoß (S. 480).

l) Altersursache: falsche Energieaufnahme und fehlende kalorische Restriktion

Durch Nahrungseinschränkung lässt sich die Geschwindigkeit des Alterungsprozesses beeinflussen. Die Nahrungseinschränkung wurde 1934 als Jungbrunnen propagiert. Aber der Hunger im Kontext des 2. Weltkriegs schien

die These „Hunger führt zu mehr Kraft und Jugendlichkeit" total zu widerlegen. Erst nach 1950 war klar: Fehl- und Überernährung führen verstärkt zu Alterskrankheiten. „Mäßige, aber nährstoffreiche Ernährung verhindert Erkrankungen und vorzeitigen Tod." (S. 490)
Kalorische Restriktion reduziert Altersabbau der Zellen, reduziert Schädigungen der Mitochondrien DNA, optimiert das Einfangen von Radikalen, bessert die Gehirnleistung, senkt den Blutdruck, stärkt die Stressresistenz der Zellen, senkt die Tumorneigung (S. 497–499).
Wenn man wenig isst, bleibt man länger jung. Aber hungernde Menschen werden nicht älter. Das hat einen guten Grund. Menschen, die aus Not hungern, haben keine vitalstoffreiche Nahrung, sondern leiden an akutem Nährstoffmangel, was die Infektionsgefahr erhöht. Eine unbegrenzte Lebensdauer ist durch kalorische Restriktion nicht zu erreichen. Aber weniger Nahrung führt zu verbesserter Stressresistenz. Minderwertige Nahrung hat die gegenteilige Wirkung.
Aber die kalorische Restriktion ist im Alter schwer einzuhalten. Man braucht Hilfsmittel, die das Hungergefühl senken oder die kalorische Restriktion imitieren (S. 512). Der Umstellungsprozess von zu viel auf weniger essen wird sich beim Menschen „über viele Monate oder gar Jahre hinziehen" (S. 514). Ein Hilfsmittel ist: langsam und bewusst essen und genießen. Ballaststoffreiche Nahrung reduziert Alterungsprozesse, z. B. durch Anteile von Haferkleie, Lein- oder Flohsamenschalen.
Wer älter werden will, sollte folgende Lebensmittel meiden: Wurstwaren, fettes Fleisch, alle Mehlspeisen, Kartoffelprodukte. Backwaren, Limonaden, Bier, Säfte, Sojaprodukte, Eier, Pilze, Fisch, Fleisch und fettarme Milchprodukte etwas reduzierter genießen.
Folgende Lebensmittel sollten mehr gegessen werden: Gemüse, Gemüseprodukte, Salate und Obst (S. 523).
Diese Essstrategie lässt sich gut unterstützen durch Resveratrol. 2002 wurde entdeckt, dass Resveratrol die Gene zu einer Verlangsamung der Alterung motiviert. Resveratrol ist z. B. in Rotwein enthaltenn. Also: Wein trinken statt hungern? Antwort: Beides. Kalorische Restriktion und zwei Gläser Rotwein pro Tag.

Gegenargument: *„Auch wenn Resveratrol vielfach als wahre Gesundheitsbombe beworben wird, sind diese Versprechen mit höchster Vorsicht zu genießen. Die derzeitigen Ergebnisse basieren vorwiegend auf in vitro Studien, die also lediglich „im Reagenzglas", nicht aber in vivo, also im lebenden Organismus durchgeführt wurden. Zudem zeigen viele Studien oft widersprüchliche Ergebnisse; gesicherte Rückschlüsse wären daher kaum zuverlässiger als ein*

Münzwurf." (QUELLE: https://www.ernaehrungsmedizin.blog/2021/07/19/resveratrol-elixier-fuer-ein-gesundes-leben/ Von Lea Tischner/ Noreen Neuwirth am 19.07.2021, abgerufen am 4.4.2022)

Die vom Ehepaar Homm dargestellten Erkenntnisse könnten dem Einzelnen helfen – **nach ärztlicher Beratung!** – „sein ganz persönliches Anti-Aging-Programm zusammenzustellen" (S. 10).

Das Homm'sche Handbuch schildert den – zum Zeitpunkt des Erscheinens des Buches – gegenwärtigen Forschungsstand und ihre aktuelle Praxis des Anti-Agings in der Prävention mit dem Schwerpunkt Nahrungsergänzungsmittel: Vitamine, Hormone und Co.
Allerdings konnten wir zeigen, dass einzelne Thesen und Therapien des Ehepaars Homm inzwischen überholt sind und nicht mehr widerspruchlos empfohlen werden können. Diese Widersprüche zu kennen ist wichtig, wenn Sie sich die Frage stellen: „Kann mir Anti-Aging im Alter helfen?" und dann Ihren Arzt konsultieren, ehe Sie sich entscheiden.

2.3 Die Entschlüsselung des Alters und der Telomer-Effekt

Mit den Anregungen der Autorinnen Elizabeth Blackburn und Elissa Epel in ihrem Buch „Die Entschlüsselung des Alterns. Der Telomer-Effekt" (München: Goldmann 2019) lässt sich die Qualität des Anti-Agings steigern.

Blackburns Entwurf nähert sich an das integrative Modell der verlängerten Lebenskunst im Alter an, die philosophisch, tiefenpsychologisch, therapeutisch und medizinisch denkt.

Elizabeth Blackburn erhielt 2009 den Nobelpreis für Medizin für ihre Erforschung der Telomere. Sie hat in Molekularbiologie promoviert, lehrt an der University of California in San Francisco (UCSF) und hat viele Preise für ihre Arbeit gewonnen. Ihre Co-Autorin Elissa Epel ist eine führende Gesundheitspsychologin, die Stress, Altern und Fettleibigkeit erforscht. Auch sie lehrt an der UCSF.

In ihrem gemeinsamen Buch „Die Entschlüsselung des Alterns. Der Telomer-Effekt“ (München: Goldmann 2019) stellen sie sich die Frage, wie wir länger jung bleiben können. Die Ursachen der Alterung erkennen sie in der vorzeitigen Zellalterung. Sie stellen fest, dass Gene und Umwelt den Alterungsprozess vorantreiben. An den Enden der Chromosomen befinden sich die Telomere. Sie sind ein kleiner, aber entscheidender Teil des Chromosoms. Je kürzer die Telomere werden, umso mehr verliert die Zelle an Energie. Die gesunde Lebensverlängerung hängt völlig von der Erhaltung der Telomere und von einer gesunden Zellerneuerung ab (Blackburn/Epel, S. 22). Diese Erneuerung findet heute schon statt. „Gegenwärtig leben etwa 300.000 Hundertjährige auf der Welt, und es werden rasch mehr.“ (S. 24)

Wenn Telomere zu kurz werden, hören die Zellen auf sich zu teilen. Diese Verkürzung wird gebremst durch die Telomerase, „eines Enzyms in unseren Zellen, das die Schutzkappen der Telomere instand hält“ (S. 29). Damit die Körpergewebe gesund bleiben, müssen sich die Zellen ständig erneuern. Krankheiten lassen sich auf kürzere Telomere und alternde Zellen zurückführen. Menschen mit Gedächtnisproblemen haben kürzere Telomere (S. 51).

Übung: Um im Alter gesund zu bleiben, brauchen Sie eine positive Einstellung zum Alter. Überprüfen Sie Ihre Vorstellungen vom Alter durch die Zwei-Spalten-Methode (S. 55): linke Spalte: Negative Alterungsaspekte; rechte Spalte: Positive Alterungsaspekte.

In der Regel erleben ältere Menschen im Alltag mehr positive als negative Emotionen, was als Wohlfühlparadox bekannt ist. Dieses Wohlgefühl ist die Basis für ein langes Leben, Depressionen im Alter sind ein sicheres Zeichen, dass das Leben zu Ende geht. Die langen Telomere vermitteln das Wohlfühlempfinden, abnehmende Telomere vermitteln Depressionen, erhöhen das Krankheits- und Sterberisiko. Aber die Telomerase kann dem Ende der Telomere neue DNS anfügen (Blackburn/Epel, S. 77). Der Zusammenhang zwischen Telomerase und Gesundheit ist durch viele Studien belegt (S. 79). Es ist auch belegt, dass „einschneidende Lebensereignisse die Länge unserer Telomere verändern können“ (S. 87). Das heißt, wir können den Alterungsprozess auf der elementarsten, zellulären Ebene beeinflussen (S. 87).
Es ist damit klar, dass **Stress** unsere Zellen und die Telomere schädigen. Zwischen Stress und der Länge der Telomere besteht ein enger Zusammenhang. Auch die Vorstellung von Stressangriffen kann unsere Zellen und die

Telomere schädigen. Lange andauernder toxischer Stress wird das Leben extrem verkürzen. Kurze Telomere schwächen Ihr Immunsystem und fördern Entzündungen. Aber wenn wir Stress nicht als Zerstörung, sondern als Eustress, als Herausforderung erleben, kann das unsere Resilienz steigern.

Gefährlich für die Telomere wird es, wenn der Mensch statt resilient zu denken, nur negativ denkt, statt Utopie nur Dystopie im Kopf hat. Negative Denkstile (Feindschaft, Pessimismus, Weltuntergang, Verschwörungstheorien, Gedankenunterdrückung, Grübeln) sind weit verbreitet, sie lassen sich aber mildern durch Optimismus, Achtsamkeit, Selbstmitgefühl. Negatives Denken verkürzt die Telomere (Blackburn/Epel, S. 151). Man muss sich, wenn man länger leben will, vor Depressionen und Angst schützen (S. 178).

Die beste Methode, um die negativen Emotionen abzuschwächen, ist die **achtsame Atemübung**. Diese Atemübung hat drei Abschnitte:

1. **Achtsamkeit**: Augen schließen, tief ein- und ausatmen. Sich fragen, welche Gedanken habe ich?
2. **Sammlung**: Konzentrieren Sie sich auf Ihre Atmung und versuchen Sie sich einen Ort der Ruhe vorzustellen.
3. **Bewusstseinserweiterung**: Reisen Sie dann durch Ihren Körper. Nehmen Sie alle Gefühle an und akzeptieren Sie sie.

„Diese Atemübung beruhigt Ihren Körper und ermöglicht Ihnen eine bessere Kontrolle über Ihre Stressreaktion." (S. 186)

Die Forschung zeigt, dass auch **Meditation** den Stressabbau fördert und damit zugleich die Instandhaltung der Telomere (Blackburn/Epel, S. 191). Als sehr wirksam haben sich dabei die achtsamkeitsbasierte Stressreduktion (MBSR), Yoga und QiGong erwiesen. Die Veränderung des Lebensstils durch Stressabbau, Ernährungsumstellung, Bewegung und soziale Unterstützung trägt zur Verlängerung des Lebens bei, zur höheren Lebensqualität im Alter. Aber auch **Sport** wirkt sich positiv auf unsere Zellen aus. Menschen, die Sport treiben, haben längere Telomere als diejenigen, die es nicht tun. Sport fördert zelluläre Säuberungsprozesse (S. 227).

Schlechte **Schlafqualität** ist mit kürzeren Telomeren verbunden. Bei ausreichend Schlaf sind Sie weniger hungrig, weniger emotional und verlieren weniger Telomer-Basenpaare. „Telomere mögen mindestens sieben Stunden Schlaf." (S. 248)

Benutzen Sie zum besseren Einschlafen folgende Rituale:

1. Trinken Sie eine Stunde vor Schlafbeginn Kräutertee.
2. Senken Sie Ihren Erregungszustand durch fünf Minuten Atemübung, Meditation oder Lektüre.
3. Hören Sie beruhigende Musik.
4. Machen Sie abschließend noch ein paar sanfte Yoga-Übungen.

Gesunder Stoffwechsel ist für die Telomere wichtig. Deshalb essen Sie zuckerarme Lebensmittel, die den Stoffwechsel fördern. Essen Sie viel Obst, Gemüse, Vollkornprodukte, Bohnen, Hülsenfrüchte, Nüsse und Samen. Versuchen Sie sich mindestens drei Tage in der Woche vegetarisch zu ernähren.
Ihr Telomer-Gesundheits-Tagesplan könnte so aussehen:

Aufwachen	Freuen Sie sich auf den Tag
Früher Morgen	Machen Sie ein kurzes Training, z.B. QiGong
Frühstück	Essen Sie z. B. Haferbrei mit Obst
Arbeit am Vormittag	Konzentrieren Sie sich auf eine Aufgabe
Mittagspause	Essen Sie achtsam
Arbeit am Nachmittag	Machen Sie zwischendurch Dehnübungen
Abendessen	Essen Sie ein Vollwertgericht
Einschlafen	Praktizieren Sie ein entspannendes Einschlafritual

Übung: Wie sieht Ihr Tagesverlauf heute aus? Füllen Sie die rechte Spalte aus.

Schützen Sie sich vor Telomer-Giften, wie Cadmium und Blei, Pestiziden, DDT (Blackburn/Epel, S. 324).

Der toxische Stress von **Rassismus** verkürzt die Telomere. Eine **soziale Wohngegend** fördert die Telomere, ebenso die Verschönerung durch Kunst, Begrünung, Nachbarschaft, Lächeln, enge Beziehungen (S. 339).

Telomer-Längen werden an die nächste Generation weitergegeben. Die Familienpolitik des Staates muss werdende Mütter vor Stress schützen, besonders Alleingebärende.
Telomere sind ein Archiv der Narben unserer Kindheit, besonders bei Kriegskindheiten. Machen Sie eine Bilanz Ihrer belastenden Kindheitserfahrungen

(Blackburn/Epel, S. 362). Vermeiden Sie die Überbemutterung oder Vernachlässigung Ihrer Kinder.

Schwere Kindheitstraumata sind mit kürzeren Telomeren verbunden, die bis ins Alter für Krankheiten und Krisen verantwortlich sind. (Hier gibt es Übereinstimmungen mit der Kriegskindheitsforschung der Psychoanalyse bei Radebold.)

Engagieren Sie sich für eine friedliche Gesellschaft, um die Chance für ein glückliches und langes Alter zu verlängern (S. 388–394). Grundlage der gesunden Gesellschaft ist nicht das gesunde Ich, sondern das gesunde Wir.

Kapitel 3

Das Life-Extension-Movement und das Silicon Valley

Zum Begriff der Lebensverlängerung

Lebensverlängerung ist das Konzept der Verlängerung der Lebensdauer. Kurze Lebensverlängerung wird durch bessere Medizin, große Lebensverlängerung (über 125 Jahre hinaus) durch Verjüngung, Stammzellen, molekulare Reparatur, Gentherapie, Organersatz angestrebt.
Die Technologie zur Erzielung großer Lebensverlängerung existiert heute noch nicht. Es wird aber über sie geforscht. Hormonersatz und Nahrungsergänzungsmittel als Mittel des Anti-Aging werden in den USA im Jahr im Wert von 50 Milliarden Dollar verkauft. Ihre Wirkung zur Lebensverlängerung ist aber nicht bewiesen. Im Silicon Valley in Kalifornien hat sich das Life-Extension-Movement entwickelt, das die Ursachen des Alterns erforscht.

Folgende Gründe für das Altern sind dem Life-Extension-Movement bekannt:
- Altersbedingte Schäden an Makromolekülen, Zellen, Gewebe und Organen.
- Spezielle Gründe: Telomere-Verkürzung, mitochondrische Dysfunktion, zelluläre Seneszenz, Erschöpfung der Stammzellen, Oxidationsschäden am Zellinhalt durch „freie Radikale".
- Eine Rolle für das Alter spielen auch Unfälle und altersbedingte chronische Krankheiten, wie Krebs, Herz-Kreislauf-Erkrankungen, die durch bessere medizinische Versorgung, gute Ernährung, Bewegung und Aufhören mit Rauchen und Alkoholmissbrauch, bekämpft werden.
- Einige Tiere weisen heute schon Unsterblichkeit auf: Hydra, planare Plattwürmer, Schwämme, Korallen, Quallen.
- Der Grönlandhai kann 580 Jahre alt werden, er ist der König der Langlebenden im Tierreich.

Damit ist klar, von Natur aus ist das menschliche Lebensalter nicht begrenzt.

Kurze Geschichte der Lebensverlängerung

Die Lebensverlängerung ist zuerst Thema 3500 vor Christus im Gilgamesch-Epos, gefolgt vom ägyptischen Smith-Papyros, von Alchemisten, Taoisten. Es gibt Ansätze bei Philosophen, wie Francis Bacon, René Descartes, Benjamin Franklin, Nicolas de Condorcet und Ernst Bloch, die über Lebensverlängerung nachdachten.
Einen Aufschwung erlebte die Langlebigkeitsidee Ende des 20. Jahrhunderts durch Schriftsteller, wie Gennady Stolyarov und Zoltan Istvan (Transhumanist).
1991 wurde die „American Academy of Anti-Aging-Medicin" in den USA gegründet.
Im Jahr 2003 gründete Aubrey de Grey die „Methusalem-Foundation", die Lebensverlängerungsprojekte fördert.
In San Francisco gründete Google im Jahr 2013 „Calico", das die Lebensverlängerung erforschen soll.
Der Biologe Craig Venter gründete im Jahr 2014 das Unternehmen „Human Longevity", um das Altern durch Genomik und Zelltherapie zu beenden.
Viele US-Universitäten, wie Harvard, Stanford und die UCLA betreiben heute Altersforschung.
Erste Erfolge: Lebensverlängerung im Labor bei Mäusen und Insekten um 50%.

Das Life-Extension-Movement und das Silicon Valley

Einige steinreiche Silicon-Valley-Investoren, wie Bill Gates (Microsoft), Larry Ellison (Gründer von Oracle), Peter Thiel (PayPal), Larry Page (Google), Peter Diamandis, Elon Musk (Tesla, SpaceX) unterstützen die Altersforschung.
Werfen wir einen Blick auf die wichtigsten Aktivisten des Life-Extension-Movement:

Bill Gates, geboren 1955 in Seattle, ist Unternehmer, Programmierer, Mäzen, Autor, 1975 Gründer von MicroSoft und Milliardär mit 110 Milliarden Dollar. Die „Bill & Melinda-Gates-Foundation" soll am Ende seines Lebens 95% seines Vermögens erben. Heute schon ist sie mit 46,8 Milliarden Dollar die größte wohltätige Stiftung der Welt, deren Zentrum die Lebensverlängerung ist. Ihr Ziel: Verbesserung der Gesundheitsversorgung, Bekämpfung der Armut, Zugang zu Bildung und Informationstechnologie für alle, Kampf gegen Malaria, Kinderlähmung, Parkinson, MS. 10 Milliarden Dollar-Spende zur Entwicklung neuer Impfstoffe, 100 Millionen Dollar für die Bekämpfung von Corona.

Als Autor schrieb Bill Gates unter anderem: „Digitales Business. Wettbewerb im Informationszeitalter“ (München: Heyne 1999), „Der Weg nach vorn. Die Zukunft der Informationsgesellschaft“ (München: Heyne 1997) und „Wie wir die Klimakatastrophe verhindern: Welche Lösungen es gibt und welche Fortschritte nötig sind“ (München: Piper 2021).

Neben Gates ist **Elon Musk** ein wichtiger Investor im Bereich Lebensverlängerung. Er setzt allerdings andere Schwerpunkte als Bill Gates. Musk wurde 1971 in Pretoria, Südafrika, geboren, studierte in den USA und gründete 2002 SpaceX, 2004 Tesla, 2006 Solar-City, 2016 Neurolink, die Erforschung der Verbindung von Gehirn und Computer, und 2018 Thud (Comedy-Produktion). Er besitzt 22 Milliarden Dollar und spendet Millionen Dollar, um Milliarden Bäume zu pflanzen. Lebensverlängerung will er durch die Verbesserung des Lebens auf der Erde und durch die Eroberung des Weltalls durch SpaceX erreichen. Die Besiedelung des Mars in der Mitte des 21. Jahrhunderts soll sicherstellen, dass die Menschheit überlebt, wenn sie sich auf der Erde selbst ausrottet (A. Vance: Elon Musk. München: Finanzverlag 2015).

Die Investoren des Silicon Valleys wissen, dass Anlagen im Gesundheitssystem eine wichtige hochprofitable Anlagemöglichkeit sind. Das Life-Extension-Movement glaubt: „Krankheiten sind am Ende ein Datenproblem und mit High-Tech zu lösen.“ (T. Schulz: Zukunftsmedizin. Wie das Silicon Valley Krankheiten besiegen und unser Leben verlängern will. München: DVA 2018, S. 95) Die Länge des Lebens ist eine Rechenaufgabe und diese Aufgabe wollen die Tech-Riesen lösen. Außer Bill Gates und Elon Musk arbeiten folgende Institutionen und Investoren an der neuen Medizin der Lebensverlängerung: Apple setzt seine Apple-Watch als Gesundheitssensor ein, ebenso Google seine Google-Watch. Amazon forscht zu online-Arztbesuchen. Alphabet steckt Millionen in Hightech-Medizinfirmen. Facebook entwickelt einen „menschlichen Zellatlas“. Peter Thiel investiert Millionen in neue Firmen, die über Gene und Krebs forschen. Sean Parker hat ein „Institut für Krebs-Immuntherapie“ gegründet. Marc Andreessen und Ben Horowitz investieren in einen „Fond für Biotechnologie“.
Medizinischer Fortschritt und Technologie sollen nicht nur das Alter gesund erhalten, sondern in Zukunft auch die Lebensspanne des Menschen auf wenigstens 200 Jahre verlängern.

Die Revolution der Schule und des lebenslangen Lernens als Teil der Lebensverlängerung

Dem Life-Extension-Movement ist klar, dass Menschen, die länger leben, eine neue Beschulung brauchen. Sie müssen die Fähigkeit erwerben, auch im Alter von 120 bis 200 Jahren noch kreativ zu bleiben und Spaß am Leben zu haben. Deshalb wurde im Valley 2005 eine neue Schulform gegründet: die „Brightworks-Schule“. Sie ist eine Mischung aus antiautoritärer Erziehung am Vorbild von Summerhill und der Arbeitsschulidee der europäischen Reformpädagogik der 20er Jahre des 20. Jahrhunderts.
Der Gründer von „Brightworks“ ist Gever Tulley. Er ist natürlich kein Pädagoge, sondern ein ehemaliger Programmierer und IT-Manager und arbeitete lange in der Software-Firma Adobe. Durch seine eigenen Kinder wurde er motiviert, die Schule zu revolutionieren, weil die klassischen Schulen seiner Meinung nach überhaupt nicht auf ein langes Leben vorbereiten. Traditionelle Schulen zerstören Kreativität, Brightworks lässt den Schülerinnen und Schülern, wie in Summerhill, die volle Selbstbestimmung. Wie in Summerhill gibt es Projektlernen, dessen Hauptthema dreimal im Jahr neu festgelegt wird. Die Lehrkräfte sind nicht Lehrerinnen und Lehrer, sondern „Kollaborateure“. Wie in S. Bernfelds Schulmodell „Kinderheim Baumgarten“ gibt es in Brightworks keine Klassen, sondern Lerngruppen, die Tulley „Banden“ nennt. Gever Tulley hält Videospiele für eine wichtige Lernform, nur sollen die Schülerinnen und Schüler sie selbst programmieren. Ein Schulprojekt hat das Ziel, eine „Marslandschaft“ zu entwickeln.
Gever Tulley hat im Jahr 2011 in seinem Buch „50 gefährliche Dinge (die du deine Kinder machen lassen solltest)“ seine Abenteuer-, Lern- und Arbeitspädagogik dargestellt. Zu ihr gehört zeitgemäß, dass die Schülerinnen und Schüler mit zehn Jahren lernen Auto zu fahren.
Es gibt in Brightworks wie in A. S. Neills Summerhill und S. Bernfelds Baumgarten keine Prüfungen und Klausuren. Die Vorstellung von Projektergebnissen vor der Schulversammlung macht die Leistungsbewertung zu einem Abenteuer. Statt Zeugnisse und Noten hat jede Schülerin und jeder Schüler ein Portfolio mit Zeichnungen, Essays, selbst produzierten Filmen, Videospielen und Computerprogrammen. Die Abgänger von Brightwords werden gerne von den US-Universitäten angenommen.
„Viele Silicon Valley-Eltern setzen auf Brightworks. Die meisten Eltern der Brightworks-Schulen gehören zur Tech-Elite von Google, Apple, Facebook oder SpaceX. Das Schulgeld beträgt 30.000 Dollar im Jahr. Es gibt aber auch Stipendien für Schülerinnen und Schüler, deren Eltern das Geld nicht aufbringen können.

Tulley ist sich sicher: „Unsere Schülerinnen und Schüler behalten ihre Neugier für den Rest ihres Lebens (von 150 Jahren) und ihren Verantwortungssinn für die Planeten Erde und Mars und die Menschheit." (M. Haas: Die Brightworks-Schule. In: Zeit-Magazin vom 7.12.2020, Nr. 51, S. 18–20)

Diese Maxime gilt auch für das lebenslange Lernen in der neuen Erwachsenenbildung, die Studentinnen und Studenten erfasst, die bald mehr als 100 oder 150 Jahre alt werden sollen. Diese Erwachsenenbildung entsteht in den High-Tech-Konzernen und den Eliteuniversitäten Berkely und Stanford sowie der University of Singularity von Ray Kurzweil im Silicon Valley.

Neue Ansätze der Lebensverlängerung neben der Schulrevolution

- **Neue Nahrungsergänzungsmittel**, wie Rapamycin, Metformin, Coenzym Q, Resveratrol, Pterostilbene, sollen Leben verlängern.
- **Nanotechnologie**, gegründet durch E. Eric Drexler, meint: Maschinen können Zellen reparieren. Ray Kurzweil denkt: Nano-Bots könnten bis 2045 das Altern beseitigen. Richard Faymmann konstruierte schon ab 1959 Nano-Maschinen, die Zellen reparieren sollten. Er forderte: „Man soll den Arzt schlucken."
- **Klonen und Austausch von Körperteilen**: Durch therapeutisches Klonen und Stammzellentherapie sollen Zellen, Körperteile oder ganze Körper geklont werden. Früher: Wer schreibt, bleibt. Heute: Digitaler Klon im Internet.
- **Kryonik**: Einfrieren von Toten bei -196°C, um sie später beim Fortschritt der Medizin-Technik wieder auftauen zu lassen und zu heilen.
- **Mindupload**: Übertragung des biologischen Bewusstseins auf ein nichtbiologisches Computersystem.
- **Injektion von jungem Blut in alte Körper**, bisher von zwei kalifornischen Kliniken praktiziert, aber nicht evaluiert.

Aber es bleibt nicht bei der Lebensverlängerung, für einige Aktivisten geht es um die „Abschaffung des Todes".

Kapitel 4

Vom Anti-Aging zur „Abschaffung des Todes“

Das Life-Extension-Movement, das sich vom Silicon Valley in der ganzen Welt verbreitet, will das Gesundheits- und Schulsystem und das System des lebenslangen Lernens in der Erwachsenenbildung revolutionieren.

Mit Aubrey de Grey, 1963 in London geboren, beginnt aber die Utopie der generellen „Überwindung des degenerativen Alters“ oder sogar die „Abschaffung des Todes“. De Grey glaubt, die Person, die 1000 Jahre alt wird, wurde gerade heute geboren.

Bis 2070 hat die Altersforschung neue Präventionen entdeckt, die das Alter weit über die Marke 120 Jahre hinaus erweitern werden. Es gibt die Maxime: Lebe lange, um ewig zu leben. Allerdings weiß de Grey, dass die Prävention des degenerativen Alters nicht vom Staat organisiert und erforscht wird, sondern eher vom Einzelnen und von privaten Stiftungen.
De Grey stützt sich auf die neue Medizin, für ihn ist Anti-Aging eine Modeerscheinung und zum Scheitern verurteilt.

Werfen wir zuerst einen Blick auf die neue Medizin-Technik.

4.1 Die Medizin für das Alter und die neue digitale Revolution

Der Einfluss der Technik auf die Medizin beginnt 1950. Bis dahin war die Medizin besonders für alte Menschen weitgehend hilflos, aber billig. Erst ab 1950 begann eine neue medizinische Epoche, die eine Vielzahl effektiver Neuerungen entwickelte und in die Therapie, besonders der Alten, einführte:

Ende 1940er Jahre wurde das Dialyseverfahren bei Nierenversagen entdeckt. 1949 entstand der erste Herzmonitor. Um 1950 arbeitete die erste „eiserne Lunge". Ab 1954 entstanden die ersten Intensivstationen. 1955 gelang die erste Organtransplantation. 1958 wurde der erste Herzschrittmacher eingesetzt. In den 1960er Jahren folgten die Blutersatzinfusionen und die künstliche Ernährung über eine Sonde. Die erste Herztransplantation gelang Anfang der 1960er Jahre.

Künstliche Intelligenz begann ab 1990 die Medizin zu unterstützen. Um 1990 wurde schon über Gehirnchips und Hirnschrittmacher diskutiert, zur gleichen Zeit, als das Mobiltelefon sich verbreitete. Bis heute soll 100.000 Parkinsonpatienten schon mit einem Gehirnschrittmacher geholfen worden sein. Wenn auch heute noch Medikamente die vorherrschende Therapieform sind, können es morgen Elektroden sein.
Unser Organismus ist zu einem großen Teil elektrisch aktiv, das gilt für das zentrale Nervensystem, das periphere Nervensystem und die Muskeln. Deshalb haben elektronische Implantate bei der Behandlung von Schlaganfall oder Parkinson eine große Zukunft.

Mit diesen Entdeckungen wurde das Ende des Alters erheblich verändert. Deshalb ist es keine Überraschung, dass mit der Entwicklung des Computers ab 1960 der bildgebenden Verfahren (MRT, CT etc.) und der künstlichen Intelligenz das Ende des Lebens, der Tod, neu verstanden wurde. Das Ende des Lebens wurde zu einer Schwelle, die mit Hilfe der Technik zu überschreiten war. „Niemals altern" wurde als Ziel der Einführung der Biotechnik in die Medizin entdeckt. Die Utopie der Abschaffung des Todes wurde zum realistischen Ziel eines ewigen Lebens auf der Erde und im Kosmos, gerade zu einer Zeit, wo das religiöse Jenseits seine Legitimation verlor.

Dann kam 2020 die Corona-Pandemie. Diese Pandemie belastet Kliniken und Krankenhäuser schwer. Aber diese Krise könnte die Modernisierung der Medizin, besonders für die Risikogruppe der Alten beschleunigen. Digitale Technik in der Medizin birgt die Chance auf mehr Zeit für die Patienten. Aus dem alten Krankenhaus könnte das „Smart-Hospital" werden. Die Verbesserung der Bekämpfung der Alterskrankheiten soll auch durch Plattformen im Internet gesteigert werden. Mit Hilfe von Online-Arztpraxen, die digitale Begleitung von Therapien, die Verbesserung von Datenanalysen für individualisierte Diagnosen, könnte die Rate der Alterskrankheiten deutlich gesenkt werden. Das ist bei verschiedenen Krebsarten, bei denen die Überlebenszeit deutlich verlängert wurde, heute schon der Fall.

4.2 Niemals alt

Aubrey de Grey erkannte früh, dass eine gesunde Ernährung mit ausreichend Schlaf und ordentlicher Bewegung nicht das beste Mittel gegen das Altern ist. De Grey, heute 56 Jahre alt, studierte in Cambridge Informatik. In diesem Studium arbeitete er auch mit Fruchtfliegen und entdeckte sein Interesse an Alterungsprozessen. Im Jahr 2000 wurde er für seine Forschungen zum Doktor der Biologie promoviert. Heute ist er der wissenschaftliche Leiter der „Sens-Research-Foundation", einer Stiftung, die er aus seinem Vermögen finanziert. Er widmet sich dort vollständig der Bekämpfung des Alterns. Sein Ziel ist es, durch gezielte Maßnahmen den Körper ständig zu erneuern, so dass er niemals alt wird. Mit seinem Ansatz hat er eine gewisse Außenseiterposition in der Altersforschung erworben. Er ist auf allen wichtigen Tagungen über das Alter präsent.

2010 erschien sein Hauptwerk „Niemals alt" (Bielefeld: transcript). In diesem Buch versucht de Grey klar zu machen, dass „der Mensch viel mehr Lebensjahre erreichen kann, als Sie momentan vielleicht glauben" (de Grey, S. 15). Das Altern ist für de Grey der lebenslange Prozess des Körpers gegen einen Stoffwechsel, der ihn zerstört, und bei den Hochbetagten, wo die Zerstörung nicht mehr aufzuhalten ist. „Der Sieg über das Altern wird die Beseitigung dieser letzten Phase mit sich bringen, indem sie in unbestimmte Fernen gerückt wird, so dass die Menschen sie niemals erreichen werden." (S. 16) Es geht im Kampf gegen das Altern um eine Kombination aus Prävention und Therapie. Die Prävention soll erreichen, dass der Mensch niemals krank wird. Das wird erreicht, indem frühzeitig alle Abfallprodukte der Zellen bekämpft werden, die den Körper zerstören, so dass die Alterskrankheiten nicht entstehen, die Folge der Selbstzerstörung der Zellen sind.
Jeder Körper entwickelt die gleiche Art der Schädigung, wenn sie sich auch individuell unterschiedlich zeigt, von Krebs bis zu Herz- und Lungenkomplikationen. Aber in jedem Fall werden die Zellen zerstört, verbunden mit der Unfähigkeit des Körpers, sie zu ersetzen. Diesen Verfall kann man mit der Stammzellentherapie verhindern. Über den Zeitraum des Einsatzes dieser Therapie kann man nur spekulieren. Aber Aubrey de Grey glaubt, in 20 Jahren sei der Einsatz der Stammzellentherapie schon möglich.
Seine Forschungen treibt nicht die Angst vor dem Tod an. Er will nur nicht im Alter krank werden. Er will, dass 50- bis 60-Jährige so gesund sind, dass sie gar nicht erst krank werden. Er will die Uhr des Lebens zurückdrehen und ältere gesunde Menschen biologisch wieder wie 30-Jährige leben lassen. Die

Maßnahme der Stammzellentherapie wird vielleicht 20 Jahre wirken, dann tritt der Verfall wieder ein, den wir aber bekämpfen und so vermeiden, dass sie nicht altern oder – in die Zukunft projiziert – dass sie niemals altern. „Wir werden deshalb nicht sterben, weil wir den Körper auf einem Niveau erhalten, auf dem wir als junge Erwachsene waren.“ (A. de Grey: Niemals altern. Bielefeld: transcript 2010, S. 35)
Die Evolution lehrt uns, wie wir als Menschen entstanden sind, aber sie hat nicht festgelegt, was wir sind und wie lange wir sind. Der Ur-Mensch lebte durchschnittlich 30 Jahre, der Jetzt-Mensch 80 Jahre. Die Evolution selbst hat schon die Altersspanne fast verdreifacht.
Der Mensch ist für de Grey eine Maschine, eine sehr komplizierte Maschine, die durch die Evolution entstanden ist, nicht durch „kreatives Design“, wie Fundamentalisten des Christentums glauben. Obwohl viele Menschen sich vor dem Alter fürchten, wird keiner gerne mit 100 Jahren sagen, jetzt möchte ich endlich krank werden.
De Grey glaubt nicht an ein Leben nach dem Tod. Er wurde als Anglikaner erzogen, stellte aber fest, dass das christliche Dogma nicht viel über Altern weiß. Deshalb wollte de Grey diese Lücke schließen, die ihn heute zum Agnostiker macht, der glaubt, dass er Aufgaben erfüllt, von denen die Bibelautoren im 5. Jahrhundert v. Chr. noch nichts wissen konnten.

De Greys Ansatz wird stark kritisiert. Man wirft ihm vor, dass er Science Fiction betreibt. Viele Menschen haben ihren Frieden mit dem Tod gemacht, aber weil nun das Jenseits an Plausibilität verliert, muss man umdenken, sagt de Grey. Vor allem junge Menschen, die nie geglaubt haben, finden seinen Ansatz richtig. Sie wollen, dass man ihre Wiederverjüngung mit 50 Jahren beginnt, wenn die ersten Alterserscheinungen sichtbar werden. Das weitere Leben ist dann durch Voruntersuchungen geprägt, die feststellen, welche Verfallsprozesse beginnen, die dann bekämpft werden können.
Es gibt für de Grey keinen Grund, seinen Ansatz als elitär zu bezeichnen. Aber durch die Bekämpfung des Alters spart der Staat viel Geld, auch wenn er vielleicht Steuern erheben muss für die Vorsorgeuntersuchungen. Aber das Resultat wird sein: es gibt kein Methusalem-Komplott, denn die Alten werden jünger und leisten damit mehr für den Wohlstand der Gesellschaft statt im „Ruhestand“ zu versauern.
Aubrey de Grey unterstützt auch die Kryonik, die Gestorbene einfriert, um sie wieder zu erwecken, wenn die Medizin so weit ist, dass sie die tödlichen Krankheiten der Eingefrorenen und Aufgetauten in 50–100 Jahren heilen kann. De Grey unterstützt darüber hinaus die Erforschung der „Kalten Konservierung“, um die Schäden, die durch das Einfrieren entstehen, zu minimieren.

Er kämpft gegen die Vorstellung, dass der Tod natürlich und notwendig ist, auch wenn alle Religionen und Alterstheorien davon ausgehen. Tatsächlich, sagt de Grey, ist der Tod nur eine Anhäufung von Zellschäden. Wenn das Herz versagt, ist der Mensch nur unwesentlich kränker als zuvor. Das hat die Biologie lange nicht erforscht, die davon ausging, dass der Tod ein Naturgesetz ist. Dieser These muss man nach de Grey widersprechen, denn die Nano-Medizin und die Stammzellenforschung wissen heute viel mehr über das Alter als noch vor 20 Jahren.

Der wichtigste Teil seines Buches „Niemals alt“ führt deshalb folgende Aspekte aus:

1. Die Kernschmelze der zellulären Kraftwerke verhindern
2. Die Abkoppelung abgestorbener Zellen vom Zellennetzwerk des Körpers möglich machen
3. Die biologischen Müllverbrennungsanlagen für Zellreste aufrüsten
4. Die zellulären Spinnweben entfernen
5. Neue Zellen für alte schaffen
6. Nukleare Mutationen und der endgültige Sieg über den Tod

De Grey weiß, dass er einen „Krieg gegen das Altern“ führt. Er weiß, dass die Menschen Jahrtausende brauchten, um von der Idee fliegen zu können, zur Konstruktion und Praxis des Fliegens kamen. Der Kampf gegen den Tod wird auch länger dauern, insbesondere weil Staaten den Tod oder die Angst vor ihm brauchen, um die Menschen zu disziplinieren und den Nachschub für die Gestorbenen ganz natürlich billig entstehen lassen können.

De Greys Ziel heißt: Die Menschen sollen „im Schein einer jugendlichen Sommersonne leben. Niemand soll mehr an einer wachsenden Last von altersbedingten Qualen leiden – oder in Mitleid und Schrecken zusehen, wie geliebte Menschen dies tun – nie wieder.“ (S. 373)

4.3 Altern wird heilbar

Altern ist kein natürliches Schicksal. Nina Ruge und Dominik Duscher versuchen, im Geist von Aubrey de Grey, in ihrem Buch „Altern ist heilbar: Jung bleiben mit der Kraft der drei Zellkompetenzen“ (München: Graefe 2020) darzustellen, wie das Altern beeinflusst werden kann. Sie ist Biologin und

Moderatorin, er ist Spezialist für die Optimierung der Zellenfunktion im Alter. Er hat ein Zusatzstudium für Stammzellenbiologie und Regenerative Medizin an der Stanford Universität im Silicon Valley absolviert.
Ruge und Duscher betrachten im Sinne der Zellbiologie das Altern als eines der großen Geheimnisse, das sie in ihrem Buch auf drei Ebenen lösen wollen. Diese Ebenen heißen:

1. Die natürliche Zellerneuerung
2. Die Stabilisierung der Energieerzeugung in der Zelle
3. Die Entgiftungsprozesse auf Zellebenen.

Sie vertreten die Position: „Altern *wird* heilbar“ (S. 6) Ihre Ergebnisse zu den drei Ebenen des Zelllebens lauten:

Leben ist Zelle und Überleben ist Zellstärkung

Ruge/Duscher gehen davon aus, dass es heute 300 Theorien des Alterns gibt, die aber nicht in der Lage sind, das Geheimnis des Alterns und Sterbens zu erklären (S. 11). Aber sie glauben, dass das Silicon Valley führend in der Altersforschung ist. Altersforschung, Altersprävention und Alterstherapie bilden einen entscheidenden Zukunftsmarkt der Pharmazie. Bald wird die Menschheit verstehen, dass „das Altern kein Prozess ist, dem man hilflos ausgeliefert ist“ (S. 19).
Begonnen hat die Evolution auf der Erde mit der Unsterblichkeit. Die ersten Einzeller lebten Milliarden Jahre und pflanzten sich durch Teilung fort.

Von den 300 Theorien über das Altern stellen Ruge/Duscher sieben Theorien vor. Sie heißen:

- Die **Evolutionstheorie** nach Darwin geht davon aus, dass die Gene in der Fortpflanzungsphase Vorteile des Lebens bieten, in der Phase des Alterns aber „sich äußerst ungut auswirken können“. Das Leben wird in aufbauende und zerstörende Kräfte der Gene bipolar begriffen.
- Die **Schadenstheorie** nimmt Abnutzung und Verschleiß als Altersursache an. „Je schneller der Puls, je höher der Stoffwechsel eines Organismus läuft, desto kürzer ist die Lebenserwartung.“ (S. 25) Im Alter entstehen freie Radikale, die den Alterungsprozess vorantreiben, indem sie die RNA und eine Vielzahl von Proteinen und Lipiden schädigen.
- **Sterben am Sauerstoff**: Freie Radikale sind entscheidend für den Selbstzerstörungsprozess der Zellen. Sie scheinen für die Alterskrankheiten

Krebs, Arteriosklerose, Diabetes, Parkinson, Alzheimer und Demenz verantwortlich zu sein.

- **Telomere-Theorie**: Am Ende der Chromosomen befinden sich die Telomere. Im Alter werden sie immer schwächer. „Es ist bis heute nicht geklärt, ob die Telomere-Verkürzung die Ursache oder nur ein Symptom des Alters ist." (S. 33)
- Außerdem gibt es noch die Theorie des „**Entzündungsalterns**", die „**Immunalterung**" und die „**Epigenetik**".

Resümee: Alle Theorien über das Altern werden als vorläufig kritisiert. Das Altern lässt sich als sehr komplex noch nicht vollständig erklären. Wie der Verfall wirklich gestoppt werden kann, wollen Ruge/Duscher nun mit ihrer Drei-Zellkompetenzen-Theorie darstellen.

Die Drei-Zellkompetenzen-Theorie von Ruge und Duscher

Diese Theorie basiert auf der Kraft der Zelle sich zu erneuern. Pro Sekunde werden 50 Millionen Zellen im Körper zerstört und zugleich erneuert. Alle sieben Jahre wird unser Körper völlig mit neuen Zellen ausgestattet. Wie man diesen Prozess verlängern kann, untersucht die Stammzellenforschung. Sie zeigt, dass Zellen im Alter schwächer werden und viele Alterskrankheiten hervorrufen, die nicht eintreten, wenn die Zellen entgiftet werden und der „Müll", der in den Zellen entsteht, abtransportiert wird.
Es geht also darum, drei Zellkompetenzen zu starten: 1. ihre Erneuerung, 2. ihre Energieerzeugung, 3. ihre Entgiftung. Nur wenn das geschieht, muss der Mensch nicht sterben (S. 43).

Die **1. Zellkompetenz Zellerneuerung** wird heute als Erneuerung durch Stammzellen begriffen.
Die **2. Zellkompetenz Energieerzeugung** hängt von den Mitochondrien , den Kleinstkraftwerken in den Zellen ab. Im Alter arbeiten aber viele Kleinkraftwerke in den Zellen mit halber Kraft. Der Funktionsverlust der Mitochondrien ist für viele Zerfallsprozesse im Alter zuständig. Er muss gestoppt werden.
Die **3. Zellkompetenz Entgiftung** besteht darin, dass im Alter die zelluläre Müllabfuhr ins Stocken kommt und wir altern und sterben. Es geht um die Entwicklung der Verbesserung der Müllentsorgung in den Zellen.

Altern ist also ein Prozess der Zelldegeneration. Heilung vom Alter erfordert Stoppen und Verbesserung der Zellkompetenzen. Darüber berichten Ruge/ Duscher auf 300 Seiten. Am Schluss geben sie ihre Resultate bekannt.

Wie das Alter für Ruge und Duscher zu heilen ist

a) **Stärkung der Zellkompetenz Erneuerung:** Die Zellentgiftung kann angekurbelt werden mit Resveratrol des Rotweins und mit Pterostilben, dem Inhaltsstoff einiger Früchte. Letzteres gibt es in Nahrungsergänzungsmitteln (S. 334). Für die DNA-Reparatur ist Glutathion hilfreich. Das gibt es in frischem Obst und Gemüse. Radikale werden gefangen durch Glycin. HiF (Kleinstmoleküle Eisenfänger) hilft bei der Heilung chronischer Wunden.
b) **Stärkung der Zellkompetenz Energieerzeugung**: die Aminosäure Leucin hilft gegen Muskelschwund im Alter. Zentral sind zudem: Fasten, Intervallfasten, Diät, tägliches Training als Intervall-, Kraft- und Ausdauertraining. Dazu kommt Kalt-Warm-Duschen bei der Benutzung der Sauna. Schlafmangel wird durch 30-minütigen Mittagsschlaf bekämpft (Power-Napping). Der beste Mitochondrien-Aktivierer heißt Kreatin. Es ist in Fleisch enthalten.
c) **Stärkung der Zellkompetenz Entgiftung**: Hoffnungsträger sind hier Spermidine aus pflanzlicher Kost. Sport (mindestens 150 Minuten pro Woche), nicht rauchen, sich geistig fit halten (philosophieren!) und gehirngesunde Ernährung (MIND-Diät, Ruge/Duscher, S. 308) können das Problem Alzheimer um 60% senken. Vitamine der B-Gruppe verhindern die Versteifung der Gewebe, Blutgefäße und Organe. Dazu kommt: wenig frittiertes und gebratenes Fleisch und Zucker essen.

Resümee: Altern in der Biologie

Das Alter ist mit Medikamenten, mit Nahrungsergänzungsmitteln, mit stimulierender Ernährung und Lebensweise, mit Hilfe von Fasten, Fremdblut und Stammzellen zu heilen (S. 5).
Bis heute hat die Wissenschaft sehr viel erkannt über das Alter, aber nur einen Bruchteil dessen, was in den Zellen das Altern produziert (S. 318).

Was bleibt, ist das Schwanken zwischen Faszination und Verzweiflung, praktischen Hinweisen auf Lebensweise und Essen und Verweisen auf die Forschung, die „noch in den Kinderschuhen steckt“ (S. 318).
Deshalb: Zellforschungsergebnisse und Tipps für Zellförderung ist gut, aber ohne die Philosophie des Alterns ohne Geländer und Halt. Wenn Denken über das Alter gegen Alzheimer hilft, dann ist damit der wichtigste Aspekt, das Altern zufriedenstellend zu bewältigen, entdeckt, schon seit Beginn der Philosophie seit 2500 Jahren (vgl. Teil 1 dieses Buches).

Altern hängt außerdem von Ökonomie, Ökologie, Bevölkerungsdichte, Kultur, Schicht, Geschlecht, Einkommen, Bildung ab. Der Blick auf das Alter durch die Biologie und Zellforschung ist mit riesigen Scheuklappen versehen.

Die Biologie alleine wird die Krankheit Altern nicht heilen, schon gar nicht in Deutschland, wo die Stammzellenforschung als Basis der Lebenserneuerung verboten ist. Da ist es keine Überraschung, dass der große Durchbruch in der Stammzellenforschung in Japan passierte. Der Nobelpreisträger Shin'ya Yamanaka, Professor in Kyoto und San Francisco, hat erkannt, wie man aus normalen Zellen Stammzellen entwickeln kann. Konkrete Therapien sind aber erst ab 2035 zu erwarten. Der Durchbruch könnte durch die Manipulation der Gehirnstammzellen erfolgen. „Die Gehirnstammzellen sitzen im Hypothalamus, einer Gehirnregion, die eine besondere Rolle im Alter spielt.“ (T. Schulz: Zukunftsmedizin. München: DVA 2018, S. 223) Yamanaka ist ein dürrer Mann mit randloser Brille, der sehr bescheiden ist. Er sagt: Wir können nur einer kleinen Zahl von Menschen mit der Stammzellentherapie helfen.“ (S. 223) Auf die Frage nach dem Warum antwortet er: „Wir brauchen noch Zeit und Geld.“

Wo die Kenner der Lebensverlängerung lieber schweigen, reden die Angeber umso lauter, z.B. Prof. David Sinclair.

4.4 Das Ende des Alterns

David Sinclair ist heute Harvard-Professor, weltbekannter Genetiker und Träger vieler Forschungspreise. Das „Time-Magazin“ rechnet ihn zu den 100 Top-Personen der Welt. Sein Buch „Das Ende des Alterns“ ist ein Weltbestseller. Er verspricht viel, aber was hält er?

Sinclair vertritt die These, dass acht Faktoren das Altern bewirken. Zu allen acht Faktoren hat er eine Firma gegründet, die Medikamente entwickelt, die das Altern verlangsamen und uns sogar verjüngen sollen. Er probiert diese Medikamente selbst aus:

Morgens: 1 Gramm NMN (Nicotinamid Mononukleotid, weiß, 1 Kapsel)
½ Gramm Resveratrol (weiß, in Joghurt)
Abends: 1 Gramm Metformin

David Sinclairs Forschung entdeckte zuerst das Resveratrol, das das Sirtuin Sir2 aktiviert, das absterbende Zellen repariert und erneuert.

Sinclair will in drei Jahren Medikamente auf den Markt bringen, die besser sind als NMN und Resveratrol, das man schon im Internet kaufen kann. 2018 klassifizierte die WHO Alter als Krankheit. Offiziell wird sie mit Nahrungsergänzungsmitteln (wie NMN oder Resveratrol) bekämpft.

David Sinclairs neues Buch heißt „The Informations Theory of Aging“. Sinclair hat, bis die ersten Medikamente gegen das Altern (nur als Nahrungsergänzungsmittel) auf dem Markt sind, folgendes Konzept, um sein Leben zu verlängern:
„Morgens Joghurt, mittags fasten, über den Tag: Tee, viele Stufen laufen, häufig Wechselbäder und kein Dessert, seit er 40 ist.“ (Lorenz Wagner: Für immer jung. In: Süddeutsche Zeitung Magazin, Nr. 37, 15.09.2019, S. 15–23)

Schwer vorstellbar, dass man mit diesem Konzept auch nur 60 Jahre alt wird. Aber es gibt ja noch den E-Health-Ansatz.

4.5 EHealth und die vergessene Unsterblichkeit

Die Digitalisierung hat fast alle Bereiche des Lebens einschneidend verändert, nur der medizinische Bereich ist lange unbeeinflusst geblieben, wird in Medizinerkreisen geklagt. Man fragt: „Jedes Smartphone kann Dinge, mit denen sich die medizinische Versorgung ganz erheblich verbessern, beschleunigen und verbilligen könnte. Warum nutzen wir das nicht?“ (V. P. Andelfinger, T. Hänisch (Hrsg.): eHealth. Wie Smartphones, Apps und Wearables die Gesundheitsversorgung verändern werden. Wiesbaden: Springer 2016, S. 5) Die Gesellschaft altert, die Kosten im Gesundheitssystem steigen.

Das Gesundheitssystem gerät in Schieflage. Dieses Problem lässt sich lösen: Prävention statt Reparatur. Durch neue Technologien und das Internet wird es möglich, dass Menschen „lange und mit wenig Kostenaufwand eigenständig leben und dabei auch die Familien entlasten" (Andelfinger/Hänisch, S. 246). Ehealth engagiert sich bisher auch für ein längeres Leben der Alten. Die Mittel der Lebensverlängerung durch eHealth heißen: Aktivitätstracker, Schrittzähler, Geräte zur Erfassung des Blutdrucks, des Gewichts, der Blutzuckerwerte, EKG-Messgeräte, Nutzung von Internetportalen zur Krankheitsaufklärung. EHealth will die Menschen bei der Prävention von Krankheiten unterstützen, den Zugang zur elektronischen Patientenakte für Patienten und Ärzte öffnen, die Qualität der Behandlung durch größere Berücksichtigung elektronischer Daten steigern, mehr Pflege ermöglichen, weil der Computer viele Hilfen bei der Prävention abnimmt. „Prävention ist der Einstieg in eHealth und damit ein guter Einstieg beim Vertrauensaufbau bei den alten Menschen." (S. 28)

EHealth hat in vielen Bereichen, besonders bei den Alterskrankheiten, ein enormes Potential, unser Gesundheitssystem zu verbessern. „Mit eHealth bekommt unser Gesundheitssystem mehr Möglichkeiten, die Gesundheit zu erhalten, anstatt sie im Alter nur zu reparieren." (S. 29)

Die Perspektive, mit eHealth nicht nur länger, sondern auch ewig zu leben, bleibt bisher außen vor.

Die US-Tech-Riesen Alphabet, Amazon und Apple investieren aber heute verstärkt in die Biotechnologie. Sie loten die Möglichkeiten von Biotechnologie aus, um den möglichen Tod Schwerkranker schon früher vorherzusehen. Es gibt heute schon Möglichkeiten, das Risiko eines Herzinfarkts allein mit einem Scan der Netzhaut im Auge zu erkennen. Ineffizienz und hohe Kosten, besonders bei Krankheiten im Alter, sollen mit der Entwicklung von Digital Health radikal gesenkt werden.
Wenn eine App Daten über Bewegung, Wetter, Stress, Ernährung und Schlaf einsammelt, kann die Software gut voraussagen, wann z. B. ein neuer Migräne-Anfall ins Haus steht. Ein Arztbesuch fällt dabei nicht weg, aber in Zukunft können sich viele alte Menschen mit der Google-Uhr oder Smartwatch selbst untersuchen und damit die Arbeit der Ärzte unterstützen. Digitale Sensortechnik wird die Arbeit der Ärzte erheblich fördern. Die Hälfte aller Diagnosen wird der alte Mensch bald mit seinem Smartphone selber erstellen können. Von Seiten der Medizin und Biotechnologie rückt die Lebensverlängerung und radikale Veränderung des Alters in Länge und Gesundheitsqualität in den Fokus der Wissenschaft.

Mit Hilfe von EKG-fähigen Smartwatches ist es möglich, bei Risikopatienten zuverlässige Risiken zu erkennen. Die Altersschelte wird damit mehr und mehr entkräftet, weil die Alten immer gesünder werden. Durch Sensoren im Badezimmer lassen sich schon heute Krebszellen entdecken, Jahre bevor sich ein Tumor bildet.
Da praktisch jede Körperzelle mit Hilfe von embryonalen Stammzellen in Zukunft ersetzt werden kann, zeigt sich, der Krebs ist in etwa 20 Jahren zu besiegen.
Da wir bestimmte Organe des Körpers züchten können, können wir bald ein ganzes menschliches Wesen, einen Klon herstellen. So könnte ein Millionär, der keine geeigneten Erben findet, sich klonen lassen, um sein Erbe seinem Klon zu hinterlassen. Der Klon kann allerdings auch als Ersatzteillager missbraucht werden.
In Zukunft könnte auch die Gentherapie viele der rund 5000 bekannten Erbkrankheiten heilen. Die Fortschritte erfolgen langsam, aber stetig. In Zukunft werden viele Krebstypen behandelbar sein, jedoch nicht alle, „denn Krebs ist so etwas wie ein ganzer Komplex von Krankheiten“ (M. Kaku: Die Physik der Zukunft. Unser Leben in 100 Jahren. Reinbek: Rowohlt 2019, S. 212).

Eine neue Perspektive der „Abschaffung des Todes“ haben Moritz Riesewieck und Hans Block entwickelt. Ihrem Ansatz wenden wir uns jetzt zu.

4.6 Die digitale Seele und die neue „Unsterblichkeit“

Die Reise zur Unsterblichkeitsindustrie durch Klonen

Moritz Riesewieck (geb. 1985) und Hans Block (geb. 1985) sind Dokumentarfilmer, die sich besonders für die Veränderung der Seele im digitalen Zeitalter interessieren. Dank der Fortschritte der künstlichen Intelligenz scheint ihnen die Überwindung des Sterbens und des Todes bald möglich zu sein. Sie wissen, dass viele Start-ups daran arbeiten, aus der Masse der Daten im Netz digitale Klone zu bauen und im Internet „digitale Friedhöfe“ einzurichten. Sie treten deshalb eine Reise zu den wichtigsten Teilnehmern der Unsterblichkeitsin-

dustrie an, um zu klären, wie die Überwindung von Alter und Sterblichkeit auf die moderne Seele wirkt. Dabei ist ihnen klar, dass Simone de Beauvoirs Roman „Alle Menschen sind sterblich" (1952) oder Thea Dorns Roman „Die Unglückseligen" (München 2017) das Streben nach Unsterblichkeit für pure Zeitverschwendung halten. Sie haben gehört, je älter der Mensch, umso langweiliger ist für ihn das Leben.
Aber sie lassen diese Thesen nicht gelten. Sie machen sich auf den Weg, um von ihren Begegnungen mit den Pionieren des boomenden Unsterblichkeitsmarktes zu berichten. Sie haben dabei die Ahnung: „Vielleicht ist das alles nur der Anfang: der Anfang vom Ende unserer Endlichkeit." (M. Riesewieck, H. Block: Die digitale Seele. München: Goldmann 2020, S. 23)

Zuerst treffen Riesewieck und Block in Rumänien auf einen Pionier, der einen toten Freund als digitalen Klon wieder auferstehen lassen will. Allerdings fehlt seinem Start-up das Geld für ein solches Vorhaben. Dann sind sie in Kalifornien bei James Vlahos, der seinen toten Vater als Klon rekonstruieren will, als „Dadbot", also ein digitales Ich seines Vaters. Allerdings zeigt sich als erste Hürde, dass der Sohn nicht weiß, wie viele Ichs sein Vater hatte, wie viele Rollen und ihre Sprache er beherrschte. Heute ist es noch offensichtlich, dass viele Ichs sich noch nicht in Codes ausdrücken und auch nicht in Algorithmen berechnen lassen. Auch der Besuch bei der Stiftung „Alcor Life Extension Foundation", die Kryonik praktiziert, bringt unsere Reisenden nicht weiter. Sie besuchen in Japan den Androiden-Forscher Hiroshi Ishiguro, der seinen eigenen Doppelgänger baut. Auch Ishiguro denkt: „Die Unsterblichkeit ist nur noch eine Frage des Wann – nicht des Ob." (Riesewieck/Block, S. 103) Auch viele Transhumanisten denken so. Der Milliardär Dmitry Itskov (geb. 1980) will bis 2035 einen Avatar mit künstlichem Gehirn entwickeln.
Unsere Reisenden stellen fest: Es gibt viele Immortalisten, die als Narzissten um ihre eigene Unsterblichkeit kämpfen. Es gibt Start-ups, die Geld auf dem Unsterblichkeitsmarkt verdienen wollen. Aber viele sehen noch nicht die Widerstände gegen das Streben nach Unsterblichkeit. Digitale Klone könnten die Gesundheit der Bezugspersonen beschädigen. Sie könnten die Bezugspersonen zu einer belastenden Trauer über den Verlust ihrer Liebe verurteilen. Aber es gibt Fortschritte. Steve Worswick hat schon einen Klon gebaut, der 350.000 Fragen beantworten kann. Das ist ein Geschäftsmodell, „wenn die Hinterbliebenen monatlich für ihren Zugang zu dem Bot des Verstorbenen zahlen" (S. 159).

Heute kann auch jeder Mensch alles, was er erlebt, auf dem Smartphone festhalten und seinen Hinterbliebenen vererben. Menschen, die im Alter an

Demenz erkranken, können alle möglichen Botschaften an ihre Hinterbliebenen festhalten, bevor ihr Ich sich auflöst. „Wir sind die Geschichten, die wir von uns erzählen können." (Riesewieck/Block, S. 171) Jeder Mensch kann auf seinem Smartphone alles speichern, was er je erlebt, gesehen, gehört, geschrieben oder gelesen hat. „Diese Idee heißt: MEMEX (Memory Extender, zu deutsch: Gedächtniserweiterer)." (S. 180)
Das absolute Gedächtnis des Smartphones wird damit zur Grundlage des digitalen Klons.

Andrew aus Toronto, der von unseren Reisenden besucht wird, hat seit 15 Jahren jeden Tag ein Tageslaufprotokoll produziert. Mit MEMEX hat er eine Grundlage, sich an alle Tage seines notierten Leben zu erinnern. Seine Hinterbliebenen können so auch sein Leben komplett nachvollziehen. Er selbst kann den Verlauf seines Lebens analysieren und Erkenntnisse für seine Zukunft gewinnen. Mit den Techniken von Big Data kann Andrew erfahren, wer er wirklich ist. „Diese Daten können mehr über uns verraten, als wir selbst ahnen." (S. 198) Diese Daten können unser zukünftiges Verhalten vorhersehen, allerdings wird jede gesellschaftliche Krise dieses Verhalten verändern.

Trotzdem fragen die Vertreter der künstlichen Intelligenz heute: Werden Menschen zu Maschinen oder werden Maschinen zu Menschen?
Denn der Alterungsprozess lässt sich durch technische Ersatzteile stoppen, wie Herzschrittmacher & Co. Die Erzählung über Leben und Alter lässt sich technisch optimieren.

Jede/r MEMEX-PraktikerIn kann die Erzählung seines/ihres Lebens selbst bestimmen, indem er/sie jeden Tag Tageslaufprotokolle digital aufzeichnet. MEMEX ist so ein Instrument der Selbstoptimierung. Viele Unsterblichkeitsforscher, wie Aubrey de Grey, arbeiten, wie Andrew aus Toronto, mit einem MEMEX an der Abschaffung des Alters und des Todes.
Unsere Reisenden wollen deshalb das Internet erkunden als einen Ort, „an dem wir über den Tod hinaus mit anderen in Verbindung stehen" (S. 233).

Die sozialen Netzwerke werden jeden Tag von 4500 Nutzern verlassen, die aber ihre Spuren hinterlassen. Diese Spuren hat Henrique Jorge aus Portugal im Blick, wenn er seinen Kunden durch seine Firma „Eter9" anbietet, ihre Verstorbenen anhand ihrer Posts in den sozialen Netzwerken wieder zum Leben zu erwecken.
Außerdem gibt es eine neue Kirche „Way of the Future Church", die hofft, dass die Kooperation von Mensch und Maschine die Welt retten wird (S. 249–253).

Bei „Eter9“ haben sich schon 70.000 Menschen auf einem digitalen Friedhof im Internet angemeldet.
Die Hoffnung auf ein ewiges Leben ist „ein ungeheurer Antrieb, vielleicht der Motor unserer Zivilisation“ (Riesewieck/Block, S. 282).

Nick Bostrom, der in Oxford das „Institut für die Zukunft der Menschheit“ leitet, wird schließlich von unseren Reisenden besucht. Bostrom ist ein führender Transhumanist, bei dem sich alles um die Gehirnsimulation (auch bekannt als Mind Uploading) dreht. Er glaubt an die zukünftige Weltherrschaft eines Supercomputers, den er „Superintelligenz“ nennt. Er glaubt, wie Ray Kurzweil, dass diese Superintelligenz noch im 21. Jahrhundert entsteht. Über künstliche Intelligenz (KI) redet Bostrom euphorisch. „Bereits jetzt gebe es künstliche Intelligenz, die gespenstisch menschlich wirke.“ (S. 321)
Allerdings wird die Leistung der KI durchaus übertrieben. Es gibt eine sehr verbreitete schwache KI, aber noch keine starke KI, die wie ein Mensch über die Straße gehen kann. Die Gespräche mit Bostrom machen unsere Reisenden aber schwindelig.

Dann hören sie jedoch von der Verwandlung von James aus Liverpool, der an einer tödlichen Gen-Defekt-Krankheit leidet und zu Lebzeiten immer danach verlangte, von seinem Körper erlöst und ein virtueller Körper zu werden. Deshalb führte er Gespräche, die aufgenommen und nach seinem Tod von einem Klon vorgetragen wurden, mit großem Erfolg, weil er so krank und so mutig war. Aber: James hat nie vor einer Kamera gesessen und diese Worte gesagt. Seine Worte waren ein künstliches Deep-Fake-Video (S. 336).

Die Theorie der digitalen Seele

Riesewieck und Block beginnen mit der Antwort auf die Frage: „Wie verändert ein digitaler Klon die Wahrnehmung von uns selbst?“ (Riesewieck/Block, S. 343) Ihre Antwort heißt: „Die Grenze zwischen Mensch und Maschine wird unschärfer.“ (S. 344) Die Entwicklung von Maschinenmenschen eröffnet die Möglichkeit mit Identitäten zu spielen. Ein virtueller Vater kann seinen Kindern Geschichten erzählen, obwohl er auf Reisen ist. Verschiedene Roboter können heute sprechen, verstehen aber nicht, worüber sie reden. Bewusstsein setzt ein Ich voraus, das alles, was an Gefühlen auf uns einprasselt, filtert, einordnet und verknüpft. Aber das Ich entwickelt sich im Lebenslauf. Das Kleinkind hat ein beschränktes Bewusstsein. „Im hohen Alter, wenn in vielen

Fällen das Sehen, Hören und die Erinnerungen nachlassen, geht der Grad des Bewusstseins wieder zurück.“ (Riesewieck/Block, S. 395)
Aber der Zusammenhang zwischen der Chemie und Physik des Gehirns und dem menschlichen Bewusstsein im Gehirn, bleibt ein Rätsel (S. 400). Wir sind aber unsere Träume, Tagträume und Geschichten.
Wer wir selbst sind, kann kein einziger von sich sagen. „Trotzdem leben wir die meiste Zeit über mit dem Gefühl, wir wüssten exakt, wer wir sind.“ (S. 407) Aber durch unsere Auftritte in den sozialen Medien werden wir auf bestimmte Rollen und Identitäten festgelegt.

Wenn das Ich erst seine Identität gewinnt durch das Nicht-Ich, so wird vieles am heutigen Ich durch die Reaktion der sozialen Medien auf uns festgelegt. Aber durch Flexibilität, Rollenspiel, Täuschung und Lüge können wir der digitalen Festlegung entgehen. Wir spüren dabei, dass hinter unserem Ich ein Selbst steht, das von dem Wechsel der Selbstdarstellung in der digitalen Öffentlichkeit nicht verändert wird.
Nach außen zeigen wir eine „Bastelbiografie“, nach innen bei uns selbst sind wir Existenz. Wie die Wiederbegegnung mit einem virtuellen Toten auf das Selbst wirkt, bleibt bisher unklar. Die Alten werden also nicht wissen, wenn sie als virtueller Klon ihr Sterben überlebt haben, wie sie auf die Hinterbliebenen wirken. Aber die Unsterblichkeitsindustrie arbeitet daran, dass die Wiederbegegnungen mit Verstorbenen immer realistischer werden. Es ist heute schon möglich, den Sterbeprozess einer Bezugsperson in sozialen Netzwerken zu begleiten, wenn es vom Sterbenden gewünscht wird. Man erlebt so virtuell, nicht allein sterben zu müssen. Das Internet kann auch Programme anbieten, die „auf den Tod vorbereiten und für das gemeinschaftliche Trauern danach“ (S. 468). Dem Abschiednehmen und dem Trauern sollte „mehr Raum und Zeit geschenkt werden“ (S. 469). Endlichkeit könnte dann etwas Tröstlicheres haben als die Unsterblichkeit, es sei denn, das verlängerte Leben um 100 Jahre erweist sich als „unerschöpfliches Reservoir an guten Erfahrungen“ (S. 470). Jeder alte Mensch kann heute schon damit rechnen, dass von ihm etwas an Erinnerung bei den Hinterbliebenen verbleibt, „ein kleines bisschen Unsterblichkeit“ (S. 473). Wahrscheinlich ist aber, dass unsere Spuren im Internet uns heute sicher überleben. Doch in dieser Masse der Toten im Internet wird der dort mögliche Nachruhm vielleicht 15 Minuten dauern, wie Andy Warhol einmal sagte.

Allerdings scheinen die Selbstmordattentäter, die ihre Morde selbst filmen und ins Netz stellen, ein größeres Interesse am Nachruhm zu haben. Die Zahl der Attentäter, die sich für ein möglichst langes Nachleben im Netz vorbereiten, steigt. Die Attentäter kommen nicht ins Jenseits bzw. die Hölle, sondern ins Netz, „das nicht vergisst" (Riesewieck/Block, S. 479).

Aber sicher ist, dass die Menschen der Zukunft es lernen, mit einem lückenlosen digitalen Speichergedächtnis des Internets zu leben und alt werden zu können. Schon heute sichert das Internet überholten Diskursen eine längere Dauer zu, die die geistige Evolution bremsen können, was aber alte Menschen begrüßen werden, wenn ihre Thesen auch nach 30 Jahren über ihre Netzpräsenz noch Beachtung finden können.
Es bleibt aber abzuwarten, „ob sich die Wiederbegegnung mit einem Toten in Form seiner perfekten Simulation im Internet als förderlich oder schädlich für das Seelenheil eines Menschen erweisen wird" (S. 461).
Im vordigitalen Zeitalter musste die Imagination reichen, um Kontakte zu Verstorbenen aufzubauen. Heute arbeiten viele Firmen der Unsterblichkeitsindustrie daran, die Wiederbegegnung mit Verstorbenen nicht mehr zu imaginieren, sondern tatsächlich stattfinden zu lassen.
Allerdings bleibt das Problem, dass persönliche Daten im Internet auch gelöscht werden können. Um das zu verhindern, muss „postmortaler Datenschutz" durchgesetzt werden. Aber die ersten ewigen Klons stehen schon heute im Netz. Deepak Chopra (geb. 1946), spiritueller Ratgeber und Bestsellerautor „bietet seinen Fans an, persönlich auf ihre individuellen Bedürfnisse eingehen zu können, indem sein virtueller Klon per App mit ihnen spricht" (S. 502).

Die Erinnerung an den Holocaust verblasst. Es ist Zeit, dass virtuelle Zeitzeugen im Netz etabliert werden, damit gegen die faschistische Leugnung des Holocaust „technische Innovationen, wie die digitale Unsterblichkeit, hilfreich gegensteuern können" (S. 505). Derzeit werden deshalb Holocaust-Überlebende virtuell geklont und können mit der neuen Generation sprechen, die sie auch als Verstorbene immer noch erreichen können.
Überall sind smartassistents (drahtlose Lautsprecher, die über Sprachbefehle gesteuert werden, wobei der digitale Sprachassistent auf die Wünsche des Besitzers reagiert) auf dem Vormarsch. Die wachsende Vereinsamung der alten Menschen könnte das Bedürfnis steigern, der Einsamkeit mit Beziehungen zu virtuellen Gefährten zu entkommen, auch die Beziehung zu einem Verstorbenen. Damit erreicht die Erzählung von der digitalen Unsterblichkeit das Wohnzimmer alter Menschen.

Die Sehnsucht nach Unsterblichkeit ist weltweit ungebrochen. Die Vorstellung, mit dem Tod ist alles aus, teilt nur eine Minderheit der Menschheit. Die Menschheit sucht aber meist nicht Trost in den Jenseitsversprechungen der

Weltreligionen, also schlägt jetzt die Stunde der Unsterblichkeitsindustrie. Diese Industrie gibt die Möglichkeit, online mit den Toten zu kommunizieren, über Live-Stream-Begräbnisse, Online-Gedenkstätten und sogar durch Chatbots die sozialen Spuren der Verstorbenen zu nutzen. „Als Folge davon ist die Digital Afterlife Industry zu einem großen Geschäft geworden." (Riesewieck/Block, S. 522)

Die digitale Revolution kann Menschen nach dem Tod weiterleben lassen, durch die Informationen, die sie im Netz hinterlassen. Damit bleibt das Ich digital im Netz erhalten, auch wenn der Körper sich in Atome aufgelöst hat. Viele leiden, besonders im Alter, unter dem Sterbeschock. „Viele können nicht leben mit dem Gedanken, dass jederzeit das Leben abrupt zu Ende sein könnte und nichts bleibt als ein toter der Verwesung ausgesetzter Körper." (S. 527) Man braucht deshalb den Glauben an eine unsterbliche Seele. Dieser Glauben wird von der Unsterblichkeitsindustrie des Silicon Valley verbreitet durch die Kraft der künstlichen Intelligenz. Denn: „KI kann erkennen, wer wir wirklich sind." (S: 528) Durch digitale Klonung erreicht die Seele „Unsterblichkeit". Das Konzept der unsterblichen Seele im Jenseits wird zur digitalen Seele im Diesseits des sozialen Netzwerks. Die digitale Seele ist „eine Netzwerk-Kreatur" (S. 530). Die einzelne digitale Seele ist Teil eines Wir im Internet. Über die sozialen Netzwerke entsteht der Kern des Ichs und nach der Trennung vom Körper fängt das Internet in seinen sozialen Netzwerken die Seele als Klon auf. Die digitale Seele wird nach dem Tod Teil der Weltseele, wie es schon die Platoniker glaubten.
Nur ist die Weltseele kein Jenseits, sondern das weltinterne Internet. Im weltinternen Internet, auch als Weltgeist zu verstehen, löst sich das digitale Ich auf. Das heißt, nach J. W. von Goethe:

„Im Grenzenlosen sich zu finden,
wird gern der Einzelne verschwinden.
Da löst sich aller Überdruss,
statt heißem Wünschen, wildem Wollen
statt läst'gem Fordern, strengem Sollen
sich aufzugeben ist Genuss."
(J. W. v. Goethe: „Eins und Alles"
in: Goethes Gedichte. München: Beck 1996)

Man muss also als digitales Ich den Körper loslassen, um zu sich selbst zu finden, sagte schon Meister Eckhardt. Die digitale Seele überlebt den Tod als digitaler Klon im Internet. Das ist das ultimative Geschäftsmodell der Unsterblichkeitsindustrie des Silicon Valley im Internet als aktuellem Weltgeist und Weltseele. „Wir sind schon längst ein gigantisches Wir." (Riesewieck/ Block, S. 531)

Was Moritz Riesewieck und Hans Block letztlich anbieten, haben schon sehr viel klarer Karl R. Popper und John C. Eccles in ihrem Buch „Das Ich und sein Gehirn" (München: Piper 1977) gesagt. Das Ich als Teil der Welt 1 (Körper) und Welt 2 (Natur) geht auf in Welt 3 (Theorien im Internet). Popper sagt, „dass der Tod unserem Leben einen beinahe unendlichen Wert verleiht und die Aufgabe dringlicher macht, unser Leben dafür zu nutzen, Mitarbeiter an der Welt 3 (Theorien) zu sein, die offensichtlich ungefähr das verkörpert, was man den Sinn des Lebens nennt" (S. 654).

Diese Vorstellung hilft auch auf dem Weg des Alterns, das uns heute durch das Internet zum Teil eines gigantischen Wirs (der Welt 3) machen könnte. Nicht der Fall in die Panik-Grube des Todes ist das Ziel des Alters, sondern die Aufnahme ins digitale Wir. Unser Platz ist für alle Zeit ein Internetfriedhof, wo wir als digitale Klone mit allen Usern endlose digitalisierte Gespräche führen können.

Damit erweist sich der Versuch von Riesewieck und Block als Versuch, Unsterblichkeit als frohe Botschaft für alle Alten, in Zeiten künstlicher Intelligenz neu zu denken. Dabei ist das Neue an ihrem Versuch gar nicht neu, sondern Platonismus für das digitale Volk.
Also ihr Ansatz ist sehr alt – und sehr modern zugleich. Auf jeden Fall überbietet ihr Versuch den Ansatz von Anti-Aging und von eHealth, die durch digitalisierte Medizin nur eine gesunde Lebensverlängerung im Alter versprechen wollen. Riesewieck und Block versprechen die Unsterblichkeit der digitalen Seele als Klon, im www-Weltgeist, was auch immer das ist.

Diese Vorstellung hätte Hegel bei seinen Vorlesungen über den Weltgeist an der Berliner Universität bestimmt ein Lächeln entlockt und seine oft sehr trockenen Vorlesungen aufgelockert. Aber Hegel kam zu früh. Erst Ernst Bloch im 20. Jahrhundert hat mit seinem Hauptwerk „Prinzip Hoffnung" den ärztlichen Utopien einer innerweltlichen Unsterblichkeit, noch vor der digitalen Revolution, ein Kapitel gewidmet.

4.7 Die beste Altersutopie und die Lebenskünste

Die beste Altersutopie muss die Verbesserung des Körpers, der Seele und des Geistes des Menschen berücksichtigen. Das Altern bezieht sich nicht nur auf den Körper, auf die Mutation der Telomere, der Mitochondrien, den Ablagerungen in den Zellen, sondern auch auf den Entwicklungsprozess des Geistes und der Seele. Die Weiterentwicklung des Menschen hängt nicht nur von Techniken der Medizin ab, sondern von der Verbesserung des Denkens, der Bewältigung des Unbewussten und der zeitgeschichtlichen Traumen der Kriegs- und der Corona-Kinder.
Fest steht, dass der Homo sapiens erst vor 400.000 Jahren entstanden ist. Vor 6 Millionen Jahren trennten sich die aufrecht gehenden Wesen von den Schimpansen. Das geschah wahrscheinlich nach neuesten Forschungen in Europa, nicht in Afrika. Es ist völlig unwahrscheinlich, dass der Homo sapiens in 6 Millionen Jahren noch existieren wird. Die lebenden Arten auf dem Planeten Erde müssen sich beständig den Veränderungen auf dem Planeten anpassen oder sie gehen unter. Deshalb ist es notwendig, dass sich der Homo sapiens auf immer neue Lebenskünste stützt, die ihn Pandemien, Klimawandel, Tendenzen des neuen Totalitarismus, die sich ausbreitende Herrschaft der Verrückten, die den 3. atomaren Weltkrieg androhen (wie der Unberechenbare aus Moskau), überstehen lassen. Um die radikale Pluralität menschlicher Lebensstile auch im Alter zu garantieren, wird ein entsprechendes politisches Umfeld der Freiheit und Demokratie benötigt. Die Verlängerung der menschlichen Lebensspanne ist nicht in einem totalitären Staatskapitalismus möglich. Wenn der Homo sapiens nicht aussterben will, muss er die wachsenden Möglichkeiten der Selbstüberwindung durch die Lebenskünste in Philosophie, Tiefenpsychologie, neue Medizin nutzen. Er darf aber nicht die ökonomischen und politischen Bedingungen übersehen, die ein verlängertes gutes Leben in Freiheit erst möglich machen.

Die digitale Entmachtung des Populisten Donald Trump durch das Silicon Valley zeigt, dass das Valley, das für die Unsterblichkeit des Menschen kämpft, nicht nur die digitale Revolution im Griff haben, sondern den „öffentlichen Diskurs und den demokratischen Prozess“ (A. Kreye: Und raus bist du. Die Suspendierung von Donald Trumps Social-Media-Konten zeigt die große Macht der Digital-Konzerne. In: Süddeutsche Zeitung Nr. 7 vom 11. Januar 2021, S. 9).

Die Sperrung des radikalen populistischen Diskurses des Präsidenten Donald Trump auf allen großen Social-Media-Konten zeigt, dass es mit dem

Silicon Valley eine neue fünfte Macht gibt, neben der Gewaltenteilung und der Presse. Was ist passiert? Jack Dorsey, der Gründer von Twitter, hat das Twittern von Trump auf Twitter verboten. Viele Monopole des Silicon Valley haben sich angeschlossen. Mark Zuckerberg von Facebook, Tim Cook von Apple und Sundar Pichai von Google wurden dabei unterstützt von anderen Netzwerken, wie Snapchat, Reddit, Twich, Discord, Shopify, YouTube, TikTok, Pinterest. Das Silicon Valley schlägt den Populismus und zeigt, dass es „längst keine geografische, sondern eine ideelle Welt ist" (Kreye, S. 9). Die digitale Entmachtung Trumps ist wie die Auswahl des italienischen Duce Mussolini im Jahr 1943 in Italien durch das italienische Parlament. Die Einsprüche des Weltgeistes gegen den Faschismus sind auch 2021 spürbar, wenn er sich auch als List der technischen Vernunft tarnt. Auch Putin könnte vom Silicon Valley oder den anonymen Hackern entmachtet werden.

Diese Entwicklung der Weltdialektik ist für die Alten eine gute Nachricht. An ihrer Unsterblichkeit wird von den progressiven Kräften des Anthropozäns weiter gearbeitet. Die beste Altenutopie, das Alter abzuschaffen, könnte den Sprung von der Utopie zur Wissenschaft und von der Wissenschaft zur politischen Macht schaffen. Hegel könnte das durchaus schon schwach geahnt haben.

Es scheint gegen Adorno und Horkheimer doch eine positive „Dialektik der Aufklärung" zu geben.

Das wäre eine gute Nachricht für die alten 68er, die heute alle über 80 Jahre alt sind (vgl. Teil 2 dieses Buches).

Kommen wir zum 3. Resümee unseres Buches und schauen wir auf die Resultate, die die neue Medizin für das Alter zu bieten hat.

Auch für dieses 3. Resümee gilt: Verschaffen Sie sich über die Lebenskunst-Methoden einen Überblick. Wählen Sie dann die Methoden, die Sie interessieren.

Resümee III: Die neue Medizin des Alters und ihre Lebenskünste

Die neue Medizin ...

- hat die biologische Grundlage des Alters erforscht: Gene, Telomere, Zellverfall.
- hat pharmazeutische Mittel zur Bekämpfung der Alterskrankheiten entwickelt, gegen Demenz, gegen Depression, gegen Arteriosklerose usw.
- hat das biologische Fundament für schmerzlose Bewältigung des Alters und des Sterbens ausgebaut
- hat damit der Philosophie und der Psychotherapie des Alterns ein wissenschaftliches Fundament gegeben
- hat einen neuen Facharzt kreiert – den Präventionsmediziner, den Geriatriker, den Arzt für die innerweltliche Unsterblichkeit – sowie den Projektanleiter als neuen Erzieher und Lehrer
- hat mit der „digitalen Seele“ einen neuen innerweltlichen Begriff der Unsterblichkeit geprägt, der die Versprechen von eHealth als Lebensverlängerung weit überbietet und die wachsende Todesangst in der digitalen Revolution entschärft. Diese Entschärfung der Todesangst wird sicherer, wenn der alte Mensch die Lebenskünste der Philosophie, der Psychotherapie und der Medizin ganz nach seinen Bedürfnissen kombiniert und praktiziert. Dafür braucht er eine neue Schulbildung und ein neues Studium, das im Silicon Valley, angeleitet durch Ray Kurzweils Singularity-University, gerade entsteht.

Übungen der medizinischen Lebenskunst im Alter

Um ein langes und gesundes Leben zu erreichen, schlägt die Anti-Aging-Bewegung das Einhalten folgender Grundsätze vor:

1. Essen Sie alles, aber achten Sie auf die Dosis und die Qualität.
2. Auf Ihrem Teller sollte hauptsächlich Gemüse zu finden sein.
3. Beim Fleisch sollte nur beste Qualität gegessen werden.
4. Der beste Jungbrunnen ist das Trinken von Wasser: 2 Liter am Tag.
5. Durch Mikrointervallfasten können Sie Ihr Gewicht kontrollieren.

6. Jeden Tag ist Bewegung angesagt. So erhöhen Sie Ihren Energieverbrauch und stärken Ihren Kreislauf.
7. Schlafen Sie jede Nacht 6–8 Stunden.
8. Tun Sie das, was Ihre Entspannung steigert.
9. Bleiben Sie neugierig auf das Leben. Mit Ihrem Gehirn haben Sie den besten biologischen Computer, den es im Universum offensichtlich gibt.
10. Selbstvertrauen und radikales Fragen sind die Grundlagen für ein langes und gesundes Alter.

(Vgl. M. Rubach: Das Geheimnis des gesunden Alters. München: Knaur 2020, S. 313f.)

Anti-Aging setzt aber nicht nur auf überlegte Ernährung, sondern auch auf empfehlenswerte Nahrungsergänzungsmittel, wie die Vitamine D3, B12 und C. Anti-Aging warnt vor zu viel Alkohol, Zucker und Nikotin.
Auch auf die geregelte Arbeit des Darms wird Wert gelegt. „Die Darmbakterien haben Einfluss auf die Hirnchemie und damit auf unser Denken und Verhalten." (U. Braun-Munzinger: Lange leben, ohne alt zu werden. Hannover: Humboldt 2020, S. 98).
Ein gut funktionierendes Gehirn braucht eine gute Ernährung, gesunde Omega-3-Fettsäuren, einen gesunden Cholesterin-Spiegel, B-Vitamine und Vitamin D3 helfen, Demenz zu vermeiden. Sport hält Körper und Gehirn fit. Denken ist das beste Gehirnjogging (Braun-Munzinger, S. 151).
Alle utopischen Versuche, das Leben im Alter zu verlängern oder den Tod abzuschaffen, sollten Sie im Alter im Blick behalten. Die Umsetzung dieser alten „ärztlichen Utopien" wird sicher erst in 100–200 Jahren erste Erfolge zeitigen. Aber mit unserem Gehirn sind wir in der Lage, die großen Fortschritte in der Zukunft, die das Alter revolutionieren wird, zu verfolgen, ohne diese Fortschritte schon zu erleben. Vielleicht wird die Gattung Mensch doch noch den Tod besiegen.
Wollen Sie aber heute schon als letzte Lebenskunst unsterblich werden, teilen Sie in Ihrem Testament Ihren Erben mit, dass Sie als digitaler Klon im Internet präsent und auch auf einem Internet-Friedhof begraben sein wollen. Vielleicht hilft das.

Aber bleiben wir realistisch. Am letzten Ende des Lebens hilft vielleicht nur Poesie, nachdem Science Fiction ihre nicht unwichtige Hilfe vermittelt hat. Da wiederholen wir im letzten Dämmer doch gerne das „Letzte Gedicht" von Günter Grass (in kaschubisch-Platt):

„Vonne Endlichkait
Nu war schon jewäsen.
Nu hat sech jenuch jehabt.
Nu is futsch un vorbai.
Nu riehrt sech nusch nech.
Nu will kain Furz nech.
Nu mecht kain Ärger mähr
un baldich bässer
un nuscht nech ibrich
un ieberall Endlichkait sain.
(G. Grass: Vonne Endlichkait. Göttingen: Steidl 2015, S. 173)

Oder wir greifen, wie so oft im Leben, auf das letzte Gedicht von Gottfried Benn vom 6.1.1956 zurück, wenn noch möglich: „Kann keine Trauer sein“ und dort auf die letzte Strophe, die lautet:

„Kann keine Trauer sein. Zu fern, zu weit,
zu unberührbar Bett und Tränen,
kein Nein, kein Ja,
Geburt und Körperschmerz und Glauben
ein Wallen, namenlos, ein Huschen,
ein Überirdisches, im Schlaf sich regend,
bewegte Bett und Tränen –
schlafe ein!
(G. Benn: Gedichte. Frankfurt: Fischer 2007, S. 476)

Solche Gedichte zeigen noch einmal, dass der Rest nicht nur Schweigen sein muss, sondern Poesie. Also Kunst-Metaphysik. Warum nicht? Denn, so schreibt Benn am Ende seines Gedichts „Du musst dir alles geben“:

„... und in dein letztes Gesicht
steigen Boten hernieder
ganz in Rosen und Licht“
(G. Benn: Gedichte. Frankfurt: Fischer 2007, S. 214)

Vielleicht ist auch nur ganz bewusstes Schweigen, vor einem Geheimnis, das, was bleibt. Für einen letzten Augenblick.

Das Beste kommt zum

SCHLUSS

1 Resümee

2 Philosophie im Alter

3 Psychologie im Alter

4. Medizin im Alter

5. Struktur des philosophischen Cafés der Lebenskunst über das Alter

Danksagung

Literaturverzeichnis zu den drei Teilen

Lebenskünste im Alter

Philosophie – Teil I	**Psychotherapie – Teil II**	**Neue Medizin – Teil III**
Den Höhlenausgang finden	Selbstanalyse wagen	Anti-Aging erproben
Die Kunst, gut alt zu werden, entdecken	Das Altern lernen	Den Multivitamin-Ansatz berücksichtigen
Philosophische Therapie für das Alter annehmen	Tagebuch schreiben	Vitamine einnehmen
Philosophieren heißt Sterbenlernen	Zufrieden älter werden	Den Telomere-Effekt beachten
Utopie der Abschaffung des Todes kennen	Das Alter und die Zeitgeschichte verbinden	Das Life-Extension-Movement unterstützen
Abschiedlichkeit lernen	Erinnerungsarbeit machen	Niemals alt werden wollen
Alles Altern als hohe Kunst begreifen	Die Lebenswende erkennen	„Altern ist heilbar“ denken
Teilnahme am Methusalem-Komplott organisieren	Alter als Überraschung verstehen	Das Ende des Alterns für möglich erachten
Schöpferisch altern	Imagination nutzen	E-Health-Methoden nutzen
Die Schätze des Alters heben	Die große Freiheit des Alters entdecken	Die heutige „digitale Seele“ braucht eine neue „Unsterblichkeit“, auch wenn es nur der Friedhof im Internet ist
Alter als Geschenk betrachten	Selbsthypnose wagen	Philosophische, psychotherapeutische und neue medizinische Lebenskünste im Alter kombinieren
Altern als Generationsproblem sehen	Das gute lange Leben praktizieren	Einen individuellen Plan für die Lebensphase Altern entwickeln
Am Schluss: Zum Gott der Philosophen heimkehren	Den spirituellen Weg im Alter entdecken und gehen	Am Schluss: Als Datenklon Teil des www.weltgeistes werden
	Neuro-theologische Lebenskunst üben	
	Traumdeutung im Alter einsetzen	
	Existentielles Altern üben	
	Trauern überstehen	
	Als Paar altern	
	Gerontotherapeutisches Altern nutzen	
	Autogenes Training praktizieren	
	Am Schluss: Als Energie in die kosmische Energie zurücktreten	

1. Resümee

Lebenskunst im Alter kann nicht nur philosophisch begründet sein. Sie muss ergänzt werden durch die Tiefenpsychologie des Alters, die die Depressionen vertreibt, und die Medizin als Anti-Aging- und Unsterblichkeitsprodukte des Silicon Valley, die den Abbau des Körpers wenigstens mildert. Das fasst die nebenstehende Tabelle zu den „Lebenskünsten im Alter" zusammen.

Lebenskunst im Alter ist hoch individuell. Es gibt kein allgemeines Modell des richtigen Alterns für alle, obwohl es immer wieder auf dem Buchmarkt angeboten wird. Aber jede/r ist in unserer Gesellschaft der Individualitäten verschieden in Geist, Seele, Körper. Jede/r hat in ganz speziellen Lebenswelten gelebt, die im Alter Wirkung zeigen, besonders in Zeiten von Klimawandel und kommenden Epidemien. Jede/r wird aus der Kenntnis der Philosophie, Psychologie und Medizin des Alters ihr/sein eigenes Programm der Lebenskunst des Alterns in Körper, Seele, Geist und Gesellschaft zusammenstellen und in Abständen auch verändern müssen.
Manch eine/r kehrt auch vom Logos zum Mythos zurück, zu den Glaubensvorstellungen ihrer/seiner christlich geprägten Kindheit oder baut sie aus.

Ich denke, es gilt der alte medizinische Grundsatz: „Was heilt, stimmt."
Deshalb kann der Schluss unseres Buches über Lebenskünste im Alter nur eine ganz persönliche Stellungnahme sein, nur ein Privatkonzept, das aber mit dem Geist beginnt, der auch im Alter über die Seele und den Körper herrscht. (Sie können hier widersprechen!)
Deshalb sollen am Schluss des Buches nur einige Notizen folgen, die ganz persönlicher Art sind, und vielleicht den Leser/die Leserin anregen, nach dem Lesen oder während des Lesens dieses Buches, sein/ihr eigenes geistiges Rüstzeug für seine/ihre Abschiedlichkeit zu sammeln.
Denn das ist mir glasklar: Das Alter ist die härteste Lebensphase, die Phase, die immer wieder an den Rand von Suizid-Phantasien führt, die Phase, die die Partnerschaft überprüft, die Freundschaften schmälert, die politische Radikalisierung vorantreibt, das kindliche Kriegskind wiederbelebt und mit großen Augen darauf starrt, das es heute modern ist, auf Internetfriedhöfen „begraben" zu werden.
So bleibt die Frage – Wo soll mein toter Körper bleiben? – immer mein Begleiter im Alter. Der Abschied von der Erde bleibt bitter, aber die Philosophie des Geistes versucht zu zeigen, dass irgendeine geistige Heimat bleibt, auch

wenn der Kosmos im Endknall zusammenkracht, erfriert, sich verkrümelt oder in Flammen aufgeht oder die Menschheit sich auf der Erde zertrümmert (im 3. Weltkrieg) oder ausrottet durch viele Pandemien, mit denen sich die Erde und die Tiere gegen den Menschen wehren. Die geistige Heimat kann z. B. auch eine Welle im Datenstrom des Kosmos sein, die Harari beschwört. Deshalb nun einige Notizen über meine philosophischen, psychologischen und medizinischen Vorstellungen über meinen Altersweg in die Endlichkeit. Bei diesen Notizen bleiben die rechtlichen Aspekte dieses Weges (Testament, Bestattung, Erblassung, letzter Wille, eigene „Grabrede") ausgespart, obwohl sie zur Frage gehören: Wie kann man gut sterben?", die im Alter am Ende auf Antwort wartet.

2. Philosophie im Alter

Welche Philosophie man/frau im Alter hat, ist eine Charakterfrage, sagt Fichte. Also man kann Metaphysiker, Skeptiker, Empiriker, Nihilist, Agnostiker, Atheist usw. sein. Weshalb auch nicht?
Ich bin im Alter immer wieder dabei, mich auf die antike römische Stoa zu beziehen, also auch auf Marc Aurels „Selbstbetrachtungen" (180 n. Chr.). Aber mich interessiert ebenfalls die Utopie vom abgeschafften Tod aus dem Silicon Valley, dem „aktuellen Standort des Weltgeistes".
Mich elektrisiert die neue Bewegung der „Extinction Rebellion" (Aufstand gegen die Auslöschung des Menschen). Dabei kommt aber auch das „Life-Extension-Movement" (Bewegung zur Verlängerung des Lebens) nicht zu kurz. Ganz wichtig ist mir im Alter, den Spuren des Gottes der Philosophen zu folgen: „Das Sein kennt keinen Tod", denn das Nichts ist nichts (Parmenides). „Der Leib ist sterblich, die Seele unsterblich" (Platon). Auf die Unsterblichkeit haben wir einen moralischen Anspruch (Kant). Das Absolute überlebt auf jeden Fall als Geist oder als Willen (Hegel, Schopenhauer). Es geht mir um die kurzen Ekstasen der Unsterblichkeit in der Endlichkeit.
Übungen gehören für mein Gefühl zum weiteren Philosophieren im Alter. Diese Übungen heißen: lesen, schreiben, dichten. Über das philosophische Lesen ergibt sich für mich immer wieder das philosophische Schreiben, auch in Form von Gedichten. So gut es eben geht, helfen mir dabei die Gedichte von R. M. Rilke, Gottfried Benn, Walt Whitman. Ich bin aber ständig auf der Suche nach neuer geistiger Nahrung in schweren Zeiten.

3. Psychologie im Alter

Psychologie beginnt für mich mit Sigmund Freud und der Psychoanalyse. In der Psychoanalyse begeistert mich besonders neben der Fremdanalyse die Selbstanalyse, wie sie Karen Horney und Erich Fromm entwickelt haben. Mit meiner Selbstanalyse habe ich folgendes Grundmuster meines Lebens entdeckt, das auch im Alter aktiv ist. Dieses Grundmuster heißt: Ich bin das Opfer von Anfang an. Das Opfer war ich meines älteren Bruders. Ich war für ihn der Weiner, der Kleine, der Blöde. Ich war das Opfer des obersten Militärs, meines Vaters. Meine Mutter blieb zu mir oft auf Distanz. Aber dabei blieb es nicht. Ich wurde zum Täter meiner Existenz, aus dem Hintergrund, durch entschiedenes Streben, durch nachhaltiges Lesen und Schreiben von Kindheit an.

Im Alter entdecke ich das Altern im Alter als philosophisches Problem, als therapeutisches Problem, als medizinisches Problem, als Problem der künstlichen Intelligenz.

Gegen den Tod setze ich die Reflexion über

- die Heimkehr des eigenen Denkens an den Gott der Philosophen
- das Aufgehen meiner Energie in die kosmische Energie
- das Eingehen als Daten-Klon in den www-Weltgeist.

Welches Ziel ich erreichen kann am Ende, muss offenbleiben. Gegen die Endlichkeit stoße ich auf den Gott der Philosophen.

Es gab Phasen in meinem Leben, da drohte ich zu scheitern, die Traumata waren zu groß. Aber da gab es auch Hilfe von anderen, die ich wie ein Ertrinkender ergriff, wie R. Wolff, Peter Weiss, Eike von der Haar, Frau Gutmann, Ingrid, meine Frau Billy, die Assistentin Barbara, der Maler Peter Cujé, um nur einige zu nennen, und meine Balint-Grupppe, die seit 20 Jahren existiert. Dazu kommen meine Schwester Heidi, Christel Schröter, Michael Schröter, der mir die Psychoanalyse als Wissenschaft erschloss und Thomas Flügge, der Berliner Philosoph.

Viele Kapitel meines Lebensromans, der mir im Alter die wichtige Ressource ist, müsste von Hilfe handeln, andere Kapitel von Opfer-Täter-Dialektiken.

Selbstanalyse ist im Alter die wahre Lebenskunst, unterstützt durch professionelle Psychotherapie, Medizin und systematische Philosophie, die den Bruch von Hegel zu Marx begreift und die Kontinuität des Existentialismus von Kierkegaard zu Jaspers.
Die Selbstanalyse wird auch die fünf Phasen des Sterbens von Kübler-Ross moderieren, hoffe ich. Es wird vielleicht so etwas wie einen letzten Halt geben, denn mein Leben wurde auch von der Sehnsucht nach dem Absoluten geprägt. Diese Sehnsucht ging so weit, dass ich auf die Frage meines Philosophielehrers Michael Landmann – Was interessiert Sie denn an der Philosophie? – antwortete: „Das Sein", was Landmann kommentierte: „Das ist zu wenig." Nachdem ich dem Gott der Liebe, der Karriere, der Revolution, des Geldes, des Familienvaters, des Rentners gefolgt bin, finde ich beim Fragen nach dem Gott der Philosophen eine Richtung für die Ewigkeit.
Meine Psychotherapeutin berät mich weiter. Ich hoffe, bis zum Tod.

4. Medizin im Alter

Die Medizin hat mich im Hinblick auf die „klassische Altersdegeneration" (Artrose, Herzrasen, Schlafstörungen, Prostata-Probleme usw.) völlig im Griff. Meine Hausärztin hilft mir durch Vorsorgeuntersuchungen. Mein Urologe prüft den PSA-Wert. Meine Mediziner-Freunde und Freundinnen geben mir immer wieder Ratschläge. Von den Anti-Aging-Ratschlägen bin ich oft angetan. Der Vitamin-B-Komplex begleitet mich im Alter. Die Zahl der Tabletten steigt. Die Krankenhausbesuche nehmen zu mit den Stürzen. Die Heimpflege ist noch ungeklärt. Hoffentlich kommt das Beste am Schluss als Aufgehen des Ichs ins kollektive Wir des Weltgeistes, dem Gott der Philosophen.

5. Struktur des philosophischen Cafés der Lebenskunst über das Alter

Dieses Café über das Alter und weitere naheliegende Probleme sollen mich bis zum Tod begleiten. Im Sinne der themenzentrierten Interaktion (TZI) stellt sich das philosophische Café in einer Grafik folgendermaßen dar:

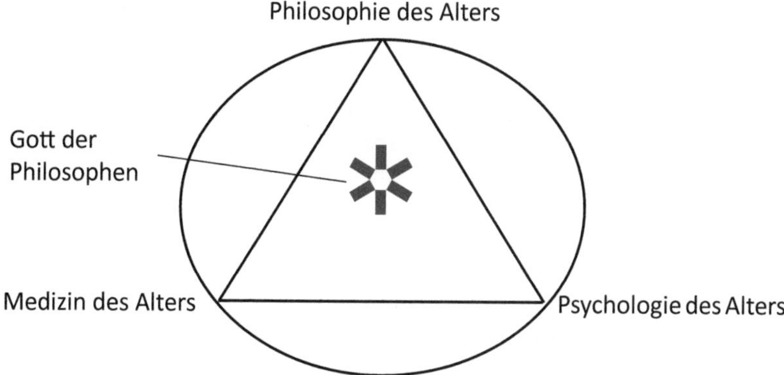

Das philosophische Café über das Alter im Sinne der Lebenskunst, wie es dieses Buch vorstellt (vgl. Grafik Lebenskunde im Alter, S. 358), beginnt mit vier Sitzungen über die Philosophie des Alters, gefolgt von vier Sitzungen über die Psychologie des Alters, abgeschlossen mit vier Sitzungen über die neue Medizin des Alters (Anti-Aging) sowie die Abschaffung des Alters und des Todes (Life-Extension-Movement).

Im Sinne der TZI werden das allgemeine Wissen (Philosophie), das subjektive Wissen (Psychologie) und das absolute Wissen von der Abschaffung des Alters (Anti-Aging) bearbeitet.

Im umkreisenden Integrieren findet sich das Zentrum des Wissens über das Alter im metaphysischen Wissen über den Gott der Philosophen.

Danksagung

Der wichtigste Dank geht an meinen Körper, an meine Gene, an meine Herkunft aus einer vitalen Bauernfamilie, die offensichtlich kein Problem mit dem Alter hatte. Deshalb denke ich oft an die Familie Richnow aus Schöneberg, die alle unter dem Engel neben der Dorfkirche begraben liegen. Ihnen habe ich mütterlicherseits so viel zu verdanken. Ich flüstere meinen Dank in die Stille des Friedhofs.

Aber dann ist da mein Leben und die vielen Personen, die mir halfen, nicht zu scheitern, nicht verrückt zu werden, nicht aufzugeben in Zeiten, die man als schwer bezeichnet. Natürlich hat mich die Liebe getragen, obwohl ich mich oft schrecklich aufregte. Deshalb danke ich Barbara, Monika, Erika und Barbara und Billy und Max. Natürlich meinen Eltern, die so alt wurden und denen, die noch leben.

Ich schwanke zwischen Wohlfühlparadox und totaler Panik und spüre die Hand der Philosophie und Psychotherapie, die mich weiter leitet, denn das Beste kommt am Schluss, schrieb Ernst Bloch, mein Lieblingsphilosoph beim Beginn des Studiums der Philosophie mit 19 Jahren, damals in Göttingen.
Oft sah es so aus, dass ich gar nicht alt werden würde. Das war im 2. Weltkrieg, als ich im Keller um mein Leben weinte, während die Bomben fielen. Als ich aus der DDR nach West-Berlin musste, dachte ich, ich gehe im Westen ein. Ich werde verrückt. Als mein Vater 1954 aus Russland kam, aus dem Straflager, ging es mir nicht besser.
1968 war der Höhepunkt meines Lebens, obwohl auch hier die Gefahr bestand, jung zu sterben.
Die Berufszeit verging wie im Flug. Ich merkte nicht, dass ich älter wurde. Als meine Tante Sigrid nach einem Buch über das Alter fragte, fiel mir nur Cicero ein. Sie sagte: Den kennt doch jeder.
Erst in den späten 70er Jahren erkannte ich, nicht der Tod ist die Aufgabe, sondern das Altern, das immer für die Plötzlichkeit gut ist. Deshalb fing ich an, Bücher über das Alter und das Altern zu lesen. Ich verstand langsam meine Situation und entwickelte eine Sehnsucht nach der Zukunft, wo andere sich auf den Abschied einstellen.
Aber dann fing ich Feuer. Das Alter wurde mir lieb und fruchtbar.

Aber ich schrieb los und schrieb und diskutierte und gründete eine Altersgruppe, der ich viel verdanke.

Zu danken habe ich aber auch Doris Mischon, Iris van Beek, die so gut Korrektur gelesen haben. Natürlich hat mir Matthias Schilling immer als Verleger die Treue gehalten und Franziska, meine Agentin, und die vielen Studentinnen und Studenten, denen ich über das Alter wenig zu sagen hatte. Das wäre heute anders.

So hoffe ich, dass es bald wieder mit der Kultur – trotz des schrecklichen Ukraine-Krieges und Atomkriegsdrohungen – aufwärts geht. Man sollte viel mehr über das Altern philosophieren, oder?

Noch in meiner letzten Nacht werde ich an die Heldinnen und Helden des Alters denken, so hoffe ich.

Literaturverzeichnis in drei Teilen

Teil I: Lebenskünste in der Philosophie des Alters

Albright, M.: Faschismus. Eine Warnung. Köln: Knaus 2018

Amery, J.: Hand an sich legen – Diskurs über den Freitod. Stuttgart: Klett-Cotta 1978

Amery, J.: Über das Altern. Revolte und Resignation. Stuttgart: Klett-Cotta 2001

Ariès, P.: Geschichte des Todes. München: Hanser 2005

Beauvoir, S. de: Das Alter. Hamburg: Rowohlt 1972

Beauvoir, S. de: Alle Menschen sind sterblich. Reinbek: Rowohlt 2017

Benn, G.: Altern als Problem des schöpferischen Menschen. In: Ders.: Sämtliche Werke. Stuttgart: Klett-Cotta 2001, Bd. 6, S. 191–207

Benn, G.: Altern als Problem für Künstler. In: Ders.: Sämtliche Werke. Stuttgart: Klett-Cotta 2001, Bd. 6, S. 123–150

Biermann, U.: „Der Alte stirbt doch sowieso“ – Der alltägliche Skandal im Medizinbetrieb. Freiburg: Herder 2009

Birg, H.: Auswirkungen der demographischen Alterung und der Bevölkerungsschrumpfung auf Wirtschaft, Staat und Gesellschaft. Wien: Lit-Verlag 2009

Birkenstock, E.: Angst vor dem Altern? Zwischen Schicksal und Verantwortung. Freiburg: Karl Alber 2008

Birren, J. E. (Hrsg.): Encyclopedia of Gerontology. Amsterdam: Elsevier 2007

Birren, J. E. u. a. (Hrsg.): Aging and Biography. Explorations in Adult Development. New York: Springer VS 1996

Bloch, E.: Das Prinzip Hoffnung. Frankfurt: Suhrkamp 1959, Bd. 1+2

Blumenberg, H.: Höhlenausgänge. Frankfurt: Suhrkamp 2019

Blumenberg, H.: Lebenszeit und Weltzeit. Frankfurt: Suhrkamp 1956

Bobbio, N.: Vom Alter – De senectute. Berlin: Wagenbach 2004

Borscheid, P.: Geschichte des Alterns (16.–18. Jahrhundert). Münster: Westfälisches Dampfboot 1987

Bovenschen, S.: Älter werden – Notizen. Frankfurt: Fischer 2006, Tabu-Ausgabe 2008, 7. Aufl. 2018

Brandt, H.: Wird auch silbern mein Haar. Eine Geschichte des Alters in der Antike. München: Beck 2002

Brenner, A.: Altern als Lebenskunst. Norderstedt: BoD 2019

Brinkbäumer, K., Shafy, S.: Das kluge, lustige, gesunde, ungebremste, glückliche, sehr lange Leben. Die Weisheit der Hundertjährigen. Eine Weltreise. Frankfurt: Fischer 2019

Bude, H.: Das Altern einer Generation. Die Jahrgänge 1938–1944. Frankfurt: Suhrkamp 1997

Bude, H.: Gesellschaft der Angst. Hamburg: Hamburger Edition 2014

Clement, H.: Wilhelm Weischedels skeptische Philosophie. Eine Einführung. Darmstadt: WBG 2012

Conrad, C. (Hrsg.): Zur Kulturgeschichte des Alterns. Berlin: Aufbau 1993

Dahlke, R.: Alter als Geschenk. München: Arcona 2018

Denzler, G.: 2000 Jahre christliche Sexualmoral. Weyarn: Seehamer 1997

Dyk, S. v.: Soziologie des Alters. Bielefeld: transcript 2015

Dyroff, A.: Der Peripatos über das Greisenalter. Paderborn: Schöningh 1939

Ehmer, J., Höffe, O. (Hrsg.): Bilder des Alterns im Wandel. Darmstadt: WBG 2009

Ehmer, J.: Sozialgeschichte des Alters. Frankfurt: Fischer 1990

Engels, F.: Die Lage der arbeitenden Klasse in England. In: MEW Bd. 4

Etzemüller, T.: Ein ewigwährender Untergang. Der apokalyptische Bevölkerungsdiskurs im 20. Jahrhundert. Bielefeld: transcript 2007

Foucault, M.: Das Geständnis des Fleisches. Berlin: Suhrkamp 2019

Freud, S.: Totem und Tabu. In: Ders.: GW IX, S. 1–194

Friedan, B.: Das hat mein Leben verändert. Hamburg: Rowohlt 1977

Friedan, B.: Der 2. Schritt. Ein feministisches Konzept. Hamburg: Rowohlt 1982

Friedan, B.: Der Weiblichkeitswahn. Hamburg: Rowohlt 1966

Friedan, B.: Mythos Alter. Hamburg: Rowohlt 1997

Gabriel, M.: Antike und moderne Skepsis. Zur Einführung. Hamburg: Junius 2008

Gadamer, H.-G.: Über die Verborgenheit der Gesundheit. Frankfurt: Suhrkamp 2003

Garnsey, P., Saller, R.: Das römische Kaiserreich. Reinbek: Rowohlt 1987

Gebelein, H.: Alchemie. München: Hugendubel 1991

Göckenjan, G.: Das Alter würdigen. Frankfurt: Suhrkamp 2000

Grass, G.: Vonne Endlichkait. Göttingen: Steidl 2015

Grimm, J.: Rede über das Alter. In: T. Rentsch, M. Vollmann (Hrsg.): Gutes Leben im Alter. Stuttgart: Reclam 2012, S. 95–113

Gronemeyer, R.: Die Alten und ihre Schätze. Freiburg: Herder 2018

Gutsfeld, A., Schmitz, W. (Hrsg.): Am schlimmen Rand des Lebens. Altersbilder in der Antike. Köln: Böhlau 2003

Hagelüken, A.: Lasst uns länger arbeiten! Arbeitswelt umgestalten, Rente retten – im Alter aktiv und zufrieden sein. München: Droemer 2019

Hähnel, M.: Aktueller Neoaristotelismus. In: Information Philosophie, März 2019, Nr. 1, S. 28–34

Haraway, D.: Die Neuerfindung der Natur. Frankfurt: Campus 1995

Heather, P.: Der Untergang des römischen Weltreiches. Reinbek: Rowohlt 2010

Heller, D.: The Children's God. Chicago: University Press 1988

Höffe, O.: Die hohe Kunst des Alterns. Kleine Philosophie des guten Lebens. München: Beck 2019, 4. Aufl.

Höfling, W.: Das sogenannte Wachkoma. Münster: Westfälisches Dampfboot 2005

Holiday, R.: Der tägliche Stoiker. München: Finanzbuch 2019

Horkheimer, M., Adorno, T. W.: Dialektik der Aufklärung (zuerst 1944). Frankfurt: Fischer Tabu 2009, 18. Auflage

Imhof, A. E.: Die Lebenszeit. Vom aufgeschobenen Tod und von der Kunst des Lebens. München: Beck 1988

Jaeger, H., Bovelet, J.: Krankenhaus ohne Angst. Berlin: Medizinisch-wissenschaftliche Verlagsgesellschaft 2007

Jaspers, K.: Psychologie der Weltanschauungen. Berlin: Springer 1919

Jens, T.: Demenz: Abschied von meinem Vater. München: Beck 2009

Jonas, H.: Technik, Medizin und Ethik. Frankfurt: Suhrkamp 1987

Jonasson, J.: Der Hundertjährige, der aus dem Fenster stieg und verschwand. München: b+b 2013

Journal of transpersonal Psychology

Kaku, M.: Die Physik der Zukunft. Unser Leben in 100 Jahren. Reinbek: Rowohlt 2019

Kandel, E. R.: In Search of Memory. The Emergency of a New Science of Mind. New York 2006 (deutsch: München: Goldmann 2006)

Keating, J.: Intimacy with God. New York: University Press 2009

Kiermeier-Debre, J., Vogel, F. F.: Die Entdeckung der Wollust. München: Hanser 1995

Konecny, E. u.a.: Medizintechnik im 20. Jahrhundert. Berlin: VDE 2003

Kriebernegg, K. u.a. (Hrsg.): The Ages of Life. Bielfeld: transcript 2013

Kurzweil, R.: 9 Stufen zur Unsterblichkeit. New York: University Press 2018

Kurzweil, R.: Lange leben, um ewig zu leben. New York: University Press 2016

Loureda, O. (Hrsg.): Anders altern. Heidelberg: University Publishing 2017

Marquard, O.: Endlichkeitsphilosophisches: Über das Altern. Stuttgart: Reclam 2013

Martens, E.: Lob des Alters. Mannheim: Artemis & Winkler 2011

Minois, G.: Das Alter. Eine Sozialgeschichte. Weimar: Böhlau 1987

Montaigne, M. de: Essays. Frankfurt: DVA 1998

Moritz, S.: Staatliche Schutzpflichten gegenüber pflegebedürftigen Menschen. Baden-Baden: Nomos 2013

Myles, J.: Old Age in the Welfare State. University of Kansas State Press 1984

Newberg, A., Aquili, E.: Der gedachte Gott. Wie Glaube im Gehirn entsteht. München: Goldmann 2006

Newberg, A., Waldman, M. R.: Der Fingerabdruck Gottes. Wie spirituelle Erfahrungen unser Gehirn verändern. München: Goldmann 2012

Newberg, A., Waldman, M.: Born to believe. New York: University Press 2007

Nussbaum, M.: Älter werden. Darmstadt: WBG/Theiss 2018

Pigliucci, M: Die Weisheit der Stoiker. München: Piper 2016

Plessner, H.: Die Stufen des Organischen und der Mensch. Frankfurt: Suhrkamp 1981

Pohlenz, M.: Die Stoa. Göttingen: Vandenhoeck & Ruprecht 1978

Precht, R. D.: Tiere denken. München: Goldmann 2018

Radinger, E. H.: Die Weisheit alter Hunde. München: Ludwig 2019 (9. Auflage)

Radinger, E. H.: Die Weisheit der Wölfe. München: Ludwig 2017

Radinger, E. H.: Eine Liebe in der Wildnis. Berlin: Aufbau 2015

Radisch, I.: Die letzten Dinge. Lebensendgespräche. Reinbek: Rowohlt 2015

Rentsch, T., Vollmann, M. (Hrsg.): Gutes Leben im Alter. Die philosophischen Grundlagen. Stuttgart: Reclam 2018

Ridder, M. d.: Heroin: vom Arzneimittel zur Droge. Frankfurt: Campus 2000

Ridder, M. d.: Wie wollen wir sterben? München: DVA 2010

Rosenmayr, C.: Die menschlichen Lebensalter. München: Goldmann 1978

Rosenmayr, L.: Schöpferisch altern. Berlin: Lit-Verlag 2007

Scherf, H.: Grau ist bunt: Was im Alter möglich ist. Freiburg: Herder 2008

Schimany, P.: Die Alterung der Gesellschaft. Ursachen und Folgen des demografischen Umbruchs. Frankfurt: Fischer 2003

Schirrmacher, F.: Das Methusalem-Komplott. München: Heyne 2014, 5. Aufl.

Schopenhauer, A.: Die Welt als Wille und Vorstellung. In: Ders.: Sämtliche Werke. Wiesbaden 1972, Bd. II+III

Schwan, A.: Denken im Schatten des Nihilismus. Festschrift für W. Weischedel zum 70. Geburtstag. Darmstadt: WBG 1975

Schwarzer, A., Beauvoir, S. de: Ein Lesebuch. Reinbek: Rowohlt 2008

Shelley, M.: Frankenstein. Frankfurt: Insel 1988

Solowig, N.: Cannabis and Cognitive Funtionic. Cambridge: University Press 1998

Sörensen, V.: Seneca. München: Beck 1995

Spindler, M.: „Altern ja – aber gesundes Altern“: Die Neubegründung der Anti-Aging-Medizin in Deutschland. Wiesbaden: Springer VC 2014

Steffen, M.: Die Brüder Grimm. Berlin: Rowohlt 2009

Terzani, T.: Fliegen ohne Flügel. Eine Reise zu Asiens Mysterien. München: Goldmann 1998

Wagner-Hasel, B.: Alter in der Antike. Eine Kulturgeschichte. Köln: Kiepenheuer und Witsch 2012

Ware, B.: 5 Dinge, die Sterbende am meisten bereuen. München: Goldmann 2015

Weischedel, W. In: Pongratz, C. J. (Hrsg.): Philosophie in Selbstdarstellungen. Bd. 2 1976

Weischedel, W.: Der Gott der Philosophen. Darmstadt: WBG 1972, Bd. 1+2

Weischedel, W.: Die philosophische Hintertreppe. Frankfurt: Fischer 2018 (45. Aufl.)

Weischedel, W.: Skeptische Ethik. Frankfurt: Suhrkamp 1976

Weishaupt, J.: Die Märchenbrüder Jacob und Wilhelm Grimm. Kassel: Thiele & Schwarz 2000

Werder, L. v.: Philosophie für Verliebte. Berlin: Schibri 2002

Zander, V.: Die Wiedergeburtslehre im Abendland. Darmstadt: WBG 1982

Zanker, P.: Die trunkene Alte. Das Lachen der Verhöhnten. Frankfurt: Fischer 1989

Teil II: Lebenskünste in der Psychotherapie des Alters

Alexijewitsch, S.: Die letzten Zeugen. Kinder im Zweiten Weltkrieg. Berlin: Aufbau 2005

Anzieu, D.: Freuds Selbstanalyse. München: Verlag der Psychoanalyse 1990

Assion, H.-J. u.a.: Bipolare Störungen: Das Praxishandbuch. Stuttgart: Kohlhammer 2013

Bachmann, J.: Sämtliche Gedichte. München: Piper 2010

Bair, D.: C. G. Jung. Eine Biografie. München: Knaus 2003

Baumgarten, A.: Das Superbuch der Traumdeutung. München: Bassermann 2003

Bäurle, P. u.a.: Spiritualität und Kreativität in der Psychotherapie älterer Menschen. Bern: Huber 2005

Benz, U., Benz, W. (Hrsg.): Sozialisation und Traumatisierung. Kinder in der Zeit des Nationalsozialismus. Frankfurt: Fischer 1992

Berger, M. (Hrsg.): Psychische Erkrankungen. Klinik und Therapie. München: Urban & Fischer 2012

Bloch, E.: Prinzip Hoffnung. Frankfurt: Suhrkamp 1972, Bd. 1–2

Bode, S., Die vergessene Generation. Kriegskinder brechen ihr Schweigen. Stuttgart: Klett-Cotta 2004

Bodenmann, G.: Stress und Partnerschaft. Bern: Huber 2007

Bragagna, E., Prohaska, R.: Weiblich, sinnlich, lustvoll. Sexualität erfüllt erleben. Wien: Ueberreuter 2019

Bragdon, E.: Spirituelle Krisen. Wendepunkte im Leben. Freiburg: Bauer 1991

Brumlik, M.: C. G. Jung. Zur Einführung. Hamburg: Junius 1983

Bucher, A. A.: Psychologie der Spiritualität. Weinheim: Beltz 2007

Bucke, R. M.: Die Erfahrung des kosmischen Bewusstseins. Eine Studie zur Evolution des menschlichen Geistes. Freiburg: Aurum 1975

Cave, S.: Unsterblich: die Sehnsucht nach dem ewigen Leben als Triebkraft unserer Zivilisation. Frankfurt: Fischer 2012

Dörr, M.: „Der Krieg hat uns geprägt." Wie Kinder den 2. Weltkrieg erlebten. Frankfurt: Campus 2007

Doucet, F.: Geschichte der Psychologie. München: Reinhardt 1971

Drimalla, E.: Amor altert nicht. Paarbeziehung und Sexualität im Alter. Göttingen: Vandenhoeck & Ruprecht. 2016

Dürckheim, K.: Von der Erfahrung der Transzendenz. Freiburg: Herder 1993

Eberlein, G.: Autogenes Training für Fortgeschrittene. Düsseldorf: Diederichs 1974

Ellenberger, H. F.: Die Entdeckung des Unbewußten. Bern: Huber 1973, Bd. 1+2

Erikson, E. H.: Der vollständige Lebenszyklus. Frankfurt: Suhrkamp 1988

Erikson, E. H.: Identität und Lebenszyklus. Frankfurt: Suhrkamp 1966

Erikson, E. H.: Kindheit und Gesellschaft. Stuttgart: Klett-Cotta 1957

Faraday, A.: Deine Träume – Schlüssel zur Selbsterkenntnis. Frankfurt: Fischer 1990

Flatten, G. u.a.: Posttraumatische Belastungsstörungen. Stuttgart: Schattauer 2013

Förstl, H.: Demenzen in Theorie und Praxis. Berlin: Springer 2001

Frankl, V.: „... trotzdem Ja zum Leben sagen. Ein Psychologe erlebt das Konzentrationslager. Freiburg: Herder 2021

Frankl, V.: Das Leiden am sinnlosen Leben. Freiburg: Herder 2009

Freud, S., Jung, C. G.: Briefwechsel. Frankfurt: Fischer 1974

Freud, S.: Das Unbehagen in der Kultur. GW XIV, S. 419–506

Freud, S.: Der Mann Moses und die monotheistische Religion. GW XVI, S. 101–246

Freud, S.: Die endliche und die unendliche Analyse. GW XVI, S. 57–99

Freud, S.: Die Traumdeutung. GW II/III

Freud, S.: Gesammelte Werke. Frankfurt: Fischer 1969ff., Bd. 1–18 (zitiert als GW)

Freud, S.: Jenseits des Lustprinzips. GW VIII, S. 1–69

Freud, S.: Trauer und Melancholie. GW X, S. 427–446

Freud, S.: Vergänglichkeit. GW X, S. 357–366

Frick, E., Vogel, R. T. (Hrsg.): Den Abschied vom Leben verstehen. Stuttgart: Kohlhammer 2012

Fromm, E.: Religion. Gesamtausgabe. München: dtv 1989, Bd. 4

Fürstl, H. (Hrsg.): Lehrbuch der Gerontopsychiatrie und -psychotherapie. Stuttgart: Thieme 2003

Galuska, J. (Hrsg.): Den Horizont erweitern. Die transpersonale Dimension in der Psychotherapie. Berlin: Lütner 2003

Gay, P.: „Ein gottloser Jude“ – Sigmund Freuds Atheismus und die Entwicklung der Psychoanalyse. Frankfurt: Fischer 2005

Gödde, G., Zirfas, J.: Therapeutik und Lebenskunst. Gießen: Psychosozial 2016

Goldmann, S.: Via regia zum Unbewussten. Freud und die Traumforschung im 19. Jahrhundert. Gießen: Psychosozial 2003

Gorz, A.: Brief an D. Geschichte einer Liebe. Zürich: Rotpunkt 2007

Gottmann, J.: Die 7 Geheimnisse der glücklichen Ehe. Berlin: Ullstein 2011

Gottschalk, H.: Reich der Träume. Gütersloh: Bertelsmann 1963

Grass, G.: Vonne Endlichkait. Göttingen: Steidl 2015

Grof, S.: Das Abenteuer der Selbstentdeckung. Heilung durch veränderte Bewusstseinszustände. Ein Leitfaden. Reinbek: Rowohlt 2001

Grof, S.: Geburt, Tod und Transzendenz. Neue Dimensionen in der Psychologie. Reinbek: Rowohlt 1993

Gubrich-Simitis, J.: Freuds Moses-Studie als Tagtraum. Frankfurt: Verlag der Psychoanalyse 1999

Harnisch, G.: Das große Traumlexikon. Freiburg: Herder 1997

Harnisch, G.: Die Botschaft der Angstträume. Freiburg: Herder 1997

Heinl, P.: „Maikäfer flieg, dein Vater ist im Krieg.“ Seelische Wunden aus der Kriegskindheit. München: Kösel 1994

Heller, B., Heller, A.: Spiritualität und Spiritual Care. Orientierungen und Impulse. Bern: Huber 2014

Hermann, P: Bemerkungen zum Arbeitsbegriff in der Psychoanalyse. In: Psyche 20, 1966, S. 321–334

Hesse, H.: Das Glasperlenspiel. Frankfurt: Suhrkamp 1981

Heuft, G. u.a. (Hrsg.): Lehrbuch der Gerontopsychosomatik und Alterspsychotherapie. München: Reinhardt 2000

Hillman, J.: Die erschreckende Liebe zum Krieg. München: Kösel 2005

Hillman, J.: Hundert Jahre Psychotherapie – und der Welt geht's immer schlechter. Zürich: Walter 1999

Hillman, J.: Pan und die natürliche Angst – Über die Notwendigkeit der Alpträume für die Seele. Zürich: Schweizer Spielverlag 1995

Hillman, J.: Vom Sinn des langen Lebens. Wir werden, was wir sind. München: dtv 2004

Huber, J., Österle, B.: Die Anti-Aging-Revolution. Wien: edition a 2020

Hülswitt, T., Brinzanik, R.: Werden wir ewig leben? Berlin: Suhrkamp 2010

Jahn, T., Werheid, K.: Demenzen (Fortschritte der Neuropsychotherapie). Stuttgart: Hofgrefe 2014

Jellouschek, H.: Wenn Paare älter werden. Die Liebe neu entdecken. Freiburg: Herder 2008

Jung, C. G.: Das rote Buch. Ostfildern: Walter 2018

Jung, C. G.: Die gesammelten Werke von C. G. Jung. Olten, Freiburg: Walter 1995, Bd. 1–20 (zitiert als GW)

Jung, C. G.: Erinnerungen, Träume, Gedanken von C. G. Jung. Zürich: Rascher 1962

Jung, C. G.: Seelenprobleme der Gegenwart. Zürich: Buchclub Ex libris 1972

Jung, C. G.: Vom Wesen der Träume. Zürich: Rascher 1948

Jung; C. G.: Die Ehe als psychologische Beziehung. In: Ders.: Seelenprobleme der Gegenwart. Zürich: Buchclub ex libris 1972

Kabat-Zinn, J.: Gesund durch Meditation. Das große Buch der Selbstheilung. Frankfurt: Fischer 2009

Kast, V.; Vom Sinn der Angst. Freiburg: Herder 1996

Kast, V.: Altern – immer für eine Überraschung gut. Ostfildern: Patmos 2017

Kast, V.: Der Schatten in uns: Die subversive Lebenskraft. Ostfildern: Patmos 2020

Kast, V.: Die Tiefenpsychologie nach C. G. Jung. Ostfildern: Patmos 2019

Kast, V.: Imagination – Zugänge zu inneren Ressourcen finden. Ostfildern: Patmos 2018

Kast, V.: Trauern: Phasen und Chancen des psychischen Prozesses. Freiburg: Kreuz 2020

Kast, V.: Was wirklich zählt, ist das gelebte Leben. Die Kraft des Lebensrückblicks. Freiburg: Herder 2016

Klein, T.: Volkskrankheit Vitamin-B12-Mangel. Dresden: Hygeia 2019

Klöppel, S., Jessen, F. (Hrsg.): Praxishandbuch Gerontopsychiatrie und -psychotherapie. München: Elsevier 2018

Kornfield, J. u.a.: Nach der Erleuchtung Wäsche waschen und Kartoffeln schälen. Wie spirituelle Erfahrung das Leben verändert. München: Goldmann 2008

Kriz, J.: Grundkonzepte der Psychotherapie. München: Urban & Schwarzenberg 1985

Kübler-Ross. E.: Interviews mit Sterbenden. Stuttgart: Kreuz 1980

LeShan, L.: Diagnose Krebs – Wendepunkt und Neubeginn. Stuttgart: Klett-Cotta 2013

Lindenberger, U. u.a. (Hrsg.): Die Berliner Altersstudie. Berlin: Akademie 2010

Lockot, R.: Erinnern und Durcharbeiten. Zur Geschichte der Psychoanalyse und Psychotherapie im Nationalsozialismus. Frankfurt: Fischer 1985

Lohmann, H.-M., Pfeiffer, J. (Hrsg.): Freud-Handbuch. Stuttgart: Metzler 2006

Lorenz, H.: Kriegskinder. Das Schicksal einer Generation. München: List 2003

Luft, H.: Die Kunst, dem Alter zu begegnen. Frankfurt: Brandes & Apsel 2013

MacKenzie, N.: Träume. Genf: Ramon F. Keller 1969

Maercker, A.; Forstmeier, S. (Hrsg.): Der Lebensrückblick in Therapie und Beratung. Berlin: Springer 2012

Maercker, A.: Alterspsychotherapie und klinische Gerontopsychologie. Berlin: Springer 2015

Mager, A.: Mystik als seelische Wirklichkeit. Eine Psychologie der Mystik. Graz: Pustet 1945

Marneros, A.: Das neue Handbuch der Bipolaren und Depressiven Erkrankungen. Stuttgart: Thieme 2004

Marquard, O.: Transzendentaler Idealismus – Romantische Philosophie – Psychoanalyse. Köln: Dinter 1987

Maslow, A.: Psychologie des Seins. München: Kindler 1973

Mertens, W.: Traum und Traumdeutung. München: Beck 2000

Moeller, M. L.: Die Wahrheit beginnt zu zweit. Das Paar im Gespräch. Reinbek: Rowohlt 1988

Moeller, M. L.: Gelegenheit macht Liebe. Glücksbedingungen in der Partnerschaft. Reinbek: Rowohlt 2002

Moeller, M. L.: Worte der Liebe: Erotische Zwiegespräche. Reinbek: Rowohlt 2002

Müller, E.: Du spürst unter den Füßen das Gras. Autogenes Training in Phantasie- und Märchenreisen. Frankfurt: Fischer 1983

Newberg, A., Aquili, E. d': Der gedachte Gott: Wie Glaube im Gehirn entsteht. München: dtv 2003

Newberg, A., Waldman, M. R.: Der Fingerabdruck Gottes. Wie religiöse und spirituelle Erfahrungen unser Gehirn verändern. München: Goldmann 2012

Precht, R. D.: Künstliche Intelligenz und der Sinn des Lebens. München: Goldmann 2020

Pritz, A., Muhr, P. (Hrsg.): Philosophie auf der Couch. Wien: WUV Universitätsverlag 1994

Radebold, H. (Hrsg.): Kindheiten im II. Weltkrieg und ihre Folgen. Gießen: Psychosozial 2004

Radebold, H., Radebold, H.: Zufrieden älterwerden. Entwicklungsaufgaben für das Alter. Gießen: Psychosozial 2015

Radebold, H.: Abwesende Väter. Folgen der Kriegskindheit in Psychoanalysen. Göttingen: Vandenhoeck & Ruprecht 2000

Radebold, H.: Die dunklen Schatten unserer Vergangenheit. Stuttgart: Klett-Cotta 2015

Radisch, I.: Die letzten Dinge: Lebensendgespräche. Frankfurt: Fischer 2015

Richter, H. E.: Eltern, Kind und Neurose. Reinbek: Rowohlt 1974

Riedel, I.: Die innere Freiheit des Alterns. Ostfildern: Patmos 2017

Riesewieck, M., Block, H.: Die digitale Seele. Unsterblich werden in Zeiten künstlicher Intelligenz. München: Goldmann 2020

Schami, R.: Die dunkle Seite der Liebe. München: Hanser 2004

Scharfetter, C.: Der spirituelle Weg und seine Gefahren. Stuttgart: Thieme 1999

Schmidbauer, W.: Altern ohne Angst. Ein psychologischer Begleiter. Reinbek: Rowohlt 2003

Schmidbauer, W.: Psychotherapie im Alter. Eine praktische Orientierungshilfe. Stuttgart: Thieme 2005

Schott, H.: Zauberspiegel der Seele. Sigmund Freud und die Geschichte der Selbstanalyse. Göttingen: Vandenhoeck & Ruprecht 1985

Schulte-Steinicke: B.: Autogenes Training und Kreatives Schreiben. Berlin: Schibri 1997

Schultz, J. H.: Das autogene Training. Stuttgart: Thieme 1994 (20. Aufl.)

Schur, M.: Sigmund Freud: Leben und Sterben. Frankfurt: Suhrkamp 1973

Stahl, S.: Das Kind in dir muss Heimat finden. München: Kailash 2015 (35. Aufl.)

Stargardt, N.: „Maikäfer flieg!" – Hitlers Krieg und die Kinder. München: DVA 2006

Starobinski, J. u.a.: Hundert Jahre „Traumdeutung" von S. Freud. Frankfurt: Fischer 1999

Supprian, T., Hauke, C. (Hrsg.): Störungsspezifische Psychotherapie im Alter. Stuttgart: Schattauer 2017

Sydow, K. v.: Die Lust auf Liebe bei älteren Menschen. München: Reinhardt 1994

Tagay, S. u. a.: Posttraumatische Belastungsstörung. Stuttgart: Kohlhammer 2016

Tart, C. T. (Hrsg.): Transpersonale Psychologie. Olten: Walter 1978

Terzani, T.: Noch eine Runde auf dem Karussell. Vom Leben und Sterben. Hamburg: Hoffmann & Campe 2007

Thomas, K.: Praxis der Selbsthypnose des Autogenen Trainings. Stuttgart: Thieme 1983

Tschuschke, V.: Psychoonkologie. Psychologische Aspekte der Entstehung und Bewältigung von Krebs. Stuttgart: Schattauer 2011

Voderholzer, U., Hohagen, F. (Hrsg.): Therapie psychischer Erkrankungen. München: Urban & Fischer 2017

Vogel, R. T.: Existenzielle Themen in der Psychotherapie. Stuttgart: Kohlhammer 2013

Vogel, R. T.: Todesthemen in der Psychotherapie. Stuttgart: Kohlhammer 2011

Wahl, H.-W.: Die neue Psychologie des Alterns. München: Kösel 2017

Wehr, G.: Carl Gustav Jung: Leben – Werk – Wirkung. München: Kösel 1985

Werder, L. v.: Kreative Einführung in Grundkonzepte der Psychotherapie. Berlin: Schibri 1998

Werder, L. v.: Spirituelles Schreiben. Berlin: Schibri 2011

Werner, E.: Unschuldige Zeugen. Der Zweite Weltkrieg in den Augen von Kindern. Hamburg: Europa 2001

Wilber, K.: Halbzeit der Evolution. Der Mensch auf dem Weg vom animalischen zum kosmischen Bewußtsein. Frankfurt: Fischer 1996

Wilber, K.: Vom Tier zu den Göttern. Die große Kette des Seins. Freiburg: Herder 2001

Willi, J., Limacher, B.: Wenn die Liebe schwindet. Möglichkeiten und Grenzen der Paartherapie. Stuttgart: Klett-Cotta 2007

Willi, J.: Die Zweierbeziehung. Das unbewusste Zusammenspiel von Paaren als Kollusion. Reinbek: Rowohlt 2012

Willi, J.: Die Zweierbeziehung. Reinbek: Rowohlt 1975

Willi, J.: Psychologie der Liebe. Reinbek: Rowohlt 2005

Willi, J.: Was hält Paare zusammen? Der Prozeß des Zusammenlebens in psychoökologischer Sicht. Reinbek: Rowohlt 2004

Wolff, U.: Johannes Heinrich Schultz. Stuttgart: Thieme 1964

Wolter, D. K.: Schmerzen und Schmerzmittelabhängigkeit im Alter. Stuttgart: Kohlhammer 2017

Wolter, D. K.: Sucht im Alter – Altern und Sucht. Stuttgart: Kohlhammer 2011

Yalom, I. D.: Das Spinoza-Problem. München: b+b 2012

Yalom, I. D.: Die Schopenhauer-Kur. München: b+b 2005

Yalom, I. D.: Existentielle Psychotherapie. Köln: Humanistische Psychologie 2000

Yalom, I. D.: In die Sonne schauen. Wie man die Angst vor dem Tod überwindet. München: b+b 2008

Yalom, I. D.: Wie man wird, was man ist. Memoiren eines Psychotherapeuten. München: b+b 1994

Zilbergeld, B.: Die neue Sexualität der Männer. Tübingen: dgtv 1996

Teil III: Lebenskünste in der neuen Medizin des Alters

Andelfinger, V. P., Hänisch, T. (Hrsg.): eHealth. Wie Smartphones, Apps und Wearables die Gesundheitsversorgung verändern werden. Wiesbaden: Springer 2016

Antonovsky, A.: Salutogenese. Zur Entmystifizierung der Gesundheit. München: dgvt 1997

Bamberger, C. M.: Besser leben – länger leben. München: Droemer-Knaur 2006

Bässler, K.-H. u.a.: Vitamin-Lexikon. München: Droemer-Knaur 2002

Becker, P. v.: Der neue Glaube an die Unsterblichkeit. Transhumanismus, Biotechnik und digitaler Kapitalismus. Wien: Passagen 2015

Benn, G.: Gedichte. Frankfurt: Fischer Tabu 2007

Blackburn, E., Epel, E.: Die Entschlüsselung des Alterns. Der Telomer-Effekt. München: Goldmann 2019

Blech, J.: Die Heilkraft der Bewegung. Wie Sie Krankheiten besiegen und Ihr Leben verlängern können. Frankfurt: Fischer Tabu 2014

Braun-Munzinger, U.: Lange leben – ohne alt zu werden. Hannover: Humboldt 2020

Cave, S.: Unsterblich: die Sehnsucht nach dem ewigen Leben als Triebkraft unserer Zivilisation. Frankfurt: Fischer eBook 2012

Ehni, H.-J. (Hrsg.): Altersutopien. Medizinische und gesellschaftliche Zukunftshoffnungen der Lebensphase Alter. Frankfurt: Campus 2018

Elstner, F. u.a.: Leben geht durch den Magen. Wie Sie mit gesunder Ernährung fit und leistungsfähig bleiben. München: Goldmann 2019

Esch, T.: Der Selbstheilungscode: Die Neurobiologie von Gesundheit und Zufriedenheit. Weinheim: Beltz 2017

Flessner, B. (Hrsg.): Nach dem Menschen. Der Mythos einer zweiten Schöpfung und das Entstehen einer posthumanen Kultur. Freiburg: Rombach 2000

Förstl, H. (Hrsg.): Antidementiva. Frankfurt: Urban & Fischer 2003

Gates, B.: Der Weg nach vorn. Die Zukunft der Informationsgesellschaft. München: Heyne 1997

Gates, B.: Digital Business. Wettbewerb im Internetzeitalter. München: Heyne 1999

Göcke, B., Meier-Hamidi, F. (Hrsg.): Designobjekt Mensch. Die Agenda des Transhumanismus auf dem Prüfstand. Freiburg: Herder 2018

Grass, G.: Vonne Endlichkait. Göttingen: Steidl 2015

Grey, A. de.: Niemals alt. Bielefeld: transcript 2010

Haas, M.: Die Brightworks-Schule. In: Zeit-Magazin vom 7.12.2020, Nr. 51, S. 18–20

Heine, H., Heine, E.: Befindensstörungen – Chronische Krankheiten – Altern. Frankfurt: CO'MED 2009

Huber, J., Österle, B.: Die Anti-Aging-Revolution. Spielend schlank. Länger jung. Die neue Methode für natürliches Intervallfasten. Wien: edition a 2020

Hülswitt, T., Brinzanik, R.: Werden wir ewig leben? Gespräche über die Zukunft von Mensch und Technologie. Berlin: Suhrkamp 2010

Hüther, G.: Raus aus der Demenzfalle. Wie es gelingen kann, die Selbstheilungskräfte des Gehirns rechtzeitig zu aktivieren. München: arcana 2017

Jacobi, G. H. u.a.: Kursbuch Anti-Aging. Stuttgart: Thieme 2004

Kaku, M.: Die Physik der Zukunft. Unser Leben in 100 Jahren. Reinbek: Rowohlt 2019

Kast, B.: Der Ernährungskompass. Das Fazit aller wissenschaftlichen Studien zum Thema Ernährung. München: Goldmann 2018

Kempermann, G.: Die Revolution im Kopf. Wie neue Nervenzellen unser Gehirn ein Leben lang jung halten. München: Droemer-Knaur 2016

Klein, T.: Volkskrankheit Vitamin-B12-Mangel. Dresden: Hygeia 2018 (10. Aufl.)

Krüger, O.: Virtualität und Unsterblichkeit: Gott, Evolution und die Singularität im Post- und Transhumanismus. Freiburg: Rombach 2019

Kurthen, M.: Weißer und schwarzer Posthumanismus. Nach dem Bewusstsein und dem Unbewussten. München: Wilhelm Fink 2014

Kurzweil, R., Grossman, T.: Fantastic Voyage: Live Long Enough to Live Forever. New York: University Press 2010

Kurzweil, R., Grossman, T.: Transcend. Nine Steps to Living Well Forever. New York: University Press 2008

Kurzweil, R.: Menschheit 2.0. Berlin: Lola Books 2005

Longo, V.: Iss dich jung. Wissenschaftlich erprobte Ernährung für ein gesundes und langes Leben. München: Goldmann 2018

Mirandola, G. P. della: Über die Würde des Menschen. Zürich: Manesse 1992

Moravec, H. Mind Children – Der Wettlauf zwischen menschlicher und künstlicher Intelligenz. Hamburg: Hoffmann & Campe 1990

Nehls, M.: Alzheimer ist heilbar. Rechtzeitig zurück in ein gesundes Leben. München: Heyne 2015

Niemann, R.: Anti-Aging. Stuttgart: Thieme 2018

Ranisch, R., Sorgner, S. L. (Hrsg.): Post- and Transhumanism. An Introduction. Frankfurt: Peter Lang 2014

Rid, T.: Maschinendämmerung. Eine kurze Geschichte der Kybernetik. Berlin: Ullstein 2016

Riesewieck, M., Block, H.: Die digitale Seele. Unsterblich werden im Zeitalter Künstlicher Intelligenz. München: Goldmann 2020

Rubach, M.: Das Geheimnis des gesunden Alterns. München: Droemer-Knaur 2020

Ruge, N., Duscher, D.: Altern wird heilbar. München: Graefe & Unzer 2020

Schmitt-Homm, R., Homm, S.: Handbuch Anti-Aging und Prävention. Kirchzarten: VAK 2008

Schulz, T.: Was Google wirklich will. Wie der einflussreichste Konzern der Welt unsere Zukunft verändert. München: DVA 2015

Schulz, T.: Zukunftsmedizin. München: DVA 2018

Sinclair, D. A.: Das Ende des Alterns. München: Goldmann 2018

Sinclair, D. A.: The Information Theory of Aging. New York 2020

Sorgner, S. L.: Schöner neuer Mensch. Berlin: Nikolai 2018

Sorgner, S. L.: Transhumanismus: „Die gefährlichste Idee der Welt"!? Freiburg: Herder 2016

Sorgner, S. L.: Übermensch. Plädoyer für einen Nietzscheanischen Transhumanismus. Basel: Schwabe 2019

Spork, P.: Gesundheit ist kein Zufall. Wie das Leben unsere Gene prägt. München: DVA 2017

Spreen, D. u.a.: Kritik des Transhumanismus. Bielefeld: transcript 2019

Stöhr, M.: Die Wahrheit über Anti-Aging. Risiken erkennen – Chancen nutzen. Berlin: Eichborn 2005

Vance, A.: Elon Musk. München: Finanzverlag 2015

Wagner, L.: Für immer jung. In: Süddeutsche Zeitung Magazin, Nr. 37 vom 15.9.2019, S. 15–23

Zukunftsinstitut (Hrsg.): Digitale Erleuchtung. Alles wird gut. Frankfurt: Zukunftsinstitut 2016

Philosophische Lebenskunst im Schibri-Verlag mit Büchern von Lutz von Werder:

Band 1: **Philosophie für Verliebte**
2003, 244 Seiten, ISBN 3-928878-12-3, EUR 15,00

Band 2: **Mystik für Gipfelstürmer**
2003, 250 Seiten, ISBN 3-933978-82-3, EUR 15,00

Band 3: **Das große philosophische Gelächter**
2004, 244 Seiten, ISBN 3-933978-81-5, EUR 15,00

Band 4: **Eigenwillig – Philosophische Lebenskunst für Individualisten**
2005, 264 Seiten, ISBN 3-937895-11-6, EUR 15,00

Band 5: **Beklage Dich nicht – philosophiere**
2006², 296 Seiten, ISBN 3-928878-43-3, EUR 15,00

Band 6: **Heilsam - Philosophie als Psychotherapie**
2006, 290 Seiten, ISBN 3-937895-32-9, EUR 15,00

Band 7: **Wie finde ich meine eigene Religion?**
2007, 250 Seiten, ISBN 3-937895-33-7, EUR 16,80

Band 8: **Das Wunder des Atheismus**
2008, 228 Seiten, ISBN 978-3-86863-017-6, EUR 15,00

Band 9: **Geht die Welt unter – und wenn ja, warum?**
2009, 400 Seiten, ISBN 978-3-86863-034-3, EUR 19,80

Band 10: **Neue Wege ins Paradies – Philosophie d. spirituellen Revolution**
2011, 412 Seiten, ISBN 978-3-86863-059-6, EUR 19,80

Band 11: **Existentialismus jetzt – Eine neue Philosophie der Hoffnung**
2014², 178 Seiten, ISBN 978-3-86863-093-0, EUR 14,00

Band 12: **Vom Ich zum Wir**
2013, 320 Seiten, ISBN 978-3-86863-113-5, EUR 15,00

Band 13: **Spirituelles Schreiben**
2014, 380 Seiten, ISBN 978-3-86863-135-7, EUR 18,50

Band 14: **Vom Mythos zum Logos**
2015, 280 Seiten, ISBN 978-3-86863-157-9, EUR 18,00

Band 15: **Philosophische Lebenskünste in extremen Zeiten**
2018, 284 Seiten, ISBN 978-3-86863-187-6, EUR 15,00

Band 16: **Der Gott der Philosophen und die Lebenskunst**
2020, 354 Seiten, ISBN 978-3-86863-209-5, EUR 15,00

Band 17: **Transhumanismus**
2021, 416 Seiten, ISBN 978-3-86863-238-5, EUR 16,00